U0649214

"十二五"职业教育国家规划教材
经全国职业教育教材审定委员会审定

Gonglu Gongcheng Zaojia

公路工程造价

（第四版）

陆春其 主 编
邹定南 副主编
赵晞伟［中交公路规划设计院有限公司］
王首绪［长沙理工大学］ 主 审

人民交通出版社股份有限公司
China Communications Press Co.,Ltd.

内 容 提 要

本书为"十二五"职业教育国家规划教材、全国交通土建高职高专规划教材。全书共7章，主要介绍了公路工程造价基础知识、公路工程定额、公路工程概（预）算、公路工程投资估算、公路工程概（预）算审查、工程量清单计量规则与清单计价、公路工程造价控制等。

本书可作为高等职业院校道路桥梁工程技术、工程造价专业及相关专业教材，也可供工程造价人员培训参考使用。

图书在版编目（CIP）数据

公路工程造价/陆春其主编. —4版. —北京：人民交通出版社股份有限公司，2015.5

"十二五"职业教育国家规划教材

ISBN 978-7-114-12205-7

Ⅰ.①公… Ⅱ.①陆… Ⅲ.①道路工程—工程造价—高等职业教育—教材 Ⅳ.①U415.13

中国版本图书馆CIP数据核字（2015）第083114号

"十二五"职业教育国家规划教材

书　　名：公路工程造价（第四版）
著 作 者：陆春其
责任编辑：卢仲贤　任雪莲
出版发行：人民交通出版社股份有限公司
地　　址：（100011）北京市朝阳区安定门外外馆斜街3号
网　　址：http://www.ccpress.com.cn
销售电话：（010）59757973
总 经 销：人民交通出版社股份有限公司发行部
经　　销：各地新华书店
印　　刷：北京武英文博科技有限公司
开　　本：787×1092　1/16
印　　张：21.5
字　　数：545千
版　　次：2002年8月　第1版
2007年7月　第2版
2009年9月　第3版
2015年5月　第4版
印　　次：2019年11月　第4版　第5次印刷　总第28次印刷
书　　号：ISBN 978-7-114-12205-7
印　　数：92001-94000册
定　　价：54.00元

第四版前言

根据2013年8月教育部《关于“十二五”职业教育国家规划教材选题立项的函》[教职成司函(2013)184号],本教材获得“十二五”职业教育国家规划教材选题立项。

本教材编写人员在认真学习领会《教育部关于“十二五”职业教育教材建设的若干意见》(教职成[2012]9号)、《高等职业学校专业教学标准(试行)》、《关于开展“十二五”职业教育国家规划教材选题立项工作的通知》(教职成司函[2012]237号)等有关文件的基础上,结合当前高等职业教育发展和公路行业发展的实际情况,对第三版作了全面修订,形成了本教材第四版。本书于2014年8月被教育部评定为“十二五”职业教育国家规划教材。

本教材第四版的主要特色有:

1. 完全贯彻公路行业最新技术标准或规范

2012年1月1日交通运输部颁布施行新的《公路工程基本建设项目投资估算编制办法》(JTG M20—2011)和《公路工程估算指标》(JTG/T M21—2011)。原第三版中有关投资估算的各种数据已与新的估算编制办法及估算指标不相吻合。为此,本教材编写人员对书中所涉及的估算编制办法和估算指标按新标准进行了修订,同时增加了部分工程特色明显的算例。

2. 内容紧贴公路造价人员职业资格要求

本教材第四版根据近年来公路工程造价人员资格考试的变化,对相关内容作了调整,增加了公路工程造价控制等方面的内容,使得本教材顺应交通类职业院校人才培养规格和教学改革的要求,为学生今后获取造价工程师职业资格奠定了一定的基础,突出专业培养的针对性和实用性。

3. 行业专家学者全面参与本教材的编审

“工学结合、校企合作”是职业教育健康发展的基础。本教材在编写过程中,邀请了国内知名的公路工程造价专家参与编审工作。本教材由中交公路规划设计院有限公司赵晞伟副总工程师(原交通部公路定额站站长)和长沙理工大学王首绪教授担任主审,从工程实践和工程管理理论两个方面把关。镇江路桥总公司管鹤楼高级工程师,徐州交通规划设计院王延海高级工程师、仇成华高级工程师也对本教材的编写进行了悉心的指导和无私帮助。在此向他们表示衷心感谢!

本书由江苏省无锡交通高等职业技术学校陆春其教授主编,江苏联合职业技术学院邹定南担任副主编。具体编写分工为:陆春其编写第一~四章;南京交通职业技术学院王贞编写第五章;湖南省交通造价建设管理站唐文英编写第六章;江苏联合职业技术学院王义国编写第七章；江苏联合职业技术学院邹定南编写并制作了本书课件。

由于编者水平有限，时间仓促，书中谬误及疏漏之处在所难免。敬请读者给予批评指正。

编　者

2014 年 12 月

第三版前言

本书第二版于2007年出版，系普通高等教育“十一五”国家级规划教材，全国交通土建高职高专规划教材。由于自2008年1月1日起施行新的《公路工程基本建设项目概算预算编制办法》(JTG B06—2007)及《公路工程概算定额》(JTG/T B06-01—2007)、《公路工程预算定额》(JTG/T B06-02—2007)、《公路工程机械台班费用定额》(JTG/T B06-03—2007)，原书中各种数据已经和新编制办法及定额不相吻合。为了对读者负责，首先对书中所有数据按照新的定额和新编制办法进行修正，同时增加了部分工程特色明显的算例。其次按照新编制办法要求，对原书部分章节内容进行重新编排，删除了与新编制办法不吻合的内容。再者根据近年来造价工程师考试的动向对内容作了部分调整。

本书内容顺应交通职业院校人才培养规格和教学内容改革的要求，突出专业培养的针对性和实用性，能够适应学制改变和专业的模块化教学需要。本书对工程单位进行造价编制也具有参考价值。

全国交通土建高职高专规划教材编审委员会特邀中交公路规划设计院有限公司赵晞伟副总工和长沙理工大学王首绪教授担任本书主审。两位主审人认真审阅了本教材，并提出了许多宝贵的修改意见，在此向他们表示衷心感谢。在本书编写过程中，得到了各相关工程单位和各相关院校专业教师特别是江西交通职业技术学院单阳老师的悉心指导，在此向他们表示衷心感谢。同时人民交通出版社卢仲贤编审亦给予本书很大帮助，在此一并表示衷心感谢！

本书第一、二、三、四章由江苏省无锡交通高等职业技术学校陆春其编写，第五、七章由南京交通职业技术学院王贞编写，第六、八章由湖南省交通厅交通建设造价管理站唐文英高工编写。

由于编者水平有限，时间仓促，书中谬误及疏漏之处在所难免。敬请读者给予批评指正。

编　者

2009年8月

第二版前言

本书第一版于2002年8月由人民交通出版社出版发行，该教材是根据2001年7月在昆明召开的全国交通职业教育路桥专业教学与教材建设研讨会上讨论的《公路工程造价》教材编写大纲编写的，该教材的出版填补了交通高等职业教育土建专业无相应教材的空白。

通过近5年的试用，本教材的实用性得到了各相关院校师生的肯定，同时各相关院校和工程单位也提出了很多有益的修改意见和建议。另外随着我国公路建设有关标准、规范的不断完善，新的《公路工程概算定额》、《公路工程预算定额》、《公路基本建设工程概算、预算编制办法》及《公路基本建设工程投资结算编制办法》等也将颁布实施。同时本书于2006年6月被教育部评为“普通高等教育‘十一五’国家级规划教材”。针对以上情况，在全国交通土建高职高专规划教材编审委员会的统一部署下，根据“十一五”国家级规划教材的编写要求，在充分尊重各使用院校和工程单位意见的基础上对本书进行重新编写。重编时本书注重采用了交通行业最新的标准和规范，以及国家在工程造价领域出台的一些新的法律、法规。本书内容顺应了交通职业院校人才培养规格和教学内容改革的要求，突出了专业培养的针对性和实用性，能够适应学制改变和专业的模块化教学需要。同时对工程单位进行造价编制具有参考作用。为了使本书更加贴近工程实践，特邀新版概预算定额的编写单位——湖南省交通厅交通建设造价管理站全程指导并参与本书的编写工作。

重编后的《公路工程造价》第二版与第一版相比具有几个鲜明特征：首先是工程造价体系更为完善。根据公路工程造价的实际情况和各使用单位的意见，本书在第一版基础上增加了交通工程概预算、公路工程工程量清单计量规则和清单计价、公路工程工程量清单计价管理系统等内容，为加强学生造价技能培养和工程单位使用提供了更多选择，体现了本书的完整性。第二是造价编制更具权威。本书由湖南省交通厅交通建设造价管理站直接指导并参与编写，同时对全书进行审定，体现了造价编制的权威性。第三是造价编制更贴近工程实际，操作性更强。本书增加了大量的工程造价案例，这些案例均来源于工程单位，真实可靠，学生通过学习这些案例，为今后走上工作岗位进行工程造价编制奠定了坚实基础，体现了本书的可操作性。

全国交通土建高职高专规划教材编审委员会特邀湖南省交通厅交通建设造价管理站站长刘代全教授级高工和长沙理工大学公路学院王首绪教授担任本书主审，刘代全和王首绪先生从理论与实践两方面分别提出了很多有益的修改意见和建议，在此向他们二位表示衷心感谢。在本书编写过程中，得到了各相关工程单位和各相关院校专业教师特别是江西交通职业技术学院单阳老师的悉心指导，在此向他们表示衷心感谢。同时人民交通出版社卢仲贤编审和刘永超编辑亦给予本书很大帮助，在此一并表示衷心感谢！本书第一、二、三、四、五章由南京交通职业技术学院陆春其编写，第六、八章由南京交通职业技术学院王贞编写，第七、九章由湖南省交通厅交通建设造价管理站唐文英高工编写。由于编者水平有限，时间仓促，书中谬误及疏漏之处在所难免，敬请读者给予批评指正。

编　者

2007年6月30日

第一版前言

随着职业技术教育的迅猛发展，如何培养特色鲜明、动手能力强、广受用人单位欢迎的学生，已成为职业技术教育研究的课题之一。为此，交通部科教司路桥工程学科委员会高职教材编写联络组于2001年7月在昆明举行会议，并通过了《交通高等职业技术教育路桥专业课程设置框架》。本书根据课程设置要求，以路桥专业中公路工程造价模块为单位编写而成。

本书在原公路工程概预算基础上增加了投资估算部分，使造价体系更趋完整。在介绍了交通部XJTU电算软件的同时，介绍了同望公司WCOST2000电算软件，为工程单位使用增加了更多选择。

本书审定会于2002年1月28日至30日在南京交通职业技术学院召开。参加审定会的有人民交通出版社副编审卢仲贤；湖南交通职业技术学院文德云；安徽交通职业技术学院俞高明、王守胜、王常才；陕西交通职业技术学院薛安顺；南京交通职业技术学院李玉珍、樊琳娟、周传林等。

在本书编写过程中，江西交通职业技术学院单阳老师进行了悉心指导，并为本书担任主审，在此向单阳老师表示衷心感谢。同时人民交通出版社卢仲贤副编审给予本书很大帮助，在此一并表示感谢！本书第一、二、三、四章由南京交通职业技术学院陆春其编写，第五、六章由南京交通职业技术学院王贞编写。由于编者水平有限，时间仓促，书中谬误及疏漏之处在所难免。敬请读者给予批评指正。

编　者

2002年5月

目　　录

第一章 公路工程造价基础知识

第一节 公路基本建设概述

一 公路基本建设的内容与项目组成

(一)公路基本建设的含义

公路基本建设是指有关公路固定资产的建筑、购置、安装活动,以及与其相关的如征地拆迁、勘测设计、施工监理等工作。

公路基本建设按经济内容可分为生产性建设和非生产性建设。生产性建设是指用于物质生产和直接为生产服务的建设;非生产性建设是指用于人民生活需要,以及为政治、国防需要所进行的建设,如旅游公路、国防专用公路等就是非生产性建设。

公路基本建设内容就投资额的构成和工作性质来说,可划分为建筑安装工程;设备、工具、器具及家具购置;其他基本建设部分,如征地拆迁、试验研究、勘测设计、施工监理等。

(二)公路基本建设的主体

公路基本建设的主体原则上有4个:建设单位(业主),勘察设计单位(工程咨询),施工单位(承包人)和工程建设监理单位。另外,金融部门、政府质量监督部门也参与基本建设。

1.建设单位(业主)

凡是负责执行国家公路基本建设的单位都称为建设单位。建设单位也称业主。它在行政上有独立的组织形式,在经济上进行独立核算。建设单位作为公路基本建设的组织者和监督者,原则上都实行项目业主责任制。其主要工作包括:负责筹集建设资金;提出项目的建设规模、产品方案、产址选择和需要落实的建设条件;负责组织工程设计、监理、设备采购和施工招标工作,审定招标方案,自主确定设计、监理、设备供应和施工的中标单位;按照国家有关规定,审查或审定工程设计、概算、集资计划和用款计划;审定项目(企业)年度投资和建设计划,审定项目(企业)财务预算、决算;按合同规定,审定归还贷款和其他债务的数额;处理工程中的重大问题;业主需决定的其他事项。

2.勘察设计单位及技术咨询单位

交通勘察设计及技术咨询单位应持有上级主管发证机关颁发的勘察设计许可证和相应

的资质等级证书。设计单位的任务,既可接受建设单位或主管部门的委托获取,也可以参与国内外设计任务的招投标,通过市场竞争获取。其主要工作包括:根据已批准的可行性研究或设计任务书(或委托合同)及业主提供的初步资料,制订设计方案,计算主要工程数量,拟订施工方案,编制设计概算或施工预算。对技术复杂的项目还应进行技术设计,通过试验研究,解决技术难题,提出修正的施工方案,计算工程数量,编制修正概算,提供必要的文字说明和图表资料,为施工准备提供依据。

3. 政府部门监督质量和社会监理咨询机构

政府监督是指我国政府主管建设的职能部门即工程质量监督站(局)对项目实施阶段进行的监督和管理;社会监理则是咨询监理公司根据"菲迪克"条款规定或交通部门有关规定接受业主委托进行项目实施阶段的监理。

政府监督的主要任务是:贯彻执行国家建设监理法规,根据需要制订实施办法,并组织实施;组织或参与审批本建设项目的设计文件和开工报告;组织或参与检查、处理本工程建设重大事故;组织或参与本建设项目的竣工验收;组织或参与监理工程师的资格考核、颁发证书和审批社会监理单位的资质;指导和管理社会监理工作;参与本部门投资项目建设实施的直接监理或委托监理。

工程建设监理咨询机构是获得交通运输主管部门颁发的公路工程或交通工程施工监理资质证书,且具有独立法人资格的单位。它受业主委托,根据合同文件的要求,在公路工程或交通工程施工准备阶段、施工阶段及缺陷责任期阶段对工程的质量、进度、费用和合同事宜承担监理业务。

社会监理的一般任务是:从组织、技术、合同和经济的角度采取措施,使项目在决策阶段避免失误,力求决策优化;在项目实施阶段,则是控制建设项目的目标即投资标准、工期标准、质量目标,使其合理地实现。

4. 施工单位(承包人)

施工单位是承担公路工程或交通工程建筑安装的单位。它通过施工投标或其他方法取得某项目的施工权。按施工单位性质可分全民企业、集体企业、中外合资企业、私营企业等多种形式。现在则以股份制企业为主。施工单位一般又称承包单位或承包人等。施工单位必须具备下列条件:能独立组织生产,具备必需的劳力、施工机具和各种建筑材料(可以采购);能独立经营,在行政上和经济上具有一定的独立性,对外有法人资格,"具有自主经营、自负盈亏、自我发展、自我约束"的商品生产能力;能独立核算,在财务上有自己支配的固定资金和流动资金,能独立核算工程成本,以自己的销售收入抵偿生产支出;还应具有相应的施工等级资质证书。

(三)公路基本建设的内容

公路基本建设的内容就投资构成和工作性质而言可分为三大部分:

(1)建筑安装工程:即建筑工程(如路基路面、桥涵、隧道、防护等工程项目的建设)和设备安装工程(如高速公路、大桥所需的各种机械、设备的安装调试等)。

(2)设备、工具器具及家具的购置:即公路建设所需的设备、工具器具及家具的购置。

(3)基本建设的其他工作:如勘测设计、征地拆迁等。

(四)公路基本建设的项目组成

公路基本建设工程按照概预算编制的要求依次可划分为:

(1)基本建设项目:指某项独立的基本建设工程,它一般具有计划任务书和总体设计文件,是经济核算和组织形式独立的建设项目,如沪宁高速公路。

(2)单项工程:指具有独立的设计文件,竣工后可以独立发挥作用的工程项目,如沪宁高速公路马群立交桥。

(3)单位工程:指一般不能单独发挥作用,但具有独立的施工条件的工程项目,如隧道工程中的照明工程。

(4)分部工程:分部工程是单位工程的组成部分,如路基工程、路面工程等。

(5)分项工程:分项工程是分部工程的组成部分,如基础工程中围堰、开挖等分项工程。

二 公路基本建设的特点

(一)公路建筑产品的特点

1. 产品的固定性

公路建筑产品建成后的地点一般是固定不能移动的,这就要求项目建设前期选址、定址要十分慎重,否则一旦建成后再改动,会造成极大的损失。

2. 产品的多样性

由于公路的具体使用目的、技术等级、技术标准、自然条件、结构形式、主体功能等的不同,而使公路的组成部分、形体构造千差万别和复杂多样。

3. 产品形体的庞大性

公路工程为线形构造物,其组成部分的形体一般比较庞大,公路路线短则几公里,长则几千公里。同样,桥梁长度虽然比不上路线长度,但其形体也是比较庞大的。

4. 产品部分结构的易损性

公路工程受行车及自然因素的作用,其暴露于大自然的部分及受行车直接作用的部分,常易损坏,因此,加强公路养护管理十分必要。

(二)公路基本建设的特点

1. 劳动对象分散

公路建设点多线长,工程分布极为分散,从而需要采取相应的工程管理方法。

2. 生产流动性强

由于公路建筑产品的固定性,必须组织人力或机械围绕这一固定劳动对象,在同一工作面不同时间,或同一时间不同工作面进行生产活动。此外,当某一公路工程竣工之后,施工队伍就要向新的施工现场移动。

3. 受自然因素影响大

公路工程施工大部分是露天生产,受自然条件影响很大,如气候冷暖、地势高低、洪水、雨、雪等,均对工期和工程质量有很大影响。

4. 需要个别设计、个别组织施工

由于公路建筑产品的多样性,每项工程具有不同的功能、不同的施工条件,从而使每项

工程不仅需要个别设计，而且需要采取不同的施工方法，分别组织施工。

5. 生产周期长

由于公路建筑产品形体的庞大性，需耗用大量的人工、材料，致使生产周期长，要在较长时间内占用大量的劳动力和资金。

6. 生产协作性高

由于公路建筑产品的多样性，特别是公路生产施工环节很多，生产程序复杂，每项工作都需要建设单位、设计单位、施工单位等部门密切配合，通力协作。因此，公路建设必须有严密的计划和科学的管理。

7. 生产类型多，多以单件生产为主

这是由公路建筑产品多样性所决定的。不同地区、不同桥型、不同线形，施工要求不同，即使桥型相同、路线线形相同，对于不同区域而言，其地质水文等条件不同，生产的形式也肯定不同。因此，公路建筑产品多以单件生产为主。

8. 需要不断地养护和维修

这是由公路部分结构的易损性所决定的，不进行公路的维修、养护，就不能维持正常运输生产。

9. 组织的系统性

公路工程是线形构造物，它由路基、路面、桥涵等部分组成，只有形成一个有效工作的整体，才能连续正常地发挥其运输功能。

三 公路基本建设的程序

公路基本建设有着细致的分工和广泛的外部协调关系。一条公路从计划修建到竣工交付使用，要经过项目可行性研究、决策、勘测、设计、施工、竣工验收、项目后评价等诸多阶段和环节，它们互相衔接，循序渐进，其整个建设过程中的各个阶段和先后次序即为基本建设程序。该程序是基本建设过程中的客观规律，必须遵守，不可随意更改或忽略其中的任何一个程序，否则将会造成不必要的浪费，甚至造成不可估量的损失。

一般大、中型公路基本建设项目的建设程序主要包括以下内容：

(1)根据长远规划进行项目预可行性研究，编制项目建议书；

(2)根据批准的“项目预可行性研究”或项目建议书编制项目工程可行性研究报告；

(3)根据批准的“项目工程可行性研究”进行现场勘测，筹措资金，编制初步设计文件；

(4)根据批准的初步设计文件把该建设项目列入年度基本建设计划；

(5)进行施工前的准备工作和施工图设计，组织招投标；

(6)编制上报开工报告，组织施工、监理；

(7)编制竣工图表和工程决算，办理竣工验收；

(8)对建设项目进行后评估。

公路基本建设的具体过程及涉及的内容见图1-1。

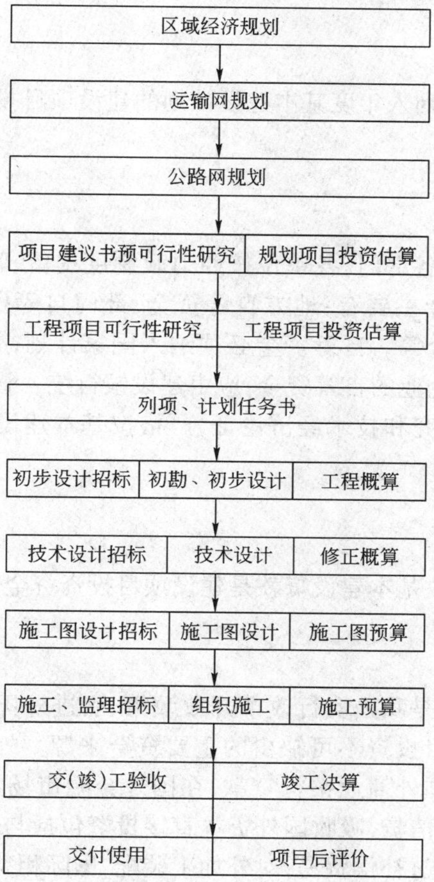

图 1-1　公路基本建设程序

第二节　公路工程造价基本概念

一　基本建设项目的投资与资金来源

建设项目投资即工程造价，是指工程建设项目有计划地一次性投入费用的总和。它主要由建筑安装工程费，设备、工器具购置费，工程建设其他费及预留费等组成。

建筑安装工程费是指建设单位用于建筑和安装工程方面的投资，包含建筑物的建造、设备的安装等投资，以货币的形式表现。设备、工器具购置费是指按照建设项目设计文件要求，建设单位(或其委托单位)购置或自制达到固定资产标准的设备和工器具及生产家具所需的投资。它由设备、工器具原价和运杂费组成。在生产性建设项目中，设备、工器具投资可称为"积极投资"，它占项目投资费用比重越高，标志着技术越进步。工程建设其他费是指为保证工程建设顺利完成和交付使用后能够正常发挥效用而发生的其他各项费用总和。预留费是指由于工程建设造价的增长及不可预见因素而预留的费用。

当前基本建设投资资金的来源渠道主要有以下几方面。

（一）财政预算投资

由国家预算安排的、并列入年度基本建设计划的建设项目投资为财政预算投资，也称为国家投资。

（二）自筹资金投资

自筹资金是指各地区、各部门、各单位按照财政制度提留、管理和自行分配用于固定资产再生产的资金。自筹资金主要有：地方自筹资金，部门自筹资金，企业、事业单位自筹资金，集体、城乡个人筹集资金等。自筹资金必须纳入国家计划，并控制在国家确定的自筹资金投资规模以内。地方和企业的自筹资金，应由建设银行统一管理，其投资要同预算内投资一样，事先要进行可行性研究和技术经济论证，严格按基本建设程序办事，以保障自筹投资有较好的投资效益。

（三）银行贷款投资

银行利用信贷资金发放基本建设贷款是建设项目投资资金的重要组成部分。

（四）外资

利用多种形式的外资，是我国实行改革开放政策、引进外国先进技术的一个重要措施，同时外资也是我国建设项目投资不可缺少的重要资金来源。外资的主要形式有：外国政府贷款，国际金融组织贷款，国外商业银行贷款，在国外金融市场上发行债券，吸收外国银行、企业和私人存款，利用出口信贷，吸收国外资本直接投资包括与外商合资经营、合作经营、合作开发以及外商独资等形式，补偿贸易，对外加工装配，国际租赁，BOT 方式等。

（五）利用有价证券市场筹措建设资金

有价证券市场，是指买卖公债、公司债券和股票等有价证券，在不增加社会资金总量和资金所有权的前提下，通过融资方式，把分散的资金累积起来，从而有效地改变社会资金总量的结构。有效证券主要指债券和股票。

1. 债券

债券是借款单位为筹集资金而发行的一种信用凭证，它证明持券人有权取得固定利息并到期收回本金。我国发行的债券种类有：国家债券即公债、国库券（是国家以信用的方式从社会上筹集资金的一种重要工具）；地方政府债券；企业债券；金融债券。债券发行后，可在证券流通市场上进行交易，债券的发行与转让分别通过债券发行市场和债券转让市场进行。债券的票面价格即指债券券面上所标明的金额；发行价格即指债券的募集价格，是债券发行时投资者对债券所付的购买金额；债券的市场价格指债券发行后在证券流通市场上的买卖价格。

2. 股票

股票是股份公司发给股东作为已投资入股的证书和索取股息的凭证。它是可作为买卖对象和（或）抵押品的有价证券。按股东承担风险和享有利益的大小，股票可分普通股和优先股两大类。股票筹资是一种有弹性的融资方式，由于股息和红利不像银行利息必须按期支付，且股票无到期日，公司不需要偿还资金，因而融资风险低。但对投资者来说，因股票的投资报酬可能比债券高，故投资的风险也大。

二 公路工程项目的投资益损分析

公路工程项目是一种公共投资项目，目的是发展区域经济，繁荣社会，造福人民。然而，修路不可避免地会给社会带来某些损失，特别是高等级公路的兴建可能导致局部地区生态及生活环境的严重恶化。因此修建某一具体项目，必须事先分析它将会给社会带来的各种效益和损失，如果益大于损，再进行项目实施。公路工程项目为社会带来的利益和损失，与项目的投资、功能、建设规模和影响范围等因素有关。一般来说，首先要明确拟建项目的作用和功能，其次要确定工程项目的投资和运营费用，调查项目所在地区的经济布局和周围环境，再次要确定项目的影响，最后是确定受益及受损内容和程度。

公路工程项目的投资运营费用包含很多内容：首先修建公路需要占用大量土地，因此公路的修筑属于土地开发，而土地是一种不可再生的资源，特别是我国人多地少，在规划时应予充分考虑；公路建筑安装工程费是工程的直接支出，它包括人工费、材料费、机械设备购置使用费、管理费、各种施工增加费以及其他各种间接费等，同时还应考虑物价上涨、意外事件等因素影响的预留费；公路的修筑难免要拆迁一些原有建筑物，尤其是在城市，这些征地拆迁费应在规划或项目经济评价中考虑；公路结构物是一种人工建筑物，它的修建将破坏天然植被和原有自然景观，有时可能要大量砍伐树木，减少绿化面积，改变原有地形地貌，这将对环境带来负面影响，因此，修建公路还必须考虑环境保护；为了延长公路的使用寿命，应不断地对公路进行各种养护，包括日常养护、大中修、改扩建及公路工程防灾救灾等工作；公路使用者在使用过程中还需付出包括油料消耗、轮胎磨耗、机件磨耗、车辆保养和大中修等费用在内的各种费用；此外，还有交通事故处理等间接费用。上述各项费用是在公路建设及运营不同阶段发生的，由不同的部门或不同的公众群体负担。

当然，公路工程的修建和使用，也使它们不同程度受益。首先，公路工程的修建将大大促进区域经济的发展，这是最主要的经济效益。由于增强了交通的迅捷性，促进了人员和商品的交换，加速了货物的周转，减少了库存，提高了劳动生产率，从而为当地提供了必不可少的开发和发展条件，改善了生活与投资环境。加之流动人口的增加，能够带动商品零售业的发展，这样便可有力地促进当地经济的发展，增加国民收入；公路的建设还将使沿线土地价格上升，为房地产业的发展提供有利的条件；在道路的设计、施工及运营管理方面，将增加许多新的就业机会；收费公路将会增加过路费的收入。另外，由于公路条件的改善，缩短了运输里程，改善了运输条件，减少了行程时间，使运量增加，运输成本降低，用户费用减少，公路使用者将会受益。

公路工程项目的受益可分为直接受益和间接受益两类。直接受益是指由公路运输条件改善获得的效益，如由客货运量的增加导致的运输收入的增加；旅客、货物因通达条件改善而节约的在途时间；因道路条件改善而减低的运输成本；由于建造立体交叉口使汽车延误时间的减少和油耗的降低；建设者（即投资者）征收的道路养护费、过路费、过桥费等。间接受益是指项目影响的区域范围内，由于公路运输的发展而给本地带来巨大的收益，特别是道路建成后，对地方投资者来说，沿路地价上涨得到的收益有时大于过路费的收入。这一点大大提高了地方政府和群众的筑路积极性，对我国公路建设事业起到一定的推动作用。公路建设项目的直接效益包含如下内容：

1. 公路晋级效益

公路晋级效益是指由于公路建设项目的修建提高了原有公路设施的等级，使得旅客、货物运输成本降低所产生的效益。运输成本降低额，按没有此公路时客货通过其他公路或运输方式的运输成本，与有了此公路时的客货运输成本之差额来计算。

2. 减少拥挤效益

新建项目前原有公路的交通量不断增加，平均行车速度不断降低，单位运输成本亦不断提高。新建项目后使原有相关公路减少了拥挤，提高了行车速度，降低了运输成本，这些相关道路运输费用的节约即为本项效益。

3. 缩短里程时间效益

改建公路缩短了里程，节约了旅客和货物运输费用，其节约余额，以改建前后交通情况下的货、客运输成本计算。

4. 节约时间效益

改善交通条件后，货物运输速度提高，引起资金周期缩短而获得的效益，按在途物资所需资金利息（采取社会折现率）的减少来计算；旅客节约在途时间的价值按人均国民收入（净产值）的份额来计算。考虑到汽车运输企业大都达不到昼夜连续运送货物的水平，将平均16h在途时间看作节约了1d的货物流动资金周转时间；旅客则以8h为一天计算，平均每个旅客的国民收入，可根据当地统计的计算年度国民收入总额除以当地总人数得到。

5. 减少事故效益（交通事故和货损事故）

拟建项目实施后导致交通事故减少而节约的费用以事故率来考虑；减少公路货损事故所节约的费用以货损率来考虑。

损失是伴随公路工程项目的实施而来的，它可以分为直接受损和间接受损两类。直接受损是指公路工程构造物直接给社会各部门造成的损失，如修路占用了农田和引起房屋拆迁等；间接受损是指公路在运营期间的汽车噪声、废气、漏油对附近企业、农田、居民、野生动物、环境带来的危害等。其他受损项目还有投资者支付的项目建设费，包括人工、材料、机械、土地、拆迁赔偿等各项费用，此外还有建设及使用期的公路管理费、使用期的养护和维修费用等。

三 公路工程造价的构成

公路工程建设项目建成后，不同于一般的商品，它具有一般商品的属性，又具有其特殊性，因而公路工程项目的造价构成具有其特殊性。一般来说，工程项目的造价大致由物资消耗、人工消耗和盈利三大部分构成，具体构成如表1-1所示。

现行建设项目投资构成，按其费用和性质的不同，一般由建筑安装工程费用，设备、工器具购置费用，工程建设其他费用及预留费等组成。

（一）建筑安装工程费用

建筑安装工程费通常包括新建、扩建、改建和重建公路中建筑物工程费用和设备安装费用。它包括直接费、间接费、计划利润、其他费用和税金。

（二）设备、工器具购置费用

设备、工器具的购置费用是指为公路营运、服务、管理、养护所需要购置的设备、工器具的费用。如各种监控设备、通信设备、收费系统等，以及测定设备安装工程质量的试验、单个设备进行的试车、修配和整理等全部建设费用。购置费用包括设备的出厂价格、包装费、由制造厂或交货地点运至建设工地仓库前的运输费、供销部门手续费和采购保管费等。

工程造价的构成 表1-1

建设项目工程造价	物资消耗	(1)土地的价格; (2)设备、工器具的价格; (3)建筑材料、构件的价格; (4)施工机械等固定资产的折旧、维修、转移费
	人工消耗	(1)建设单位职工的工资、奖金和费用; (2)勘察设计人员的工资、奖金和费用; (3)施工单位职工的工资、奖金和转移费用; (4)监理单位人员的工资、奖金和费用; (5)质量监督单位人员的工资、奖金和费用; (6)其他相关人员的工资、奖金和费用
	盈利	(1)建设单位的税金; (2)勘察设计单位的利润和税金; (3)施工单位的利润和税金; (4)咨询监理公司的利润和税金; (5)独立核算的开发公司、工程承包公司的利润和税金

(三)工程建设其他费用

指上述费用以外的,根据设计文件要求和国家有关规定应在基本投资中支付的,并列入建设项目总概算或单项工程综合概预算的一些费用。它的特点是不属于建设项目中的任何一个工程项目,而是属于建设项目范围内的工程费用。工程建设其他费用主要由土地征用及拆迁补偿费、建设项目管理费、研究试验费、建设项目前期工作专家评估费、施工机构迁移费、供电贴费、联合试运转费、生产人员培训费、固定资产投资方向调节税、建设期贷款利息等组成。

(四)预留费

预留费是指在初步设计和概算中难以预料的工程和费用以及建设项目由于物价、汇率、税金、贷款利率等变化所引起的费用,其中包括工程造价增长预留费和预备费。具体内容有:在进行技术设计、施工图设计和施工过程中,在批准的初步设计和概算范围内所允许增加的工程和费用;设备、材料价格和工资单价的价差(不包括由于管理不善而造成的价差);由于自然灾害而造成的损失和预防自然灾害所采取的技术组织措施费用;在竣工验收时,验收小组为鉴定工程质量,必须开挖和修复隐蔽工程的费用(但不包括由于施工质量不符合设计要求而返工的费用);建设项目在建设期内由于汇率、贷款利率、税率等变化而增加的费用;建设项目在建设期内由于设备、材料、人工、机械台班、征用拆迁等价格上涨而增加的费用等。

四 公路工程造价的种类

公路基本建设过程中涉及的工程造价的种类见表1-2。

工程造价的种类 表 1-2

建 设 阶 段	工程造价的种类	建 设 阶 段	工程造价的种类
预可行性研究	项目建议书投资估算	施工图设计	施工图预算
工程可行性研究	计划任务书投资估算	施工准备阶段	施工预算
初步设计	设计概算	竣工验收	竣工决算
技术设计	修正概算	招标投标	招标标底与投标报价

(一)基本建设项目投资估算

投资估算是基本建设前期工作的重要环节之一。在拟建项目决策前进行的项目建议书和可行性研究报告的编制中,投资估算是必不可少的工作。它对建设项目或建设工程总造价起总体控制作用,是项目决策的重要依据之一。由于投资估算是在设计工作之前进行的,各有关专业设计尚未完全介入,工程数量和其他各类数据还不具体,因此,编制的主要依据也不可能具体,许多条件的确定只能是粗线条的,这在一定程度上增加了估算工作的难度,影响了结论的准确性。基本建设项目投资估算包括公路建设项目建议书阶段(工程预可行性研究阶段)投资估算和公路建设项目设计计划任务书(工程可行性研究阶段)投资估算两部分。

1. 公路建设项目建议书阶段(工程预可行性研究阶段)投资估算

根据《公路基本建设工程投资估算编制办法》和《公路工程估算指标》(以下简称《估算指标》),在项目建设前期必须估算工程造价并对项目经济效益进行评价。项目建议书阶段投资估算是以《估算指标》中第一部分综合指标为依据的。在编制建设项目建议书前的预可行性研究时,工程技术资料处于粗略的形式,只能从路网规划图及说明书中获得一定的技术数据。因此,综合指标计算单位为 1km,工程数量按建设项目公路总长度计,但不包括路线中 1000m 及以上特大桥的桥长。特大桥需按有关项目另计。

2. 公路建设项目设计计划任务书(工程可行性研究阶段)投资估算

项目建议书审查批准后,进入工程可行性研究阶段。通过必要的勘察调查(高等级公路必须做),包括大桥、隧道及不良地质地段的地质勘探,在取得必要的技术资料的基础上,对不同建设方案从经济上、技术上进行综合论证,提出推荐建设方案,审批后作为编制设计计划任务书的依据。《估算指标》中的第二部分分项指标是编制设计计划任务书前工程可行性研究投资估算的依据,是以各项工程的人工、主要材料、其他材料费、机械使用费消耗量指标为表现形式的指标。这些指标以现行的《公路工程概算定额》(JTG/T B06-01—2007)和各项费用定额水平为依据综合编制,反映了我国当前公路建设的实际情况。因而,规定了除指标中未包括的项目可以编制地区补充指标及指标中规定允许换算的以外,一般不得自行变更。设计计划任务书阶段投资估算不但能对建设工程总造价起总体控制作用,由于能按照设计专业分块统计估价,它还能指导和控制各设计专业,如路基路面专业、桥梁(指独立设计的大、中桥)专业等的造价控制水平,从而使全线总造价水平的控制更有把握。

(二)初步设计及技术设计阶段的设计概算与修正概算

设计计划任务书得到批准以后,基建项目按建设程序进入设计阶段。公路工程基本建设项目一般分两阶段设计，即初步设计和施工图设计。对于技术简单、方案明确的小型建设项目可采用一阶段施工图设计；而对那些技术复杂而又缺乏基础资料的建设项目或建设项目中的特大桥、互通式立交、隧道等则有必要在初步设计与施工图设计之间加入技术设计。概算或修正概算是初步设计文件或技术设计文件的重要组成部分。概算应控制在批准时建设项目可行性研究报告投资估算允许幅度范围之内，概算经批准后是基本建设项目投资最高限额，是编制建设项目计划、签订建设项目总承包合同，实行建设项目包干、控制预算、考核设计经济合理性和建设成本的依据。不同阶段设计概算均由设计单位编制。编制概算或修正概算，应全面了解工程所在地的建设条件，掌握各项基础资料，正确引用规定的定额、取费标准、工资单价和材料设备价格，按交通部[1]颁发的《公路工程基本建设项目概算预算编制办法》（JTG B06—2007）的规定进行编制，使概算能完整、准确地反映设计内容。概算应根据初步设计内容计算各项工程数量和选择合理的施工方法和施工组织。对已批准的初步设计进行施工招标的工程，其标底应在批准的总概算范围内。技术设计是在批准的初步设计的基础上进行的，包括：进行必要的补充初测或实施定测；对重大、复杂的技术问题通过科学试验、专题研究，进一步落实施工技术方案，其中包括勘探调查工作的深化。

修正概算是技术设计文件的重要组成部分。修正概算的编制与初步设计概算编制方法是一致的，可视通过技术设计后与初步设计相比较，如技术条件变化不大或者集中于局部地段，则只需要对原概算相应部分进行修改即可。编制概算时应根据概算定额的各工程项目的人工、材料、机械台班消耗量和编制办法规定的概算工程所在地的人工费工日单价、材料预算单价和机械台班单价计算出各项工程项目的工、料、机费用，并按编制办法规定计算各项费用，然后汇总得出反映工程项目总投资和各项经济指标的总概算表。由于初步设计会受外部条件的限制，如工程地质勘探、设备、材料的供应、协作条件、物资采购供应价格的变化等，以及人们主观认识的局限性，往往会造成在施工图设计阶段直至建设施工过程中的局部修改、变更，这都是正常现象，也将使设计更趋完善。因此也必定会引起已确认的初步设计阶段工程造价的变化。这种正常的变化在一定范围内是允许的，但必须经过核算和调整。这种核算、调整工作就是概预算管理工作。当涉及建设规模、设计方案或工艺过程的重大变更时，原初步设计已经失去了指导施工图设计的意义，则必须重新编制或修改初步设计文件。随着初步设计的重编和修改，要将另行编制修改的初步设计概算报原审查单位审批。投资控制额即以新批准的修改初步设计概算额为准。

（三）施工图设计阶段的施工图预算

施工图预算是施工图设计文件的组成部分，它是确定建筑安装工程造价的文件。预算经审定后，按预算承发包的工程，预算是确定工程造价、签订建筑安装工程合同、实行建设单位和施工单位投资包干和办理工程结算、实行经济核算和考核工程成本的依据。施工图预算是根据已批准的施工图设计文件、施工组织设计文件、建筑安装工程定额和各种费用取费标准等编制的。它是拟建工程设计概算文件的具体化。以一个单位工程为对象编制的施工图预算，称为单位工程预算；以一个单项工程为对象编制的施工图预算，称为单项工程综合预算。单位工程预算是单项工程综合预算的基础文件，汇总所有单位工程预算即可得出单项工程综合预算。汇总所有单项工程施工图预算，便是一个建设项目建筑安装工程的预算

---

[1] 交通部已于2008年更名为交通运输部，后同。

造价。公路基本建设，由于受公路建筑产品特点和公路建设特点的制约，即使同一类型的工程，按同标准设计，各工程的总造价也会有差异。因此，其产品不能规定统一的价格，而必须通过特殊的计算程序，个别地加以计算确定。为了编制公路工程概预算，国家、交通运输部以及地方交通运输主管部门颁发和确定了地区工资标准、材料预算价格、概预算定额、施工管理费定额、计划利润及税金等。据此结合工程设计即可单独编制公路工程概预算，计算出建设工程的全部费用。在基本建设概预算获得批准后，它所规定的费用总额就是基本建设产品的计划价格。施工图预算由设计单位负责编制。对不实行设计招标的建设项目，如有几个单位共同设计时，由主管部门指定主体设计单位负责统一编制原则和依据，并汇编总预算；其他设计单位负责编制所承担设计的单项工程或单位工程预算。对实行设计招标的建设项目，预算由中标单位负责编制。

(四)施工准备阶段的施工预算

施工预算是施工企业在单位工程开工之前，根据施工图纸、施工定额、单位工程施工组织设计、降低工程成本的技术组织措施，并结合施工现场的实际情况，在施工图预算的控制下，以单位工程为对象而编制的经济文件。编制施工预算，分析施工所需要的各种人工、材料和机械台班消耗的数量和费用，采取有效措施，使施工计划成本低于工程预算成本，确保施工单位获得良好的经济效益。编制施工预算是施工单位做好内部经济核算的重要环节之一，是施工单位管理工作的一项重要制度和措施。在编制施工预算时，工程技术工作已得到加强或者已经确定，施工单位作为投标单位已全面介入工程技术工作。工程的施工图纸、设计说明书、设计资料及图纸会审纪要已与实际施工有了较好的对应关系。在单位工程的施工组织设计及其分部(项)工程的施工过程设计中，各工种工程的施工方法、选用机械的种类和型号，以及施工进度计划和现场平面布置等已经确定，这些资料为编制施工预算、计算工程量、选套施工定额、分析工料数量和计算费用，提供了不可缺少的符合施工实践的依据。此时确定的工程造价也是最切合实际的建设项目工程造价。施工单位在编制施工预算时，还可以根据其技术和管理水平及施工经验，套用单位内部编制的自用的施工定额。这样，能使施工预算体现出施工单位的特点与水平，并作为施工单位进行项目承包和经济核算的依据。施工图预算中的人工、材料和机械台班消耗的数量及其费用是施工预算中相应项目的最高限额。

(五)竣工验收阶段的竣工决算

当基本建设项目竣工验收结束后，需要对建设过程中所涉及的费用进行决算，以准确确定该建设项目的造价。竣工决算以实物量和货币为计量单位，它综合反映了竣工验收的基本建设项目或单项工程的造价和投资效益，是竣工验收报告的重要组成部分。

(六)招投标阶段的招标标底与投标报价

招标是业主就拟建项目准备招标文件，发布招标广告或信函，邀请若干投标人进行报价竞争，业主从中选择合适的承包人与之达成协议并按协议完成项目的过程。工程招标是业主进行项目管理的重要手段之一。而投标则是指承包人按照招标要求，对拟招标工程进行投标，就质量、工期、成本、技术、信誉、财务、合同等各方面进行竞争，以争取拟建项目的承包权。在招投标过程中，招标单位测算的工程造价即是招标标底，它对投标单位保密；而投标单位测算的工程造价则是投标报价。一般来说,招标标底与投标报价是招投标单位控制工程造价的依据。

第三节　公路工程造价管理

一　公路工程造价管理体制简介

(一)工程造价管理概述

1. 工程造价管理的含义

工程造价管理有两种含义:一是指建设工程投资费用管理;二是指建设工程价格管理。

建设工程投资费用管理是指为了实现投资的预期目标,在拟订的规划、设计方案的条件下,预测、确定和监控工程造价及其变动的系统活动。建设工程投资费用管理属于投资管理范畴,它既涵盖了微观层次的项目投资费用管理,也涵盖了宏观层次的投资费用管理。

建设工程价格管理属于价格管理范畴。在市场经济条件下,价格管理一般分为两个层次:在微观层次上,是指生产企业在掌握市场价格信息的基础上,为实现管理目标而进行的成本控制、计价、定价和竞价的系统活动。在宏观层次上,是指政府部门根据社会经济发展的实际需要,利用现有的法律、经济和行政手段对价格进行管理和调控,并通过市场管理规范市场主体价格行为的系统活动。工程建设关系国计民生,同时,政府投资或国有资金投资的公共、公益性项目在今后仍然会有相当份额。因此,国家对工程造价的管理,不仅承担一般商品价格的调控职能,而且在政府或国有资金投资的项目上也承担着微观主体的管理职能。这种双重角色的双重管理职能,是工程造价管理的一大特色。

2. 建设工程全面造价管理

按照国际工程造价管理促进会给出的定义,全面造价管理(Total Cost Management,简称TCM)是指有效地利用专业知识与技术,对资源、成本、盈利和风险进行筹划和控制。建设工程全面造价管理包括全寿命期造价管理、全过程造价管理、全要素造价管理和全方位造价管理。

建设工程全寿命期造价是指建设工程初始建造成本和建成后的日常使用成本之和,它包括建设前期、建设期、使用期及拆除期各个阶段的成本。由于在实际管理过程中,在工程建设及使用的不同阶段,工程造价存在诸多不确定性,因此,全寿命期造价管理至今只能作为一种实现建设工程全寿命期造价最小化的指导思想,指导建设工程的投资决策及设计方案的选择。

全过程造价管理是指覆盖建设工程策划决策及建设实施各个阶段的造价管理。包括:前期决策阶段的项目策划、投资估算、项目经济评价、项目融资方案分析;设计阶段的限额设计、方案比选、概预算编制;招标、投标阶段的标段划分、承包发包模式及合同形式的选择、标底编制;施工阶段的工程计量与结算、工程变更控制、索赔管理;竣工验收阶段的竣工结算与决算等。

影响建设工程造价的因素有很多。为此,控制建设工程造价不仅仅是控制建设工程本身的建造成本,还应同时考虑工期成本、质量成本、安全与环境成本的控制,从而实现工程成本、工期、质量、安全、环境的集成管理。全要素造价管理的核心是按照优先性的原则,协调和平衡工期、质量、安全、环保与成本之间的对立统一关系。

建设工程造价管理不仅仅是业主或承包单位的任务，而且应该是政府建设主管部门、行业协会、业主、设计方、承包方以及有关咨询机构的共同任务。尽管各方的地位、利益、角度等有所不同，但必须建立完善的协同工作机制，才能实现建设工程造价的有效控制。

（二）我国工程造价管理体制

1. 工程造价管理制度的发展历程

新中国成立后，我国建设工程造价管理体制的产生和发展过程大体可分为以下 4 个阶段：一是工程造价管理机构与概预算定额体系的建立阶段；二是工程造价管理机构的恢复和工程造价管理制度的建立阶段；三是工程造价管理制度的完善与发展阶段；四是市场经济体制下工程管理与计价体制的发展阶段。

1950～1966 年，我国引进和吸收了苏联工程建设的经验，形成了一套标准设计和定额管理制度，相继颁布了多项规章制度和定额，规定了不同建设阶段需编制概算和预算，初步建立了我国工程建设领域的概预算制度，同时，对概预算的编制原则、内容、方法和审批、修正办法、程序等作出了明确规定。在这一阶段，我国的工程造价管理机构体系也得到了逐步建立与完善。之后的十年，我国曾一度取消了定额管理机构和工程概预算制度。

20 世纪 70 年代末期，我国首先恢复了工程造价管理机构，并进一步组织制定了工程建设概预算定额、费用标准等。1988 年在建设部[1]增设了标准定额司，各省（自治区、直辖市）、国务院有关部委相继建立了定额管理站，并在全国颁布了一系列推动工程概预算管理和定额管理发展的文件。1990 年经建设部同意成立了第一个也是唯一代表我国工程造价管理行业的行业协会——中国建设工程造价管理协会。在此期间，提出了全过程、全方位进行工程造价控制和动态管理的思路，这标志着我国工程造价的管理由单一的概预算管理向工程造价全过程管理的转变。

经过 30 多年来的不断深化改革，国务院建设主管部门及其他各有关部门、各地区对建立健全建设工程造价管理制度、改进建设工程计价依据做了大量工作。20 世纪 90 年代初期，除了继续按照全过程控制和动态管理的思路对工程造价管理进行改革外，在计价依据方面，首次提出了“量”、“价”分离的新思想，改变了国家对定额管理的方式，同时，提出了“控制量”、“指导价”、“竞争费”的改革设想。初步建立了“在国家宏观控制下，以市场形成造价为主的价格机制，项目法人对建设项目的全过程负责，充分发挥协会和其他中介组织作用”的具有中国特色的工程造价管理体制。

2003 年，建设部推出了《建设工程工程量清单计价规范》（GB 50500—2003），这是建设工程计价依据第一次以国家强制性标准的形式出现，初步实现了从传统的定额计价模式到工程量清单计价模式的转变，同时也进一步确立了建设工程计价依据的法律地位，这标志着一个崭新阶段的开始。2008 年，建设部在总结经验的基础上，通过进一步完善和补充，又发布了《建设工程工程量清单计价规范》（GB 50500—2008），该标准自 2008 年 12 月 1 日起实施。《建设工程工程量清单计价规范》（GB 50500—2013），总结了 2008 版实施以来的经验和不足，特别是清理拖欠工程款工作中普遍反映的问题，修订了原规范正文中不尽合理、可操作性不强的条款及表格格式，特别增加了采用工程量清单计价如何编制工程量清单和招

[1] 建设部已于 2008 年更名为住房和城乡建设部，后同。

标控制价、投标报价、合同价款约定以及工程计量与价款支付、工程价款调整、索赔、竣工结算、工程计价争议处理等内容，并增加了条文说明。2013版（自2013年7月1日起施行）计价规范和计算标准作为国家标准，规范了工程建设各方的计价行为，统一了建设工程计价文件的编制原则和计价方法。

2. 工程造价管理体制的深化改革

随着经济体制改革的深入，我国工程造价管理的模式发生了很大变化，主要表现在以下几个方面：

（1）重视和加强项目决策阶段的投资估算工作，努力提高政府投资或国有投资的大中型或重点建设项目的可行性研究报告中投资估算的准确度，切实发挥其控制建设项目总造价的作用。

（2）明确概预算工作不仅要反映设计、计算工程造价，更要能动地影响设计、优化设计，并发挥控制工程造价、促进合理使用建设资金的作用。工程经济人员与设计人员要密切配合，做好多方案的技术经济比较，通过优化设计来保证设计的技术经济合理性。要明确规定设计单位逐级控制工程造价的责任制，并辅以必要的奖罚制度。

（3）从建筑产品也是商品的认识出发，以价值为基础，确定建设工程造价及所含的建筑安装工程的费用，使工程造价的构成合理化，逐渐与国际惯例接轨。

（4）把竞争机制引入工程造价管理体制，打破以行政手段分配建设任务和设计施工单位依附于政府主管部门吃大锅饭的体制，冲破条条割裂、地区封锁，在相对平等的条件下进行招标承包，择优选择工程承包公司、设计单位、施工企业和设备材料供应单位，以促使这些单位改善经营管理，提高应变能力和竞争能力，降低工程造价。

（5）提出用“动态”方法研究和管理工程造价。研究如何体现项目投资额的时间价值，要求各地区、各部门工程造价管理机构定期公布各种设备、材料、工资、机械台班的价格指数以及各类工程造价指数，尽快建立地区、部门乃至全国的工程造价管理信息系统。

（6）提出对工程造价的估算、概算、预算、承包合同价、结算价、竣工决算实行“一体化”管理，并研究如何建立一体化的管理制度，改变过去分段管理的状况。

（7）进一步完善和加强对造价工程师执业资格制度的管理，以提高工程造价专业人员的素质，确保工程造价管理工作的质量。扶持与引导工程造价咨询机构的发展，促进工程造价咨询业务健康发展。我国工程造价管理体制改革的最终目标是：建立市场形成价格的机制，实现工程造价管理市场化，与国际惯例接轨，形成社会化的工程造价咨询服务业。

（8）中国建设工程造价管理协会及其分支机构在各省、自治区、直辖市各部门普遍建立并得到了长足发展。

工程造价管理体制改革的目标是要在统一工程量计量规则和消耗量定额的基础上，遵循市场经济价值规律，建立以市场形成价格为主的价格机制，企业依据政府和社会咨询机构提供的市场价格信息和造价指数，结合企业自身实际情况，自主报价，通过市场价格机制的运行，形成统一、协调、有序的工程造价管理体系，达到合理使用投资、有效地控制工程造价、取得最佳投资效益的目的，逐步建立起适应社会主义市场经济体制，符合中国国情与国际惯例接轨的工程造价管理体制。

据此，在20世纪90年代中期制定了全国统一的工程量计算规则和消耗量基础定额，各地普遍制定了工程造价价差管理办法，在计划利润基础上，按工程技术要求和施工难易程度划分工程类别，实现差别利润率，各地区、各部门工程造价管理部门定期发布反映市场价格水平的价格信息和调整指数。有些地方建立了工程造价咨询机构,并已开始推行造价工程师执业资格制度等。这些改革措施对促进工程造价管理、合理控制投资起到了积极的作用,向最终的目标迈出了踏实的一步。

工程造价改革中的关键问题是要实现量、价分离,变指导价为市场价格,变指令性的政府主管部门调控取费及其费率为指导性,由企业自主报价,通过市场竞争予以定价。改变计价定额属性,这不是不要定额,而是改变定额作为政府的法定行为,采用企业自行制定定额与政府指导性相结合的方式,并统一项目费用构成,统一定额项目划分,使计价基础统一,有利于竞争。要形成完整的工程造价信息系统,充分利用现代化通信手段与计算机大存储量和高速的特点,实现信息共享,及时为企业提供材料、设备、人工价格信息及造价指数。要确立咨询业公正、中立的社会地位,发挥咨询业的咨询、顾问作用,使其逐渐代替政府行使造价管理的职能,也同时接受政府工程造价管理部门的管理和监督。

在这之后,造价管理将进入完全的市场化阶段,政府行使协调监督的职能。通过完善招投标制,规范工程承发包和勘察设计招标投标行为,建立统一、开放、有序的建筑市场体系。社会咨询机构将独立成为一个行业,公正地开展咨询业务,实施全过程的咨询服务。建立起在国家宏观调控的前提下,以市场形成价格为主的价格机制。根据物价变动、市场供求变化、工程质量、完成工期等因素,对工程造价依照不同承包方式实行动态管理。最终目的是要建立与国际惯例接轨的工程造价管理体制。

3. 工程造价管理的组织系统

工程造价管理的组织系统,是指为了实现工程造价管理目标而进行的有效组织活动,以及与造价管理功能相关的有机群体。它是工程造价动态的组织活动过程和相对静态的造价管理部门的统一。为了实现工程造价管理目标而开展有效的组织活动,我国设置了多部门、多层次的工程造价管理机构,并规定了各自的管理权限和职责范围。

1)政府行政管理系统

政府在工程造价管理中既是宏观管理主体,又是政府投资项目的微观管理主体。从宏观管理的角度来看,政府对工程造价管理有一个严密的组织系统,设置了多层管理机构,规定了管理权限和职责范围。如国务院建设主管部门造价管理机构包括水利、水电、电力、石油、石化、机械、冶金、铁路、煤炭、建材、林业、军队、有色、核工业、公路等行业的造价管理机构,主要是修订、编制和解释相应的工程建设标准定额,有的还担负本行业大型或重点建设项目的概算审批、概算调整等职责。此外,省、自治区、直辖市设立的工程造价管理部门,其主要职责是修编、解释当地定额、收费标准和计价制度等。此外,工程造价管理部门还有审核国家投资工程的标底、结算、处理合同纠纷等职责。工程造价管理的主要职责是:

(1)组织制定工程造价管理有关法规、制度并组织贯彻实施;

(2)组织制定全国统一经济定额和制订、修订本部门经济定额;

(3)监督指导全国统一经济定额和本部门经济定额的实施;

(4)制定和负责全国工程造价咨询企业的资质标准及其资质管理工作;

(5)制定全国工程造价管理专业人员执业资格准入标准,并监督执行。

2)企事业单位管理系统

企事业单位对工程造价的管理,属微观管理的范畴。设计单位、工程造价咨询企业等按照业主或委托方的意图,在可行性研究和规划设计阶段合理确定和有效控制建设工程造价,通过限额设计等手段实现设定的造价管理目标;在招标投标工作中编制招标文件、标底,参加评标、合同谈判等工作；在项目实施阶段，通过对设计变更、工期、索赔和结算等管理进行造价控制。设计单位、工程造价咨询企业通过在全过程造价管理中的业绩，赢得自己的信誉，提高市场竞争力。工程承包企业的造价管理是企业自身管理的重要内容。工程承包企业设有自己专门的职能机构参与企业的投标决策，并通过对市场的调查研究，利用过去积累的经验，研究报价策略，提出报价；在施工过程中，进行工程造价的动态管理，注意各种调价因素的发生和工程价款的结算，避免收益的流失，以促进企业盈利目标的实现。

3)行业协会管理系统

中国建设工程造价管理协会是经住房和城乡建设部和民政部批准成立的，代表我国建设工程造价管理的全国性行业协会，是亚太区测量师协会(PAQS)和国际工程造价联合会(ICEC)等相关国际组织的正式成员。在各国造价管理协会和相关学会团体的不断共同努力下，目前，联合国已将造价管理这个行业列入了国际组织认可行业，这对于造价咨询行业的可持续发展和进一步提高造价专业人员的社会地位将起到积极的促进作用。为了增强对各地工程造价咨询工作和造价工程师的行业管理，近十几年来，我国先后成立了各省、自治区、直辖市所属的地方工程造价管理协会。全国性造价管理协会与地方造价管理协会是平等、协商、相互扶持的关系，地方协会接受全国性协会的业务指导，共同促进全国工程造价行业管理水平的整体提升。

(三)发达国家工程造价管理

分析发达国家工程造价管理，其特点主要体现在以下几个方面：

1. 政府的间接调控

发达国家一般按投资来源不同，将项目划分为政府投资项目和私人投资项目。政府对不同类别的投资项目实行不同力度和深度的管理，重点是控制政府投资的项目。如英国，对政府投资项目采取集中管理的办法，按政府的有关面积标准、造价指标，在核定的投资范围内进行方案设计、施工设计，实施目标控制，不得突破。如遇非正常因素，宁可在保证使用功能的前提下降低标准，也要将造价控制在额度范围内。美国对政府投资项目则采用两种方式：一是由政府设专门机构对工程进行直接管理；二是通过公开招标委托承包人进行管理。发达国家对私人投资项目只进行政策引导和信息指导，而不干预其具体实施过程，体现了政府对造价的宏观管理和间接调控。

2. 有章可循的计价依据

费用标准、工程量计算规则、经验数据等是西方发达国家计算和控制工程造价的主要依据。如美国，联邦政府和地方政府没有统一的工程造价计价依据和标准，一般根据积累的工程造价资料，并参考各工程咨询公司有关造价的资料，对各自管辖的政府工程项目制定相应的计价标准，作为项目费用估算的依据。通过定期发布工程造价指南进行宏观调控与干预。有关工程造价的工程量计算规则、指标、费用标准等，一般由各专业协会、大型工程咨询公司制定。各地的工程咨询机构，根据本地区的具体特点，制定单位建筑面积的消耗量和基价，作为所管辖项目造价估算的标准。

3. 多渠道的工程造价信息

发达国家都十分重视对各方面造价信息的及时收集、筛选、整理以及加工工作。这是因为造价信息是建筑产品估价和结算的重要依据，是建筑市场价格变化的指示灯。从某种角度讲，及时、准确地捕捉建筑市场价格信息是业主和承包人能否保持竞争优势和取得盈利的关键因素之一。如在美国,建筑造价指数一般由一些咨询机构和新闻媒介来编制,在多种造价信息来源中,ENR(Engineering News Record)造价指数是比较重要的一种。编制ENR造价指数的目的是为了准确地预测建筑价格,确定工程造价。它是一个加权总指数,由构件钢材、波特兰水泥、木材和普通劳动力4种个体指数组成。ENR共编制两种造价指数,一是建筑造价指数,二是房屋造价指数。这两个指数在计算方法上基本相同,区别仅体现在计算总指数中的劳动力要素不同。ENR指数资料来源于20个美国城市和2个加拿大城市,ENR在这些城市中派有信息员,他们专门负责收集价格资料和信息。ENR总部则将这些信息员收集到的价格信息和数据汇总,并在每个星期四计算并发布最近的造价指数。

4. 造价工程师的动态估价

在英国,业主对工程的估价一般要委托工料测量师行来完成。在估价时,工料测量师将不同设计阶段提供的拟建工程项目资料与以往同类工程项目对比,结合当前建筑市场行情,确定项目单价。对于未能计算的项目(或没有对比对象的项目),则以其他建筑物的造价分析得来的资料补充。承包人在投标时,一般要凭自己的经验来完成估价,往往把投标工程划分为各分部工程,根据本企业定额计算出所需人工、材料、机械等的耗用量,而人工单价主要根据各劳务分包商的报价,材料单价主要根据各材料供应商的报价加以比较确定,承包人根据建筑市场供求情况随行就市,自行确定管理费率,最后作出体现当时当地实际价格的工程报价。总之,工程任何一方的估价,都是以市场状况为重要依据的,是完全意义的动态估价。

在美国,工程造价的估算主要由设计部门或专业估价公司来承担,造价工程师(Cost Engineer)在具体编制工程造价估算时,除了考虑工程项目本身的特征因素(如项目拟采用的独特工艺和新技术、项目管理方式、现有场地条件以及资源获得的难易程度等)外,一般还对项目进行较为详细的风险分析,以确定适度的预备费。但确定工程预备费的比例并不固定,随项目风险程度的大小而确定不同的比例。造价工程师通过掌握不同的预备费率来调节造价估算的总体水平。美国工程造价估算中的人工费由基本工资和附加工资两部分组成。其中,附加工资项目包括管理费、保险金、劳动保护金、退休金、税金等。材料费和机械使用费均以现行的市场行情或市场租赁价作为造价估算的基础,并在人工费、材料费和机械使用费总额的基础上按照一定的比例(一般为10%左右)再计提管理费和利润。考虑到工程造价管理的动态性,美国造价估算也允许有一定的误差。目前在造价估算中允许的误差幅度一般为:

可行性研究阶段估算:-20% ~ +30%;

初步设计阶段估算:-10% ~ +15%;

施工图设计阶段估算:-5% ~ +10%。

对造价估算规定一定的误差范围,有利于有效控制工程造价。

5. 通用的合同文本

合同在工程造价管理中有着重要的地位,发达国家都把严格按合同规定办事作为一项通用的准则来执行,并且有的国家还执行通用的合同文本。在英国,其建设工程合同制度已有几百年的历史,有着丰富的内容和庞大的体系。澳大利亚、新加坡和中国香港地区的建设工程合同制度都始于英国,著名的FIDIC(国际咨询工程师联合会)合同文件,也以英国的合同文件作为母本。英国有着一套完整的建设工程标准合同体系,包括JCT(JCT公司)合同体系、ACA(咨询顾问建筑师协会)合同体系、ICE(土木工程师学会)合同体系、皇家政府合同体系。JCT是英国的主要合同体系之一,主要通用于房屋建筑工程。JCT合同体系本身又是一个系统的合同文件体系，它针对房屋建筑中不同的工程规模、性质、建造条件，提供各种不同的文本，供建设人员在发包、采购时选择。

美国建筑师学会（AIA）的合同条件体系更为庞大，分为A、B、C、D、F、G系列。其中，A系列是关于发包人与承包人之间的合同文件；B系列是关于发包人与提供专业服务的建筑师之间的合同文件；C系列是关于建筑师与提供专业服务的顾问之间的合同文件；D系列是建筑师行业所用的文件；F系列是财务管理表格；G系列是合同和办公管理表格。AIA系列合同条件的核心是"通用条件"。采用不同的计价方式时，只需选用不同的"协议书格式"与"通用条件"结合。AIA合同条件主要有总价、成本补偿及最高限定价格等计价方式。

6. 重视实施过程中的造价控制

国外对工程造价的管理是以市场为中心的动态控制。造价工程师能对造价计划执行中所出现的问题及时分析研究，及时采取纠正措施，这种强调项目实施过程中的造价管理的做法，体现了造价控制的动态性，并且重视造价管理所具有的随环境、工作的进行以及价格等变化而调整造价控制标准和控制方法的动态特征。

以美国为例，造价工程师十分重视工程项目具体实施过程中的控制和管理，对工程预算执行情况的检查和分析工作做得非常细致，对于建设工程的各分部分项工程都有详细的成本计划，美国的建筑承包人是以各分部分项工程的成本详细计划为依据来检查工程造价计划的执行情况。对于工程实施阶段实际成本与计划目标出现偏差的工程项目，首先按照一定标准筛选成本差异，然后进行重要成本差异分析，并填写成本差异分析报告表，由此反映出造成此项差异的原因、此项成本差异对项目其他成本项目的影响、拟采取的纠正措施以及实施这些措施的时间、负责人及所需条件等。对于采取措施的成本项目，每月还应跟踪检查采取措施后费用的变化情况。若采取的措施不能消除成本差异，则需重新进行此项成本差异的分析，再提出新的纠正措施，如果仍不奏效，造价控制项目经理则有必要重新审定项目的竣工结算。

二 公路工程造价的控制与管理

建设工程造价的合理确定和有效控制是工程建设的重要组成部分。控制工程造价的目的不仅仅在于控制项目投资不超过批准的造价限额，更积极的意义在于合理使用人力、物力、财力，以取得最大的投资效益。

为了有效地控制工程造价，必须建立健全投资主管单位和建设、设计、施工等有关单位的全过程造价控制责任制，调动各有关单位和人员的积极性，在工程建设的各个阶段充分发挥竞争机制的作用，合理确定适合我国国情的建设方案和建设标准，努力降低工程造价，节约投资，在工程造价限额内，力求少投入、多产出。

1. 工程造价分阶段的控制与管理

为了合理确定和有效地控制建设工程造价，建立和健全各有关单位的造价控制责任制，实行对工程建设全过程的造价控制和管理，提高投资效益，规定如下：

1）建设项目设计任务书（或可行性研究报告，下同）投资估算对总造价的控制作用

建设项目设计任务书的投资估算是项目决策的重要依据之一，设计任务书一经批准，其投资估算应作为工程造价的最高限额，不得任意突破。设计任务书的编制单位必须严格按照设计任务书规定的编制深度，在优选建设方案的基础上，认真、准确地根据有关规定和估算指标合理确定投资估算，使其真正起到控制建设项目总造价的作用。各主管部门应根据

国家的统一规定，结合专业特点，对投资估算的准确度、设计任务书的深度和投资估算的编制办法作出具体明确的规定。报批的建设项目任务书的投资估算必须经有关有资信的咨询单位提出评估意见。大中型建设项目必须经中国国际工程咨询公司或其委托单位提出评估意见。投资主管单位在审批设计任务书时，要认真审查估算，既要防止漏项少算，又要防止高估多算。

2）必须加强工程设计阶段的造价控制

工程设计阶段是控制工程造价的关键环节。设计单位和设计人员必须树立经济核算的观念，克服重技术轻经济、设计保守浪费、脱离国情的倾向。设计人员与工程经济人员要密切配合，严格按照设计任务书规定的投资估算做好多方案的技术经济比较，要在降低和控制工程造价上下功夫。工程经济人员在设计过程中应及时地对工程造价进行分析对比，反馈造价信息，能动地影响设计，以保证有效地控制造价。积极推行限额设计，既要按照批准的设计任务书及投资估算控制初步设计概算，按照批准的初步设计及总概算控制施工图设计及预算；又要在保证工程功能要求的前提下，按各专业分配的造价限额进行设计，保证估算、概算起到层层控制的作用，不突破造价限额。设计单位必须保证文件的完整性。设计概预算是设计文件不可分割的组成部分。初步设计、技术简单项目的设计方案均应有概算；技术设计应有修正概算；施工图设计应有预算；预算均应有主要材料表。凡没有设计预算、施工图没有钢材明细表的设计均不是完整的设计。不完整的设计文件不得交付建设单位。设计文件的完整性和概预算的质量应作为评选优秀设计、审定设计单位等级的重要标准之一。

3）投资主管单位、建设单位必须对造价控制负责

投资主管单位应通过项目招标，择优选定建设单位（工程总承包单位），签订承包合同。签约双方应严格履行合同，管好用好投资，以保证不突破工程总造价限额。建设单位（工程总承包单位）对建设全过程造价控制负责。应认真组织设计方案招标、施工招标和设备采购招标，通过签订承包合同价把设计概算落到实处，做到投资估算、设计概算、设计预算和承包合同价之间相互衔接，避免脱节。工程造价管理力量薄弱的建设单位应委托或聘请有关咨询单位或有经验的工程经济人员，协助做好工程造价控制及管理工作。对重点项目，有条件的可试行总经济师制。各地区、各部门可积极创造条件，经过批准成立各种形式的工程造价咨询机构，接受建设单位、投资主管单位等的委托或聘请，从事工程造价的咨询业务。受委托的咨询机构和工程经济人员必须立场公正，协助有关单位做好工程造价的控制和管理工作。要严格控制施工过程中的设计变更，健全设计变更审批制度。设计如有变更必须进行工程量及造价增减分析，并经原设计单位同意；如有突破总概算的必须经设计审批单位审查同意，以切实防止通过变更设计任意增减设计内容、提高设计标准，从而提高工程造价。

4）施工单位应按照承包合同控制价格

施工单位应按照与招标单位签订的承包合同价，结合本单位情况建立多层次、多形式的内部经营承包制，改进经营管理，搞好经济核算，降低工程造价，落实承包合同价，保证按合同规定的工期、质量完成施工任务。

5）工程造价的确定必须考虑影响造价的动态因素

投资估算、设计概预算的编制，应按当时当地的设备、材料预算价格计算。在投资估算、设计概算的预备费中应合理预测设备、材料价格的浮动因素，以及其他影响工程造价的动态因素。应研究确定工程项目设备材料价格指数，可按不同类型的设备和材料价格指数，结合工程特点、建设期限等综合计算。在施工过程中，由于设备、材料价格变动、设计修改等因素

影响工程造价增加的费用,在签订承包合同时,应区别工程特点、工期长短,合理确定包干系数,进行包干。

6)改进工程造价的有关基础工作

国务院有关部委和省、自治区、直辖市主管部门应抓紧估算指标的编制工作,为编制建设项目建议书、设计任务书投资估算提供可靠依据。为适应招标承包制和简化设计预算的编制工作,预算定额应综合扩大。对现行的地区统一建筑预算定额,要在全国统一项目划分、统一工程量计算规划、统一编码等必要的统一性规定的基础上进行全面修订。为了充分发挥市场竞争机制的作用,促进施工单位提高经营管理水平,对于实行招标承包制的工程,将原施工管理费和各种施工增加费、计划利润等费率改为竞争性费率。为了适应价格浮动,必须相应地改进设备材料预算价格的编制和管理。各地区除编制必要的地区或建设项目材料预算价格外,还应编制材料的供应价及运杂费计算标准,以便及时、合理调整材料预算价格。各主管部门应根据设备价格的不同情况,适当归类,制定各种设备运杂费计算标准。各地基本建设综合管理部门应会同有关单位建立设备、材料价格信息系统,及时提供设备材料价格信息,定期发布材料价格和工程造价指数,以指导工程造价的预测和调整。

7)必须建立工程造价资料积累制度

工程竣工验收后,建设单位应在规定时间内提出工程竣工决算、承包合同价、决算价,以及相应的主要材料、设备用量及单价,报主管部门并抄送工程所在省、自治区、直辖市的基本建设综合管理部门及该建设项目的总体设计单位,大中型建设项目并抄送国家发展和改革委员会。国务院有关部委和各省、自治区、直辖市的基本建设综合管理部门以及设计单位,应指定专人负责收集、整理、分析各类有代表性的、有重复使用价值的已完工程投资包干协议价、承包合同价等各种造价资料数据库,为有关部门和单位提供工程造价信息资料。

8)加强对工程造价的管理和监督

工程造价管理应由各省、自治区、直辖市基本建设综合管理部门和国务院有关主管部门按规定的要求,组织协调各有关单位对工程造价进行管理和监督。其主要任务是:在总结经验的基础上,制定发布有关工程造价管理办法;组织规划、制定发布有关确定工程造价的定额、价格等必要的依据并提供信息;研究处理有关工程造价问题;协同建设银行等有关监督部门对基建乱收费及不合理的承包合同价和结算价进行监督。对于各部门、各地区的定额管理机构,应当充实干部队伍,提高人员素质,尽快地承担起上述各项具体任务。

2. 概预算定额的管理

我国公路工程造价的确定,包括计价定额、费用标准、劳务、材料等预算价格、计价方法及一整套概预算制度,其中概预算定额的制定、执行与修订是工程造价管理工作中的重要环节。

目前,我国公路建设概预算定额的管理工作业已完善并形成了建设主管部门和有关专业部门自上而下的专职定额管理体系。交通部公路工程定额站主管公路工程标准定额工作;各省、自治区、直辖市交通运输厅(局)设立定额站;行使相应的定额、工程造价的行政管理职能。

交通运输部根据基本建设的专业特点,编制和发布了有关专业基本建设的标准定额、指标和相应的估算及概预算的编制办法;各级定额(工程造价)管理站为完成工程建设概预算定额、设备材料预算价格、费用定额估算指标等编制任务,可收取由国家物价局、财政部批准的定额编制管理费。工程定额编制管理费属于行政事业性收费,目前为定额建安工程费的

1.7‰。通用的全国统一预算定额由主编部门组织审查，报国家发展和改革委员会批准颁发；其余的均由主管部门审批，报国家发展和改革委员会备案。概算定额、预算指标和估算指标，分别由有关部门和各省、自治区、直辖市主管部门根据需要，在预算定额的基础上进行编制审批，报国家发展和改革委员会备案。工程定额的补充工作应作为一项重要任务，经常收集整理分析有关资料，及时制定必要的补充预算定额，以适应工作的需要。费用定额按有关规定由各部门、省、自治区、直辖市制定颁布。

各部门、各地区的定额处（站）为本部门、本地区的工程造价管理机构，其职能是：制定工程造价管理制度；制定并管理工程建设的估算指标、概预算定额、费用定额、扩大材料消耗定额；收集、储存、分析已完工程造价资料，建立数据库；掌握材料设备价格信息，预测价格上涨系数及发布结算价格指数；监督检查工程预算或招标承包工程的标底及中标价是否合理。

三 造价工程师执业资格与工程造价咨询单位管理

（一）造价工程师及其素质要求

我国的注册造价工程师是指通过全国造价工程师执业资格统一考试或者资格认定、资格互认，取得中华人民共和国造价工程师执业资格；并按有关规定注册，取得中华人民共和国造价工程师注册证书和执业印章，从事工程造价活动的专业人员。造价工程师实行注册执业管理制度。取得造价工程师执业资格的人员，经过注册方能以注册造价工程师的名义执业。造价工程师的工作关系到国家和社会公众利益，对其专业素质、身体素质的要求应包括以下几个方面：

（1）造价工程师应是复合型的专业管理人才。作为建设领域工程造价的管理者，造价工程师应是具备工程、经济和管理知识与实践经验的高素质复合型专业人才。

（2）造价工程师应具备技术技能。技术技能是指能使用由经验、教育及训练获得的知识、方法、技能及设备，来达到特定任务的能力。造价工程师应掌握与建筑经济管理相关的金融投资、相关法律、法规和政策，工程造价管理理论及相关计价依据的应用，工业与建筑施工技术知识，信息化管理的知识等。同时，在实际工作中应能运用以上知识与技能，解决诸如：方案的经济比选；编制投资估算、设计概算和施工图预算；编制招标标底和投标报价；编制补充定额和造价指数；进行合同价结算和竣工决算，并对项目造价变动规律和趋势进行分析和预测。

（3）造价工程师应具备人文技能。人文技能是指与人共事的能力和判断力。造价工程师应具有高度的责任心与协作精神，善于与业务有关的各方面人员沟通、协作，共同完成对项目目标的造价控制与管理。

（4）造价工程师应具备观念技能。观念技能是指了解整个组织及自己在组织中地位的能力，使自己不仅能按本身所属的群体目标行事，而且能按整个组织的目标行事。造价工程师应有一定的组织管理能力，同时具有面对各种机遇与挑战积极进取、勇于开拓的精神。

（5）造价工程师要有健康的身体和宽广的胸怀，以适应紧张、繁忙和错综复杂的管理和技术工作。

造价工程师的职业道德素质，不仅关系到国民经济发展的速度和规模，而且也关系到多方面的经济利益关系。为了规范造价工程师的职业道德行为，提高行业信誉，中国建设工程造价管理协会在2002年正式颁布了关于《造价工程师职业道德行为准则》，其中制定了9条有关造价工程师职业道德的素质要求：

(1)遵守国家法律、法规和政策，执行行业自律性规定，珍惜职业声誉，自觉维护国家和社会公共利益。

(2)遵守“诚信、公正、精业、进取”的原则，以高质量的服务和优秀的业绩，赢得社会和客户对造价工程师职业的尊重。

(3)勤奋工作，独立、客观、公正、正确地出具工程造价成果文件，使客户满意。

(4)诚实守信，尽职尽责，不得有欺诈、伪造、作假等行为。

(5)尊重同行，公平竞争，搞好同行之间的关系，不得采取不正当的手段损害、侵犯同行的权益。

(6)廉洁自律，不得索取、收受委托合同约定以外的礼金和其他财物，不得利用职务之便牟取其他不正当的利益。

(7)造价工程师与委托方有利害关系的应当回避，委托方有权要求其回避。

(8)知悉客户的技术和商务秘密，负有保密义务。

(9)接受国家和行业自律组织对其职业道德行为的监督检查。

(二)造价工程师的执业资格考试、注册和执业

1.执业资格考试

我国从事工程造价业务活动的人员近100万人，这支队伍对管好、用好固定资产投资发挥了重要的作用。为了加强建设工程造价专业技术人员的执业准入管理，确保建设工程造价管理工作质量，维护国家和社会公共利益，1996年8月，人事部❶、建设部联合发布了《造价工程师执业资格制度暂行规定》，明确国家在工程造价领域实施造价工程师执业资格制度。凡从事工程建设活动的建设、设计、施工、工程造价咨询、工程造价管理等单位和部门，必须在计价、评估、审查(核)、控制及管理等岗位配备有造价工程师执业资格的专业技术人员。

造价工程师执业资格考试实行全国统一大纲、统一命题、统一组织的办法，原则上每年举行一次。在1997年，由建设部和人事部组织了9个省市的试点考试。全国统一的造价工程师执业资格考试从1998年开始，除1999年外，2000年及其以后的每年均举行了全国统一考试。截止到2011年底，全国注册造价工程师已达12万多人。

1)报考条件

《造价工程师执业资格制度暂行规定》规定，凡中华人民共和国公民，遵纪守法并具备以下条件之一者，均可申请参加造价工程师执业资格考试。

(1)工程造价专业大专毕业，从事工程造价业务工作满5年；工程或工程经济类大专毕业，从事工程造价业务工作满6年。

(2)工程造价专业本科毕业，从事工程造价业务工作满4年；工程或工程经济类本科毕业，从事工程造价业务工作满5年。

(3)已获上述专业第二学士学位或研究生毕业和获硕士学位，从事工程造价业务工作满3年。

---

❶ 原中华人民共和国人事部、中华人民共和国劳动和社会保障部合并成为中华人民共和国人力资源和社会保障部。后同。

(4)已获上述专业博士学位,从事工程造价业务工作满2年。

2)考试科目

建设部造价工程师执业资格考试有四个科目:"建设工程造价管理"、"建设工程计价"、"建设工程技术与计量"(土建或安装专业)和"工程造价案例分析"。交通运输部造价工程师执业资格考试有四个科目:"公路工程造价基础理论及相关法规"、"公路工程造价的计价与控制"、"公路工程造价案例分析"、"公路工程技术与计量"。

造价工程师四个科目分别单独考试、单独计分。参加全部科目考试的人员,须在连续的两个考试年度通过;参加免试部分考试科目的人员,须在一个考试年度内通过应试科目。

3)证书取得

造价工程师执业资格考试合格者,由省、自治区、直辖市人力资源和社会保障部门颁发人力资源和社会保障部统一印制、人力资源和社会保障部和住房和城乡建设部统一用印的造价工程师执业资格证书,该证书全国范围内有效,并作为造价工程师注册的凭证。

为了加强对注册造价工程师的管理,规范注册造价工程师的执业行为,原国家建设部颁布了《注册造价工程师管理办法》(建设部令第150号),中国建设工程造价管理协会制定了《造价工程师继续教育实施办法》和《造价工程师职业道德行为准则》,使造价工程师执业资格制度得到逐步完善。

2. 注册

(1)注册管理部门:国务院建设主管部门作为造价工程师注册机关,负责全国注册造价工程师的注册、执业活动实施统一的监督管理工作。各省、自治区、直辖市人民政府建设主管部门对本行政区域内作为注册造价工程师的省级注册、执业活动初审机关,对其行政区域内注册造价工程师的注册、执业活动实施监督管理。国务院铁路、交通、水利、信息产业等有关专业部门作为注册造价工程师的部门注册初审机关,负责对有关专业注册造价工程师的注册、执业活动实施监督管理。

(2)注册条件与注册程序:

注册条件:取得造价工程师执业资格;受聘于一个工程造价咨询企业或者工程建设领域的建设、勘察设计、施工、招标代理、工程监理、工程造价管理等单位;没有不予注册的情形。

注册程序:取得造价工程师执业资格证书的人员申请注册的,应当向聘用单位工商注册所在地的省级注册初审机关或者部门注册初审机关提出注册申请。对申请初始注册的,注册初审机关应当自受理申请之日起20日内审查完毕,并将申请材料和初审意见报注册机关。注册机关应当自受理之日起20日内作出决定。对申请变更注册和延续注册的,注册初审机关应当自受理申请之日起5日内审查完毕,并将申请材料和初审意见报注册机关。注册机关应当自受理之日起10日内作出决定。

(3)初始注册:取得造价工程师执业资格证书的人员,可自资格证书签发之日起1年内申请初始注册。逾期未申请者,须符合继续教育的要求后方可申请初始注册。初始注册的有效期为4年。

申请初始注册的,应当提交下列材料:初始注册申请表;执业资格证件和身份证件复印件;与聘用单位签订的劳动合同复印件;工程造价岗位工作证明;取得造价工程师执业资格证书的人员,自资格证书签发之日起1年后申请初始注册的,应当提供继续教育合格证明;受聘于具有工程造价咨询企业资质的中介机构的,应当提供聘用单位为其交纳的社会基本养老保险凭证、人事代理合同复印件,或者劳动、人事部门颁发的离退休证复印件;外国人、应提供外国人就业许可证书，台港澳人员应提供台港澳人员就业证书复印件。

(4)延续注册：注册造价工程师注册有效期满需继续执业的，应当在注册有效期满30日前，按照规定的程序申请延续注册。延续注册的有效期为4年。

申请延续注册的，应当提交下列材料：延续注册申请表；造价工程师注册证书；与聘用单位签订的劳动合同复印件；前一个注册期内的工作业绩证明；继续教育合格证明。

(5)变更注册：在注册有效期内，注册造价工程师变更执业单位的，应当与原聘用单位解除劳动合同，并按照规定的程序办理变更注册手续。变更注册后延续原注册有效期。

申请变更注册的，应当提交下列材料：变更注册申请表；造价工程师注册证书；与新聘用单位签订的劳动合同复印件；与原聘用单位解除劳动合同的证明文件；受聘于具有造价咨询企业资质的中介机构的，应当提供聘用单位为其交纳的社会基本养老保险凭证、人事代理合同复印件，或者劳动、人事部门颁发的离退休证复印件；外国人应当提供外国人就业许可证书，台港澳人员应提供台港澳人员就业证书复印件。

(6)注册证书和执业印章：注册证书和执业印章是注册造价工程师的执业凭证，应当由注册造价工程师本人保管、使用。造价工程师注册证书和执业印章由注册机关核发。注册造价工程师遗失注册证书、执业印章，应当在公众媒体上声明作废后，按照规定的程序申请补发。

(7)不予注册的情形。有下列情形之一的，不予注册：不具有完全民事行为能力的；申请在两个或者两个以上单位注册的；未达到造价工程师继续教育合格标准的；前一个注册期内造价业绩达不到规定标准或未办理暂停执业手续而脱离工程造价业务岗位的；受刑事处罚，刑事处罚尚未执行完毕的；因工程造价业务活动受刑事处罚，自刑事处罚执行完毕之日起至申请注册之日止不满5年的；因前项规定以外原因受刑事处罚，自处罚决定之日起至申请注册之日止不满3年的；被吊销注册证书，自被处罚决定之日起至申请之日止不满3年的；以欺骗、贿赂等不正当手段获准注册被撤销，自被撤销注册之日起至申请注册之日止不满3年的；法律、法规规定不予注册的其他情形。

(8)注册证书失效、撤销注册及注销注册：

注册造价工程师有下列情形之一的，其注册证书失效：已与聘用单位解除劳动合同且未被其他单位聘用的；注册有效期满且未延续注册的；死亡或者不具有完全民事行为能力的；其他导致注册失效的情形。

有下列情形之一的，注册机关或其上级行政机关依据职权或者根据利害关系人的请求，可以撤销注册造价工程师的注册：行政机关工作人员滥用职权、玩忽职守准予注册许可的；超越法定职权准予注册许可的；违反法定程序准予注册许可的；对不具备注册条件的申请人准予注册许可的；依法可以撤销注册的其他情形。申请人以欺骗、贿赂等不正当手段获准注册的，应当予以撤销。

有下列情形之一的，由注册机关办理注销注册手续，收回注册证书和执业印章或者公告其注册证书和执业印章作废：有注册证书失效情形发生的；依法被撤销注册的；依法被吊销注册证书的；受到刑事处罚的；法律、法规规定应当注销注册的其他情形。

注册造价工程师有上述情形之一的，注册造价工程师本人和聘用单位应当及时向注册机关提出注销注册的申请；有关单位和个人有权向注册机关举报；县级以上地方人民政府建设主管部门或者其他有关部门应当及时告知注册机关。

(9)重新注册：被注销注册或者不予注册者，在具备注册条件后重新申请注册的，按照规定的程序办理。

(10)暂停执业:在注册有效期内,注册造价工程师因特殊原因需要暂停执业的,应当到注册初审机构办理暂停执业手续,并交回注册证书和执业印章。

(11)信用制度:注册造价工程师及其聘用单位应当按照规定,向注册机关提供真实、准确、完整的注册造价工程师信用档案信息。注册造价工程师信用档案应当包括造价工程师的基本情况、业绩、良好行为、不良行为等内容。违法违规行为、被投诉举报处理、行政处罚等情况应当作为造价工程师的不良行为记入其信用档案。注册造价工程师信用档案信息按规定向社会公示。

3. 执业和继续教育

1)执业

注册造价工程师的业务范围主要包括:建设项目建议书、可行性研究投资估算的编制和审核,项目经济评价,工程概算、预算、结算,竣工结(决)算的编制和审核;工程量清单、标底(或者控制价)、投标报价的编制和审核,工程合同价款的签订及变更、调整,工程款支付与工程索赔费用的计算;建设项目管理过程中设计方案的优化、限额设计等工程造价分析与控制,工程保险理赔的核查;工程经济纠纷的鉴定。

注册造价工程师的权利主要包括:使用注册造价工程师名称;依法独立执行工程造价业务;在本人执业活动中形成的工程造价成果文件上签字并加盖执业印章;发起设立工程造价咨询企业;保管和使用本人的注册证书和执业印章;参加继续教育。

注册造价工程师的义务主要有:遵守法律、法规和有关管理规定,恪守职业道德;保证执业活动成果的质量;接受继续教育,提高执业水平;执行工程造价计价标准和计价方法;与当事人有利害关系的,应当主动回避;保守在执业中知悉的国家秘密和他人的商业、技术秘密。

注册造价工程师应当在本人承担的工程造价成果文件上签字并盖章。修改经注册造价工程师签字盖章的工程造价成果文件,应当由签字盖章的注册造价工程师本人进行。注册造价工程师本人因特殊情况不能进行修改的,应当由其他注册造价工程师修改,并签字盖章;修改工程造价成果文件的注册造价工程师对修改部分承担相应的法律责任。

2)继续教育

注册造价工程师在每一注册期内应当达到注册机关规定的继续教育要求。注册造价工程师继续教育分为必修课和选修课,每一注册有效期各为60学时。经继续教育达到合格标准的,颁发继续教育合格证明。注册造价工程师继续教育由中国建设工程造价管理协会负责组织。

根据中国建设工程造价管理协会2007年修订的《注册造价工程师继续教育实施暂行办法》,注册造价工程师继续教育学习内容主要是:与工程造价有关的方针政策、法律法规和标准规范,工程造价管理的新理论、新方法、新技术等。

继续教育的形式包括:参加中价协或各省级和部门管理机构组织的注册造价工程师网络继续教育学习和集中面授培训;参加中价协或各省级和部门管理机构举办的各种类型的注册造价工程师培训班、研讨会;中价协认可的其他形式。

继续教育培训学时计算方法:一般是参加中价协或各省级和部门管理机构组织的注册造价工程师网络继续教育学习,按在线学习课件记录的时间计算学时;参加集中面授培训及各种类型的培训班、研讨会等,每半天可认定4个学时;其他由中价协认定的学时。

4. 法律责任

1) 对擅自从事造价业务的处罚

未经注册，以注册造价工程师的名义从事工程造价业务活动的，所签署的工程造价成果文件无效，由县级以上地方人民政府建设行政主管部门或者其他有关专业部门给予警告，责令停止违法活动，并可处以 1 万元以上 3 万元以下的罚款。

2) 对注册违规的处罚

隐瞒有关情况或者提供虚假材料申请造价工程师注册的，不予受理或者不予注册，并给予警告，申请人在 1 年内不得再次申请造价工程师注册。

聘用单位为申请人提供虚假注册材料的，由县级以上地方人民政府建设行政主管部门或者其他有关专业部门给予警告，并可处以 1 万元以上 3 万元以下的罚款。

以欺骗、贿赂等不正当手段取得造价工程师注册的，由注册机关撤销其注册，3 年内不得再次申请注册，并由县级以上地方人民政府建设主管部门处以罚款。其中，没有违法所得的，处以 1 万元以下罚款；有违法所得的，处以违法所得 3 倍以下且不超过 3 万元的罚款。

未按照规定办理变更注册仍继续执业的，由县级以上地方人民政府建设主管部门或者有关专业部门责令限期改正；逾期不改的，可处以 5000 元以下的罚款。

3) 对执业活动违规的处罚

注册造价工程师有下列行为之一的，由县级以上地方人民政府建设主管部门或者有关专业部门给予警告，责令改正。没有违法所得的，处以 1 万元以下罚款；有违法所得的，处以违法所得 3 倍以下且不超过 3 万元的罚款。

执业违规行为主要有：不履行注册造价工程师义务；在执业过程中，索贿、受贿或者牟取合同约定费用外的其他利益；在执业过程中实施商业贿赂；签署有虚假记载、误导性陈述的工程造价成果文件；以个人名义承接工程造价业务；允许他人以自己名义从事工程造价业务；同时在两个或者两个以上单位执业；涂改、倒卖、出租、出借或者以其他形式非法转让注册证书或者执业印章；法律、法规、规章禁止的其他行为。

4) 对未提供信用档案信息的处罚

注册造价工程师或者其聘用单位未按照要求提供造价工程师信用档案信息的，由县级以上地方人民政府建设主管部门或者其他有关专业部门责令限期改正；逾期不改的，可处以 1000 元以上 1 万元以下的罚款。

（三）工程造价咨询企业资质管理

工程造价咨询企业是指接受委托，对建设工程造价的确定与控制提供专业咨询服务的企业。工程造价咨询企业从事工程造价咨询活动，应当遵循独立、客观、公正、诚实信用的原则，不得损害社会公共利益和他人的合法权益。

1. 资质等级标准

工程造价咨询企业资质等级分为甲级、乙级两类。截至 2012 年，我国共有工程造价咨询企业 6500 多家，其中甲级资质企业 2000 多家，占总数的 31%；乙级资质企业 4500 多家，占总数的 69%。

1) 甲级工程造价咨询企业资质标准

(1) 已取得乙级工程造价咨询企业资质证书满 3 年。

(2) 企业出资人中，注册造价工程师人数不低于出资人总人数的 60%，且其出资额不低于企业注册资本总额的60%。

(3)技术负责人已取得造价工程师注册证书,并具有工程或工程经济类高级专业技术职称,且从事工程造价专业工作15年以上。

(4)专职从事工程造价专业工作的人员(以下简称专职专业人员)不少于20人,其中,具有工程或者工程经济类中级以上专业技术职称的人员不少于16人,取得造价工程师注册证书的人员不少于10人,其他人员均需要具有从事工程造价专业工作的经历。

(5)企业与专职专业人员签订劳动合同,且专职专业人员符合国家规定的职业年龄(出资人除外)。

(6)专职专业人员人事档案关系由国家认可的人事代理机构代为管理。

(7)企业注册资本不少于人民币100万元。

(8)企业近3年工程造价咨询营业收入累计不低于人民币500万元。

(9)具有固定的办公场所,人均办公建筑面积不小于$10m^2$。

(10)技术档案管理制度、质量控制制度、财务管理制度齐全。

(11)企业为本单位专职专业人员办理的社会基本养老保险手续齐全。

(12)在申请核定资质等级之日前3年内无违规行为。

2)乙级工程造价咨询企业资质标准

(1)企业出资人中,注册造价工程师人数不低于出资人总人数的60%,且其出资额不低于注册资本总额的60%。

(2)技术负责人已取得造价工程师注册证书,并具有工程或工程经济类高级专业技术职称,且从事工程造价专业工作10年以上。

(3)专职专业人员不少于12人,其中,具有工程或者工程经济类中级以上专业技术职称的人员不少于8人,取得造价工程师注册证书的人员不少于6人,其他人员均需要具有从事工程造价专业工作的经历。

(4)企业与专职专业人员签订劳动合同,且专职专业人员符合国家规定的职业年龄(出资人除外)。

(5)专职专业人员人事档案关系由国家认可的人事代理机构代为管理。

(6)企业注册资本不少于人民币50万元。

(7)具有固定的办公场所,人均办公建筑面积不小于$10m^2$。

(8)技术档案管理制度、质量控制制度、财务管理制度齐全。

(9)企业为本单位专职专业人员办理的社会基本养老保险手续齐全。

(10)暂定期内工程造价咨询营业收入累计不低于人民币50万元。

(11)在申请核定资质等级之日前无违规行为。

2. 资质申请与审批

国务院建设主管部门负责对全国工程造价咨询企业的资质与审批统一进行监督管理工作;省、自治区、直辖市人民政府建设主管部门负责本行政区域内工程造价咨询企业的资质与审批行使监督管理职能;有关专业部门对本专业工程造价咨询企业的资质与审批实施监督管理。

1)资质许可的程序

甲级许可程序为:申请甲级工程造价咨询企业资质的,首先应当向申请人工商注册所在地省、自治区、直辖市人民政府建设主管部门或者有关专业部门提出申请。省、自治区、直辖市人民政府建设主管部门、国务院有关专业部门应当自受理申请材料之日起20日内审查完毕，然后将初审意见和全部申请材料报国务院建设主管部门，最终由国务院建设主管部门自受理之日起20日内作出是否给予审批的决定。

乙级许可程序为：申请乙级工程造价咨询企业资质的，直接由省、自治区、直辖市人民政府建设行政主管部门审查决定。其中，申请有关专业乙级工程造价咨询企业资质的，由省、自治区、直辖市人民政府建设主管部门与同级的有关专业部门共同审查决定。乙级工程造价咨询企业资质许可的具体实施程序由省、自治区、直辖市人民政府建设主管部门依法确定。省、自治区、直辖市人民政府建设主管部门应当自作出决定之日起30日内，将准予资质许可的决定报国务院建设主管部门备案。

2）申报材料的要求

申请工程造价咨询企业资质，应当提交下列材料并同时在网上申报：工程造价咨询企业资质等级申请书；专职专业人员（含技术负责人）的造价工程师注册证书、造价员资格证书、专业技术职称证书和身份证；专职专业人员（含技术负责人）的人事代理合同和企业为其交纳的本年度社会基本养老保险费用的凭证；企业章程、股东出资协议并附工商部门出具的股东出资情况证明；企业缴纳营业收入的营业税发票或税务部门出具的缴纳工程造价咨询营业收入的营业税完税证明；企业营业收入含其他业务收入的，还需出具工程造价咨询营业收入的财务审计报告；工程造价咨询企业资质证书；企业营业执照；固定办公场所的租赁合同或产权证明；有关企业技术档案管理、质量控制、财务管理等制度的文件；法律、法规规定的其他材料。

新申请工程造价咨询企业资质的，不需要提交税务、营收等材料，其资质等级按照乙级资质标准中的相关条款进行审核，合格者应核定为乙级，设暂定期一年。当暂定期届满需要继续从事工程造价咨询活动的，应当在暂定期届满30日前，向资质许可机关申请换发资质证书。符合乙级资质条件的，由资质许可机关换发资质证书。

3. 资质证书

1）资质证书的领取和补办

准予资质许可的造价咨询企业，资质许可机关应当向申请人颁发工程造价咨询企业资质证书。该资质证书由国务院建设主管部门统一印制，分正本和副本。正本和副本具有同等法律效力。如果工程造价咨询企业遗失了资质证书，应首先在公众媒体上声明作废后，再向资质许可机关申请补办。

2）资质证书的续期申请

工程造价咨询企业资质有效期为3年。资质有效期届满，需要继续从事工程造价咨询活动的，应当在资质有效期届满30日前向资质许可机关提出资质延续申请。资质许可机关应当根据申请作出是否准予延续的决定。准予延续的，资质有效期延续3年。

3）资质证书的变更

工程造价咨询企业的名称、住所、组织形式、法定代表人、技术负责人、注册资本等事项发生变更的，应当自变更确立之日起30日内，到资质许可机关办理资质证书变更手续。工程造价咨询企业合并的，合并后存续或者新设立的工程造价咨询企业可以承继合并前各方中较高的资质等级，但应当符合相应的资质等级条件。工程造价咨询企业分立的，只能由分立后的一方承继原工程造价咨询企业资质，但应当符合原工程造价咨询企业资质等级条件。

4. 资质的撤销和注销

有下列情形之一的，资质许可机关或者其上级机关，根据利害关系人的请求或者依据职权，可以撤销工程造价咨询企业资质：

(1)资质许可机关工作人员滥用职权、玩忽职守准予工程造价咨询企业资质许可的。

(2)超越法定职权准予工程造价咨询企业资质许可的。

(3)违反法定程序准予工程造价咨询企业资质许可的。

(4)对不具备行政许可条件的申请人准予工程造价咨询企业资质许可的。

(5)依法可以撤销工程造价咨询企业资质的其他情形。

工程造价咨询企业以欺骗、贿赂等不正当手段取得工程造价咨询企业资质的，应当予以撤销。此外，工程造价咨询企业取得工程造价咨询企业资质后，如不再符合相应资质条件的，资质许可机关根据利害关系人的请求或者依据职权，可以责令其限期改正；逾期不改的，可以撤回其资质。

有下列情形之一的，资质许可机关应当依法注销工程造价咨询企业资质：

(1)工程造价咨询企业资质有效期满，未申请延续的。

(2)工程造价咨询企业资质被撤销、撤回的。

(3)工程造价咨询企业依法终止的。

(4)法律、法规规定的应当注销工程造价咨询企业资质的其他情形。

(四)工程造价咨询管理

1. 业务承接

工程造价咨询企业应当依法取得工程造价咨询企业资质，并在其资质等级许可的范围内从事工程造价咨询活动。工程造价咨询企业依法从事工程造价咨询活动，不受行政区域限制。其中，甲级工程造价咨询企业可以从事各类建设项目的工程造价咨询业务；乙级工程造价咨询企业可以从事工程造价 5000 万元人民币以下的各类建设项目的工程造价咨询业务。

工程造价咨询业务范围包括：

(1)建设项目建议书及可行性研究投资估算、项目经济评价报告的编制和审核。

(2)建设项目概预算的编制与审核，并配合设计方案比选、优化设计、限额设计等工作进行工程造价分析与控制。

(3)建设项目合同价款的确定（包括招标工程工程量清单和标底、投标报价的编制和审核），合同价款的签订与调整（包括工程变更、工程洽商和索赔费用的计算），工程款支付、工程结算及竣工结（决）算报告的编制与审核等。

(4)工程造价经济纠纷的鉴定和仲裁的咨询。

(5)提供工程造价信息服务等。工程造价咨询企业可以对建设项目的组织实施进行全过程或者若干阶段的管理和服务。

工程造价咨询企业在承接各类建设项目的工程造价咨询业务时，可以参照《建设工程造价咨询合同》（示范文本）与委托人签订书面的工程造价咨询合同。

建设工程造价咨询合同一般主要包括下列内容：

(1)委托人与咨询人的详细信息。

(2)咨询项目的名称、委托内容、要求、标准，以及履行期限。

(3)委托人与咨询人的权利、义务与责任。

(4)咨询业务的酬金、支付方式和时间。

(5)合同的生效、变更与终止。

(6)违约责任、合同争议与纠纷的解决方式。

(7)当事人约定的其他专用条款的内容。

工程造价咨询企业从事工程造价咨询业务,应当按照有关规定的要求出具工程造价成果文件。工程造价成果文件应当由工程造价咨询企业加盖有企业名称、资质等级及证书编号的执业印章,并由执行咨询业务的注册造价工程师签字、加盖执业印章。

工程造价咨询企业设立分支机构的,应当自领取分支机构营业执照之日起 30 日内,持下列材料到分支机构工商注册所在地省、自治区、直辖市人民政府建设主管部门备案:

(1)分支机构营业执照复印件。

(2)工程造价咨询企业资质证书复印件。

(3)拟在分支机构执业的不少于 3 名注册造价工程师的注册证书复印件。

(4)分支机构固定办公场所的租赁合同或产权证明。

省、自治区、直辖市人民政府建设主管部门应当在接受备案之日起 20 日内,报国务院建设主管部门备案。分支机构从事工程造价咨询业务,应当由设立该分支机构的工程造价咨询企业负责承接工程造价咨询业务、订立工程造价咨询合同、出具工程造价成果文件。分支机构不得以自己名义承接工程造价咨询业务、订立工程造价咨询合同、出具工程造价成果文件。

工程造价咨询企业跨省、自治区、直辖市承接工程造价咨询业务的,应当自承接业务之日起 30 日内到建设工程所在地省、自治区、直辖市人民政府建设主管部门备案。

2. 行为准则

为了保障国家与公共利益,维护公平竞争的良好秩序以及各方的合法权益,具有造价咨询资质的企业在执业活动中均应遵循以下的行业行为准则:

(1)执行国家的宏观经济政策和产业政策,遵守国家和地方的法律、法规及有关规定,维护国家和人民的利益。

(2)接受工程造价咨询行业自律组织业务指导,自觉遵守本行业的规定和各项制度,积极参加本行业组织的业务活动。

(3)按照工程造价咨询企业资质证书规定的资质等级和服务范围开展业务,只承担能够胜任的工作。

(4)具有独立执业的能力和工作条件,竭诚为客户服务,以高质量的咨询成果和优良服务,获得客户的信任和好评。

(5)按照公平、公正和诚信的原则开展业务,认真履行合同,依法独立自主开展经营活动,努力提高经济效益。

(6)靠质量、靠信誉参加市场竞争,杜绝无序和恶性竞争;不得利用与行政机关、社会团体以及其他经济组织的特殊关系搞业务垄断。

(7)以人为本,鼓励员工更新知识,掌握先进的技术手段和业务知识,采取有效措施组织、督促员工接受继续教育。

(8)不得在解决经济纠纷的鉴证咨询业务中分别接受双方当事人的委托。

(9)不得阻挠委托人委托其他工程造价咨询单位参与咨询服务;共同提供服务的工程造

价咨询单位之间应分工明确,密切协作,不得损害其他单位的利益和名誉。

(10)有义务保守客户的技术和商务秘密,客户事先允许和国家另有规定的除外。

3. 信用制度

工程造价咨询企业应当按照有关规定,向资质许可机关提供真实、准确、完整的工程造价咨询企业信用档案信息。工程造价咨询企业信用档案应当包括工程造价咨询企业的基本情况、业绩、良好行为、不良行为等内容。违法行为、被投诉举报处理、行政处罚等情况应当作为工程造价咨询企业的不良记录记入其信用档案。任何单位和个人均有权查阅信用档案。

4. 法律责任

(1)资质申请或取得的违规责任。申请人隐瞒有关情况或者提供虚假材料申请工程造价咨询企业资质的,不予受理或者不予资质许可,并给予警告,申请人在1年内不得再次申请工程造价咨询企业资质。以欺骗、贿赂等不正当手段取得工程造价咨询企业资质的,由县级以上地方人民政府建设主管部门或者有关专业部门给予警告,并处1万元以上3万元以下的罚款,申请人3年内不得再次申请工程造价咨询企业资质。

(2)经营违规的责任。未取得工程造价咨询企业资质从事工程造价咨询活动或者超越资质等级承接工程造价咨询业务的,出具的工程造价成果文件无效,由县级以上地方人民政府建设主管部门或者有关专业部门给予警告,责令限期改正,并处以1万元以上3万元以下的罚款。工程造价咨询企业不及时办理资质证书变更手续的,由资质许可机关责令限期办理;逾期不办理的,可处以1万元以下的罚款。有下列行为之一的,由县级以上地方人民政府建设主管部门或者有关专业部门给予警告,责令限期改正;逾期未改正的,可处以5000元以上2万元以下的罚款:新设立的分支机构不备案的;跨省、自治区、直辖市承接业务不备案的。

(3)其他违规责任。工程造价咨询企业有下列行为之一的,由县级以上地方人民政府建设主管部门或者有关专业部门给予警告,责令限期改正,并处以1万元以上3万元以下的罚款:涂改、倒卖、出租、出借资质证书,或者以其他形式非法转让资质证书;超越资质等级业务范围承接工程造价咨询业务;同时接受招标人和投标人或两个以上投标人对同一工程项目的工程造价咨询业务;以给予回扣、恶意压低收费等方式进行不正当竞争;转包承接的工程造价咨询业务;法律、法规禁止的其他行为。

(4)对资质许可机关及其工作人员违规的处罚资质许可机关有下列情形之一的,由其上级行政主管部门或者监察机关责令改正,对直接负责的主管人员和其他直接责任人员依法给予处分;构成犯罪的,依法追究刑事责任:对不符合法定条件的申请人准予工程造价咨询企业资质许可,或者超越职权准予工程造价咨询企业资质许可决定的;对符合法定条件的申请人不予工程造价咨询企业资质许可,或者不在法定期限内准予工程造价咨询企业资质许可决定的;利用职务上的便利,收受他人财物或者其他利益的;不履行监督管理职责,或者发现违规行为不予查处的。

工程造价人员不仅要熟悉造价相关知识,同时对相关的法律法规也应了解。涉及工程造价的相关法律法规有《中华人民共和国建筑法》、《中华人民共和国公路法》、《公路建设市场管理办法》、《公路工程质量监督规定》、《公路工程竣(交)工验收办法》、《公路工程设计变更管理办法》、《公路工程施工监理招标投标管理办法》等。

思考题

1. 简述公路基本建设的内容和特点。
2. 简述公路基本建设的程序和资金来源。
3. 简述公路基本建设益损分析。
4. 分析工程造价的构成和种类。
5. 简述我国工程造价的管理体制。

第二章 公路工程定额

第一节 概　　述

一 定额的概念、作用与特点

（一）定额的概念

定额是指在正常的施工条件下，为完成一定量合格产品所规定的人力、物力、资金等消耗量的标准。定额是经过科学地测定、分析、计算后用数字加以规定的法定尺度，是组织施工的基础，也是计算工料机、资金消耗量的依据，还是工程计价的主要依据之一。定额反映了一定时期的社会生产力水平，随着生产技术的提高和生产管理的现代化，定额需要及时得到修改及补充，以提高劳动生产率、降低成本。

（二）定额的作用

定额的作用主要是组织施工和决定分配，具体表现在以下方面：

(1)定额是施工管理的依据。

(2)定额是确定工程造价、进行技术经济评价的依据。

(3)定额是按劳分配及经济核算的依据。

(4)定额是总结、分析和改进生产方法的手段。

（三）定额的特点

定额是在认真总结和研究生产规律的基础上，通过对工时分析、动作研究、现场布置、工具改革等研究，运用数理统计等各种科学方法制定出来的，所以定额具有科学性。定额是经过国家和有关政府部门批准颁发的，因此，它具有法令性和权威性。任何单位必须严格执行，不得任意改动。定额是通过广泛的数据收集、分析制定的，它的制定和执行要有许多部门和广大群众的直接参与并与他们的利益密切相关，因此具有广泛的群众性。定额的制定考虑了各方面的因素，它具有统一性和系统性。定额一旦颁布即具有稳定性，不可以随意改动。当然，定额必须按照科技进步和社会发展进行修正，确保其时效性。

二 定额的分类

工程定额一般可按两种方法分类，即按生产因素分类和按定额用途分类。现行定额分类如图 2-1 所示。各种定额的概念及应用将在后面具体介绍。

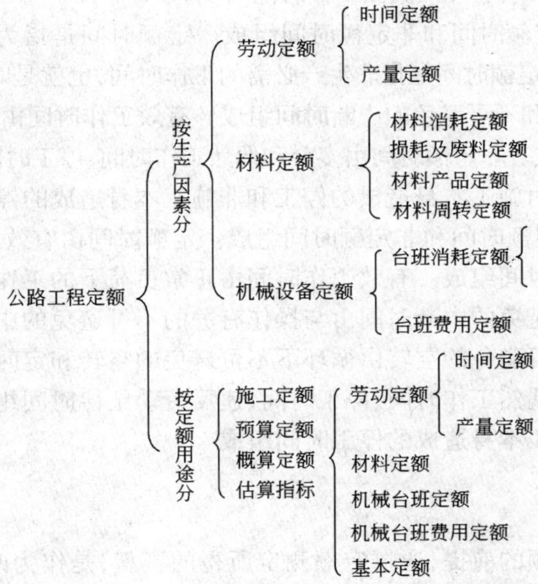

图 2-1　公路工程定额分类

定额除按图 2-1 所示分类外，还可按照投资的费用性质，分为建筑工程定额、设备安装工程定额、建筑安装工程费用定额、工器具定额以及工程建设其他费用定额；按照专业性质，可分为通用定额、行业通用定额、专业定额；按照主编单位和管理权限，可分为全国统一定额、行业统一定额、地区统一定额、企业定额、补充定额。

三 定额的制定

(一)工时消耗

工时消耗包括定额时间和非定额时间两部分。通过科学研究，找出非定额时间产生的原因，以便采取措施，使非定额时间降低到最低限度，从而提高时间利用率。工时研究分工人工作时间研究和机械作业时间研究两种。进行工时研究，必须对施工过程进行分解。

1. 施工过程分解

施工过程一般可分解为工序、操作和动作。

工序是指一个或多个工人，在工作地利用工具、机械对同一劳动对象连续进行的生产活动。工作地即工人工作地点，也就是现场。当进行移动性产品（如加工零件）生产时，一件或一批相同的劳动对象需顺序经过许多工作地进行加工，每个工作地内进行的生产活动即为一道工序；当进行固定性产品（如砌筑）生产时，一个工人或一个班组对劳动对象顺序进行工作，则一个工人或一个班组所进行的组织上不可分开、技术上相同的工作即为一道工序。

工序由若干操作构成。操作是指工人为完成工序产品的组成部分所进行的生产活动，而操作则是由若干个动作构成。动作是指工人参加劳动时一次完成的最基本的活动。

把施工过程分解成工序、操作和动作的目的，就是分析研究这些组成部分的必要性和合理性，测定每个部分的工时消耗，分析其相互关系和衔接时间，最后确定施工过程及工时定额。

2. 工作时间研究

工作时间分“工人工作时间”和“机械工作时间”两种。

（1）工人工作时间由定额时间和非定额时间组成。定额时间是指为完成某一部分建筑产品所必须消耗的时间；非定额时间是指非生产必需的工作时间，也就是时间损失。定额时间由有效工作时间、休息时间和不可避免的中断时间组成。有效工作时间由准备与结束时间、基本工作时间和辅助时间组成。非定额时间由多余和偶然工作时间、停工时间、违反劳动纪律损失的时间组成。停工时间由施工本身造成的停工和非施工本身造成的停工时间组成。

（2）机械工作时间由定额时间和非定额时间组成。定额时间由有效工作时间、不可避免的空转和不可避免的中断时间组成。有效工作时间由正常负荷下的工作时间和非正常负荷下的工作时间组成。不可避免的中断时间由与操作有关的不可避免的中断和与操作无关的不可避免的中断组成。不可避免的空转由循环下不可避免的空转和定时不可避免的空转组成。非定额时间由多余或偶然工作时间、停工时间、违反劳动纪律时间组成。停工时间由施工本身造成的停工和非施工本身造成的停工时间组成。

（二）定额的测定方法

定额的测定是制定定额的前提，通过定额测定所得的资料，是作为改善施工管理，合理组织施工，挖掘潜力及提高劳动生产率的依据。定额测定一般采用计时观测法，它以研究工作消耗为对象，以观测测量时间为手段，通过抽样或实测对时间进行研究。

定额测定的准备工作一般包括：正确选择测定对象，熟悉现行技术规范，分解施工过程，调查所测施工过程的主要因素等。

人工定额测定方法，首先是分析基础资料，确定影响工时消耗的因素，整理分析计时观测资料，拟订定额编制方案；其次是确定正常的施工条件，即工作地点、施工人员、具体工作内容等；第三是确定人工定额消耗计算方法。

机械定额测定方法，首先是确定正常的施工条件，拟订工作地点的合理组织；其次是确定机械 1h 纯工作生产率；再次是确定施工机械的正常利用系数；最后是计算施工机械台班定额，计算净消耗和损耗。

材料消耗定额测定方法，首先要确定材料消耗性质，即对必需的材料消耗和必要的材料损失予以确定；其次是要确定材料消耗量。材料消耗定额与人工定额和机械定额不同，它以材料、成品、半成品等的单位为计量单位。而人工定额和机械定额一般以时间为计量单位。

以时间为计量单位的定额测定方法一般采用三时估算法，即：

$$P = \frac{a + 4m + b}{6} \tag{2-1}$$

式中：P——定额时间；

a——最小用时；

b——最大用时；

m——最可能用时。

其中时间测定一般可采用间隔测定法和连续测定法。间隔测定法适用于工序或动作的延续时间较短的情况。连续测试法适用于测定各工序或动作的延续时间较长的情况。

例 2-1 某混凝土搅拌机拌和混凝土，最小用时为 115min，最可能用时为 125min，最大用时为 149min，求定额时间。

解 $P = \frac{a + 4m + b}{6} = \frac{115 + 4 \times 125 + 149}{6} = 127.3(\text{min})$

四 工程定额的管理

(一)工程建设定额管理的内容

定额管理就是利用定额来合理安排和使用人力、物力、财力及时间的所有管理活动的集合，是经济管理中的基础性工作的管理。管理内容主要是科学制定和及时修订各种定额；组织检查定额的执行情况；分析定额完成情况和存在问题，及时反馈信息。

工程定额种类繁多，管理内容受专业特点影响很大。但各类工程定额管理的内容虽有各自特点，但从共性看，工程定额管理内容不外三个方面，即定额的编制修订、定额的贯彻执行和信息反馈。编制修订是贯彻和执行定额的前提条件，贯彻执行则是编制修订定额的直接导因和管理环节的继续，而信息反馈则是这两者之间的桥梁和纽带。定额管理的内容主要是信息的采集、加工、传递、反馈的过程，具体如下：

(1)制订定额的编制计划和编制方案。

(2)积累、收集和分析、整理基础资料。

(3)编制修订定额。

(4)审批和发行。

(5)组织新编定额的征询意见。

(6)整理和分析意见、建议，诊断新编定额中存在的问题。

(7)对新编定额进行必要的调整和修改。

(8)组织新定额交底和一定范围内的宣传、解释和答疑。

(9)从各方面为新定额的贯彻执行创造条件、积极推行新定额。

(10)监督和检查定额的执行，主持定额纠纷的仲裁。

(11)收集、储存定额执行情况和反馈信息。

(二)工程定额的管理体制

工程定额管理体制是工程管理体制的组成部分。它主要是指国家、地方、部门和企业之间管理权限和职责范围的划分。建立定额管理体制，就在于保证工程定额管理能够组织各种力量，调动各方面的积极性，以便保证定额管理任务的顺利完成。工程定额的多种类、多层次，决定了管理体制的多部门、多层次。

我国工程定额管理，基本上属于政府职能。这是因为定额是国家管理和控制工程造价的有效手段；在进一步深化经济体制改革的形势下，定额仍然是国家对工程建设进行预测、决策、宏观调控的手段。省、自治区、直辖市和国务院行业主管部门的定额管理机构，是在其管辖范围内各自行使自己的定额管理职能。它们在统一政策、统一规划的指导下，主要负责本地区、本部门定额的编制、报批、发行工作；定额的宣传解释工作；定额纠纷的调解仲裁工作；为编制全国统一定额提供基础资料，如统计资料、测定资料和调查资料等；收集定额执行情况，分析研究定额中存在的问题，提出改进和解决措施；组织专业人员的培训和考核；指导下属定额机构的业务工作。直辖市和地区的定额管理机构，接受上级定额机构的指导，在所辖地区的范围内执行定额管理职能。

（三）工程定额管理机构

我国工程定额管理机构是适应国家大规模经济建设的发展而逐步建立和健全起来的，它会随着经济形势和经济体制的发展变化而变化。标准定额局和标准定额研究所的建立，标志着定额管理机构的进一步健全和完善。它把统筹规划、组织制定和管理全国工程建设标准、技术经济定额、投资估算指标、建设工期定额等作为重要职责。

各省、自治区、直辖市和国务院行业主管部门均设有管理工程建设定额的机构，即工程定额站，工作范围和内容无大差异。近几年，随着社会主义市场经济发展的客观要求，各个定额站或处大多改称工程造价管理站或处。各个工程建设定额管理机构除管理定额外，还承担材料预算价格、机械台班单价、单位估价表和单位估价汇总表的编制、发行和管理工作，有的定额站也管理标准规范。近两年来，为适应社会主义市场经济发展的要求，定额管理机构的职能正向造价管理方面拓宽，这就对机构和专业人员素质提出了更高的要求。

（四）定额站的组织和职能

现有的定额站，一般都是具有行政职能的事业单位。一是执行管理定额和工程造价的行政职能；二是在规定范围内从事定额和工程造价业务活动的咨询、研究。1986 年原国家计委发文，明确规定了各行业主管部门和地区的定额站职责是："制定工程造价管理制度；制定并管理工程建设的估算指标、概预算定额、费用定额，扩大材料消耗定额；收集、储存、分析已完工程造价资料，建立数据库；掌握材料设备价格信息，预测价格上涨系数及发布结算价格指数；监督检查工程预算或招标承包工程的标底及中标价是否合理。"

第二节　公路工程估算指标

一　估算指标的作用

《公路工程估算指标》(JTG/T M21—2011)（以下简称《估算指标》）和《公路工程基本建设项目投资估算编制办法》(JTG M20—2011)于 2012 年 1 月施行。估算指标是以某项目或其单位工程或单项工程为对象，综合项目全过程投资和建设成本的技术性经济指标。其具有和概预算定额不同的成本特点和作用。

(1)估算指标是项目建议书和可行性研究报告的编制依据，也可作为技术方案比较的参考。

(2)估算指标是建设项目经济性和技术性比较的基础。

(3)估算指标是建设项目造价确定和控制的依据。

二　估算指标的主要内容

（一）估算指标的构成

估算指标由总说明、路基工程、路面工程、隧道工程、涵洞工程、桥梁工程、交叉工程、交通工程及沿线设施、临时工程以及附录一设备购置费参考值、附录二新增材料名称及基价、附录三新增机械台班费用定额等构成。

（二）路基工程说明

路基工程包括路基土方，路基石方，粉煤灰路堤，排水与防护，其他路基防护、软基处理等项目。

（1）土石方体积的计算：

除指标另有说明者外，土方挖方按天然密实体积计算，填方按压（夯）实后的体积计算；开炸石方按天然密实体积计算。

（2）下列数量应由施工组织设计提出，并入路基填方数量内计算：

①土或零填方地段的基底压实、耕地填前夯（压）实后，回填至原地面高程所需的土、石方数量。

②因路基沉陷需增加填筑的土、石方数量。

③为保证路基边缘的压实度必须加宽填筑时，所需的土、石方数量。

（3）挖土方指标已综合伐树、挖根、砍挖灌木林、路基零星工程等工作。

（4）自卸汽车运输路基土、石方指标仅适用于平均运距在15km以内的土、石方运输；当平均运距超过15km时，应按社会运输的有关规定计算；当运距超过第一个指标运距单位时，其运距尾数不足一个增运指标单位的半数时不计，超过半数时按一个增运指标运距单位计算。自卸汽车运输路基土、石方指标为1000m^3自然方，指标已综合各种土质的压实系数及运输损耗，使用指标时不应再计算压实系数和运输损耗系数。远运利用、弃方运输工程量以天然密实体积计算，借方运输工程量以压（夯）实后的体积计算。

（5）填土方指标中不包括路基掺灰，掺灰应按公路工程概算定额另行计算。

（6）排水与防护工程：

①砌石、片石混凝土、混凝土圬工按实体数量计算。

②其他排水工程量按路基长度计算，本指标已包括路面排水工程。

③其他路基防护指标均已包括圬工，圬工不得另计费用。

④工程量计算：

a. 植草护坡按植草面积计算。

b. 骨架护坡按骨架护坡面积计算。

c. 喷射混凝土按喷射混凝土设计体积计算。

d. 锚杆框架梁分普通锚杆和预应力锚杆，按锚杆长度计算。

e. 预应力锚索按锚索长度计算。

f. 抗滑桩按桩身混凝土实体数量计算。

g. 加筋土挡土墙按平、凹面板混凝土圬工实体数量计算。

h. 板桩式挡土墙按现浇、预制混凝土圬工实体数量计算。

i. 锚杆挡土墙按现浇、预制混凝土圬工实体数量计算。

j. 防风固沙按防风固沙路基长度计算。

（7）软基处理：

本指标工程内容不包括对溶洞、采空区的处理，需要时应根据设计采用的处理形式采用相关定额计算。

软基处理工程量按处治的面积进行计算。

①处治深度3m以内：指标I综合清淤和一般砂砾换填，指标II综合抛石挤淤和土工合成材料等处治方法。

②处治深度3~12m：指标综合袋装砂井、塑料排水板、粉喷桩、堆载及真空预压等处治方法。

③处治深度12~20m：指标综合各类粒料桩、加固土桩、CFG桩等处治方法。

④处治深度超过20m：按公路工程概算定额计算。

（三）路面工程说明

路面工程指标分路面垫层、稳定土基层、其他路面基层、沥青路面、水泥混凝土路面、其他路面、沥青路面镶边及路缘石等项目。

（1）各类稳定土基层、级配碎石、级配砾石基层的压实厚度在20cm以内，拖拉机、平地机和压路机的台班消耗按定额数量计算。如超过上述压实厚度进行分层拌和、碾压时，拖拉机、平地机和压路机的台班消耗按定额数量加倍计算，每$1000m^2$增加3个工日。

（2）基层、垫层按顶层面积计算，沥青路面和水泥混凝土路面按路面实体计算。

（3）挖路槽，培路肩，稳定土拌和站安拆，稳定土拌和料的拌和及运输，沥青混合料拌和站安拆，沥青混合料的拌和及运输、铺筑、压实，透层、封层、磨耗层、保护层、水泥混凝土的拌和及运输，水泥混凝土搅拌站安拆，路肩加固等已综合在指标中。

（4）如设计为单车道路宽度时，压路机台班可按指标用量乘以下列系数计算：

两轮光轮压路机1.14，三轮光轮压路机1.33，轮胎式压路机和振动压路机1.29。

（5）本指标沥青的油石比系按《公路工程预算定额》（JTG/T B06-02—2007）附录的油石比编制。当设计能提出项目的油石比时，可按设计油石比调整指标中的沥青用量计算。计算公式如下：

$$S_i = S_d \times \frac{L_i}{L_d} \tag{2-2}$$

式中：S_i——按设计油石比换算后的沥青数量；

S_d——指标中的沥青数量；

L_i——设计采用的油石比；

L_d——《公路工程预算定额》（JTG/T B06-02—2007）中的油石比。

（6）温拌橡胶沥青路面是按干拌法编制的。

（7）沥青路面镶边和路缘石工程量以路基长度进行计算。

（四）隧道工程说明

隧道工程指标包括洞身、明洞、洞门、斜井、管棚等项目。

（1）本指标均指隧道洞内工程，即隧道进出口洞门端墙墙面间的工程。洞门墙以外的工程应按有关指标另行计算。

（2）洞身工程量按隧道正洞、人行横洞、紧急停车带面积之和计算。隧道正洞面积为隧道长度乘以隧道宽度。隧道长度不包括明洞和洞门的长度，隧道宽度指行车道宽度+侧向宽度+人行道或检修道的宽度。分离式及小净距隧道工程量按单洞洞身长度计算；连拱隧道工程量按双洞洞身长度计算。分离式隧道是按1000m以内、3000m以内、4000m以内编制的，当隧道长度大于4000m时应以隧道长度4000m以内指标为基础，与隧道长度4000m以上每增加1000m指标叠加使用。

若设计能提出隧道的围岩等级时，可对洞身指标进行调整：

I级围岩，指标乘以0.68的系数。

II级围岩，指标乘以0.75的系数。

III、IV级围岩，指标不作调整。

V级围岩，指标乘以1.35的系数。

VI级围岩，指标乘以1.65的系数。

(3)洞身指标已综合复合式路面结构，使用指标时不得调整。

(4)洞门指标单位为每端洞门，高速、一级公路一座隧道的工程量按两端洞门计算；二级及以下公路一座隧道的工程量按一端洞门计算。

(5)明洞工程量按明洞长度与明洞设计宽度的乘积计算。明洞宽度指行车道宽度+侧向宽度+人行道或检修道的宽度。

(6)斜井工程量按斜井长度与斜井设计宽度的乘积计算，指标中已综合联络道(风道)。

(7)竖井工程量按竖井深度计算。本指标适用于直径8m以内的竖井，指标中已综合联络道(风道)。

(8)管棚工程量按单排管棚的设计长度计算。

(9)该指标未包括地震、坍塌、溶洞、采空区、超前地质预报及大量地下水处理，以及其他特殊情况所需的费用，需要时可根据设计另行计算。

(10)该指标中未包括小导管、洞内施工排水、斜井洞内施工排水等项目，需要时按公路工程概算定额进行计算。

(11)该指标中未包括隧道的监控、通风、消防、供配电及照明、预留预埋等项目，应根据交通工程及沿线设施中的有关项目计算。

(五)涵洞工程说明

涵洞工程指标包括盖板涵、圆管涵、拱涵和箱涵等项目。

(1)涵身按涵洞长度计算。洞口按道计算，一道涵洞按两座洞口计算，如涵洞只有一座洞口，则按0.5道计算。

(2)涵洞工程指标分为跨径3m以内和5m以内。跨径超过5m的涵洞按标准跨径小于16m的桥梁指标进行计算。

(3)跨径小于0.5m的灌溉涵已综合在指标中，不得将灌溉涵作为工程量计算。

(4)指标中涵洞洞口按一般常用的标准洞口计算，如有特殊洞口，可根据实体圬工量，套用公路工程概算定额计算。

(5)若有双孔涵洞时，可按单孔指标乘以双孔系数(表2-1)。

双孔系数　　表2-1

结构类型	盖板涵	钢筋混凝土圆管涵	拱涵
双孔系数	1.6	1.8	1.5

（六）桥梁工程说明

桥梁工程指标分标准跨径小于16m的桥梁和标准跨径大于或等于16m的桥梁两项。其中标准跨径大于或等于16m的桥梁分为一般结构桥梁（如预应力空心板、预应力T形梁、预应力混凝土箱梁等）和技术复杂结构桥梁（如连续刚构、连续梁、斜拉桥、悬索桥、钢管拱等）两部分。

（1）本指标均包括基础、下部、上部、桥台锥坡、桥头搭板等工程。当设置导流坝、丁坝等调治构造物时，其圬工及土石方等工程应分别按第一章路基工程的防护工程指标及路基土石方指标另行计算。

（2）桥面面积为桥梁长度与桥面宽度的乘积。桥梁全长，有桥台的桥梁为两岸桥台侧墙或八字墙尾端间的距离；无桥台的桥梁为桥面系行车道的长度。桥梁宽度为行车道宽度+人行道或安全带+桥梁护栏的宽度并计算至外缘。

（3）本指标除特殊说明外均包括桥面铺装，使用时不得调整指标。

（4）本指标中均已综合混凝土集中拌和、混凝土运输及拌和站安拆，临时轨道、混凝土构件蒸汽养生及蒸汽养生室建筑等项目。

（5）标准跨径小于16m的桥梁指标已综合不同结构类型的桥梁，使用时不得调整指标。

（6）标准跨径大于或等于16m的桥梁应按不同结构类型编制估算。标准跨径100m以内的箱形拱和钢管拱，指标综合了基础、下部和上部；标准跨径100m以上的箱形和钢管拱，其基础、下部和上部则应按技术复杂大桥相关指标进行计算。

（7）技术复杂大桥：如工程可行性研究设计能提出技术复杂大桥上部构造用高强钢丝（钢绞线）和基础工程用的钢壳沉井或双壁钢围堰以及上部构造、下部构造、基础等各部位用的光圆钢筋、带肋钢筋的数量，可按设计提供的数量调整指标中相应的数量。

①基础工程：

扩大基础工程量按基础设计混凝土圬工实体计算。

沉井基础仅适用于水深在20m以内的桥梁工程，水深超过20m时，应编制补充指标或采用公路工程概算定额计算。

钢筋混凝土沉井按井体、封底、封顶、填芯等设计混凝土圬工实体计算；钢壳沉井按井壁、封底、封顶、填芯等设计混凝土实体计算。

灌注桩基础工程量按设计混凝土圬工实体计算。

钢管桩指标仅适用于打桩船打钢管桩，以打入的根数计算，指标中已综合防腐费用，未包括钢管桩的材料费用，需要另计。

承台及围堰工程量按承台及承台封底设计混凝土圬工实体之和计算。

地下连续墙工程量按地下连续墙内衬与墙体的混凝土圬工实体体积之和计算。

锚体工程量按锚块，散索鞍支墩、横梁、锚室、基础的混凝土圬工实体体积之和计算，指标中综合了锚固系统、冷却管、现浇支架。

②下部结构：

下部结构工程量按墩、台或索塔设计混凝土圬工实体计算。

③上部结构：

平行钢丝斜拉索、钢绞线斜拉索、主缆的工程量以平行钢丝、钢绞线的设计质量计算，不包括锚头和PE或套管防护料费用，这些费用应含在成品单价中。

钢绞线斜拉索的单价中包括厂家现场编索和锚具的费用。

主缆指标综合了牵引系统、猫道系统、主缆系统、缠丝、索鞍、索夹、吊索、防腐涂装的费用，编制估算时，不得另外计算。

钢箱梁质量为钢箱梁(包括箱梁内横隔板)、桥面板(包括横肋)、横梁、钢锚箱、检查车及钢护栏质量之和。如为钢—混混合梁结构，结合部的钢铆钉质量应计入钢箱梁质量内。编制估算时，钢箱梁单价应包括钢箱梁运输至安装现场和工地现场焊接费用。

钢箱梁指标中综合了钢箱梁安装所需的一切工作，但未包括钢箱梁桥面铺装，钢桥面铺装费用应另行计算。

技术复杂大桥上部构造指标中钢管拱是按标准跨径 240m 以内编制的，标准跨径大于 240m 时，可按以下规定进行计算：

a. 标准跨径为 240 ~ 400m，指标乘以 1.15 的系数。

b. 标准跨径为 400 ~ 600m，指标乘以 1.33 的系数。

(七)交叉工程说明

交叉工程指标包括互通式立体交叉、分离式立体交叉、平面交叉、通道、人行天桥及渡槽等项目。

1. 互通式立体交叉

匝道工程量按设计长度计算。匝道指标包括路基、路面、构造物以及其他附属设施等全部工程内容。

匝道指标是按注明的匝道路基宽度编制的，如设计匝道宽度与指标注明宽度值不同，可按如下系数调整指标：

$$K = \frac{(W_1 - W_0) \times 0.8}{W_0} + 1 \tag{2-3}$$

式中：K——指标调整系数；

W_1——设计匝道路基宽度(m)；

W_0——匝道指标中所注明的匝道路基宽度(m)。

平原微丘区匝道若为借土填方，借方运距在 3km 以内时，指标不另增加费用；借方运距在 3km 以上时，则需按路基工程中土石方运输指标另计借方运输费用。

匝道桥工程量按桥面面积计算，桥面面积的计算方法同“桥梁工程”的规定。

被交道工程量按设计整修长度计算。该指标中路况差指被交道路面需全部重新修建或大部分路面需补强；路况好指被交道路面基本完好，只需进行小面积处理。本指标仅指被交道的整修工程，如被交道属改线或为规划路、等级提高(改建)等情况，应根据设计数量套用相应的指标另行计算。

2. 分离式立体交叉

分离式立体交叉的桥梁工程按“桥梁工程”中的桥梁指标进行计算。

顶进箱涵的工程量为箱涵外缘宽度与箱涵长度的乘积，指标包括顶进设施、箱涵预制、顶进、铁路线加固、防护网等全部工程内容。

被交道工程量按设计整修长度计算，指标包括路基、路面、构造物以及其他附属设施等全部工程内容。本指标仅指被交道的整修工程，如被交道属改线或为规划路、等级提高(改建)等情况，应根据设计数量套用相应的指标另行计算。

3. 平面交叉

平面交叉工程量按需要设置的交叉处数计算。该指标包括路基、路面、构造物以及其他附属设施等全部工程内容。

公路与机耕道、大车道平面交叉按被交道等级为四级的指标进行计算。

4. 通道

该指标仅适用于跨径为5m以内的涵式通道，桥式通道采用桥梁指标计算。

通道洞身工程量按需要设置的总长度计算，洞口按需要设置的洞口数量计算。该指标包括通道本身、通道内路面等全部工程内容。

指标中通道洞口按一般常用的标准洞口计算，如有特殊洞口，可根据实体圬工量，套用公路工程概算定额计算。

若有双孔通道时，按照单孔指标乘以“涵洞工程”说明中盖板涵的双孔系数（表2-1）计算。

5. 人行天桥和渡槽

人行天桥和渡槽工程量按桥梁（渡槽）两端桥台台尾之间的水平距离（全桥长）乘以桥梁梁板或槽口外缘的宽度，以面积计算。

人行天桥及渡槽仅适用于混凝土结构，不适用于钢结构。

（八）交通工程及沿线设施说明

该指标包括安全设施、监控系统、通信系统、收费系统、隧道工程机电设施、独立大桥工程机电设施、服务房屋等项目。

（1）安全设施指标单位为公路公里，工程量按建设项目路线总长度计算。

该指标以综合匝道的安全设施计算。若建设项目有连接线，连接线的安全设施则应根据道路等级另行计算。

（2）监控系统指标单位为公里，工程量按建设项目路线总长度扣除隧道（双洞）的长度计算。

（3）通信系统指标单位为公路公里，工程量按建设项目路线总长度计算。

（4）收费系统指标单位为每条收费车道，工程量按建设项目主线和匝道收费所需的收费车道（包括进与出）数目之和计算。

（5）隧道工程机电设施指标分为监控系统、通风系统、消防系统、供配电及照明、预留预埋件等项目。

隧道工程机电设施指标单位为公里，工程量以隧道双洞长度计算；若隧道为单洞，则需将指标乘以0.5的系数。

（6）独立大桥工程机电设施指标仅适用于跨江、跨海的特大型桥梁工程，不适用于路线项目中一般桥梁工程。

独立大桥工程机电设施指标单位为10桥长米，工程量按新建独立大桥长度进行计算。

（7）服务房屋指标单位为m^2，工程量按建设项目所需的服务区、停车工区、养护工区、养护管理所等房屋的建筑面积之和计算，但不包括收费天棚的建筑面积。

（8）该指标均不包括外供电，若建设项目需外供电，则应另行计算。

（九）临时工程说明

该指标包括临时便道、临时便桥、临时码头等项目。

(1)临时便道分简易便道和复杂便道,指标单位为 km,工程量按便道的长度计算。

(2)复杂便道是指山岭重丘的高速公路或独立长大隧道修建时所需的便道,其余为简易便道。复杂便道的设置可结合当地农村路网规划统筹考虑。

(3)临时便桥仅为一般性便桥,对特殊的便桥应按公路工程概算定额单独计算。

(4)临时码头指标单位为座,工程量按需要设置的座数进行计算。

(5)其他工程指标包括公路交工前养护、临时电力线路、临时通信线路、其他零星工程等,指标单位为公路公里,工程量按建设项目路线总长度计算。

(6)该指标中不包括拆除旧建筑物、构造物、三改工程(改河、改沟、改路),应根据公路工程概算定额另行计算。

(十)新增材料名称及新增机械台班费用定额

1. 新增材料名称(表 2-2)

新 增 材 料 名 称

表 2-2

顺序号	材料名称	单位	代号	基价
1	橡胶粉	t	758	4000
2	维他黏结剂 TOR	t	759	120000
3	沥青再生剂	kg	849	70

2. 新增机械台班费用定额(表 2-3)

新增机械台班费用定额

表 2-3

序号		1	2	3
机械代号		1184	1185	1189
机械名称		就地热再生列车	4000L 内液态沥青运输车	泡沫沥青再生机
主机型号			LYZ-4000	
不变费用	折旧费(元)	16340	59.7	425
	大修理费(元)	8960	24.6	19.8
	经常修理费(元)	5375.6	86.1	39.7
	小计(元)	30675.6	170.4	484.5
可变费用	人工(工日)	11	1	6
	汽油(kg)	—	34.3	—
	柴油(kg)	9835.2		1000
	小计(元)	69762.5	326.3	7368.9
基价(元)		100438.1	496.7	7853.4

三 估算指标案例

例 2-2 某高速公路有水泥稳定碎石基层 3.2 万 m^3,压实厚度为 28cm,试用估算指标确定其工、料、机消耗量。

解 (1)指标号:[2-2(3+4×13)]

(2)按《估算指标》19 页说明,各类稳定土基层压实厚度超过 15cm,进行分层拌和、碾压时，拖拉机、平地机、压路机的台班消耗数量加倍计算，每 $1000m^2$ 增加 3 个工日。

(3)工程量实际基层面积：$32000m^3 \div 0.28m = 114285.71(m^2)$

(4)工料机消耗量：

人工：$(16.4+0.5\times13+3.0)\times114.28571=2960$(工日)

铁件：$0.2\times114.28571=22.857$(kg)

32.5 级水泥：$(17.044+1.117\times13)\times114.28571=3602.857$(t)

水：$(24+1\times13)\times114.28571=4228.571(m^3)$

中(粗)砂：$0.96\times114.28571=13.714(m^3)$

砂砾：$4.15\times114.28571=474.286(m^3)$

片石：$0.75\times114.28571=85.714(m^3)$

碎石：(4cm)$0.21\times114.28571=24(m^3)$

碎石：$(220.32+14.69\times13)\times114.28571=47004.57(m^3)$

块石：$0.68\times114.28571=77.714(m^3)$

其他材料费：$2.0\times114.28571=228.571$(元)

75kW 以内履带式推土机：$0.01\times114.28571=1.143$(台班)

105kW 以内履带式推土机：$0.03\times114.28571=3.429$(台班)

$0.6m^3$ 以内履带式单斗挖掘机：$0.01\times114.28571=1.143$(台班)

$3.0m^3$ 以内轮胎式装载机：$(0.49+0.03\times13)\times114.28571=100.571$(台班)

6～8t 光轮压路机：$0.15\times114.28571=17.143$(台班)

8～10t 光轮压路机：$0.01\times114.28571=1.143$(台班)

12～15t 光轮压路机：$1.34\times114.28571=153.143$(台班)

0.6t 以内手扶式振动碾：$(0.39+0.02\times13)\times114.28571=74.286$(台班)

300t/h 以内稳定土厂拌设备：$(0.24+0.02\times13)\times114.28571=57.143$(台班)

9.5m 以内稳定土摊铺机：$0.24\times114.28571=27.429$(台班)

250L 以内混凝土搅拌机：$0.01\times114.28571=1.143$(台班)

12t 以内自卸汽车：$(2.23+0.15\times13)\times114.28571=477.714$(台班)

20t 以内平板拖车组：$0.02\times114.28571=2.286$(台班)

6000L 以内洒水汽车：$0.32\times114.28571=36.571$(台班)

1t 以内机动翻斗车：$(0.2+0.01\times13)\times114.28571=37.714$(台班)

40t 以内汽车式起重机：$0.03\times114.28571=3.429$(台班)

75t 以内汽车式起重机：$0.03\times114.28571=3.429$(台班)

小型机具使用费：$4.5\times114.28571=514.286$(元)

基价：$(16377+936\times13)\times114.28571=3262285.592$(元)

例 2-3 某钻孔灌注桩基础，设计直径为 1.2m，施工时河床底部高程为 18.5m，通航水位 23.8m，工程量 $1512m^3$，试用估算指标确定其工、料、机消耗量。

解 查《估算指标》可知，钻孔灌注桩基础指标号为 199 页 5-9 技术复杂大桥。因最大通航水深为 5.3m，考虑采用平均水深 5m 以内为宜。

(1)指标号：[5－9(7×151.2)]

(2)实际工程量为：$1512/10=151.2(m^3)$

(3)工、料、机消耗量(名称、定额、消耗量、单位)，见表 2-4。

工、料、机消耗量 表2-4

名　称	定　额	消 耗 量	单　位
人工	25.6	3870.72	工日
原木	0.004	0.6048	m^3
锯材	0.039	5.8968	m^3
光圆钢筋	0.083	12.5496	t
带肋钢筋	0.677	102.3624	t
型钢	0.011	1.6632	t
钢管	0.035	5.292	t
电焊条	4.5	680.4	kg
钢管柱	0.019	2.8728	t
钢护筒	0.866	130.9392	t
铁件	0.3	45.36	kg
20～22号铁丝	1.6	241.92	kg
32.5级水泥	5.148	778.3776	t
水	43	6501.6	m^3
青(红)砖	0.07	10.584	千块
中(粗)砂	6.18	934.416	m^3
砂砾	0.07	10.584	m^3
黏土	6.14	928.368	m^3
碎石(4cm)	8.33	1259.496	m^3
其他材料费	23.4	3538.08	元
设备摊销费	103.4	15634.08	元
75kW以内履带式推土机	0.03	4.536	台班
1.0m^3以内轮船式装载机	0.03	4.536	台班
6m^3以内混凝土搅拌运输车	0.14	21.168	台班
60m^3/h以内混凝土输送泵	0.09	13.608	台班
60m^3/h以内混凝土搅拌站	0.03	4.536	台班
8t以内载货汽车	0.04	6.048	台班
15t以内履带式起重机	0.06	9.072	台班
12t以内汽车式起重机	0.22	33.264	台班
50kN以内单筒慢动卷扬机	0.33	49.896	台班
300kN以内振动打拔桩锤	0.23	34.776	台班
直径1500mm以内回旋钻机	0.28	42.336	台班
直径2500mm以内回旋钻机	1.45	219.24	台班
直径3000mm以内回旋钻机	0.35	52.92	台班
泥浆搅拌机	0.35	52.92	台班
32kV·A以内交流电弧焊机	0.76	114.912	台班
88kW以内内燃拖轮	0.24	36.288	艘班
221kW以内内燃拖轮	0.03	4.536	艘班
100t以内工程驳船	0.71	107.352	艘班
200t以内工程驳船	3.57	539.784	艘班
小型机具使用费	32.8	4959.36	元
基价	18355	2775276	元

第三节　公路工程概算定额

一　公路工程概算定额的作用

现行《公路工程概算定额》(JTG/T B06-01—2007)于2007年10月19日颁发,并于2008年1月1日起施行。它在预算定额的基础上,考虑新技术、新工艺、新材料和新施工设备综合而成,它是以主要工序为准,能适应各等级公路概算编制的需要。当基本建设进入初步设计阶段或技术设计阶段时,必须编制设计概算或修正概算。概算定额是编制设计概算或修正概算的依据之一。

(1)概算定额是编制设计概算和修正概算的主要依据。

(2)概算定额是编制建设项目投资估算指标的基础。

(3)概算定额是进行设计方案和施工方案经济比较的依据。

(4)概算定额是编制主要材料供应量、劳动力供应量、机械台班数量的基础。

二　公路工程概算定额的主要内容

(一)概算定额的组成

概算定额由总说明、路基工程、路面工程、隧道工程、涵洞工程、桥梁工程、交通工程及沿线设施、临时工程等部分组成。

(二)概算定额表的构成

(1)表名:位于表最上方,是指概算定额中工程项目名称。

(2)工程内容:位于表左上方,是指该工程项目的主要工作内容。

(3)单位:位于表右上方,是指该工程项目的单位,如$10m^3$。

(4)顺序号:位于表左边第一列,是指该项目所需工料机等的先后顺序。

(5)项目:位于表左边第二列,是该项目工料机等的名称。

(6)单位:位于表左边第三列,是该项目工料机等对应的单位。

(7)代号:位于表左边第四列,是计算机对工料机等名称的识别代号。

(8)子目名:是该项目涉及的子目录名称。

(9)其他材料费:指该项目使用的未一一列入的小型材料费用。

(10)小型机具使用费:指该项目未列入机械台班费用定额的小型机械、工具等使用费。

(11)基价:指该项目涉及的工料机的定额基价,是用来计算其他费用的基数。

(12)定额编号的表示方法有很多种,一般采用:页号-表号-细目号-栏目号;也有用页号·表号·细目号·栏号;或直接采用表号-细目号-栏号。

(三)概算定额说明

(1)《公路工程概算定额》(JTG/T B06-01—2007)(以下简称本《概算定额》)是全

国公路专业统一定额。它是编制初步设计概算的依据，也是编制建设项目投资估算指标的基础。它适用于公路基本建设新建、改建工程。对于公路养护的大、中修工程，可参考使用。

(2)《概算定额》是以人工、材料、机械台班消耗量表现的工程概算定额。编制概算时，其人工费、材料费、机械使用费应按《公路工程基本建设项目概算预算编制办法》(JTG/T B06—2007)的规定计算。

(3)《概算定额》包括路基工程、路面工程、隧道工程、涵洞工程、桥梁工程、交通工程及沿线设施、临时工程共7章。如需使用材料采集加工、材料运输定额，可采用《公路工程预算定额》(JTG/T B06-02—2007)中有关项目。

(4)《概算定额》是按照合理的施工组织和正常的施工条件编制的。定额中所采用的施工方法和工程质量标准，是根据国家现行的公路工程施工技术及验收规范、质量评定标准及安全操作规程取定的，除定额中规定允许换算者外，均不得因具体工程的施工组织、操作方法和材料消耗与定额的规定不同而变更定额。

(5)《概算定额》是以部颁的现行标准设计图为依据编制的，没有标准设计图的定额项目，则选择有代表性的设计图或施工详图。不同载重标准和不同桥宽均可使用本定额。

(6)《概算定额》除潜水工作每工日6h，隧道工作每工日7h外，其余均按每工日8h计算。

(7)《概算定额》中所列的工程内容，除扼要说明了所综合的工程项目外，均包括各项目的全部施工过程的内容和辅助工日。

(8)建筑材料、成品、半成品从现场堆放地点或场内加工地点至操作或安装地点的场内水平或垂直运输所需的人工和机械消耗，以按一般正常合理的施工组织设计计算在定额项目内；并考虑了材料发生二次倒运费用和场内运输超运距用工，以及材料从工地仓库运至施工现场用工。除《概算定额》中另有说明者外，均不得另行增加。

(9)《概算定额》中的材料消耗量系按现行材料标准的合格料和标准规格料计算的。定额内材料、成品、半成品均已包括场内运输及操作损耗。桥涵、隧道工程的各个项目，还包括材料的一定幅度差，编制概算时，不得另行增加。其场外运输损耗、仓库保管损耗以及由于材料供应规格和质量不符合规定而发生的加工损耗，应在材料预算价格内考虑。

(10)《概算定额》中周转性的材料、模板、支撑、脚手杆、脚手板和挡土板等的数量，已考虑了材料的正常周转次数并计入定额内。其中就地浇筑钢筋混凝土梁用的支架及拱圈用的拱盔、支架，如确因施工安排达不到规定的周转次数时，可根据具体情况进行换算并按规定计算进行回收，其余工程一般不予抽换。

(11)《概算定额》是根据标准设计图纸或合理的设计图纸规定的混凝土强度等级和砌筑砂浆强度等级确定水泥及砂石材料的用量。如设计采用的混凝土、砂浆、水泥等强度等级与定额所列不同时，可按预算定额附录所列的配合比进行换算。但实际施工配合比材料用量与定额配合比表用量不同时，除配合比表说明允许换算外，均不得调整定额用量。本定额各类混凝土未考虑添加剂费用且均按现场拌和进行编制，如设计采用添加剂或采用商品混凝土，可适当调整定额用量。

(12)《概算定额》中只列工程所需的主要材料用量和主要机械台班数量。对某些品种、规格相近的材料，在预算定额的基础上进行了综合，其名称见表2-5。

综合的预算定额材料名称 表 2-5

概算定额材料名称	综合的预算定额材料名称
原木	原木
锯材	锯材、枕木
钢材	型钢、钢板、圆钢、钢轨、钢管
加工钢材	钢护筒、钢套箱、钢壳沉井、钢模板、组合钢模板、门式钢支架、索鞍构件、悬吊系统构件、套筒及拉杆构件
钢梁	钢桁、钢纵横梁、钢箱梁及桥面板、钢锚箱
铁丝	8～12 号铁丝、20～22 号铁丝
水泥	32.5 级水泥、42.5 级水泥、52.5 级水泥、62.5 级水泥
料石	粗料石、细料石

编制概算时，这些材料的预算价格，以所综合的主要材料价格为主，并适当考虑其他材料价格的因素确定。次要、零星材料和小型机具均未一一列出，分别列入"其他材料费"及"小型机具使用费"内，以元表示，编制概算即按此计算。

(13)《概算定额》中各项目所列的材料总质量，为建筑材料质量，但不包括水及施工机械的油耗质量。

(14)《概算定额》中各项目的施工机械种类、规格是按一般合理的施工组织确定的，如施工中实际采用的机械种类、规格与定额规定的不同时，一律不得抽换。

(15)《概算定额》中的施工机械的台班消耗，已考虑了工地合理的停置、空转和必要的备用量等因素。定额中所列"机械使用费"，是定额中所列机械的台班费用与小型机具使用费的合计。编制概算时，如地区机械工人的工资、燃料、水和电的预算价格与定额中的基价出入不大时，也可直接采用定额中的"机械使用费"的价值计算；如出入较大时，编制概算的台班单价，应按《公路工程机械台班费用定额》(JTG/T B06-03—2007)分析计算。

(16)《概算定额》未包括公路养护管理房屋等工程，如养路道班房、桥头看守房、收费站房等工程，这类工程应执行地区的建筑安装工程定额。

(17)其他未包括的项目，各省、自治区、直辖市交通运输厅(局)可编制补充定额在本地区执行，并报交通运输部备案；还缺少的项目，各设计单位可编制补充定额，随同概算文件一同送审，并将编制依据送各省、自治区、直辖市公路(交通)工程定额站备查。所有补充定额均应按照本定额的编制原则、方法进行编制。

(18)《概算定额》遇有下列情况，可按《公路工程基本建设项目概算预算编制办法》(JTG B06—2007)中的有关规定办理。

①冬、雨季施工的工程；

②夜间施工的工程；

③高原地区施工的工程；

④边施工边维持通车的工程。

(19)定额表中注明"××数以内"或"××数以下"者，均包括××数本身；而注明"××数以外"或"××数以上"者，则不包括××数本身。定额内数量带"( )"者，则表示基价中未包括其价值。

(20)《概算定额》的基价是人工费、材料费、机械使用费的合计价值。此基价中的人工费、材料费是按北京市 2007 年的人工、材料预算价格计算的，机械使用费是按 2007 年交通部公布的《公路工程机械台班费用定额》(JTG/T B06-03—2007)计算的。

(21)定额中的“工料机代号”系编制概算采用电子计算机计算时作为对工、料、机械名称识别的符号,不应随意变动。编制补充定额时,遇有新增材料或机械名称,可取相近品种材料或机械代号间的空号。

(22)路基工程定额包括伐树、挖根、除草、清除表土,土方工程,机械碾压路基,石方工程,洒水车洒水,路基零星工程,软土地基处理,砌石防护工程,混凝土防护工程,加筋土挡土墙及锚定板式挡土墙,铺草皮、编篱及铁丝(木、竹)笼填石护坡,防雪、防砂设施,抗滑桩等工程项目。

(23)路面工程定额包括低级、中级、次高级、高级4种类型路面以及路槽、路肩、垫层、基层等,除沥青混合料路面以 $100m^3$ 路面实体为计算单位外,其余均以 $1000m^2$ 为计算单位。

(24)隧道工程定额包括人工开挖,机械开挖轻轨斗车运输,机械开挖自卸汽车运输,喷射混凝土及锚杆支护,现浇混凝土衬砌,石料、混凝土预制块衬砌,装饰,照明、通风设施共八个项目。

(25)涵洞工程按常用的结构分为石盖板涵、石拱涵、钢筋混凝土圆管涵、钢筋混凝土盖板涵、钢筋混凝土箱涵5类。如为其他类型,可参照有关定额进行编制。

(26)桥梁工程定额包括围堰筑岛、基础工程、下部构造、上部构造、小桥扩大定额等。

(27)交通工程及沿线设施包括柱式及墙式护栏,波形钢板护栏,隔离栅,中间带及车道分离块,标志牌,轮廓标,路面标线,机械铺筑拦水带,里程牌、百米桩、界碑,公共汽车停靠站防雨篷共10个项目。

(28)临时工程包括汽车便道,临时便桥,临时码头,轨道铺设,架设输电、电信线路,人工夯打小圆木桩共6个项目。

例2-4 某路基在新疆境内,海拔2800m,山岭重丘地形,机械打眼开炸,次坚石,推土机清运,运距80m,试确定其概算定额。

解 (1)概算定额表号:[24-1-1-12-(6+8×4)]

(2)定额值如下:$1000m^3$ 天然密实方

人工:105.7+3.2×4=118.5(工日)

空心钢钎:18kg

50mm合金钻头:25个

硝铵炸药:179kg

导火线:481m

普通雷管:381个

其他材料费:26.4元

135kW以内履带式推土机:4.51+0.99×4=8.47(台班)

$9m^3$/min以内机动空压机:8.45台班

小型机具使用费:494.4元

基价:18221+4×1329=23537(元)

例2-5 某一级公路路基工程全长10km,按设计断面计算的填土数量为200万 m^3,平均填土高度为6m,平均边坡长9m,两边各宽填0.2m(厚度),路基宽40m,普通土,无利用方,路基占地及取土坑均为耕地。采用 $1m^3$ 以内斗容单斗挖掘机挖装土方,平均挖深2m,填土前以12t光轮压路机压实耕地。设12t光轮压路机的有效作用力为 $6.6kg/cm^2$,普通土的抗沉陷系数为0.35kg/cm^3。试确定:路基宽填增加土方量为多少?填前压实增加土方量为多少?总计价土方量(压实方)为多少?挖掘机挖装借方作业所需工料机消耗量及基价为多少?

解 (1)路基宽填增加土方量为:10000×6×0.2×2=24000(m^3)。

(2)按概算路基工程说明,当以填方压实体积为工程量,采用以天然密实方为计量单位时,普通土的换算系数为1.16,则宽填所需借方(压实方)=24000×1.16=27840(m^3)。

(3)按概算路基工程说明2,因路基沉陷需增加的填方应计入路基填方。天然土压实产生的沉降量为6.6÷0.35=18.86(cm),填前压实增加的土方量=40×10000×0.1886=75440(m^3)。

(4)总计价方(压实方)=2000000+24000+75440=2099440(m^3)。

(5)挖掘机挖装土方(借方)工料机消耗量:查概算定额10-1-1-6-5并根据说明1,计算工、料、机消耗量为:

人工:14.7×2099440×1.16÷1000=35799.7(工日)

75kW以内履带式推土机:0.44×2099440×1.16÷1000=1071.6(台班)

1m^{3}以内履带式单斗挖掘机:2.06×2099440×1.16÷1000=5016.8(台班)

(6)查概算定额[10-1-1-6-5],可知基价为2694÷1000,天然密实方。则本例借方(压实方)总基价为:2099440×1.16×2694/1000=6560834(元)。

(7)说明:如果计算借方运输工程量时,必须考虑运输损耗率0.03。

例2-6 某二级公路二灰碎石稳定基层,设计厚度为16cm,设计配合比为石灰:粉煤灰:碎石=5:14:81,试确定石灰、粉煤灰、碎石的概算定额值。

解 由概算定额表号[146-2-1-7-31-32]及路面工程说明可知,定额规定15cm压实厚度配合比为5:15:80,其材料用量为15.987:63.95:166.54;厚度每增减1cm材料用量为1.066:4.26:11.10,则换算后各种材料用量为:

石灰:(15.987+1.066×1)×5÷5=17.051(t)

粉煤灰:(63.95+4.26×1)×14÷15=63.66(m^3)

碎石:(166.54+11.10×1)×81÷80=179.86(m^3)

例2-7 江苏省常金线采用厂拌稳定土基层,设计厚度为36cm,设计配合比为石灰:粉煤灰:碎石=5:15:80,试确定其概算定额。

解 (1)由于该段基层为36cm厚,在进行分层拌和、碾压时,拖拉机、平地机、压路机台班按照定额数量加倍,每1000m^{3}增加3工日。

(2)概算定额表号[146-2-1-7-31-32],定额值如下:

人工:6.9+0.2×21+3=14.1(工日)

水:28+2×21=70(m^3)

生石灰:15.987+1.066×21=38.373(t)

粉煤灰:63.95+4.26×21=153.41(t)

碎石:166.54+11.10×21=399.64(t)

3m^{3}以内轮式装载机:0.44+0.03×21=1.07(台班)

6~8t光轮压路机:0.14×2=0.28(台班)

12~15t光轮压路机:1.30×2=2.60(台班)

300t/h以内稳定厂拌设备:0.22+0.01×21=0.43(台班)

9.5m 以内稳定土摊铺机:0.24 ×2 =0.48(台班)

6000L 以内洒水汽车:0.32 台班

(3)基价:9749 +554 ×21 +251.49 ×0.14 +411.77 ×1.3 +1892.6 ×0.24 +7.2 ×71.82 =22924(元)

例 2-8 某工程细粒式沥青混合料路面,15t 以内自卸汽车装运,运距 20km,拌铺沥青混合料 LH-15(100t/h 以内),试确定其概算定额值。

解 查概算定额表号[198-2-2-10-39]可知:

人工:92.5 工日

石油沥青:122.536t

砂:471.22m^3

矿粉:128.404t

石屑:261.18m^3

路面碎石:(1.5cm):723.22m^3

其他材料费:287.5 元

设备摊销费:3464.1 元

2.0m^3 以内轮式装载机:7.14 台班

6 ~8t 光轮压路机:8.23 台班

12 ~15t 光轮压路机:6.17 台班

120t/h 以内沥青拌和设备:3.80 台班

6m 以内沥青混合料摊铺机:4.18 台班

16 ~20t 轮胎式压路机:2.81 台班

16 ~25t 轮胎式压路机:1.20 台班

5t 以内自卸汽车:3.96 台班

定额基价:652325 元

15t 以内自卸汽车装运,运距 20km:

15t 以内自卸汽车:8.15 +0.63 ×38 =32.09(台班)(定额表号[208-2-2-10-81-84])

15t 以内自卸汽车定额基价:5583 +432 ×38 =21999(元)

例 2-9 某桥主桥灌注桩采用回旋钻机钻孔,桩径为 120cm,孔深 40m,砂土,干处埋设钢护筒,灌注桩混凝土用回旋钻潜水钻输送泵施工,混凝土拌和站拌和(40m^3/s 以内),6m^3 搅拌运输车运送。试确定其定额值。

解 (1)回旋钻机钻孔,桩径为 120cm,孔深 40m,计算砂土定额值。

查定额表号[403-5-1-14]可知:

人工:10 工日

锯材:0.01m^3

电焊条:0.200kg

铁件:0.100kg

水:26m^3

黏土:4.3m^3

其他材料费:0.8 元

设备摊销费:10.3 元

1.0m^3 以内履带式单斗挖掘机:0.03 台班

15t 以内载货汽车:0.08 台班

15t 以内履带式起重机:0.08 台班

1500mm 以内回旋钻机:1.96 台班

泥浆搅拌机:0.38 台班

32kV · A 以内交流电弧焊机:0.03 台班

定额基价:2859 元

(2)护筒制作埋设拆除定额值。

查定额表[512-5-1-17]可知:

人工:51.9 工日

黏土:25.23m^3

50kN 以内单筒慢速卷扬机:3.14 台班

定额基价:3071 元

(3)灌注桩混凝土回旋钻潜水钻输送泵定额值。

查定额表[509-5-1-16]可知:

人工:2.4 工日

钢管:0.084t

电焊条:0.3kg

8 ~ 12 号铁丝:0.1kg

32.5 级水泥:5.23t

水:3m^3

中(粗)砂:6.12m^3

碎石(4cm):9.18m^3

其他材料费:4.8 元

设备摊销费:51.6 元

60m^3/h 以内混凝土输送泵:0.1 台班

32kV · A 以内交流电弧焊机:0.09 台班

小型机具使用费:0.7 元

定额基价:3315 元

(4)钢筋工程现浇灌注桩钢筋定额。

查定额表[651-5-4-1]可知:

人工:5.1 工日

光圆钢筋:0.112t

带肋钢筋:0.913t

电焊条:5.1kg

20 ~ 22 号铁丝:2.2kg

12t 以内汽车式起重机:0.12 台班

32kV · A 以内交流电弧焊机:0.87 台班

小型机具使用费:15.5 元

定额基价:3955 元

(5)混凝土搅拌站安装拆卸定额值。

查定额表[636-5-3-22]可知：

人工：1091.1 工日

原木：0.050m^3

锯材：0.022m^3

光圆钢筋：0.089t

型钢：0.086t

组合钢模：0.186t

铁件：71.3kg

8～12 号铁丝：0.4kg

32.5 级水泥：25.327t

水：229m^3

青(红)砖：66.26 千块

中(粗)砂：57.95m^3

砂砾：73.66m^3

碎石(4cm)：43.71m^3

其他材料费：213.3 元

8～10t 光轮压路机：3.23 台班

250L 以内混凝土搅拌机：1.98 台班

8t 以内载货汽车：6.28 台班

12t 以内汽车式起重机：1.62 台班

20t 以内汽车式起重机：5.03 台班

小型机具使用费：47.3 元

定额基价：96564 元

(6)混凝土搅拌站拌和(40m^3/h 以内)定额值。

查定额表[638-5-3-32]可知：

75kW 以内履带式推土机：0.43 台班

1m^3 以内轮式装载机：0.43 台班

40m^3/h 以内混凝土搅拌站：0.5 台班

定额基价：973 元

(7)6m^3 搅拌运输车运混凝土第 1 个 1km 定额值。

查定额表[640-5-3-32]可知：

6m^3/h 以内混凝土搅拌运输车：1.38 台班

定额基价：1699 元

第四节 公路工程预算定额

一 公路工程预算定额作用

现行《公路工程预算定额》(JTG/T B06-02—2007)(以下简称《预算定额》)是 2008 年开

始施行的全国公路专业统一定额。和其他工程定额一样，具有科学性、系统性、统一性、结合性、强制性、稳定性、时效性和群众性。在基本建设程序进入施工图设计阶段时，预算定额具有十分重要的作用。

(1)预算定额是编制施工图预算定额的基础，同时也是确定建设项目工程造价、控制基本建设项目投资的基础。

(2)预算定额是对设计方案进行经济技术比较、分析的依据。

(3)预算定额是编制施工组织设计的依据。

(4)预算定额是进行工程结算的依据。

(5)预算定额是施工单位进行经济分析的依据。

(6)预算定额是编制概算定额和估算指标的基础。

(7)预算定额是编制标底、进行投标报价的基础。

二 公路工程预算定额的主要内容

(一)公路工程预算定额的构成

《预算定额》由路基工程、路面工程、隧道工程、桥涵工程、防护工程、交通工程及沿线设施、临时工程、材料采集及加工、材料运输 9 章及附录等构成。

(二)公路工程定额表的组成

(1)表名:位于表最上端某项工程的项目名。如"4-4-1 人工挖孔"指第四章桥涵工程中的第四节灌注桩工程中的人工挖孔。

(2)工程内容:位于表的左上方，指该工程项目所涉及的主要内容。

(3)单位:位于表的右上方，指本工程项目的计量单位，即定额概念中所指"一定量合格产品"的计量单位。

(4)顺序号:位于表左，按工料机顺序排列。

(5)项目:指该工程项目涉及的工料机等内容。

(6)单位:指项目内容对应的单位，如人工单位是工日，注意该单位和定额表的单位不是同一个概念。

(7)代号:指项目内容所具有的特定的计算机识别符，每个项目只有一个固定的代号。

(8)子目名:指本项涉及的不同子目录的名称，如人工挖孔中孔深 10m 以内"坚石"。

(9)子目号:指本项涉及的不同子目录的数字代码，如人工挖孔中"坚石"为 5。

(10)小型机具使用费:本项目中未列入机械台班费用定额但实际使用过的小型机具的费用。

(11)基价:指本项目的工料机定额基价，是 2007 年北京基价。

(12)定额表号编制方法等同概算。

(三)公路工程预算定额说明

(1)《公路工程预算定额》(JTG/T B06-02—2007)是全国公路专业统一定额。它是编制施工图预算的依据，也是编制工程概算定额(指标)的基础。其适用于公路基本建设新建、改建工程，不适用于独立核算执行产品出厂价格的构件厂生产的构配件。对于公路养护的大、中修工程，可参考使用。

(2)《预算定额》是以人工、材料、机械台班消耗量表现的工程预算定额。编制预算时，其人工费、材料费、机械使用费，应按《公路工程基本建设项目概算预算编制办法》(JTG B06—2007)的规定计算。

(3)《预算定额》包括路基工程、路面工程、隧道工程、桥涵工程、防护工程、交通工程及沿线设施、临时工程、材料采集及加工、材料运输共九章及附录。

(4)《预算定额》是按照合理的施工组织和一般正常的施工条件编制的。《预算定额》中所采用的施工方法和工程质量标准，是根据国家现行的公路工程施工技术及验收规范、质量评定标准及安全操作规程取定的，除定额中规定允许换算者外，均不得因具体工程的施工组织、操作方法和材料消耗与定额的规定不同而变更定额。

(5)《预算定额》除潜水工作每工日6h，隧道工作每工日7h外，其余均按每工日8h计算。

(6)《预算定额》中的工程内容，均包括定额项目的全部施工过程。《预算定额》内除扼要说明施工的主要操作工序外，均包括准备与结束、场内操作范围内的水平与垂直运输、材料工地小搬运、辅助和零星用工、工具及机械小修、场地清理等工程内容。

(7)《预算定额》中的材料消耗量系按现行材料标准的合格料和标准规格料计算的。定额内材料、成品、半成品均已包括场内运输及操作损耗，编制预算时，不得另行增加。其场外运输损耗、仓库保管损耗以及由于材料供应规格和质量不符合定额规定而发生的加工损耗，应在材料预算价格内考虑。

(8)《预算定额》中周转性的材料、模板、支撑、脚手杆、脚手板和挡土板等的数量，已考虑了材料的正常周转次数并计入定额内。其中就地浇筑钢筋混凝土梁用的支架及拱圈用的拱盔、支架，如确因施工安排达不到规定的周转次数时，可根据具体情况进行换算并按规定计算回收，其余工程一般不予抽换。

(9)《预算定额》中列有混凝土、砂浆的强度等级和用量，其材料用量已按附录中配合比表规定的数量列入定额，不得重算。如设计采用的混凝土、砂浆强度等级或水泥强度等级与定额所列强度等级不同时，可按配合比表进行换算。但实际施工配合比材料用量与定额配合比表用量不同时，除配合比表说明中允许换算者外，均不得调整。

(10)水泥混凝土、钢筋、模板工程的一般规定列在《预算定额》第四章说明中，该规定同样适用于其他各章。

(11)《预算定额》中所列材料总质量，为建筑材料质量，不包括水及施工机械的油耗质量。

(12)《预算定额》中各项目的施工机械种类、规格是按一般合理的施工组织确定的，如施工中实际采用机械的种类、规格与定额规定的不同时，一律不得换算。

(13)《预算定额》中的施工机械的台班消耗，已考虑了工地合理的停置、空转和必要的备用量等因素。编制预算的台班单价，应按《公路工程机械台班费用定额》(JTG/T B06-03—2007)分析计算。

(14)《预算定额》中只列工程所需的主要材料用量和主要机械台班数量。对于次要、零星材料和小型施工机具均未一一列出，分别列入“其他材料费”及“小型机具使用费”内，以元表示，编制预算即按此计算。

(15)《预算定额》未包括公路养护管理房屋，如养路道班房、桥头看守房、收费站房等工程，这类工程应执行地区的建筑安装工程预算定额。

(16)其他未包括的项目，各省、自治区、直辖市交通运输厅(局)可编制补充定额在本地区执行，并报交通运输部备案；还缺少的项目，各设计单位可编制补充定额，随同预算文件一并送审，并将编制依据送各省、自治区、直辖市公路(交通)工程定额站备查。所有补充定额应按照的编制原则、方法进行编制。

(17)《预算定额》遇有下列情况，可按现行《公路工程基本建设项目概算预算编制办法》(JTG B06—2007)中的有关规定办理：冬、雨季施工的工程；夜间施工的工程；高原地区施工的工程；边施工边维持通车的工程。

(18)《预算定额》表中注明"××数以内"或"××数以下"者，均包括××数本身；而注明"××数以外"或"××数以上"者，则不包括××数本身。定额内数量带"( )"者，则表示基价中未包括其价值。

(19)《预算定额》的基价是人工费、材料费、机械使用费的合计价值。

(20)《预算定额》中的"工料机代号"系编制概预算采用电子计算机时作为对工、料、机械名称识别的符号，不应随意变动。编制补充定额时，遇有新增材料或机械名称，可取相近品种材料或机械代号间的空号。

(21)路基工程土壤、岩石类别按开挖的难易程度分为6类：松土、普通土、硬土、软石、次坚石、坚石。除定额中另有说明者外，土方挖方按天然密实体积计算，填方按压(夯)实后的体积计算，石方爆破按天然密实体积计算。当以填方压实体积为工程量，采用以天然密实方为计量单位的定额时，所采用的定额应乘以系数，见表2-6。

调整系数 表2-6

公路等级 \ 土类	土方			石方
	松土	普通土	硬土	
二级及二级以上等级公路	1.23	1.16	1.09	0.92
三、四级公路	1.11	1.05	1.00	0.84

表2-6中普通土栏目的系数适用于推土机、铲运机施工土方的增运定额，人工挖运土方的增运定额和机械翻斗车、手扶拖拉机运输土方、自卸汽车运输土方的运输定额在表2-6系数的基础上增加0.03的土方运输损耗，但弃方损耗不计。

填前压实后的回填、路基沉陷后的增填及宽填应并入路基填方数量内计算。

路基工程定额包括说明、路基土石方工程、排水工程、软基处理工程等三节共44个项目。

(22)路面工程定额包括说明、路面基层及垫层、路面面层、路面附属工程等三节共37个项目，除沥青混合料路面以100m^{3}路面实体为计量单位外，其余均以1000m^{2}为计量单位。

(23)隧道工程定额包括说明、洞身工程、洞门工程、辅助坑道、通风及消防设施安装等共四节45个项目。

(24)桥涵工程定额包括开挖基坑、围堰筑岛即沉井工程、打桩工程、灌注桩工程、砌筑工程、现浇混凝土即钢筋混凝土、预制安装混凝土及钢筋混凝土构件、构件运输、拱盔支架工程、钢结构工程、杂项工程等十一节共135个项目，另有桥涵工程使用说明。

(25)防护工程共有26个项目。

(26)交通工程及沿线设施定额包括安全设施、监控收费系统、通信系统、供电照明系统、光缆电缆敷设、配管配线及接地工程、绿化工程等七节共104个项目。

(27)临时工程定额包括汽车便道,临时便桥,临时码头,轨道铺设,架设输电、电信线路,人工夯打小圆木桩共6个项目。材料采集及加工有12个项目,材料运输有10个项目。

(28)基本定额含桥涵模板工作、砂浆及混凝土材料消耗、脚手架、踏步、井字架工料消耗、基本定额材料规格与质量等。

(29)材料的周转及摊销含混凝土和钢筋混凝土构件、块件模板材料周转及摊销次数,脚手架、踏步、井字架、金属门式吊架、吊盘等摊销次数,临时轨道敷设材料摊销,基础及打桩工程材料摊销;灌注桩设备材料摊销,吊装设备材料摊销次数,预制构件块件的堆放、运输材料摊销次数等。

三 公路工程预算定额的应用

例2-10 试确定人工采筛洗堆砂联合作业的预算定额(成品率按60%计)。

解 (1)查公路工程预算目录,可知本项目在957页。

(2)定额表号:[957-8-1-4-4-6]和小注(2),附录四[1032]。

(3)计算每100m^{3}的堆方:

人工:32.1+45.2-3=74.3(工日)

砂:115m^3

基价:1579+2224-3×49.2=3655.4(元)

例2-11 某工程项目4cm细粒式沥青混凝土分项工程,采用拌和沥青混凝土LH-15(100t/h以内),运送10km,机械摊铺细粒式(100t/h以内),有下封层。试确定该项目的预算定额。

解 本工程细目分为拌和沥青混凝土LH-15(100t/h以内)、运输10km、机械摊铺细粒式(100t/h以内)、下封层。

(1)拌和沥青混凝土LH-15(100L/h以内)定额值1000m^{3}路面实体定额值

查定额表号[156-2-2-11-15]得:

人工:47工日

石油沥青:122.536t

砂:471.22t

矿粉:128.404t

石屑:261.18m^3

路面用碎石(1.5cm):723.22t

其他材料费:287.5元

设备摊销费:3464.1元

2m^{3}以内轮式装载机:7台班

120t/h以内沥青拌和设备:3.73台班

5t以内自卸汽车:3.88台班

定额基价:634685元

(2)沥青混合料运输10km定额值(采用8t以内自卸车)

查定额表号[160-2-2-13-(9+11×18)]得:

14.67 + 1.34 × 18 = 38.79(台班)

定额基价:7136 + 652 × 18 = 18872(元)

(3)机械摊铺细粒式(100t/h 以内)定额值

查定额表号[164-2-2-14-17]得:

人工:41.9 工日

6 ~ 8t 光轮压路机:7.88 台班

12 ~ 15t 光轮压路机:5.91 台班

6m 以内沥青混合料摊铺机:4 台班

9 ~ 16t 光轮压路机:3.84 台班

定额基价:15213 元

(4)下封层定额值

查定额表号[171-2-2-16-11]得:

人工:5.5 工日

石油沥青:1.185t

煤:0.230t

石屑:8.16m^3

其他材料费:27.7 元

设备摊销费:14.7 元

6 ~ 8t 光轮压路机:0.27 台班

4000L 以内沥青洒布车:0.1 台班

小型机具使用费:3.3 元

定额基价:5519 元

例 2-12 某混凝土桥墩,采用非泵送 C30 混凝土薄壁桥墩,焊接骨架,高度 18m,具有盖梁及耳背墙,试确定其预算定额。

解 本工程预算可分为薄壁墩混凝土、钢筋及盖梁耳背墙混凝土、钢筋等细目。

(1)薄壁墩混凝土定额值

查定额表号[472-4-6-2-50]得:

人工:16.7 工日

原木:0.033m^3

锯材:0.021m^3

型钢:0.010t

钢管:0.018t

组合钢模板:0.022t

铁件:9.0kg

铁钉:0.2kg

20 ~ 22 号铁丝:0.2kg

32.5 级水泥:3.845t

水:12m^3

中(粗)砂:4.69m^3

碎石(4cm):8.47m^3

其他材料费:10.3 元

20t 以内汽车式起重机:0.57 台班

小型机具使用费:7.9 元

定额基价:3791 元

(2)薄壁墩钢筋定额值

查定额表号[474-4-6-2-56]得:

人工:9.1 工日

光圆钢筋:0.017t

带肋钢筋:1.008t

电焊条:3.5kg

20 ~22 号铁丝:2.9kg

50kN 以内单筒慢速电动卷扬机:0.33 台班

32kV·A 以内交流电焊机:0.57 台班

小型机具使用费:24.2 元

定额基价:4083 元

(3)盖梁耳背墙混凝土定额值

查定额表号[480-4-6-4-(2+9)]得:

人工:22.6 +34.0 =56.6(工日)

原木:0.042 +0.108 =0.15(m^3)

锯材:0.515m^3

型钢:0.044 +0.013 =0.057(t)

组合钢模板:0.026 +0.077 =0.103(t)

铁件:26.4 +38.5 =64.9(kg)

铁钉:0.3kg

32.5 级水泥:3.845 +3.417 =7.262(t)

水:12 +12 =24(m^3)

中(粗)砂:4.69 +4.9 =9.59(m^3)

碎石(4cm):8.47 +8.47 =16.94(m^3)

其他材料费:75.4 +58.2 =133.6(元)

12t 以内汽车式起重机:1.07 台班(耳背墙用)

20t 以内汽车式起重机:0.92 台班(盖梁用)

小型机具使用费:8.6 +11.8 =20.4(台班)

定额基价:5313 +5135 =10449(元)

(4)盖梁及耳背墙钢筋定额值

查定额表号[482-4-6-4-(11+13)]得:

人工:9.0 +8.4 =17.4(工日)

光圆钢筋:0.108 +0.294 =0.402(t)

带肋钢筋:0.917 +0.731 =1.648(t)

电焊条:4 +1.3 =5.3(kg)

20 ~22 号铁丝:3.7 +2.9 =6.6(kg)

50kN 以内单筒慢速电动卷扬机:0.31 台班

32kV · A 以内交流电焊机:0.6 +0.29 =0.89(台班)

小型机具使用费:23.7 +21.9 =45.6(元)

定额基价:4078 +3946 =8024(元)

第五节　公路工程施工定额

一　公路工程施工定额的作用

公路工程施工定额(以下简称“施工定额”)包括劳动定额和机械定额,表示在一定的生产组织条件下,某种机械单独或班组工人与机械共同完成某一工程项目的机械定额或劳动与机械定额。它是根据专业施工的作业对象和工艺水平制定的,反映了企业的施工水平、装备水平和管理水平。它的作用范围仅限于施工企业内部的经营、组织、施工的管理,包括企业生产经营活动计划,组织、协调、控制和指挥等活动。施工定额和其他定额不同,是企业定额,它可以由企业根据自身的条件和市场行情,根据国家规定的法律法规,自行编制,并自行决定定额水平,因而施工定额具有较为重要的作用。

(1)施工定额是企业内部进行计划经营管理的依据。

(2)施工定额是企业内部组织和指挥生产的依据。

(3)施工定额是企业内部计算工人劳动报酬的依据。

(4)施工定额是企业内部进行成本管理和经济核算的依据。

(5)施工定额是企业内部衡量生产水平和技术先进性的依据。

二　公路工程施工定额的主要内容

现行《公路工程施工定额》(以下简称《施工定额》)是交通部公路工程定额站于 2009 年 7 月颁布施行的。它包括总说明、准备工作、路基工程、路面工程、隧道工程、基础工程、打桩工程、灌注桩造孔工程、砌筑工程、模板、架子及木作工程、钢筋及钢丝束工程、混凝土及钢筋混凝土工程、预制构件运输工程、安装工程、钢结构工程、杂项工程、临时工程、备料、材料运输及附录等部分内容。

(一)施工定额表组成

(1)表名:位于表最上端。

(2)工作内容:位于表名下方,说明本项工程的工作内容。

(3)项目:位于表左,由时间定额和每工产量构成。

(4)劳动定额:说明该工作的劳动力时间定额或每工产量。

(5)机械定额:说明该工作需要的机械数量或台班产量。

(6)每工产量:说明该工作每个工日的产量。

(7)编号:位于表最下方,是每个细目的顺序号。

(8)定额表示方法:除少数项目外,时间定额与产量定额均采用复式表示,即:时间定额(工日)/每工产量或时间定额(台班)/每工产量。

（二）施工定额说明

（1）《施工定额》是2007年公布的《公路工程预算定额》（JTG/T B06-02—2007）中劳动、机械定额水平的依据，是在交通部1997年《公路工程施工定额》的基础上，通过调查研究及分析各省、自治区、直辖市、交通厅（局）及交通部直属施工单位上报的公路工程施工定额资料，并参照有关部门的劳动定额编制的。它于2009年公布并在交通运输部直属施工部门予以施行。

（2）《施工定额》修订以下列技术资料为依据：交通部2007年以前颁发的各项施工及验收技术规范；交通部2007年以前颁发的安全操作规程及其他有关规定。

（3）《施工定额》的章节内容，除各章节另有说明外，均包括：准备、结束、熟悉施工图纸、检查安全技术措施、布置操作地点、领退料具、工序交接、队组自检互检、机械加油加水、排除一般机械故障、保养机具、操作完毕后的场地清理、操作过程中的次要工序，以及汽车在5km、其他自行式机械在1km以内由停车场至工作地点的往返空驶。

（4）工程质量要求，均按国家或地方制定的施工及验收技术规范、工程质量检验评定标准、技术规程中有关质量要求和质量标准执行。

（5）根据公路工程的特点，《施工定额》除列有劳动定额外，还列有机械定额，有的项目还同时列出劳动定额和机械定额，均表示在一定的生产组织条件下，某种机械单独或班组工人与机械共同完成某一项工程项目的机械定额或劳动与机械定额。《施工定额》中所列机械定额均为机械的台班定额，均不包括在旧《公路工程机械台班费用定额》中规定配备的操作机械工人的劳动定额。有些项目虽说明在某种机械配合下进行的，但未列出机械定额，这些机械的时间定额可按配合的班组时间定额推算确定。

（三）施工定额的主要内容

1. 路基工程

路基工程土石方的开挖，根据施工方法的不同和开挖的难易程度，将开挖断面分为陡坡、槽外、槽内三个部位。陡坡土石方是指在路基设计断面中，从原地面线与设计线相交的最低点作1∶1.3的斜线，斜线与原坡面线之间为陡坡土石方，斜线与水平线之间为槽外土石方，水平线下深度超过1m、连续长度超过20m的部分为槽内土石方。一般情况下，土方挖方按天然密实体积计，填方按压实体积计，石方爆破按天然密实体积计。天然密实方与压实方按换算系数换算即可。对于机械施工开挖不到需要辅以人力完成的工程量，其劳动定额应乘以1.15的系数。

2. 路面工程

路面工程定额的工作内容，除另有规定外均包括每日工作中的工地转移，搭拆移动工作跳板，现场运料，修理便道，铺压后清理场地及工具小修理。路面材料及水除另有说明外，定额中均按已运至路基两侧，平均运距不超过20m，超过20m以外的增运，按材料运输的有关规定计算。水泥混凝土路面项目中的钢模为型钢改制，改制用工及费用包括在钢模单价中。如用汽车直接将材料运至路槽上，不堆方、不装运时，按材料场内手推车运输定额减20m装运工。路面工程应严格按照设计要求和施工技术规范施工，保持各工序的连续性，保证碾压密实，厚度均匀，表面平整顺畅，无波浪坑凹，边线整齐，超高、加宽、路拱等符合设计要求。

3. 隧道工程

隧道工程定额按现行隧道技术规范将围岩分为土质(Ⅰ、Ⅱ)、软石(Ⅲ)、次坚石(Ⅳ)、坚石(Ⅴ、Ⅵ)共4种。人工开挖及机械开挖中的手推车运输或轻轨斗车运输定额按矿山法的施工方法和原则制定。机械开挖自卸汽车运输定额按“新奥法”的施工方法和原则制定。开挖按采用台阶法,湿式凿岩机钻孔,光面爆破,装载机配合自卸汽车出渣的施工方法综合制定的,如采用其他型号的钻机而影响定额水平较大时,可另行编制补充定额。当遇有特殊情况时,可按其规定增计人工工日或机械台班数量。《施工定额》未考虑塌方、溶洞及大量地下水处理,以及其他特殊情况所需工日和机具。

4. 基础工程

基础工程定额的土石分类与路基工程相同,即分为松土、普通土、硬土、软石、次坚石、坚石6类。另根据基坑的干湿程度,还分为干处和湿处两类。干处指在施工水位以上部分;湿处指在施工水位以下、经过抽水以后土壤仍处于潮湿状态,个别地方积水深度不超过10cm的部分。基坑开挖及沉井下沉的位置、尺寸、深度应符合设计要求,围堰应填塞紧密,不透水,整齐稳固,合理使用围堰材料。基坑深度是指原地面至基坑底部的平均深度。在同一基坑内,不论开挖哪一深度的土石方,均执行该基坑全深度的定额。沉井下沉深度指沉井刃脚底面入土的深度。沉井土石的开挖应按土质所在的不同深度分别采用不同的下沉深度定额。在基坑开挖中,对0.03~0.3m^3 的孤石,采用撬挖的按软石计,采用爆破的按坚石计。冻土开挖按路基工程人工挖冻土时间定额乘以系数1.1计算。在湿处开挖,若经抽水后仍有30cm以内的浅水时,则按该类土石的开挖定额乘以系数1.2计算。另外,定额挖方按自然方计,填方按压实方计。基坑开挖工程量按基坑容积计算。沉井下沉开挖土石工程量按沉井刃脚外缘所包围的面积与沉井刃脚下沉入土深度的乘积计算。沉井下沉开挖土石定额中包括溢流(涌沙)及沉井底超挖(锅底)所用工日。

5. 打桩工程

打桩工程中的土质可根据钻探资料按下列土壤类别划分:Ⅰ组土——较易穿过的土壤,如轻亚黏土、亚黏土、砂类土、腐殖土、湿的及松的黄土等;Ⅱ组土——较难穿过的土壤,如黏土、干的固结黄土、砂砾、砾石、卵石等。打桩工程量按实际入土深度计算。若桩长尚有多余时,则打桩所完成的工程量应将未入土部分的桩长计算在内,唯其长度不超过1m。打桩均按在已搭好的支架平台上操作(搭、拆支架平台工时未包括在打桩定额内,应另行计列)。除注明者外,如在陆地上打桩时,时间定额乘以系数0.9;在船上打桩时,时间定额乘以系数1.45。打桩定额均为打直桩。打斜桩时,其时间定额机械乘以系数1.2,人工乘以系数1.08。机械打钢筋混凝土双排架桩墩时,机械及人工的时间定额均乘以系数1.09。打桩定额均包括本墩台内移动桩架及打桩机时间,完成一座墩台后转移至下一座墩台的时间定额,应按打桩机架移动定额计算。拔桩所需扒杆的安、拆、移动工时均包括在定额内。打桩质量要求,应符合设计文件和施工规范的规定。

6. 灌注桩造孔工程

灌注桩造孔工程根据造孔的难易程度,将土质分为8种。

(1)砂土:粒径不大于2mm的砂类土,包括淤泥、轻亚黏土。

(2)黏土:亚黏土、黏土、黄土,包括土状风化。

(3)砂砾:粒径2~20mm的角砾、圆角砾含量(指质量比,下同)小于或等于50%,包括礓石、黏土及粒状风化。

(4)砾石:粒径2～20mm的角砾、圆砾含量大于50%,有时还包括粒径20～200mm的碎石、卵石,其含量在10%以内,包括块状风化。

(5)卵石:粒径20～200mm的碎石、卵石含量大于10%,有时还包括块石、漂石,其含量在10%以内,包括块状风化。

(6)软石:各种松软、胶结不紧、节理较多的岩石及较坚硬的块石土、漂石土。

(7)次坚石:硬的各类坚石,包括粒径大于500mm、含量大于10%的较坚硬的块石、漂石。

(8)坚石:坚硬的各类岩石,包括粒径大于1000mm、含量大于10%的坚硬的块石、漂石。

灌注桩造孔所需扒杆的安、拆、移动的工时均包括在定额内。造孔中发生塌孔回填仍在原处重钻时,回填部分按钻黏土定额计算。除回旋钻机、潜水钻机造孔定额未包括清孔外,其他各种钻机造孔定额均已包括清孔用工及台班。造孔入土深度按实际钻(挖)深度计算。定额中的孔深指护筒顶至桩底(设计高程)的深度。造孔定额中同一孔内的不同土质,不论其所在的深度如何,均采用总孔深定额。造孔的钻机与钻架的架立、横移与纵移均未包括在钻孔定额内,应按钻孔机具移动定额分别计算。木钻架及钢钻架的安、拆、移动均包括钻机的安、拆、移动。灌注桩造孔的施工和质量要求,应符合设计文件和施工规范的规定。

7. 砌筑工程

砌筑工程定额根据以下施工方法编制:

砌筑使用一般工具,手工操作;干砌片、块石应将石块支垫平稳,空隙中用小石块填塞饱满;浆砌工程一律使用挤浆法,保证砂浆饱满,大的空隙用小石块嵌入,防止出现空洞。干砌与浆砌工程,均应按照有关操作规程砌筑,使砌体稳固,表面平整,错缝及丁、顺石应符合规定,尺寸与图纸相符。砌缝宽度应符合《公路桥涵施工技术规范》(JTG/T F50—2011)的要求。浆砌石料及预制块,在使用前必须浇水湿润,浇水工已包括在砌筑定额内;对表面有泥土、水锈的,应清洗干净,洗刷工按洗石定额计算。

8. 模板、架子及木作工程

模板、架子及木作工程定额根据以下施工方法编制:

木模板及木拱盔、支架制作采用人工配合电锯、电刨、电钻施工,如全部采用人工制作时,其时间定额乘以系数1.3。木模板安装、拆除一般按手工操作,但下部构造以及预制和现浇的T形梁、箱形梁、桁架梁、箱形拱、桁架拱、顶进箱涵等项目按人工配合机械或扒杆施工考虑。如果全部采用人工安装、拆除时,其时间定额乘以系数1.25。其余项目均按一般手工操作。钢模板、胶囊不包括制作,直接采用加工成品或市场采购的成品。钢模安装、拆除分起重机配合安拆和人工安拆,均包括所需部分镶嵌木料的加工、制作和安拆。模板工程量与混凝土接触面积计算,留孔洞在0.1m^2以内时,不扣除工程量。定额每1m^2模板接触面积:木模板包括支撑、框架、垫楞、背木等;钢模板包括支撑、木夹条、压楞型钢、钢模连接件等。箱形梁、箱形拱包括箱体内模及翼板支撑等。拱涵拱盔、支架及板涵支架均包括底板,其工程量按水平投影面积(净跨×涵长)计算。桥梁木拱盔、支架均按竣工木料计算。土模工作内容包括整平、夯实、整形、贴塑料薄膜、修整。木桥墩台均不包括打桩工程。本章定额的木材系数以下列第二类木材为准,如使用第一类木材时,时间定额应乘以表2-7中的系数。

木材系数 表2-7

木材分类	木材名称	系数
第一类	杉木、红松	0.90
第二类	白松、杉松、杨柳木、椴木、樟子木、云杉	1.00
第三类	青松、黄花松、水曲柳、秋子木、马尾松、榆木、柏木、樟木、苦楝木、梓木、黄菠萝、槐木、椿木、楠木	1.15

模板工程质量要求:模板制作应符合设计尺寸要求,安装准确、牢固可靠、不变形、不漏浆,拆除时应不损坏模板及混凝土表面与棱角。

9. 钢筋及钢丝束工程

钢筋及钢丝束工程定额工作内容,除各节另有规定外,均包括以下内容。

(1)钢筋制作:平直[包括取料、解捆、开拆、平直(调直或拉直)及钢筋必要的切断,分类堆放以及30m以内的原材料搬运等];切断(包括取料、画线、切断、标号、堆放及操作地点的材料取放和清理钢筋头等);弯曲(包括放样、画线、弯曲、捆扎、标号、垫楞、堆放、覆盖以及操作地点材料及半成品的堆放)。

(2)钢筋绑扎:清扫模板内木屑、杂物等;按设计图纸要求在底板上摆放钢筋、放样、画线、套箍筋、准备铁丝、绑扎成型,并负责安放垫块以及搭拆跳板等;定额中包括50m的水平运输和配合机械垂直运输用工,如超过上述运距时,按材料和半成品场内运输定额另计。

钢筋及钢丝束工程定额根据下列施工方法编制:

根据工地配料、加工制作和绑扎来进行生产。钢筋机械制作:平直除直径在22mm以外采用人工平直外,其他均采用调直机或卷扬机拉直;切断采用切断机;弯曲除直径在7mm以内采用人工弯曲外,其他均采用弯曲机弯曲。钢筋手工制作和绑扎均采用一般工具,手工操作。钢筋点焊按一般工地常用的弧焊机操作。预应力先张法为集中预制在台座上张拉。后张法按一般施工方法编制。工程量除注明者外,均按设计图纸计算。钢筋不分钢种、钢号、类别、等级均执行《施工定额》。定额中的主筋直径系指一个构件内重量最大的一种规格钢筋直径。钢筋机械制作系指一个工地有调直机或卷扬机、切断机、弯曲机等全部机械设备者;只有部分机械时,如只有卷扬机和切断机,没有调直机和弯曲机,或只有卷扬机、弯曲机,没有调直机和切断机者,采用定额中的机械制作和人工制作的平均值计算。钢筋制作与绑扎,不分预制和现浇均执行同一定额。但如现场绑扎墩台、索塔、悬臂浇筑箱梁施工高度超过10m时,其时间定额乘以系数1.1,高度超过20m时乘以系数1.2。梁的分布钢筋和桥面钢筋采用点焊网片拼装时,应将手工绑扎的时间定额乘以1.3后,另加点焊网片用工。拼焊钢筋骨架时,按焊缝长度采用搭接焊定额和人工配合电焊骨架定额计算。构件钢筋为整体骨架入模时,除按钢筋绑扎计算外另按骨架入模定额计算。预应力钢筋、钢丝束、钢绞线不分桥梁结构形式均执行本定额。本定额未包括各种锚具的加工制作和有关金属设备的制作,需要时,可另行处理。对钢筋、电焊、预应力钢筋、钢丝束的质量要求和允许偏差,均应符合施工图纸及《公路桥涵施工技术规范》(JTG/T F50—2011)的要求。

三 公路工程施工定额的应用

在应用公路工程施工定额时,应考虑各地区、各部门以及各施工企业实际投入进行调整,不可强求统一。

例 2-13　试计算预制混凝土护筒木模板的综合时间定额和综合产量定额。

解　查目录知本项目在第九章第一节预制混凝土构件模板(护筒)每 $1m^2$ 劳动定额。

定额表号:[220-9-1(二)-34]

每 $1m^2$ 各个工序的时间定额为:

制作:1.12 工日/0.893(每工产量)

安装:0.108 工日/9.253(每工产量)

拆除:0.046 工日/21.739(每工产量)

则预制混凝土护筒木模板的综合时间定额为:1.12 + 0.108 + 0.046 = 1.274(工日/m^2)

预制混凝土护筒木模板的综合产量定额为:1/1.274 = 0.785(m^2/工日)

例 2-14　试确定自卸汽车运输沥青混合料的施工定额。自卸汽车为 10t,运距为 4km。

解　查定额表号[101-3-30-7]得:

每 $100m^3$ 压实体积的机械定额为:1.454 台班/0.688(每台班产量)

第六节　公路工程机械台班费用定额

一　公路工程机械台班费用定额的作用

现行《公路工程机械台班费用定额》是 2007 年由交通部颁布的,于 2008 年 1 月 1 日起实施。机械台班费用定额是编制公路基本建设工程设计概算和施工图预算的依据,它在公路基本建设过程中具有很重要的作用。

(1)机械台班费用定额是计算机械台班单价的依据。

(2)机械台班费用定额是计算台班消耗的人工、燃料等实物量的依据。

(3)机械台班费用定额是编制施工组织设计,进行经济比较的依据。

二　公路工程机械台班费用定额的主要内容

1. 机械台班费用定额的主要内容

《公路工程机械台班费用定额》(JTG/T B06-03—2007)(以下简称《机械台班费用定额》),包括土、石方工程机械,路面工程机械,混凝土及灰浆机械,水平运输机械,起重及垂直运输机械,打桩、钻孔机械,泵类机械,金属、木、石料加工机械,动力机械,工程船舶,其他机械等共 11 类 746 个子目。

2. 机械台班费用定额表的组成

(1)类别:位于定额表同类机械的最前列,是指机械所属的类别。如土、石方工程机械。

(2)序号:位于定额表第一列,为定额表 746 种不同机械的顺序号。

(3)代号:位于定额表第二列,是计算机对机械名称和规格的识别代码。

(4)机械名称:位于定额表第三列,表示不同类别、不同规格的机械名称。

(5)主机型号:位于定额表第四列,表明机械的具体型号(如果有)。

(6)费用项目:按不变费用和可变费用的次序计列。不变费用由折旧费、大修理费、经常修理费、安装拆卸及辅助设施费构成,直接采用定额小计值。可变费用由人工、汽油、柴油、重油、煤、电、水、木柴、养路费及车船使用税构成。折旧费是指机械设备在规定的使用期限内陆续收回其原值的费用。大修理费是指机械设备在规定的间隔台班必须进行大修理以恢复其正常使用功能的费用。经常性修理费是指除大修外的各级保养、临时排障所需的费用以及其他费用。安装拆卸及辅助设施费是指继续在施工现场进行安装、拆卸所需的人工费、材料费、机械费、试运转费以及安装所需的辅助设施费。辅助设施费包括安置机械的基础、底座及固定锚桩等费用。打桩机、钻机在施工中的移位、过墩所发生的费用包括在工厂项目费内;稳定土厂拌设备、沥青乳化设备、黑色粒料拌和机、沥青混合料拌和设备、混凝土搅拌站(楼)、塔式起重机、施工电梯的安装拆卸以及与之相关的费用不在此费用内计算。人工费是指随机操作人员的日工资。动力燃料费是指继续在运转施工作业中所消耗的电力、固体燃料、液体燃料和水等。养路费和车船使用税是指按国家规定应缴纳的费用。

(7)定额基价:是不变费和可变费之和。

(8)定额表示方法:页号-序号-代号。如(4-18-1020)是指斗容量在 $23m^3$ 以内的631D自行式铲运机。

3. 机械台班费用定额的说明

(1)《机械台班费用定额》是《公路工程概算定额》(JTG/T B06-01—2007)、《公路工程预算定额》(JTG/T B06-02—2007)的配套定额,是编制公路基本建设概预算的依据,公路养护大、中修工程亦可参考使用。

(2)《机械台班费用定额》规定潜水设备每台班按6h计,变压器和配电设备每台班按24h计,其他均按8h计。

(3)《机械台班费用定额》中第1至第4项费用(折旧费、大修理费、经常修理费、安装拆卸及辅助设施费)为不变费用。编制机械台班单价时,除青海、新疆、西藏边远地区外,应直接采用。至于边远地区的维修工资、配件材料等价差较大而需调整不变费用时,可根据具体情况,由省、自治区交通运输厅制定系数并报交通运输部备案后执行。

(4)《机械台班费用定额》中第5至第7项费用(人工费、动力燃料费、养路费及车船使用税)为可变费用。编制机械台班单价时,随机操作人员数及动力物资消耗量应以《机械台班费用定额》中的数值为准。工资标准按现行的《公路工程基本建设项目概算预算编制办法》(JTG B06—2007)的规定执行。工程船舶和潜水设备的工日单价,按当地有关部门规定计算。动力燃料费按当地的动力物资的工地预算价格计算。养路费及车船使用税,如需缴纳时,应根据各省、自治区、直辖市及国务院有关部门的规定标准,按机械的年工作台班(表2-8)计入台班费中。

机械的年工作台班 表2-8

机械项目	沥青洒布车、汽车式画线车	平板拖车组	液态沥青运输车、散装水泥运输车、混凝土搅拌运输车、混凝土输送泵车、自卸汽车、运油汽车、加油汽车、洒水汽车、拖拉机、汽车式起重机、轮胎式起重机、汽车式钻孔机、内燃机拖轮	机动翻斗车、载货汽车	工程驳船
年工作台班	150	160	200	220	230

(5)机械自管理部门至工地或自某一工地至另一工地的运杂费,不包括在《机械台班费用定额》中。

(6)加油及油料过滤的损耗和由变电设备至机械之间的输电线路电力损失,均已包括在《机械台班费用定额》内。

(7)《机械台班费用定额》内凡注明"××数以内"者,均含"××数"本身。定额子目步距起点均由前项开始,如"30以内"、"60以内"、"80以内"等,其中"60以内"即指"30以外至60以内","80以内"指"60以外至80以内"。

(8)《机械台班费用定额》中的基价是不变费用和可变费用的合计数,仅供参考比较之用,不作为编制公路工程概预算的依据。不变费用是按定额规定编制的,可变费用中的人工费、动力燃料费按下列预算价格计算:

工资	49.20元/工日	汽油	5.20元/kg
柴油	4.90元/kg	重油	2.80元/kg
煤	0.265元/kg	电力	0.55元/(kW·h)
水	0.50元/m^3	木柴	0.49元/kg

(9)《机械台班费用定额》是按在公路基本建设工程中常用的施工机械的规格编制的,规格与之相同或相似的,均应直接采用。《机械台班费用定额》中未包括的机械项目,各省、自治区、直辖市交通运输厅(局)可根据《机械台班费用定额》的编制原则和方法编制补充定额,并报交通运输部备案。

三 公路工程机械台班费用定额的应用

例2-15 试分析135kW履带式推土机12.3台班基价。

解 查《机械台班费用定额》土、石方工程机械4-5:

折旧费:250.44元

大修理费:98.11元

经常修理费:255.09元

安装拆卸及辅助设施费:1.05元

不变费小计:604.69元

人工:2工日

柴油:98.06kg

定额基价:1183.58元

12.3台班基价:12.3×1183.58=14558(元)

思考题

1. 简述公路工程定额的概念、作用、分类与特点。
2. 简述定额的制定方法。
3. 简述估算指标的作用和主要内容。
4. 简述概算定额的作用和主要内容。
5. 简述预算定额的作用和主要内容。
6. 简述施工定额的作用和主要内容。

7. 简述机械台班费用定额的作用和主要内容。

练习题

1. 某沥青混合料路面面层摊铺工程，厚度为 16cm，路面宽 8.0m，路段长 12km，查得人工定额为 9.0 工日/100m^3，9～16t 轮胎式压路机定额为 2.21 台班/100m^3，试计算所需人工劳动量及压路机作业量。

2. 某拱桥的现浇混凝土总数量很大，采用混凝土搅拌站集中拌和施工，平均运距为 200m，试问该桥实体式墩台基础工程预算定额中的人工工日、200L 以内混凝土搅拌机台班各为多少？对运输混凝土定额应作何处理？

3. 某石砌桥墩高 19m，用 M10 砂浆砌料石镶面。试确定该项目的预算定额。

4. 某浆砌片石挡土墙工程，试确定该工程的基础和填片石垫层的人工、片石、基价预算定额。

5. 某二孔跨径 20m 石拱桥，制备一孔木拱盔（满堂式），试确定其实际周转次数的周转性材料预算定额。

6. 某厂矿道路的石盖板涵工程，不能提供具体工程量。已知涵长 18m，标准跨径为 2m，双孔。试确定该涵洞工程的概预算定额。

7. 确定某桥梁工程的预制钢筋混凝土 T 形梁的预算定额。已知 T 形梁混凝土设计强度等级为 C30，采用蒸汽养生施工。

8. 拟对河北省境内某平原微丘区的一条一般二级公路进行改建，改建的路线长度为 55km，其中可利用的原有路线为 25km，新建路段为 30km，试按综合指标求出其每公里所需的工、料、机及各项指标。

9. 某桥主桥灌注桩采用回旋钻机钻孔，桩径为 140cm，孔深 40m，砂土、黏土，干处埋设钢护筒，灌注桩混凝土用回旋钻潜水钻起重机吊斗，无拌和船施工，混凝土拌和站拌和（40m^3/s 以内），6m^3 搅拌运输车运送。试确定其定额值。

10. 某工程采用厂拌稳定土基层，设计厚度 36cm，设计配合比采用石灰∶粉煤灰∶碎石＝4∶12∶85，试确定其概算定额。

11. 某桥采用在水中工作平台上打桩基础。已知地基土层次为亚黏土 8.0m、黏土 2.0m、干的固结黄土；设计垂直桩入土深为 11.0m，斜桩入土深为 12m，设计规定凿去桩头 1.00m，打桩工作平台 160m^2。试确定打钢筋混凝土方桩及工作平台的预算定额。

12. 某桥预制构件场预制 T 形梁的梁长 19.96m、梁肋底宽 0.18m、翼板宽 1.60m，共 12 个底座。试计算预制 T 形梁的底座所需水泥用量和养生 12 片梁所需的蒸汽养生室工程量及其所需原木和锯材数。

13. 某路线工程的桥涵工程所需片石由两种方法取得，一种是在采石场开采片石，一种是利用开炸路基石方时捡清片石。试列出这两种采集片石方法的预算定额。

14. 试确定 180kW 以内稳定土拌和机的台班费用定额值和台班单价。已知当地规定人工单价为 19.15 元/工日，柴油单价为 2.40 元/kg。

15. 某整体式钢筋混凝土连续板桥工程，设计为净—7＋2×0.25（m），标准跨径为 2 组“8＋8＋8＋8”（m）；锥坡砌筑及填土、引道护坡干砌片石 180m^3。试确定扩大定额。

16. 某三级公路设计土石方数量见表 2-9：

某三级公路设计土石方数量

表 2-9

挖方（m^3）				填方（m^3）
松土	普通土	硬土	次坚石	
33300	105000	4500	29400	30000

已知：本项目路线长度为 30km，路基宽度为 8.5m，挖方、填方路段长度各占一半，全部挖方均可利用作路基填方，其中土方平均运距为 200m，石方平均运距为 60m。如需借方时，其平均运距为 1300m（按普通土考虑）。假设路基平均占地宽度为 12m，填前压实沉陷厚度为0.1m，土的压实干密度为 1.4t/m^3，自然状态土的含水率约低于其最佳含水率 2%，水的平均运距 1km。

问题：

（1）计算本项目路基断面方、挖方、填方、利用方、借方和弃方数量；

（2）列出编制本项目土石方工程施工图预算所需的全部工程细目名称、单位、定额表号及数量等内容，并填入表 2-11 中，需要时应列式计算。调整系数见表 2-10。

调 整 系 数

表 2-10

公路等级	土方				石方
	松土	普通土	硬土	运输	
二级及以上等级公路	1.23	1.16	1.09	1.19	0.92
三、四级公路	1.11	1.05	1.00	1.08	0.84

表 2-11

序号	工程细目		定额表号	单位	数量	定额调整或系数
1	8m^3 以内铲运机铲运土方（挖）	松土				
2		普通土				
3		硬土				
4		每增运 50m				
5	135kW 推土机推石方（挖）	次坚石				
6		每增运 10m				
7	135kW 推土机推石方（借）					
8	2m^3 装载机装土（借）					
9	12t 自卸汽车运土方（借）	第一个 1km				
10		每增运 0.5km				
11	土方碾压					
12	石方碾压					
13	土方洒水（10000L 洒水车）					
14	零填及挖方段路基碾压	土方路段				
15		石方路段				

续上表

序　号	工程细目	定额表号	单　位	数　量	定额调整或系数
16	耕地填前压实				
17	整修边坡				
18	整修路拱				

注：推土机功率选用 90 ~ 165kW，铲运机容量选用 $8 \sim 12m^3$ 均为正确；自卸汽车选用 8 ~ 15t 均为正确，装载机选用 $2 \sim 3m^3$ 均为正确，但应与自卸汽车配套，即 8 ~ 10t 配 $2m^3$，12 ~ 15t 配 $3m^3$；土、石方碾压，采用三级公路定额的均为正确；洒水车洒水选用 4000 ~ 10000L 的均为正确。

17. 某省修建一条四车道一级公路，路基宽 24.00m。地处平原微丘区，建设工期为三年。该工程中有一段路基工程，全部是借土填方，平均每公里约 10 万 m^3。有一座 250m 长的大桥，水深 1 ~ 2m，设计为灌注桩基础，预应力混凝土 T 形梁，河东岸有一片高地，为指定取土范围，土质为普通土，河西岸新建公路 10km 长，路基填土方计 $1000000m^3$，全部由河东岸借土汽车远运至西岸。河上游 5km 处有一座旧公路桥，连接一条三级公路，可通往取土地和河西岸新建公路填方起点。

问题：

(1)分析比较土方运输方案，一是走旧桥方案，二是利用并加宽大桥施工便桥(加宽至 8m，50%费用摊入填方内)方案。分别给出两种方案路基填方的工程细目、工程量及定额表号。

(2)该项目其他直接费、现场经费、间接费的综合费率见表 2-12。请通过分析计算确定路基填方的运输方案。

综合费率表(%)　　表 2-12

序　号	项　目	其他工程费费率	间接费费率	序　号	项　目	其他工程费费率	间接费费率
1	机械土方	2.5	3.5	3	构造物 I	3.7	4.8
2	汽车运土	0.8	1.5	4	构造物 II	3.5	4.0

注：分析计算时不考虑路基边缘加宽填方和需要洒水的费用。

第三章 公路工程概(预)算

第一节 概 述

一 概(预)算的定义与分类

公路工程概(预)算是指在公路基本建设初步设计或施工图设计阶段,按照国家有关政策和规定,依据设计文件具体计算其全部建设费用的文件。

概(预)算的分类可按工程内容和设计阶段来划分。公路建设内容可分为公路基本建设、公路改扩建、公路大中修与公路小修保养。根据公路基本建设程序,公路工程设计可以实行一阶段设计、两阶段设计、三阶段设计。基本建设项目可划分为建设项目、单项工程(又称工程项目)、单位工程、分部工程、分项工程。建设项目由多个单项工程组成,单项工程由多个单位工程组成,单位工程是由各个分部工程组成的,分部工程又由若干个分项工程组成。根据不同的建设内容、不同设计阶段、不同建设项目组成,可对概(预)算进行具体分类。

1. 按建设项目组成分类

(1)单位工程概(预)算,它是计算单位工程建设费用的文件。

(2)单项工程概(预)算,它是由若干个单位工程概(预)算综合而成的文件。

(3)建设项目概(预)算,它是计算整个建设项目全部投资额的文件。

2. 按建设内容分类

(1)公路基本建设工程概(预)算。

(2)公路大、中修工程概(预)算。

(3)公路小修保养工程概(预)算。

3. 按各设计阶段分类

(1)设计概算(或简称概算)。是公路工程初步设计文件的重要组成部分,是设计单位根据建设项目初步设计,按国家颁布的《公路工程概算定额》(在本书的以下部分中简称《概算定额》)、《公路工程基本建设项目概算预算编制办法》(在本书的以下部分中简称《编制办法》)及有关文件编制的计算工程投资额的文件,概算应控制在批准的建设项目可行性研究报告投资估算允许幅度范围之内,概算经批准后是基本建设项目投资的最高限额。

(2)修正概算。是三个阶段设计中第二阶段即技术设计阶段文件的重要组成部分,是设计单位根据建设项目技术设计,按国家颁布的《概算定额》和《编制办法》及有关文件编制的计算工程项目修正投资额的文件。

（3）施工图预算。是施工图设计文件的重要组成部分，是按国家颁布的《公路工程预算定额》（在本书的以下部分中简称《预算定额》）和《编制办法》及有关文件编制的计算工程造价的文件。预算应控制在已批准的概算（或修正概算）范围之内。

二 概（预）算的作用

1. 概算、修正概算的作用

概算或修正概算是初步设计文件或技术设计文件的重要组成部分。概算应控制在批准的建设项目可行性研究报告投资估算允许浮动幅度范围内。

概算经批准后是基本建该项目投资最高限额，是编制建设项目投资计划、确定和控制建设项目投资的依据，是控制施工图设计和施工图预算的依据，是衡量设计方案经济合理性和选择最佳设计方案的依据，是考核建设项目投资效果的依据。

设计单位应按不同的设计阶段编制概算和修正的概算。编制概算或修正概算，应全面了解工程所在地的建设条件，掌握各项基础资料，正确引用规定的定额、取费标准、工资单价和材料设备价格，按本办法的规定进行编制，使概算能完整、准确地反映设计内容。

以批准的初步设计进行设计施工总承包招标的工程，其标底或造价控制值应在批准的总概算范围内。

2. 施工图预算的作用

预算是施工图设计文件的重要组成部分，是设计阶段控制工程造价的主要指标。预算经审定后，是确定工程造价、编制或调整固定资产投资计划和考核工程成本的依据。预算应根据施工图设计的工程量和施工方法，按照规定的定额、取费标准、工资单价、材料设备预算价格依《编制办法》在开工前编制并报请批准。

以施工图设计进行施工招标的工程，经审定后的施工图预算是编制标段清单预算、工程标底或造价控制值的依据，也是分析、考核施工企业投标报价合理性的参考；对不宜实行招标而采用施工图预算加调整价结算的工程，经审定后的施工图预算可作为确定合同价款的基础或作为审查施工企业提出的施工预算的依据。

施工图预算是考核施工图设计经济合理性的依据。施工图设计应控制在批准的初步设计及其概算范围之内。如单位工程预算突破相应概算时，应分析原因，对施工图设计中不合理部分进行修改，对其合理部分应在总概算投资范围内调整解决。

三 编制概（预）算的要求及依据

1. 对编制人员的要求

（1）要有较好的政治素质，必须严格执行国家的方针、政策和有关制度。

（2）要有较高的业务能力。要求编制人员了解设计意图，全面了解工程所在地的建设条件，掌握各项基础资料，正确引用规定的定额、取费标准、工资单价和材料设备价格，按规定进行编制，使之能完整地、准确地反映设计内容。做到掌握设计，熟悉施工，做好设计方案比较，使技术工作和经济工作结合起来，以全面有效地提高设计质量。

（3）编制、审核人员必须持有公路工程造价人员执业资格证书，并对工程造价文件的编制质量负责。

2. 对概（预）算文件质量的要求

概（预）算文件应符合国家方针政策及有关制度，符合公路设计、施工技术规范。文件质量的具体要求是：符合规定、结合实际、经济合理、提交及时、不重不漏、计算正确、字迹打印清晰、装订整齐完善。

3. 对概（预）算编制单位的要求

一般情况下均由有资格的设计工程（造价）咨询单位负责编制，并对其编制质量负责。当一个建设项目有几个设计（咨询）单位共同设计时，各设计（咨询）单位应负责所承担设计的单项或单位工程概（预）算，由主管部门指定一个主体设计（咨询）单位负责统一协调汇总，并对全部概（预）算编制质量负责。

4. 概算（或修正概算）编制依据

（1）国家发布的有关法律、法规、规章、规程等。

（2）现行的《公路工程概算定额》（JTG/T B06-01—2007）、《公路工程预算定额》（JTG/T B06-02—2007）、《公路工程机械台班费用定额》（JTG/T B06-03—2007）及《公路工程基本建设项目概算预算编制办法》（JTG B06—2007）。

（3）工程所在地省级交通主管部门发布的补充计价依据。

（4）被批准的可行性研究报告（修正概算时为初步设计文件）等有关资料。

（5）初步设计（或技术设计）图纸等设计文件。

（6）工程所在地的人工、材料、机械及设备预算价格等。

（7）工程所在地的自然、技术、经济条件等资料。

（8）工程施工方案。

（9）有关合同、协议等。

（10）其他有关资料。

5. 预算编制依据

（1）国家发布的有关法律、法规、规章、规程等。

（2）现行的《公路工程预算定额》（JTG/T B06-02—2007）、《公路工程机械台班费用定额》JTG/T B06-03—2007）及《公路工程基本建设项目概算预算编制办法》（JTG B06—2007）。

（3）工程所在地省级交通主管部门发布的补充计价依据。

（4）被批准的初步设计文件（或技术设计文件，若有）等有关资料。

（5）施工图纸等设计文件。

（6）工程所在地的人工、材料、机械及设备预算价格等。

（7）工程所在地的自然、技术、经济条件等资料。

（8）工程施工组织设计或施工方案。

（9）有关合同、协议等。

（10）其他有关资料。

第二节　概（预）算文件的组成

概（预）算文件是设计文件的重要组成部分。概（预）算文件编制结束后，应将其一系列文件装订整齐成册。概（预）算文件由封面、目录、概（预）算编制说明及全部概（预）算计算表格组成。

一 封面及目录

封面及目录式样如图 3-1 ~ 图 3-3 所示，其开本尺寸应与设计文件一致。

封面和扉页应按《编制办法》中的规定制作，扉页的次页应有建设项目名称，编制单位，编制、复核人员姓名并加盖执业（从业）资格印章，编制日期及第几册、共几册等内容。目录应按概（预）算表的表号顺序编排，即先列示甲组文件的目录，接着编列甲组文件的各表（以上应印制多份），再接着列示乙组文件的目录，最后编列乙组文件的各表。

×××公路初步设计概算
（CK××+×××~CK××+×××）
第　册共　册
编制：[签字并加盖执业（从业）资格印章]
复核：[签字并加盖执业（从业）资格印章]
（编制单位）
年　月

图 3-1　封面扉页的次页格式

目　　录

（甲组文件）

1. 编制说明
2. 总概（预）算汇总表（01-1 表），见表 3-1
3. 总概（预）算人工、主要材料、机械台班数量汇总表（02-1 表），见表 3-2
4. 总概（预）算表（01 表），见表 3-3
5. 人工、主要材料、机械台班数量汇总表（02 表），见表 3-4
6. 建筑安装工程费计算表（03 表），见表 3-5
7. 其他工程费及间接费综合费率计算表（04 表），见表 3-6
8. 设备、工具、器具购置费计算表（05 表），见表 3-7
9. 工程建设其他费用及回收金额计算表（06 表），见表 3-8
10. 人工、材料、机械台班单价汇总表（07 表），见表 3-9

图 3-2　甲组文件目录格式

目　　录

（乙组文件）

1. 建筑安装工程费计算数据表（08-1 表），见表 3-10
2. 分项工程概（预）算表（08-2 表），见表 3-11
3. 材料预算单价计算表（09 表），见表 3-12
4. 自采材料料场价格计算表（10 表），见表 3-13
5. 机械台班单价计算表（11 表），见表 3-14
6. 辅助生产工、料、机械台班单位数量表（12 表），见表 3-15

图 3-3　乙组文件目录格式

二 概(预)算编制说明

概(预)算表格编制完成后,应写出编制说明,文字力求简明扼要,应叙述的内容一般有:

(1)建设项目设计资料的依据及有关文号,如建设项目可行性研究报告批准文号、初步设计和概算(或修正概算)批准文号以及根据何时的测设资料及比选方案进行编制等。凡涉及文号、日期等具体数目的应予以明确。

(2)采用的定额(写明全称及版本日期)、费用标准(有关文件号及名称),人工、材料、机械台班单价的依据或来源,补充定额及编制依据的详细说明。

(3)与概(预)算有关的委托书、协议书、会谈纪要的主要内容(或将抄件附后)。

(4)总概(预)算金额,人工、钢材、水泥、木材、沥青等主材的总需要量情况,各设计方案的经济比较以及编制中存在的问题。

(5)其他与概(预)算有关但不能在表格中反映的事项。

三 概(预)算表格

1. 概(预)算表格

(1)公路工程概(预)算应按统一规定的概(预)算表格计算,概算表格与预算表格的式样相同,只是在印制时,概算与预算表应分别印制,以便于使用。概(预)算表格的格式详见表3-1~表3-15,开本为297mm×420mm或210mm×297mm。

总概(预)算汇总表

表3-1

建设项目名称:　　　　第　页　共　页　(01-1表)

项次	工程或费用名称	单位	总数量	概(预)算金额(元)				技术经济指标	各项费用比例(%)	备注
							合计			
1	2	3	4	5	6	7	8	9	10	11

编制:　　　　复核:

(2)概(预)算表格共有12种15张,下面分别介绍各表形式及填表要求。

①总概(预)算汇总见表3-1。

a. 表3-1反映建设项目的全部概(预)算值,若整个工程分几个单项工程编制时,应以本表进行汇总,以反映全部建设项目的概(预)算金额和有关的技术经济指标。

b. 表头"建设项目名称"填写工程全称。

c. 1~3栏按总概(预)算表3-3所列项目填列。

d. 4栏由各分段工程数量相加所得。

e. 5~7栏为各分段的概(预)算金额,8栏=(5+6+7)栏。

f. 9栏=8栏÷4栏。技术经济指标一般取整数,如某项目计量单位较小时,可取至两位小数。

g. 10栏=8栏÷概(预)算总额按一、二、三部分各项求得,项以下的目、节可视需要增减。

h. 11栏为本表汇总的有关依据和说明。

②总概(预)算人工、主要材料、机械台班数量汇总见表3-2。

总概(预)算人工、主要材料、机械台班数量汇总表 表3-2

建设项目名称： 第 页 共 页 (02-1表)

序号	规格名称	单位	总数量	编制范围									
1	2	3	4	5	6	7	8	9	10	11	12	13	14

编制： 复核：

a. 表3-2反映建设项目全部的人工、材料、机械数量，若一个建设项目分为几个单项工程编制概(预)算时，应按本表要求分段填列并汇总。

b. 5~14栏的分段统计工、料、机数量由表3-4中第4栏转入。

c. 4栏=5~14栏之和。

③总概(预)算见表3-3。

a. 本表反映一个单项工程或单位工程项目的各项费用组成、概(预)算金额、技术经济指标等。

b. 1~5各栏应按概(预)算项目表的序列及内容填列，保留“项”次，“目”、“节”、“细目”可视情况留存。

c. 6、7栏按第一部分建筑安装工程费一到八项(桥梁为七项)由分项工程概(预)算表3-10转入，其余各项由表3-5或表3-8转入。第二、三部分分别由表3-7及表3-8转入。

总 概 (预) 算 表 表3-3

建设项目名称：

编制范围： 第 页 共 页 (01表)

项	目	节	工程或费用名称	单位	数量	概(预)算金额(元)	技术经济指标	各项费用比例(%)	备注
1	2	3	4	5	6	7	8	9	10

编制： 复核：

d. 8栏=7栏÷6栏。技术经济指标一般取整数，如某项目计量单位较小时，可取至两位小数。

e. 9栏=7栏÷概(预)算总金额。只求第一、二、三部分各项，项以下的目、节不计。

f. 10栏填写计算中有关依据及说明。

g. 编制范围填路线(或桥)的起止桩号，建设项目名称填写建设路线名称或独立大、中桥桥名。

h. 表中细目可视需要填列。

④人工、主要材料、机械台班数量汇总见表3-4。

人工、主要材料、机械台班数量汇总表　　　　表 3-4

建设项目名称：

编制范围：　　　　　　　　　　　　　　　　　　第　页　共　页　(02 表)

序号	规格名称	单位	数量	分项统计									场外运输损耗	
													损耗率(%)	数量
1	2	3	4	5	6	7	8	9	10	11	12	13	14	15

编制：　　　　　　　　　　　　　　　　　　　　　　　复核：

a. 表 3-4 反映建设项目的全部人工、材料及机械台班数量。

b. 2 栏一般按预算定额人工、材料及施工机械的顺序填列。

c. 5 ~ 13 栏的分项统计可按概(预)算项目表中的“项”的顺序填列，其数量由表 3-10 或表 3-14 转入，冬、雨、夜间所增人工、临时设施、绿化工程、交工前养护用工可按《编制办法》附录规定计算后填入。

d. 14 栏填各种材料的场外运输损耗率。

e. 15 栏 =(5 栏 +6 栏 + … +13 栏) ×14 栏。

f. 4 栏 =(5 栏 +6 栏 + … +13 栏) +15 栏。

g. 辅助生产用工的工、料、机数量，应在本表的分项统计栏中按自采材料、自办运输、机械台班列项，并按表 3-14 提供的单位数量计算。

⑤建筑安装工程费计算见表 3-5。

建筑安装工程费计算表　　　　表 3-5

建设项目名称：

编制范围：　　　　　　　　　　　　　　　　　　第　页　共　页　(03 表)

序号	工程名称	单位	工程量	直接费(元)						间接费(元)	利润(元)费率(%)	税金(元)综合税率(%)	建筑安装工程费	
				直接工程费				其他工程费	合计				合计(元)	单价(元)
				人工费	材料费	使用机械费	合计							
1	2	3	4	5	6	7	8	9	10	11	12	13	14	15

编制：　　　　　　　　　　　　　　　　　　　　　　　复核：

本表各栏数据之间关系，5 ~ 7 均由 08 表计算转来；8 =5 +6 +7；9 =8 × 9 的费率或

(5 +7) ×9 的费率;10 =8 +9;11 =5 × 规费综合费率 + 10 × 企业管理费综合费率;12 =(10 +11 − 规费) ×12 的费率;13 =(10 +11 +12) × 综合税率;14 =10 +11 +12 +13;15 =14 ÷4。填表说明中出现的数字均代表表中对应栏数的内容 。

a. 表 3-5 反映建设项目建安费的计算和金额。

b. 2 栏按项目表的第一部分建安费的顺序填列。

c. 5 ~7 栏均由表 3-11 转入。

d. 8 栏 =5 栏 +6 栏 +7 栏。

e. 9 栏 =8 栏 ×9 栏的费率。

f. 10 栏 =8 栏 +9 栏。

g. 11 栏 =5 × 规费综合费率 +10 × 企业管理费综合费率。

h. 12 栏 =(10 栏 +11 栏 − 规费) ×12 栏费率。

i. 13 栏 =(10 栏 +11 栏 +12 栏) × 综合税率。

j. 14 栏 =10 栏 +11 栏 +12 栏 +13 栏。

k. 15 栏 =14 栏 ÷4 栏。

⑥其他工程费及间接费综合费率计算见表 3-6。

其他工程费及间接费综合费率计算表 表 3-6

建设项目名称:

编制范围: 第 页 共 页 (04 表)

序号	工程类别	其他工程费费率(%)													间接费费率(%)											
															规费						企业管理费					
		冬季施工增加费	雨季施工增加费	夜间施工增加费	高原地区施工增加费	风沙地区施工增加费	沿海地区施工增加费	行车干扰工程施工增加费	安全及文明施工措施费	临时设施费	施工辅助费	工地转移费	综合费率		养老保险费	失业保险费	医疗保险费	住房公积金	工伤保险费	综合费率	基本费用	主副食运费补贴	职工探亲路费	职工取暖补贴	财务费用	综合费率
													Ⅰ	Ⅱ												
1	2	3	4	5	6	7	8	9	10	11	12	13	14	15	16	17	18	19	20	21	22	23	24	25	26	27

编制: 复核:

a. 表 3-6 为表 3-5 和表 3-10 提供其他直接费及间接费综合费率。

b. 表中 2 栏按“工程类别”划分的顺序及工程名称填写。

c. 3 ~13 栏,按《编制办法》或相关补充规定的其他直接费费率填列。

d. 14 栏 =3 栏 +4 栏 +5 栏 +8 栏 +10 栏 +11 栏 +12 栏 +13 栏。

e. 15 栏 =6 栏 +7 栏 +9 栏。

f. 21 栏 =16 栏 +17 栏 +18 栏 +19 栏 +20 栏。

g. 27 栏 = 22 栏 + 23 栏 + 24 栏 + 25 栏 + 26 栏。

h. 建设项目名称及编制范围同表 3-3。

⑦设备、工具、器具购置费计算见表 3-7。

设备、工具、器具购置费计算表 表 3-7

建设项目名称：

编制范围： 第 页 共 页 （05 表）

序号	设备、工具、器具规格名称	单位	数量	单价（元）	金额（元）	说明
1	2	3	4	5	6	7

编制： 复核：

a. 表 3-7 为设备、工具、器具购置费计算表。

b. 表 3-7 应根据具体的设备、工具、器具购置清单进行计算，包括设备规格、单位、数量、单价及需要说明的问题。

⑧工程建设其他费用及回收金额计算见表 3-8。

工程建设其他费用及回收金额计算表 表 3-8

建设项目名称：

编制范围： 第 页 共 页 （06 表）

序号	费用名称及回收金额项目	说明及计算式	金额（元）	备注
1	2	3	4	5

编制： 复核：

a. 表 3-8 为概（预）算第三部分工程建设其他费以及回收金额等的计算用表。

b. 应在表 3-8 计算的费用共 12 种：土地征用及拆迁补偿费、建设项目管理费、研究试验费、前期工作费、专项评价（估）费、供电贴费、施工机构迁移费、联合试运转费、生产人员培训费、固定资产投资方向调节税、建设期贷款利息、回收金额。这些费用按《编制办法》有关规定计算。

c. 建设项目管理费包括建设单位（业主）管理费、工程质量监督费、工程监理费、工程定额测定费、设计文件审查费、竣（交）工验收试验检测费，按“建筑安装工程费 × 费率”或有关定额列式计算。

d. 研究试验费应根据设计需要进行研究试验的项目分别填写项目名称及金额，或列式计算或进行说明。

e. 建设项目前期工作费按国家有关规定填入本表，列式计算。

f. 土地征用及拆迁补偿费应填写土地补偿单价、数量和安置补助费标准、数量等，列式计算所需费用，填入金额栏。其余有关工程建设其他费用的填入和计算方法，根据规定依此类推。

⑨人工、材料、机械台班单价汇总见表3-9。

人工、材料、机械台班单价汇总表 表3-9

建设项目名称:

编制范围: 第 页 共 页 (07表)

序　号	名　称	单　位	代　号	预算单价(元)	备　注
1	2	3	4	5	6

编制: 复核:

a. 表3-9按该项目所发生的人工、材料、机械,按计算机代号顺序填列。

b. 人工单价按《编制办法》计列,材料与机械单价由表3-12和表3-14转入。

c. 代号栏按《预算定额》附录后代号填列。

⑩建筑安装工程费计算数据见表3-10。

建筑安装工程费计算数据表 表3-10

建设项目名称: 编制范围: 数据文件编号: 公路等级:

路线或桥梁长度(km): 路基或桥梁宽度(m): 第 页 共 页 (08-1表)

项的代号	本项目数	目的代号	本目节数	节的代号	本节细目数	细目的代号	费率编号	定额个数	定额代号	项或目或节或细目或定额的名称	单位	数量		定额调整情况
1	2	3	4	5	6	7	8	9	10	11	12	13	14	15

编制: 复核:

a. 表3-10逐行从左向右横向跨栏填写。

b. “项”、“目”、“节”、“细目”、“定额”等代号根据实际需要按《编制办法》“该预算项目表”及现行该预算定额的序列及内容填写。

c. 表3-10主要为计算机编制该预算提供基础数据,具体填写规则按照用户手册执行。

⑪分项工程概(预)算见表3-11。

a. 表3-11为建安费一至八项(桥为一至七项)费用计算表,并为表3-5提供计算数据。

b. 表头“编制范围”同表3-3,指编制内容所从属的工程段落或工程部分的名称或桩号。

c. 表头"工程名称"指项目表中的"节"或"目"的名称。

d. 表内"工程项目"指采用的概（预）算项目名称；"工程细目"指所采用定额的具体子目名称。

e. "定额单位"指定额表右上方的单位。"工程数量"要以定额单位为单位表示。如定额单位为 $10m^3$，工程数量为 $1000m^3$，则工程数量栏应填入 100［其含义为 $100\times10(m^3)$］。

f. "定额表号"为工程细目所采用的定额编号，填写要具体。格式为"页号-章号-表号-栏号"。

分项工程概（预）算表 表 3-11

编制范围：

工程名称： 第 页 共 页 （08-2 表）

编号	工程项目																		合计	
	工程细目																			
	定额单位																			
	工程数量																			
	定额表号																			
	工、料、机名称	单位	单价（元）	定额	数量	金额（元）	定额	数量	金额（元）	定额	数量	金额（元）	定额	数量	金额（元）	定额	数量	金额（元）	数量	金额（元）
1	2	3	4	5	6	7	8	9	10	11	12	13	14	15	16	17	18	19	20	21
1	人工	工日																		
2	……																			
	定额基价	元																		
	直接工程费	元																		
	其他工程费 I	元																		
	其他工程费 II	元																		
	间接费 规费	元																		
	间接费 企业管理费	元																		
	利润及税金	元																		
	建筑安装工程费	元																		

编制： 复核：

例 人工挖运多年冻土（20m 内），预算定额表号为 8-1-4-1。

g. 表中 2 栏按定额抄录；3 栏为工料机计量或费用单位。

h. 4 栏单价由表 3-9 引来。

i. 5、8、11、14、17 栏为该工程项目的定额值，由定额表提供（应与施工组织设计一致）。

j. 6、9、12、15、18 栏为该工程细目的"工程数量"与其相应"定额"的乘积。

k. 7、10、13、16、19 栏分别为各自的数量乘以单价（第 4 栏）。

l. 20、21 栏为统计此表中各工、料、机数量和金额的对应相加，即某一行的合计数量（金额）等于此行各分项数量（金额）之和。

m. 其他工程费按相应项目的直接工程费或人工费与施工机械使用费之和 × 规定费率计算。

n. 规费按相应项目的人工费 × 规定费率计算。

o. 企业管理费按相应项目的直接费 × 规定费率计算。

p. 利润按相应项目的（直接费 + 间接费 − 规费）× 利润率计算。

q. 税金按相应项目的（直接费 + 间接费 + 利润） × 税率计算。

⑫材料预算单价计算见表 3-12。

材料预算单价计算表　　表 3-12

建设项目名称：

编制范围：　　第　页　共　页　（09 表）

序号	规格名称	单位	原价（元）	运杂费					原价运费合计（元）	场外运输损耗		采购及保管费		预算单价（元）
				供应地点	运输方式、比重及运距	毛重系数或单位毛重	运杂费构成说明或计算式	单位运费（元）		费率（%）	金额（元）	费率（%）	金额（元）	
1	2	3	4	5	6	7	8	9	10	11	12	13	14	15

编制：　　复核：

a. 表 3-12 计算各种材料到达工地时的预算价格，为表 3-9 提供数据。

b. 2 栏按定额材料名称、规格，并按调拨、外购和自采加工顺序和材料代号顺序填列。

c. 4 栏按材料预算基本价信息填列，或按调查价填列。

d. 5 栏填供应点或料场点，6 栏为运距（按有关规定计算），运输方式按火车、汽车、船舶等及所占运输比重填写。

e. 7 栏按《编制办法》附录查出，8、9 栏按有关规定计算。

f. 10 栏 = 4 栏 + 9 栏。

g. 11、13 栏按《编制办法》查取；12 栏 = 10 栏 × 11 栏；14 栏 = （10 栏 + 12 栏）× 13 栏；15 栏 = 10 栏 + 12 栏 + 14 栏。

⑬自采材料料场价格计算见表 3-13。

自采材料料场价格计算表　　表 3-13

建设项目名称：

编制范围：　　第　页　共　页　（10 表）

序号	定额号	材料规格名称	单位	料场价格（元）	人工（工日）单价（元）		间接费（元）（占人工费百分比）	（　）单价（元）		（　）单价（元）		（　）单价（元）		（　）单价（元）	
					定额	金额		定额	金额	定额	金额	定额	金额	定额	金额
1	2	3	4	5	6	7	8	9	10	11	12	13	14	15	16

编制：　　复核：

a. 表 3-13 为计算各种自采加工材料的料场价格之用。

b. 2 栏为 3 栏自采材料所采用的定额号。

c. 4 栏填写预算定额的计量单位。

d. 6、9、11、13、15 栏抄列预算定额数，各表头抄人工单价和定额所列材料和机械的名称、规格及其单价。

e. 7 栏为单位自采加工材料所消耗的人工费。

f. 8 栏 =7 栏 ×15%。

g. 5 栏 =7 栏 +8 栏 +（10 栏 +12 栏 +14 栏 +16 栏）按实际发生栏列计。

h. 材料规格用途相同而生产方式不同时，应分别计算单价，再以各种生产方式所占比重根据合计价格加权平均计算料场价格。

i. 定额中机械台班有调整系数时，应在本表内计算。

⑭机械台班单价计算见表 3-14。

机械台班单价计算表　　表 3-14

建设项目名称：

编制范围：　　第　页　共　页　（11 表）

序号	定额号	机械规格名称	台班单价（元）	不变费用（元）调整系数：		可变费用（元）										合计
						人工（元/工日）		汽油（元/kg）		柴油（元/kg）		……				
				定额	调整值	定额	费用	定额	费用	定额	费用	定额	费用	定额	费用	
1	2	3	4	5	6	7	8	9	10	11	12	13	14	15	16	17

编制：　　复核：

a. 表 3-14 为计算工程机械台班预算单价之用，并为表 3-9 提供各机械台班单价。

b. 5、7、9、11、13、15 栏按机械台班费用定额填写。

c. 6 栏调整系数（调整值），若有按规定填列，若无按 1.0 系数考虑。

d. 8、10、12、14、16 栏为第二类费用的人工、油燃料等各项单价定额所得，单价指到达工地的预算价。

e. 17 栏 = 8 栏 + 10 栏 + 12 栏 + 14 栏 + 16 栏。

f. 4 栏 = 5（或 6）栏 + 17 栏。

⑮辅助生产工、料、机械台班单位数量见表 3-15。

辅助生产工、料、机械台班单位数量表 表 3-15

建设项目名称：

编制范围： 第　页　共　页　（12 表）

序号	规格名称	单位	人工（工日）						
1	2	3	4	5	6	7	8	9	10

编制： 复核：

a. 表 3-15 为计算单位数量的辅助生产所耗用的人工、材料、机械台班数量，供表 3-4 中计算辅助生产用工、料、机数量之用。

b. 2 栏填写自采材料的规格名称。

c. 5 ~ 10 栏的空白表头填写所用的定额中出现的各种材料、机械名称及其计量单位。

d. 4 栏填写所耗用的人工数量，由相应定额表查得。

以上为《编制办法》提供的 15 张表格及填表要求，有时还应自制一些辅助用表，如冬季、雨季及夜间施工增加工数计算表。表列格式及要求见表 3-16，仅供参考。

冬季、雨季及夜间施工增加工数计算表 表 3-16

建设项目名称：

编制范围： 第　页　共　页　（13 表）

<table>
<tr><td rowspan="3">序号</td><td rowspan="3">工程项目</td><td rowspan="3">概（预）算工日数</td><td colspan="4">雨季施工</td><td colspan="4">冬季施工</td><td colspan="3">夜间施工</td><td rowspan="3">增加工合计</td></tr>
<tr><td colspan="4">雨量区</td><td colspan="4">气温区</td><td rowspan="2">夜间施工项目工日数</td><td rowspan="2">增工率（%）</td><td rowspan="2">增加工数</td></tr>
<tr><td>增工率（%）</td><td>增加工数</td><td>增工率（%）</td><td>增加工数</td><td>增工率（%）</td><td>增加工数</td><td>增工率（%）</td><td>增加工数</td></tr>
<tr><td>1</td><td>2</td><td>3</td><td>4</td><td>5</td><td>6</td><td>7</td><td>8</td><td>9</td><td>10</td><td>11</td><td>12</td><td>13</td><td>14</td><td>15</td></tr>
<tr><td></td><td></td><td></td><td></td><td></td><td></td><td></td><td></td><td></td><td></td><td></td><td></td><td></td><td></td><td></td></tr>
<tr><td></td><td></td><td></td><td></td><td></td><td></td><td></td><td></td><td></td><td></td><td></td><td></td><td></td><td></td><td></td></tr>
<tr><td></td><td></td><td></td><td></td><td></td><td></td><td></td><td></td><td></td><td></td><td></td><td></td><td></td><td></td><td></td></tr>
<tr><td></td><td></td><td></td><td></td><td></td><td></td><td></td><td></td><td></td><td></td><td></td><td></td><td></td><td></td><td></td></tr>
<tr><td></td><td></td><td></td><td></td><td></td><td></td><td></td><td></td><td></td><td></td><td></td><td></td><td></td><td></td><td></td></tr>
</table>

编制： 复核：

2. 填表顺序及相互关系

(1)填表顺序。关于各表的填表要点在前面已较详尽地作了介绍,填表的顺序将涉及编制步骤问题,这些内容将在后面详细叙述,本节仅作一简要的说明。一般情况下,编制人员首先要熟悉图纸,按施工组织设计、项目表及工程实际要求列项,计算各分项工程的工程量。填表的基本顺序为:初编表3-10→表3-11→(或表3-12)→表3-13→表3-9→表3-6→表3-7→续编表3-10→表3-5→表3-8→编制表3-3及表3-1→编制表3-4及表3-2。

在填表过程中次序并不是一成不变的,经常须交叉进行,特别是表3-10与表3-11、表3-12、表4-13经常交叉进行。为了正确地编制概(预)算,仅仅了解其编制次序、步骤是不够的,最根本的是要掌握《编制办法》中的各项规定,熟练运用定额,掌握施工程序,明确各种表的作用及相互关系,精通表中各栏的填列方法。

(2)各表的相互关系。概(预)算的各项费用的计算都应通过规定的表格反映出来,各表之间的关系可用图3-4表示。

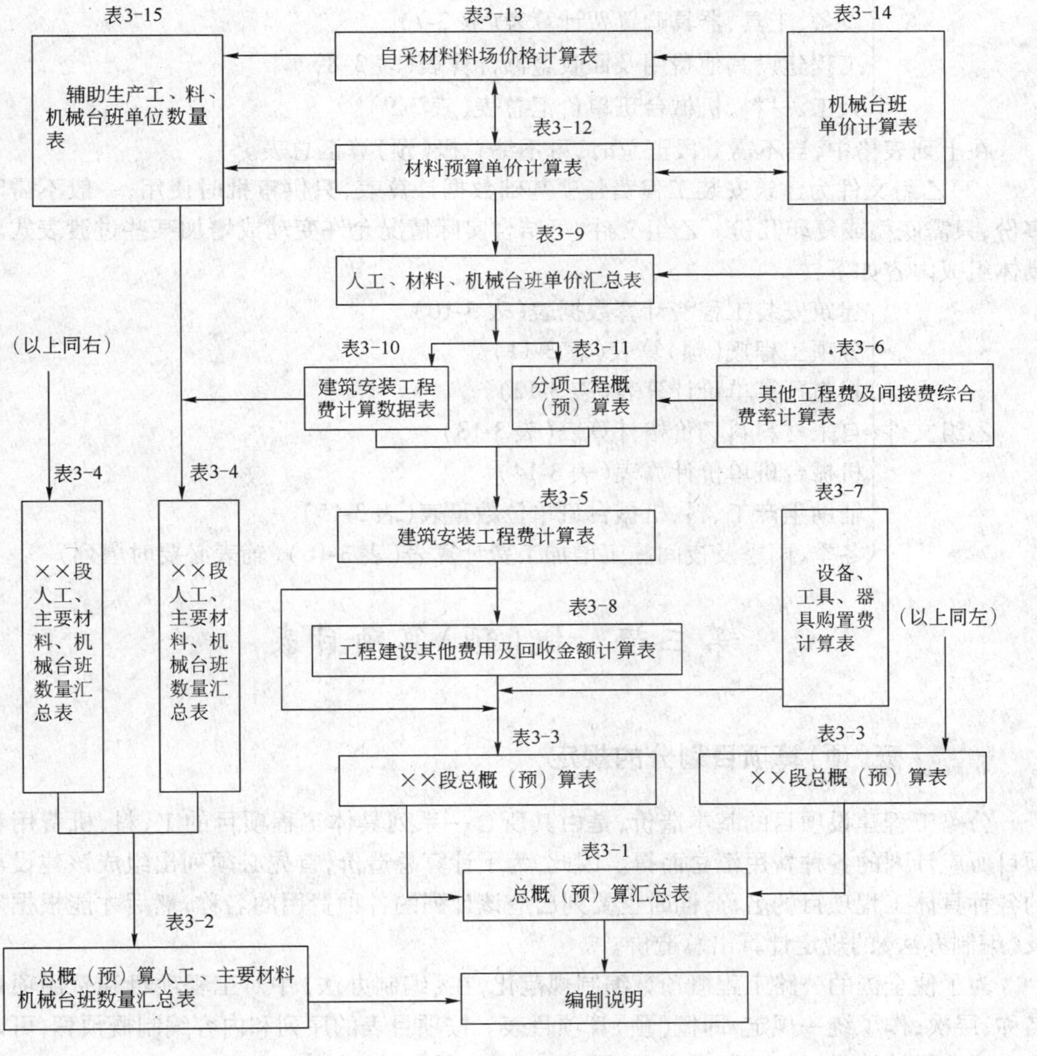

图3-4 各种表格的计算顺序和相互关系图

3. 概(预)算文件分类

概(预)算文件是设计文件的组成部分,随设计文件一并报送。

概(预)算文件按不同的需要分为两组,即甲组文件和乙组文件。

(1)甲组文件为各项费用计算表,须按规定的报送份数印制多份。其具体组成内容如下:

甲组文件:
- 编制说明
- 总概(预)算汇总表(表3-1)
- 总概(预)算人工、主要材料、机械台班数量汇总表(表3-2)
- 总概(预)算表(表3-3)
- 人工、主要材料、机械台班数量汇总表(表3-4)
- 建筑安装工程费计算表(表3-5)
- 其他工程费及间接费综合费率计算表(表3-6)
- 设备、工具、器具购置费计算表(表3-7)
- 工程建设其他费用及回收金额计算表(表3-8)
- 人工、材料、机械台班单价汇总表(表3-9)

在上列表格中,当不需分段汇总时,可不编总概(预)算汇总表。

(2)乙组文件为建筑安装工程费各项基础数据计算表,只供审批时使用,一般不需印制多份,只需底稿或复印几份。乙组文件,可结合实际情况允许变动或增加某些过渡表式。其具体组成内容如下:

乙组文件:
- 建筑安装工程费计算数据表(表3-10)
- 分项工程概(预)算表(表3-11)
- 材料预算单价计算表(表3-12)
- 自采材料料场价格计算表(表3-13)
- 机械台班单价计算表(表3-14)
- 辅助生产工、料、机械台班单位数量表(表3-15)
- 冬季、雨季及夜间施工增加工费计算表(表3-16)(辅表必要时填列)

第三节 概(预)算项目表

一 概(预)算项目划分的规定

公路工程建设项目的基本造价,是由其所含一系列具体工程项目的工、料、机费用和该项目所应计列的各种费用汇总而得。因此,为了计算总造价,首先必须列出组成该建设项目的各种具体工程项目的名称,同时也要列出应该计列的各种费用的名称,然后才能根据定额及《编制办法》的规定计算出总造价。

为了使全国的公路工程概预算编制规范化,在《编制办法》中对工程项目和费用项目的名称、层次,作了统一规定,即概(预)算项目表。按项目表的序列和内容编制概预算,可以防止出现费用计算时混乱、漏列、重列、错列的现象,项目划分规定如下。

第一部分　建筑安装工程费
　第一项　临时工程
　第二项　路基工程
　第三项　路面工程
　第四项　桥梁涵洞工程
　第五项　交叉工程
　第六项　隧道工程
　第七项　公路设施及预埋管线工程
　第八项　绿化及环境保护工程
　第九项　管理、养护及服务房屋
第二部分　设备及工具、器具购置费
第三部分　工程建设其他费用

二 概(预)算项目表

概(预)算项目划分的具体内容见表3-17(表中仅为部分内容,其他内容见本教材配套课件)。

概(预)算项目　　表3-17

项	目	节	细目	工程或费用名称	单位	备注
				第一部分　建筑安装工程费	**公路公里**	建设项目路线总长度(主线长度)
一				临时工程	公路公里	
	1			临时道路	km	新建便道与利用原有道路的总长
			1	临时便道的修建与维护	km	新建便道长度
			2	原有道路的维护与恢复	km	利用原有道路长度
				……	……	
	2			临时便桥	m/座	指汽车便桥
	3			临时轨道铺设	km	
	4			临时电力线路	km	
	5			临时电信线路	km	不包括广播线
	6			临时码头	座	按不同的形式划分节或细目
二				路基工程	km	扣除桥梁、隧道和互通立交的主线长度,独立桥梁或隧道为引道或接线长度
	1			场地清理	km	
		1		清理与掘除	m^2	按清除内容的不同划分细目
			1	清除表土	m^3	
			2	伐树、挖根、除草	m^2	
				……		
		2		挖除旧路面	m^2	按不同的路面类型和厚度划分细目
			1	挖除水泥混凝土路面	m^2	
			2	挖除沥青混凝土路面	m^2	

项目表中的“项”，指上述的“项目”的名称，如“路基工程”等。项是建设项目的基本组成部分或费用项目的基本组成部分。

项目表中的“目”，指“项”的基本组成部分，其中包括工程项目中“项”的基本组成部分或费用项目中“项”的基本组成部分。如“填方”，“工程监理费、设计单位审查费”等。

项目表中的“节”，是指各“目”的基本组成部分，其中也包括属于工程项目方面的和属于费用项目方面的两种。如“路基填方”。

项目表中的“细目”，是指各“节”的基本组成部分，其中也包括属于工程项目方面的和属于费用项目方面的两种。“细目”是编制分项工程概(预)算的最小单元，如“换填土”等。

项目表中的“单位”，是指建设项目总概(预)算所用的计量单位。编制总概(预)算表时需按项目表中相应单位计列，其中“公路公里”和“桥长米”，指的不是“距离”，而是公路中心线或桥梁中心线的里程长度。

项目表中的“备注”主要说明以下类型：

(1)某些目的分节方式；

(2)概算下列的节；

(3)对计量单位、计算依据、名称含义等方面的说明。

关于项目表的划分，不仅与设计内容有关，而且与概(预)算定额的名称、单位也都有关系。但是，“部分”的名称是固定的，“项”的名称主要来自分部工程和费用项目的名称，“目”和“节”则要与定额表的工程名称相一致，“细目”则根据编制需要由编制人员填列。

三 运用概(预)算项目表列项要求

按《编制办法》要求，编制概(预)算时，原则上应按项目表规定的项目序列编制。当实际出现的工程和费用项目与项目表的内容不完全相符时，应按下列原则确定项目的序列。

(1)“部分”和“项”的序号保留不变。例如第二部分，设备及工具、器具购置费在该项工程中不发生时，第三部分工程建设其他费用仍为第三部分；又如概预算第一部分第六项为隧道工程，第七项为公路设施及预埋管线工程，若工程中无隧道工程项目时，则其序号六仍保留，公路设施及预埋管线工程仍为第七项。

(2)“目”和“节”、“细目”可随需要增减，并按项目表的顺序，以实际出现的“目”、“节”依次排列，不保留缺少的“目”、“节”、“细目”的序号。例如：路基项内 1 目为挖方，2 目为挖石方，3 目为填方，若工程项目中没有石方，则填方应为 2 目。

(3)建设项目中的交通工程、互通式立体交叉、辅道、支线，如工程规模较大时，也可按概(预)算项目表单独编制建筑安装工程，然后将其概(预)算建安工程总金额列入路线的总概(预)算表中相应的项目中。

(4)概(预)算应按一个建设项目进行编制。当一个建设项目需要分段或分部编制时，应根据需要分别编制，但需汇总编制“总概(预)算汇总表”。

第四节　列项与工程量计算

着手编制概(预)算的首要步骤就是列项。所谓列项是指根据工程设计图纸，参照“概(预)算项目表(表 3-17)”，结合相应采用的定额分项，按工程实际情况将项、目、节及细目一一列出的活动。列项应先填写在草稿上，审查无误后再填入正式的项目表中。接下来是算出相应的工程数量，并一一填入项目表的相应栏目内。一般情况下，工程量分别由各部分的设计人员提供。作为概（预）算编制人员，应复核设计人员提供的工程量计算结果，确认无误后方能使用。

以下按“项”的顺序，分别对公路工程概（预）算的“项”、“目”、“节”划分与工程量计算予以介绍。

一 临时工程的“目”、“节”划分与工程量计算

临时工程包括临时道路、临时便桥、临时轨道铺设、临时电力线路、临时电信线路、临时码头六部分。其中，临时便道包括新建便道与利用原有道路的纵长，另外，临时码头必须扣除桥梁、隧道和互通立交的主线长度。其列项及工程量计算如下。

1. 汽车便道

汽车便道由便道路基、路面和便道养护三部分组成。其工程量计算根据施工组织设计确定。

预算定额中汽车便道路基宽度有7m和4.5m两种，其相应的便道路面宽有6m和3.5m两种。便道路面养护的工程量根据便道长度、路基宽度和养护月数参照表3-18增加数量。

汽车便道路面养护工程量表（单位：km·月）　　表3-18

序　号	项　目	单　位	代　号	汽车便道路基宽度（m）	
				7.0	4.5
1	人工	工日	1	3.0	2.0
2	天然砂砾	m^3	288	18.00	10.80
3	6~8t光轮压路机	台班	458	2.20	1.32

2. 临时便桥

临时便桥包括钢便桥上部和便桥墩两部分。当每座便桥跨径小于21m时，直接计列便桥长度；若跨径大于21m时每超过21m，增计一座桥墩，汽车钢便桥按便桥载货汽车—15级、桥面净宽4m计列。

3. 临时码头

大宗材料水路运输需要设置临时码头，包括重力式砌石码头或装配式浮箱码头两种形式，其需要量按施工组织设计确定。重力式砌石码头按沿河方向长度计算，必要时计列拆除旧圬工数量；装配式浮箱码头按浮箱面积和钢筋混凝土锚数计列。

4. 临时轨道铺设

桥梁施工中，梁在预制、运输、安装过程中，需设置临时轨道。临时轨道规格分轻轨（11kg/m或15kg/m）、重轨（32kg/m）两种；重轨又分为路基上和桥面上两种。采用哪一种轨道根据所需运输的梁的重量确定，所需计列的轨道长度按施工组织设计确定。

5. 架设输电、电信线路

输电、电信线路的临时架设长度根据工程所在地各个工点所能搭接的输电、电信线路的情况确定。临时输电线路含干线和支线，干线指可搭接的电网位置到工点变压器的距离，支线指变压器到各个用电点的距离，临时电信线路长度指搭接点到工程所在地的距离。

6. 人工夯打小圆木桩

人工夯打小圆木桩是指一些临时设施如码头、房屋等项目必须采用的临时的加固手段，

其计算根据实际需要用桩木数量来计列。

二 路基工程的"目"、"节"划分与工程量计算

路基工程是概(预)算项目表中第一部分建筑安装工程费的第二项,它包含场地清理、挖方、填方、特殊路基处理、排水工程、防护与加固工程六个工程细目。

1. 场地清理

场地清理一般按照清除内容的不同划分细目。主要有清表与清除杂树杂草等、挖除旧路面及拆除旧的建筑物等。

2. 挖方

挖方一般按照挖土方、挖石方、挖非适用材料及弃方运输进行列项。而挖土石方时,可按照路基土石方及改路、改河、改渠土石方以及不同地点划分细目,弃方运输需要考虑不同运输方式及运距。

3. 填方

填方按照路基填方、改河改路改渠填方、结构物回填划分细目。其中,改河改路改渠填方、结构物回填则需按不同的填筑材料划分细目。

4. 特殊路基处理

特殊路基处理是指需要处理的软弱路基,一般按照软土处理、滑坡处理、岩溶洞回填以及膨胀土、黄土、盐渍土处理等划分细目。每种处理还必须按照不同的处治方式方法划分细目。

软基处理有各种方法,通常采用的有各种形式的预压处理、砂桩、砂垫层、土工布处理、塑料排水板处理、石灰砂桩处理等。对应要计算的工程数量包括:预压土方数量、卸载土方数量、各种换填土数量、砂砾泄水层数量、砂垫层数量、挤密砂桩数量、轻型井点使用数量、振冲碎石桩数量、塑料排水板长度、土工布使用平方数等。过水塘段处理常使用围堰抽水(或井点降水)和清淤换填土(或水泥土)处理、抛石挤淤处理等方法。其工程量计算包括各种高度的围堰长度、抽水机抽水台班、井点使用情况、清除淤泥数量、换填土数量、抛石挤淤抛石量等。计算工程数量时,应按工程量计算规则进行。

5. 排水工程

路基工程的排水工程主要包括边沟、排水沟、截水沟、急流槽、暗沟、渗沟、排水管、集水井、泄水槽等部分。在进行排水工程量计算时,要按照不同的材料、尺寸划分细目,如边沟及边沟截水沟一般包括浆砌片石、截水沟涵管混凝土或盖板混凝土、截水沟基础混凝土及涵台混凝土等内容及数量。

6. 防护与加固工程

防护与加固工程按照不同结构类型可分为坡面植物防护、坡面圬工防护、坡面喷浆防护、坡面加固、挡土墙、抗滑桩、冲刷防护、其他工程等。

三 路面工程的"目"、"节"划分与工程量计算

路面工程按照路面结构形式来划分目次。一般分为路面垫层、底基层、基层、透层、黏层、封层以及沥青混凝土面层、水泥混凝土面层、其他面层、路槽路肩分隔带、路面排水等。在划分细目时可以考虑不同类型、不同规格、不同厚度分别划分。

路面工程的结构层厚度均为压实厚度,培路肩厚度为净培路肩的夯实厚度。通常根据路面结构设计情况,需计算的路面工程量包括以下数种。

1. 旧路改造部分

旧路改造部分主要发生在使用《预算定额》、《概算定额》的大、中修工程和改建工程上,其工程数量计算主要有:

(1)修整旧中级路面的面积,包括级配碎石、级配砾石、泥结碎石路面等;

(2)修整旧黑色路面的面积,包括沥青表处、沥青混凝土路面等;

(3)全部挖除旧路面的面积。

2. 新建公路部分

新建公路的路面根据路面结构层组合设计,按施工顺序从下向上计算工程数量,主要有:

(1)挖路槽的面积和厚度,修筑泄水槽的长度;

(2)培路肩的面积和厚度;

(3)各种路面垫层的面积和厚度,含砂砾、煤渣、矿渣等垫层;

(4)各种水泥类稳定土基层的面积和厚度,含稳定土、砂土、砂砾、碎石、石屑、石渣、砂砾土、碎石土等水泥稳定类基层;

(5)各种石灰类稳定土基层的面积和厚度,含稳定土、砂砾、碎石、工业废渣、碎石土、砂砾土等石灰稳定类基层;

(6)水泥、石灰类稳定土基层的面积和厚度,含稳定土、砂、土等稳定土基层;

(7)石灰、粉煤灰类稳定土基层的面积和厚度,含稳定土、砂、砂砾、碎石、矿渣等稳定土基层;

(8)泥灰结碎石基层的面积和厚度;

(9)填隙碎石基层的面积和厚度;

(10)泥结碎石路面的面积和厚度;

(11)级配碎石路面的面积和厚度;

(12)级配碎石、天然砂砾路面的面积和厚度;

(13)各种低级路面的磨耗层及保护层的面积和厚度;

(14)沥青表面处至路面的面积和厚度;

(15)沥青贯入式或沥青上拌下贯式路面的面积和厚度;

(16)沥青混合料类路面实体,含粗、中、细粒式沥青混凝土和沥青碎石、砂粒式沥青混凝土等;

(17)透层、黏层、封层的面积;

(18)水泥混凝土路面的面积和厚度及钢筋用量;

(19)人行道的面积、路牙(缘石)、沥青路面镶边石的体积。

路面工程的列项分别按行车道、硬路肩、土路肩的结构组织进行,并分别计算各部分的工程数量。

四 桥梁涵洞工程的“目”、“节”划分与工程量计算

桥梁涵洞工程的目次划分可按照漫水工程、涵洞工程、小桥工程、中桥工程、大桥工程、特大桥工程等分别进行。其节次划分则依据结构形式、材料、桥名、工程部位等进行。如涵

洞可按照钢筋混凝土管涵、盖板涵、箱涵、拱涵划分节次，而中小桥梁则可依据结构类型如钢筋混凝土矩形板桥、钢筋混凝土空心板桥、钢筋混凝土T形梁桥、预应力混凝土空心板桥划分节次。大桥则依据桥名或不同工程部位划分节次，特大桥则按桥名分目，按不同工程部位分节，如基础、下部结构、上部结构、支座、桥面铺装、人行道、其他工程等。其工程量计算相对复杂，一般应注意如下问题。

1.基坑开挖

基坑开挖数量按干处和湿处分别计算其数量。需要抽水的基坑应计算所需要的抽水台班；在土质较差的基坑开挖地点，应计算所需要的基坑挡板数量。

2.围堰、筑岛及沉井工程

(1)围堰。桥梁施工中所用的围堰包括草土、草袋、麻袋、竹笼、套箱、钢板桩等形式，其使用根据《公路桥涵施工技术规范》(JTG/T F50—2011)确定。对于草土、草袋、麻袋、竹笼等围堰，需计算其长度并确定其高度；套箱、钢板桩围堰需计算其金属构件重量和接头数量。

(2)筑岛。筑岛数量需计算其筑岛实体数量。

(3)沉井。沉井按照其结构形式可分为重力式沉井、钢丝网水泥薄壁浮运沉井、钢壳沉井等。重力式沉井需计算其混凝土体积及钢筋重量；钢丝网水泥薄壁浮运沉井需计算其底面积和刃脚及骨架的钢材用量；钢壳沉井需计算其钢材用量。不论什么结构的沉井皆需计算封底、填芯及封顶的材料数量。

3.打桩工程

(1)打钢筋混凝土桩。钢筋混凝土桩有方桩和管桩两种，其工程量计算包括钢筋混凝土桩构成材料及接头和管桩填心材料等部分。

(2)打钢板桩。钢板桩计算参照围堰部分进行。

所有的打桩工程应计算所需的各种平台面积。

4.灌注桩工程

灌注桩工程包括挖孔、护筒制作与埋设、灌注桩混凝土及钢筋制作、工作平台搭设等内容，需分别计算各种孔径下挖钻孔深度、干处和水中钢护筒重量、灌注桩混凝土数量和钢筋数量、工作平台面积。

5.砌筑工程

砌筑工程包括基础、台、墙、拱圈、截水墙、实体式墩、锥坡等部分的各种形式的砌石或混凝土块等的砌筑，需相应计算其砌筑的圬工数量和必须配备的支架和拱盔数量。

6.现浇混凝土及钢筋混凝土工程

现浇混凝土及钢筋混凝土工程包括：现浇基础、承台及支撑梁，实体式、柱式、框架和肋形埋置式等墩台身，墩台帽及拱座，盖梁及耳背墙，索塔，箱涵，板桥上部结构，简支T形梁上部结构及预应力箱梁上部构造，拱上部结构，桥面铺装等工程内容。根据结构设计分别计算各组成部分的混凝土数量和钢筋数量及必须配备的支架、拱盔等的数量。

7.预制、安装混凝土及钢筋混凝土构件

(1)预制桩；

(2)预制、安装排架立柱、柱式墩台管节；

(3)预制、安装圆管涵、箱涵；

(4)预制、安装矩形板、空心板、少筋微弯板、连续板；

(5)预制、安装T形梁、I形梁、空心板梁、预应力组合箱梁及连续梁;

(6)预制、安装双曲拱桥构件,桁架拱桥等工程内容。

其工程量计算根据桥涵的结构设计确定,计算相应的混凝土、钢筋、预应力钢筋或钢绞线数量。对于安装时所必需的导梁等设备数量,根据结构形式和预制构件重量参照预算定额确定。

8. 构件运输

构件运输有载货汽车运输、平板拖车运输、轨道平车运输、驳船运输、缆索运输等运输形式,具体采用什么运输形式根据构件重量和现场实际情况确定。如集中预制的预应力混凝土空心板梁一般采用平板拖车运输。对于运输过程中必须具备的条件如龙门架、扒杆等应计算其相应需要数量。

9. 拱盔和支架工程

在拱桥施工中,需使用到拱盔,拱盔的工程量按其拱线以上的弓形侧面积计算;现浇板梁等需使用桥梁支架,其计算按立面积和孔数进行。

10. 杂项工程

桥梁涵洞的杂项工程包括平整场地(预制场地)、锥坡填土、拱上填料、台背排水、防水层、涵管基层垫层、水泥砂浆勾缝及抹面、伸缩缝、泄水管、蒸汽养生室及蒸汽养生、大型预制构件底座、张拉台座、混凝土搅拌站及运输、泥浆循环系统、栈桥式码头、拆除旧建筑物等工程内容,其工程量计算根据设计文件和工期要求确定。

桥涵的列项计算通常按照基础、下部、上部、附属工程等进行。其相应的工程量按以上10个部分的计算结果分别归纳汇总。

五 交叉工程

交叉工程按照不同的交叉形式分目,如平面交叉道、通道、人行天桥、渡槽、分离式立交、互通立交等。其中平面交叉道按照不同类型分节;通道、人行天桥、渡槽按结构类型分节;分离式立交、互通立交按名称分目,按不同的分部工程或工程部位分节。

特别是互通立交,需要按照不同的分部工程划分节次,如路基土石方、特殊路基处理、排水工程、防护工程、路面工程、涵洞工程、桥梁工程、通道等。而在进行细目划分时,则需根据不同结构形式、材料等进行立项,有时还需要根据具体情况进行立项划分细目,如沪宁高速龙虎塘互通立交锡澄跨线桥就是一细目。

六 隧道工程

隧道工程按名称分目,按结构类型及工艺过程划分节次。某隧道可分为洞门及明洞开挖、修筑、洞身开挖、衬砌、防水排水、洞内路面、通风设施、消防设施、照明设施、供电设施、其他工程等。其中通风设施、消防设施、照明设施、供电设施等需按不同设施划分细目。

七 公路设施及沿线预埋管线工程

公路设施及沿线预埋管线工程包括安全设施、服务设施、管养设施及其他工程。

(一)公路安全设施

安全设施主要包括石砌护栏、钢筋混凝土防撞护栏、波形钢板护栏、隔离栅、防护网、中间带、车道分隔块、标志牌、轮廓标、路面标线、机械铺筑拦水带、里程碑、百米桩、界碑、公共汽车停靠站防雨篷、通信设施、监控系统等项目。在编制工程概(预)算时应注意:

(1)定额中波形钢板、Z形柱、钢管柱、型钢立柱、钢板网、钢丝编织网、钢板标志、铝合金板标志、柱式轮廓标等均为成品,在列项计算工程量时不再计算相应加工内容;

(2)水泥混凝土构件的预制、安装定额中均包括了混凝土及构件运输的内容,不再另行计算。

该部分工程量计算按以下方法进行。

1. 柱式及墙式护栏

柱式护栏以根为单位,按设置位置(路基上、挡土墙上)分别计算;墙式护栏以圬工实体为单位,包括石砌墙式护栏和钢筋混凝土防撞护栏。应注意钢筋混凝土防撞护栏中铸铁柱与钢管栏杆按柱与栏杆的总重量计算,预埋螺栓、螺母及垫圈等附件已综合在定额内,不再另行计算。钢筋混凝土防撞护栏分别计算混凝土体积、钢筋重量、铸铁柱及栏杆重量。

2. 波形钢板护栏

波形钢板护栏由基础、立柱、波形钢板组成。基础以混凝土体积为单位;立柱有钢管柱、Z形柱两种,以重量为计算单位;波形钢板有单面板、双面板两种,以重量为计算单位,其重量包括波形钢板、端头板(包括端部稳定的锚定板、夹具、挡板)与撑架的总重量。柱帽、固定螺栓、钢丝绳、螺母及垫圈等附件已综合在定额内,不再计入其重量。

3. 隔离栅

隔离栅有钢板网和铁丝网两种,钢板网由钢管柱和网面构成。钢管柱以重量为单位,网面以面积(m^2)为单位,皆以成品的形式出现。铁丝网由立柱和网面构成,立柱分为钢筋混凝土立柱和型钢立柱。钢筋混凝土立柱按混凝土体积和钢筋用量计量,型钢立柱以重量计量。网面分为刺铁丝网和铁丝编织网两种,铁丝编织网以平方米面积为计量单位,刺铁丝网以重量计。

在计算隔离栅工程数量时应注意:

(1)隔离栅中钢管柱按钢管与网框型钢的总重量计算,型钢立柱按柱与斜撑的总重量计算;螺栓、螺母、垫圈及柱帽钢板的数量已综合在钢管柱定额中,各种连接件及地锚钢筋的数量已综合在型钢立柱定额中,皆不需另行计算。

(2)钢板网面积按各网框外边缘所包围的净面积之和计算。

(3)刺铁丝网按刺铁丝的总重量计算。

(4)铁丝编织网面积按网高(幅宽)乘以网长计算。

4. 中间带

中间带包括路缘带和隔离墩。路缘带一般使用素混凝土加中间填土,混凝土以立方米为单位,填土以压实方计。隔离墩由各种形式的混凝土和附属钢管栏及防眩板构成,混凝土以立方米为单位,钢管栏杆与防眩板分别按钢管及钢板的总重量计算。

5. 车道分隔块

车道分隔块,包括预制分离所使用的混凝土及相应配置的钢筋,按分离块的混凝土体积及配置的钢筋重量计算。

6. 标志牌

标志牌包括钢筋混凝土标志牌和金属标志牌,其中钢筋混凝土标志牌分为圆形、三角形及矩形三种,以成品块为计量单位。金属标志牌有钢板、铝合金板两种,根据不同设立位置有单柱标志、双柱标志、单悬臂标志、双悬臂标志、门架标志，这些标志皆由基础混凝土和标志板构成，其中标志板的重量按板面、立柱、横梁、法兰盘、加固槽钢、螺栓、螺母、垫板、抱箍、滑块等的总重量计算。

7. 轮廓标及路面标线

轮廓标有柱式、栏式两种。柱式有钢板柱、玻璃钢柱两种，其计算皆按成品量计算。路面标线按画线的净面积计算。

8. 拦水带

拦水带有水泥混凝土和沥青混凝土两种，皆按其混凝土体积计算。

9. 里程碑、百米桩、界碑

皆按成品块计量，其尺寸按国际规定设计。

10. 公共汽车停靠站防雨篷

停靠站防雨篷有防雨篷和站台地平构成。防雨篷有钢结构、钢筋混凝土结构两种。钢结构防雨篷按顺路方向防雨篷两端立柱中心间的长度计算；钢筋混凝土防雨篷的混凝土体积按水泥混凝土垫层、基层、立柱及顶篷的体积之和计算；站台地平按铺砌的净面积计算。

11. 通信设施、监控系统等

高等级公路的管理涉及通信设施、监控系统、服务设施等。必要时参照相应部门的定额编列计算。

（二）交通工程设施

交通工程设施主要包括监控系统、通信系统、收费系统、供电照明系统、服务设施及房屋建筑、养护及管理设备等。

1. 交通工程设施计价依据

(1)监控系统和收费系统应采用的计价依据为：

①《电子工程建设预算定额》；

②《电子工程建设概预算编制办法》；

③《电子设备安装工程费用定额》。

(2)通信系统采用的计划依据为：

①《通信建设工程预算定额》；

②《通信建设工程预算、预算编制办法及费用定额》。

(3)供电照明系统、服务设施及房屋建筑采用的计价依据为：

①工程所在地的地区统一《建设工程概算定额》；

②工程所在地的地区统一《建设工程预算定额》；

③工程所在地的地区统一《建设工程费用定额》。

(4)安全设施采用的计划依据为：

①《公路工程概算定额》；

②《公路工程预算定额》；

③《公路工程机械台班费用定额》；

④《公路工程基本建设项目概算预算编制办法》。

2. 交通工程设施主要内容

(1)监控、收费系统一般应包括如下内容：

①场站设备:计算机及网络设备、视频控制设备、附属配套设备、收费车道设备、收费道、人(手)孔等;

②外场设备:车辆检测设备安装调试、环境监测设备安装调试、信息显示设备安装调试、视频监控与传输设备安装调试以及系统互联与调试、试运行等。

(2)通信系统一般应包括如下内容:

①光缆传输工程:设备安装和敷设光缆;

②程控交换工程:设备安装,站区用户线路敷设、市话中继初装费;

③紧急电话工程:设备安装和敷设光缆;

④通信电源工程: 设备安装;

⑤通信管道工程:管道埋设;

⑥其他:有线广播设备、会议专用设备、微波通信系统等安装调试。

(3)供电照明系统一般应包括如下内容:

①变配电系统:各种变压器、变电站安装调试,控制、继电、模拟及配电屏安装,柴油发电机组及其附属设备安装,排气系统安装等;

②照明工程:灯架、灯具等安装。

(4)服务设施及房屋建筑一般应包括如下内容:

①房屋建筑主体工程,包括内、外装修工程;

②给排水系统,包括污水处理、锅炉房等工程;

③场区道路及绿化工程;

④场地平整工程;

⑤其他附属设施。

(5)养护及管理设备一般应包括如下内容:

①养护用设备、工具、器具;

②管理用设备、工具、器具。

3. 交通工程设施费用组成

交通工程设施现已编入公路工程概算预算定额,其费用计算应按照概算预算编制办法的规定进行。但是,由于交通工程的特殊性,许多项目仅仅套用公路工程概算预算定额尚不能完全解决问题,如配变电、各种房屋等还需参照相关部门的专业定额进行计算。

八 绿化及环境保护工程

绿化和环境保护工程按照不同的项目分目,一般分为撒播草种和铺植草皮、种植乔灌木、苗木运输声屏、污水处理、取弃土场防护等。其中绿化项目按照不同的树种或者不同的植物内容划分细目,而声屏障按不同的类型划分细目,污水处理及取、弃土防护则按不同内容分节。其工程量一般按实际发生的工程量计取,但必须附注相关说明。

例如,同江至三亚国道主干线(江苏境)泰兴(广陵)—江阴长江公路大桥(靖江)绿化工程的咨询报告编制说明如下。

(1)本咨询报告的预算根据江苏省(90)307 号《江苏省仿古建筑及园林工程单位估价表》、江苏省(96)351 号《江苏省市政、房屋修缮、仿古建筑及园林工程费用定额》进行编制。

(2)种植后的全年养护管理未计入预算,待实际发生后再结算。

(3)综合间接费率按二级企业计取(34%),计划利润按区、县(市)集体施工企业计取

(16%)。

(4)对互通工程绿化方案作了调整,互通内三角形图案已根据省高速公路建设指挥部意见调整为沿路线曲线方向组成封闭圆弧形图案。三角形内种金鸡菊、栓柏篱,勾 2m 宽的边线,三角形外种天堂草;下方圆形图案调整为内小圆种水杉,中环种金鸡菊,外环种红花醉浆草,四周种一圈蜀栓球,具体的苗木数量、工程量见清单。B 区设计调整为内圆种三株雪松(高 4m),外环种三排红叶李(株距 2m×2m),其余种天堂草(立交桥下种耐阴的麦冬),具体工程量见清单。

(5)对中分带方案作了较大调整,调整后的方案是:

①中分带岛头分两种形式:岛头Ⅰ内三角形种一圈珊珊树(株距 50cm),外三角形种一圈红叶小檗(株距 35cm);岛头Ⅱ内三角形种一圈珊珊树(株距 50cm),外三角形种一圈金叶女贞(株距 35cm)。

②中分带中间段(1900m 长)分两种形式:中间段Ⅰ分五段种植,分别为 500m 红白三叶草、200m 紫薇、500m 红白三叶草、200m 丰花月季、500m 红白三叶草,红白三叶草按 20% 红三叶草、80% 白三叶草,每平方米撒 10g 草籽混播,丰花月季株距 50cm,紫薇株距 1m(两排种植);中间段Ⅱ分五段种植,分别为 500m 红白三叶草、200m 凤尾兰、500m 红白三叶草、200m 金丝桃、500m 红白三叶草,红白三叶草按 20% 红三叶草、80% 白三叶草,每平方米撒 10g 草籽混播,金丝桃株距 50cm,凤尾兰株距 1m(两排)种植。

③中分带(每段 1.95km)全段种植蜀桧,两排交错种植(株距 4m×4m)。

④中分带每段长度不全是 1.95km,变化的长度在红白三叶草(500m)段调整。

(6)本咨询报告的预算不计税金。

(7)互通、管理区的营养土换填已由前施工单位完成,因此本预算不予计列,如部分土壤需改良,每平方米施 1kg 的有机肥,有机肥价格为 1000 元/t(含运输费)。

(8)本咨询报告的预算材料单价已包含了运输费用。

(9)本咨询报告的预算不计运输途中的苗木损耗。

(10)本咨询报告的预算未计苗木检疫费。

(11)管理区的设计方案基本不变,部分苗木品种作了调整,具体见表 3-19 ~ 表 3-21。

管理区部分苗下品种调整表 表 3-19

序 号	原植物名称	改后植物名称	规 格	备 注
1	藤本月季	大叶女贞	高 70cm	
2	羽毛枫	红枫	高 150cm	
3	玫瑰	丰花月季	3 年生	
4	五针松	大叶女贞	高 70cm	
5	晚樱	蜡梅	杆径 4 ~ 5cm	
6	小叶十大功劳	洒金柏	冠幅 50 ~ 60cm	
7	马褂木	广玉兰	杆径 5 ~ 6cm	
8	锦带花			取消
9	合欢			取消
10	鸡爪槭	蜡梅	杆径 4 ~ 5cm	
11	贴梗海棠			取消

续上表

序　号	原植物名称	改后植物名称	规　格	备　注
12	八仙花	蜡梅	杆径 4～5cm	
13	月月红	丰花月季	3 年生	
14	芭蕉			取消
15	紫竹	丰花月季	3 年生	

江阴北互通工程量清单　　表 3-20

序　号	分部项工程名称	计量单位	原数量	新数量	单价(元)	新数合价(元)	备注
1	香樟	株	147	147	45	6615	现状
2	黄连木	株	60	60	40	2400	
3	栓皮栎	株	55	55	30	1650	
4	慈孝竹	株	540	540	2	1080	
5	三角枫	株	18	18	35	630	
6	黑松	株	36	36	30	1080	
7	椿树	株	2	2	—	—	
8	金鸡菊	m^2	3370	3370	10	33700	
9	二月兰	m^2	780	780	5	3900	
10	栀子花	棵	2780	2780	5	13900	
11	八角金盘	棵	3614	3614	12	43368	
12	茶树	m^2	760	760	—	—	
13	天堂草	m^2	20655	20655	4	82620	
14	杨树	株	2	2	—		
15							
清单合计	190943(元)						

江阴南互通工程量清单　　表 3-21

序　号	分部项工程名称	计量单位	原数量	新数量	单价(元)	新数合价(元)	备注
1	水杉	株	53	40	10	400	方案发生变化
2	金鸡菊	m^2	2073	3560	10	35600	
3	红花酢浆草	m^2	1223	2110	8	16880	
4	桧柏篱	株	15948	6450	6	38700	
5	天堂草	m^2	27845	16316	4	65264	
6	红叶小檗	株	0	1780	3.5	6230	
7							
清单合计	163074(元)						

九　管理养护及服务房屋

管理养护及服务房屋分别按管理房屋、养护房屋、服务房屋分目，按不同的房屋名称分节，其工程量一般按 m^2 计算。

十 材料采集及加工和运输

材料采集及加工指一些由施工单位可以自行采集和加工材料的情况，其计算根据实际情况按《预算定额》相应章节进行。

材料运输是指施工单位自办运输不执行当地政府规定的运杂费计算方法而参照定额计算的材料运输，主要指自采材料的运输。材料运输形式包括人工挑抬、手推车、人工装及机动翻斗车运、人工装卸手扶拖拉机运、人工装卸载货汽车运、装载机装自卸汽车运等运输形式，根据施工单位具体情况综合确定。

第五节 概(预)算费用的组成

一 概(预)算费用的组成

公路工程全部建设费用，以其基本造价表示。而公路(或桥梁)基本造价则由概(预)算总金额和回收金额构成。概(预)算总金额由建筑安装工程费、设备工具器具及家具购置费、工程建设其他费、预备费等各种概(预)算费用组成，其组成如图3-5所示。

二 各项费用定义及其内容

(一)建筑安装工程费(简称建安费)

所谓建安费是指概(预)算中用于形成工程实体所发生的费用。建筑安装工程费包括直接费、间接费、利润及税金。

1. 直接费

直接费由直接工程费和其他工程费组成。

1)直接工程费

直接工程费是指施工过程中耗费的构成工程实体和有助于工程形成的各项费用，包括人工费、材料费、施工机械使用费。

(1)人工费

人工费系指列入概、预算定额的直接从事建筑安装工程施工的生产工人开支的各项费用，内容包括：

①基本工资。系指发放给生产工人的基本工资、流动施工津贴和生产工人的劳动保护费，以及为职工缴纳的养老、失业、医疗保险费和住房公积金等。

生产工人劳动保护费系指按国家有关部门规定标准发放的劳动保护用品的购置费及修理费、徒工服装补贴、防暑降温费、在有碍身体健康环境中施工的保健费用等。

②工资性补贴。系指按规定标准发放的物价补贴，煤、燃气补贴，交通费补贴，地区津贴等。

③生产工人辅助工资。系指生产工人年有效施工天数以外非作业天数的工资，包括开会和执行必要的社会义务时间的工资，职工学习、培训期间的工资，调动工作、探亲、休假期间的工资，因气候影响停工期间的工资，女工哺乳期间的工资，病假在6个月以内的工资及产、婚、丧假期的工资。

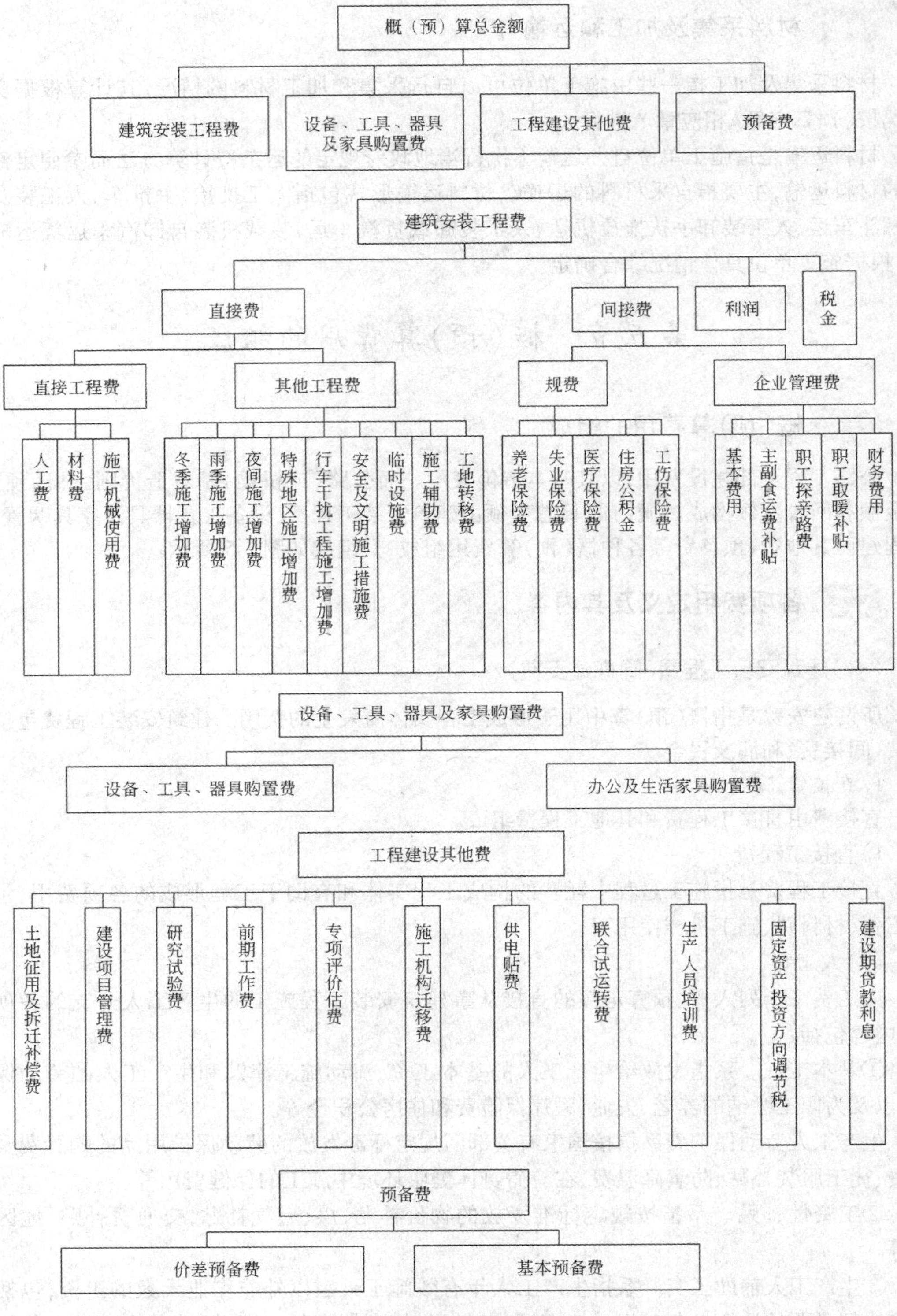
概（预）算总金额
建筑安装工程费
设备、工具、器具及家具购置费
工程建设其他费
预备费
建筑安装工程费
直接费
间接费
利润
税金
直接工程费
其他工程费
规费
企业管理费
人工费
材料费
施工机械使用费
冬季施工增加费
雨季施工增加费
夜间施工增加费
特殊地区施工增加费
行车干扰工程施工增加费
安全及文明施工措施费
临时设施费
施工辅助费
工地转移费
养老保险费
失业保险费
医疗保险费
住房公积金
工伤保险费
基本费用
主副食运费补贴
职工探亲路费
职工取暖补贴
财务费用
设备、工具、器具及家具购置费
设备、工具、器具购置费
办公及生活家具购置费
工程建设其他费
土地征用及拆迁补偿费
建设项目管理费
研究试验费
前期工作费
专项评价估费
施工机构迁移费
供电贴费
联合试运转费
生产人员培训费
固定资产投资方向调节税
建设期贷款利息
预备费
价差预备费
基本预备费

图 3-5　概(预)算费用组成

④职工福利费。系指按国家规定标准计提的职工福利费。

人工费以概、预算定额人工工日数乘以每工日人工费计算。

公路工程生产工人每工日人工费按如下公式计算：

$$人工费(元/工日)=[基本工资(元/月)+地区生活补贴(元/月)+工资性津贴(元/月)]\times(1+14\%)\times 12\,月\div 240(工日)$$

式中：基本工资——按不低于工程所在地政府主管部门发布的最低工资标准的 1.2 倍计算；

地区生活补贴——指国家规定的边远地区生活补贴、特区补贴；

工资性津贴——指物价补贴，煤、燃气补贴，交通费补贴等。

以上各项标准由各省、自治区、直辖市公路（交通）工程造价（定额）管理站根据当地人民政府的有关规定核定后公布执行，并抄送交通运输部公路司备案，并应根据最低工资标准的变化情况及时调整公路工程生产工人工资标准。

人工费单价仅作为编制概、预算的依据，不作为施工企业实发工资的依据。

例 3-1 试确定江苏省南京市公路工程生产工人每工日工资单价。

解 因江苏省南京市的最低标准工资为 850 元/月；工资性津贴，根据实际调查确定，取 240 元/月；地区生活补贴为 0；工人工日工资单价：

$$人工单价(元/工日)=[(850\times 1.2+240)\times(1+14\%)]\times 12\div 240=71.82(元/工日)$$

（2）材料费

材料费系指施工过程中耗用的构成工程实体的原材料、辅助材料、构（配）件、零件、半成品、成品的用量和周转材料的摊销量，按工程所在地的材料预算价格计算的费用。

材料预算价格由材料原价、运杂费、场外运输损耗、采购及仓库保管费组成。

$$材料预算价格=(材料原价+运杂费)\times(1+场外运输损耗率)\times(1+采购及保管费率)-包装品回收价值$$

①材料原价

各种材料原价按以下规定计算。

外购材料：国家或地方的工业产品，按工业产品出厂价格或供销部门的供应价格计算，并根据情况加计供销部门手续费和包装费。如供应情况、交货条件不明确时，可采用当地规定的价格计算。

地方性材料：地方性材料包括外购的砂、石材料等，按实际调查价格或当地主管部门规定的预算价格计算。

自采材料：自采的砂、石、黏土等材料，按定额中开采单价加辅助生产间接费和矿产资源税（如有）计算。

材料原价应按实计取。各省、自治区、直辖市公路（交通）工程造价（定额）管理站应通过调查，编制本地区的材料价格信息，供编制概、预算使用。

②运杂费

运杂费系指材料自供应地点至工地仓库（施工地点存放材料的地方）的运杂费用，包括装卸费、运费，如果发生，还应计囤存费及其他杂费（如过磅、标签、支撑加固、路桥通行等费用）。

a. 施工单位自办的运输，单程运距 15km 以上的长途汽车运输按当地交通部门规定的统一运价计算运费;单程运距5~15km的汽车运输按当地交通部门规定的统一运价计算运费,当工程所在地交通不便、社会运输力量缺乏时,如边远地区和某些山岭区,允许按当地交通部门规定的统一运价加50%计算运费;单程运距5km及以内的汽车运输以及人力场外运输,按预算定额计算运费,其中人力装卸和运输另按人工费加计辅助生产间接费。

b. 铁路运输。铁路运杂费的计算:一般应考虑装卸费、调车费、运费及其他杂费等。

由铁路专用线或非公用装货地点取送车辆时,需计取调车费。我国铁路总公司关于调车费的规定是:用铁路机车往专用线上取送车辆时(不论车皮多少),按往返里程计算,不足三机车公里者,收取三机车公里费;在站界范围内其他线路(专用装卸货地点)取送车辆,按次数取费;在站界公用装卸货地点取送车辆免费。调车费应分摊到每次托运的全部货物上。

运费按铁路总公司的《铁路货物运输规则》规定计算。一般按以下三个条件来决定:按货物质量规定运费标准(整车或零担);按运载的货物等级分别规定运费标准;按不同里程分别规定里程的运费标准。根据以上规定,计算铁路运费时,首先按交货条件,查出铁路运价里程,有几个交货地点时,按每个地点供应数量,采用加权平均方法确定其运距;其次,根据货物运价表查出所托运的材料的运价等级;最后按托运货物的数量确定是整车或零担运输,找出相应的运输标准。其他杂费(如标签、过磅等)也按铁路部门规定计费。

c. 公路运输。采用公路运输的材料其运杂费计算方法,应按当地交通部门的规定进行计算。运输形式主要有专业运输和施工单位自办运输等,施工单位自办运输按照前述计算运费。

专业运输企业运输。专业运输企业运输,其运杂费各地情况不尽相同,可参照下述规定计算:

公路运杂费={{[运价率(1+运价率加减成)+基本运率价×回空费率]×运距+吨位数}×
(1+水陆运输附加费率)+过磅费+堆高费(含拆垛)+装卸费×
(1+装卸费加减成系数)+过路(渡)费+燃油差价×运距}×
毛重系数或单位毛重

式中有关参数参阅现行有关文件。

d. 船舶运输。船舶运输其运杂费各地情况也不相同,可参照现行规定计算,其计算如下:

船舶运杂费={{[基本运价×(1+运价率加减成)×(1+小船队加成系数)+
(难行航道加收率×难行航道营运里程)+待闸过闸费]×
(1+航区加成系数)+回空运费×30%+基本运价×(1+报站加成)}×
(1+水陆运输附加费率)+过磅费+堆高费+装卸费×
(1+装卸费加减成系数)+延搁费+燃油差价×运距}×
单位毛重或毛重系数

式中有关参数参照有关现行文件规定。

e. 由于预算定额中汽车运输台班已考虑工地便道特点,以及定额中已计入了"工地小搬运"项目,因此平均运距中汽车运输便道里程不得乘以调整系数,也不得在工地仓库或堆料场之外再加场内运距或二次倒运的运距。

f. 一种材料如有两个以上的供应点时,若供应价格相同,应根据不同的运距、运量、运价采用加权平均的办法计算运费;若供应价格不相同,应分别计算运杂费,再根据运量和各自预算价格采用加权平均的方法计算其预算价格。

g. 上面提到的出厂价、供销部门手续费、包装费具体介绍如下。

出厂价：指出厂价、市场价或料场价。其中市场价指主管部门规定的价格或调查价格；料场价指地方性材料的料场价或自采材料的料场价。

供销部门手续费：一般经物资部门供销的材料，要加计供销部门的手续费，此费用可通过调查，协商确定。

包装费：若材料的原价和供销部门的手续费中未包括包装费，对有包装的材料，应加计包装费，并在材料预算价格中扣回包装的回收价值。《编制办法》规定：桶装沥青、汽油、柴油按每吨摊销一个旧汽油桶计算包装费，不计回收。

例 3-2 汽车运原木，运距 40km，按当地"汽运规则实施细则"查到原木为二等货物，整车长途运价为 0.198 元/(t·km)，返程的空驶损失费按基本运价[0.18 元/(t·km)]50% 计，装卸费为 1.0 元/t，捆绑等杂费为 0.13 元/t，由表 3-22 可知，木材的单位毛重为 1t/m³。由此可得到运每立方米原木的运杂费为：

$$(40 \times 0.198 + 0.13) \times 1 + 0.18 \times 50\% \times 40 = 12.65(\text{元}/m^3)$$

③材料毛重

有容器或包装的材料及长大轻浮材料，应按表 3-22 规定的毛重计算。桶装沥青、汽油、柴油按每吨摊销一个旧汽油桶计算包装费(不计回收)。

材料毛重系数及单位毛重表　　表 3-22

材料名称	单　位	毛重系数	单位毛重
爆破材料	t	1.35	—
水泥、块状沥青	t	1.01	—
铁钉、铁件、焊条	t	1.10	—
液体沥青、液体燃料、水	t	桶装 1.17，油罐车装 1.00	—
木料	m³	—	1.000t
草袋	个	—	0.004t

④场外运输损耗

场外运输损耗系指有些材料在正常的运输过程中发生的损耗，这部分损耗应摊入材料单价内。材料场外运输操作损耗率见表 3-23。

材料场外运输操作损耗率表(%)　　表 3-23

材料名称		场外运输(包括一次装卸)	每增加一次装卸
块状沥青		0.5	0.2
石屑、碎砾石、砂砾、煤渣、工业废渣、煤		1.0	0.4
砖、瓦、桶装沥青、石灰、黏土		3.0	1.0
草皮		7.0	3.0
水泥(袋装、散装)		1.0	0.4
砂	一般地区	2.5	1.0
	多风地区	5.0	2.0

注：汽车运水泥，如运距超过 500m 时，增加损耗率，袋装为 0.5%。

⑤采购及保管费

材料采购及保管费系指材料供应部门(包括工地仓库以及各级材料管理部门)在组织采

购、供应和保管材料过程中，所需的各项费用及工地仓库的材料储存损耗。

材料采购及保管费，以材料的原价加运杂费及场外运输损耗的合计数为基数，乘以采购保管费率计算。材料的采购及保管费费率为2.5%。

外购的构件、成品及半成品的预算价格，其计算方法与材料相同，但构件（如外购的钢桁梁、钢筋混凝土构件及加工钢材等半成品）的采购保管费率为1%。

商品混凝土预算价格的计算方法与材料相同，但其采购保管费率为0。

⑥材料平均运距的确定

材料运杂费的计算，与运费有关，运费的高低在很大程度上受材料运距的影响。对于某种材料有两个以上供应点（在路线工程中这种情况甚为普遍）的情况下，怎样合理地计算平均运距，是合理计算材料运费的关键。现就材料平均运距问题作如下介绍。

a.运料终点的确定。原则上运料终点是工地仓库或工地堆料点。但当施工组织设计文件不能提供工地仓库或堆料地点具体位置时，材料运距的确定一般采用下述方法确定运料终点：

独立大桥工程，取桥梁中心桩号。

路线工程，对于外购材料一般取各种材料各自集中使用地段的中心桩号，当工程用料分布不均匀时，可按加权平均法确定某种材料的卸料中心点，位置作为运料终点；对于自采材料，则应根据各料场供应范围及各工程点用料量、各料场运距等情况计算确定。

b.料场经济供应范围的确定。料场经济供应范围指同种材料具有若干个材料供应点（或自采材料料场）时，为了能够合理地计算材料运距，则应该确定两相邻料场间的经济供应分界点，即确定各自料场的经济供应范围。料场经济供应范围的确定一般采用最大运距相等法或平均运距相等法。

最大运距相等法。最大运距相等法划分两相邻料场经济供应范围的原则是：在料场价格相等的条件下，两料场及经济供应分界点间的最大运距相等。

平均运距相等法。平均运距相等法的原则则是上述同样条件下的平均运距相等。

确定经济分界点时应注意以下两点：一是路线起、终点在其以外无料场时，则为“自然分界点”，不必计算；二是运距应以实际运输距离计算。

在以上两种确定料场经济供应范围的计算式推导中，都针对两个料场，对于多个料场，采用两两依次确定的方法来划分，这里不再赘述。

⑦材料费计算步骤

a.分项并计算工程数量：将工程按要求分项，计算各分项工程的工程量，并按定额单位计算定额工程数量。

b.查定额：由各分项工程查相应定额，确定材料的消耗种类及相应数量。

c.计算材料预算价格：将定额中所出现的材料种类，按规定分别计算其预算价格。

d.计算材料费：先计算各分项工程的材料费，然后计算工程项目的材料费。

（3）施工机械使用费

施工机械使用费系指列入概、预算定额的施工机械台班数量，按相应的机械台班费用定额计算的施工机械台班预算价格应按交通运输部公布的现行《公路工程机械台班费用定额》（JTG/T B06-03—2007）计算，台班单价由不变费用和可变费用组成。不变费用包括折旧费、大修经费、经常修理费、安装拆卸及辅助设施费等；可变费用包括机上人员人工费、动力燃料费、养路费及车船使用税。可变费用中的人工工日数及动力燃料消耗量，应以机械台班费用定额中的数值为准。台班人工费工日单价同生产工人人工费单价。动力燃料费用则按材料费的计算规定计算。

当工程用电为自行发电时,电动机械每千瓦时(度)电的单价可由下述近似公式计算:

$$A = 0.24\frac{K}{N} \tag{3-1}$$

式中:A——每千瓦时电单价(元);

K——电机组的台班单价(元);

N——发电机组的总功率(kW)。

计算机械台班单价时还应注意以下几点:

①机械管理部门至工地或某一工地至另一工地的运杂费不包括在《机械台班费用定额》中。

②加油及油料过滤的损耗和由变电设备至机械之间的输电线路电力损失,均已包括在《机械台班费用定额》中。

③机械台班单价由不变费用和可变费用两部分组成。不变费用可直接套用定额数据,可变费用中的人工工日数及动力燃料消耗量,应以《机械台班费用定额》中的数值为准。

2)其他工程费

其他工程费系指直接工程费以外施工过程中发生的直接用于工程的费用。内容包括冬季施工增加费、雨季施工增加费、夜间施工增加费、特殊地区施工增加费、行车干扰工程施工增加费、安全及文明施工措施费、临时设施费、施工辅助费、工地转移费九项。公路工程中的水、电费及因场地狭小等特殊情况而发生的材料二次搬运等其他工程费已包括在概、预算定额中,不再另计。

(1)冬季施工增加费

冬季施工增加费系指按照公路工程施工及验收规范所规定的冬季施工要求,为保证工程质量和安全生产所需采取的防寒保温设施、工效降低和机械作业率降低以及技术操作过程的改变等所增加的有关费用。

冬季施工增加费的内容包括:

①因冬季施工所需增加的一切人工、机械与材料的支出;

②施工机具所需修建的暖棚(包括拆、移),增加油脂及其他保温设备费用;

③因施工组织设计确定,需增加的一切保温、加温及照明等有关支出;

④与冬季施工有关的其他各项费用,如清除工作地点的冰雪等费用。

冬季气温区的划分是根据气象部门提供的满15年以上的气温资料确定的。每年秋冬第一次连续5天出现室外日平均温度在5℃以下、日最低温度在-3℃以下的第一天算起,至第二年春夏最后一次连续5天出现同样温度的最末一天为冬季期。冬季期内平均气温在-1℃以上者为冬一区,-1~-4℃者为冬二区,-4~-7℃者为冬三区,-7~-10℃者为冬四区,-10~-14℃者为冬五区,-14℃以下者为冬六区。冬一区内平均气温低于0℃的连续天数在70天以内的为Ⅰ副区,70天以上的为Ⅱ副区;冬二区内平均气温低于0℃的连续天数在100天以内的为Ⅰ副区,100天以上的为Ⅱ副区。

气温高于冬一区,但砖石、混凝土工程施工须采取一定措施的地区为准冬季区。准冬季区分两个副区,简称准一区和准二区。凡一年内日最低气温在0℃以下的天数多于20天,日平均气温在0℃以下的天数少于15天的为准一区,多于15天的为准二区。

全国冬季施工气温区划分可参见《编制办法》附录七，当施工区域实际气温与划分表出入较大时，可按照当地施工实际气温资料与划分标准比对后确定工程所在地的气温区。

冬季施工增加费的计算方法，是根据各类工程的特点，规定各气温区的取费标准。为了简化计算手续，采用全年平均摊销的方法，即不论是否在冬季施工，均按规定的取费标准计取冬季施工增加费。一条路线穿过两个以上的气温区时，可分段计算或按各区的工程量比例求得全线的平均增加率，计算冬季施工增加费。

冬季施工增加费以各类工程的直接工程费之和为基数，按工程所在地的气温区选用表3-24的费率计算。

冬季施工增加费费率表（%） 表3-24

气候区 / 工程类别	冬季期平均气温（℃）								准一区	准二区
	-1以上		-1～-4		-4～-7	-7～-10	-10～-14	-14以下		
	冬一区		冬二区		冬三区	冬四区	冬五区	冬六区		
	Ⅰ	Ⅱ	Ⅰ	Ⅱ						
人工土方	0.28	0.44	0.59	0.76	1.44	2.05	3.07	4.61	—	—
机械土方	0.43	0.67	0.93	1.17	2.21	3.14	4.71	7.07	—	—
汽车运输	0.08	0.12	0.17	0.21	0.40	0.56	0.84	1.27	—	—
人工石方	0.06	0.10	0.13	0.15	0.30	0.44	0.65	0.98	—	—
机械石方	0.08	0.13	0.18	0.21	0.42	0.61	0.91	1.37	—	—
高级路面	0.37	0.52	0.72	0.81	1.48	2.00	3.00	4.50	0.06	0.16
其他路面	0.11	0.20	0.29	0.37	0.62	0.80	1.20	1.80	—	—
构造物Ⅰ	0.34	0.49	0.66	0.75	1.36	1.84	2.76	4.14	0.06	0.15
构造物Ⅱ	0.42	0.60	0.81	0.92	1.67	2.27	3.40	5.10	0.08	0.19
构造物Ⅲ	0.83	1.18	1.60	1.81	3.29	4.46	6.69	10.03	0.15	0.37
技术复杂大桥	0.48	0.68	0.93	1.05	1.91	2.58	3.87	5.81	0.08	0.21
隧道	0.10	0.19	0.27	0.35	0.58	0.75	1.12	1.69	—	—
钢材及钢结构	0.02	0.05	0.07	0.09	0.15	0.19	0.29	0.43	—	—

（2）雨季施工增加费

雨季施工增加费系指雨季期间施工为保证工程质量和安全生产所需采取的防雨、排水、防潮和防护措施，工效降低和机械作业率降低以及技术作业过程的改变等，所需增加的有关费用。

雨季施工增加费的内容包括：

①因雨季施工所需增加的工、料、机费用的支出，包括工作效率的降低及易被雨水冲毁的工程所增加的工作内容等（如基坑坍塌和排水沟等堵塞的清理、路基边坡冲沟的填补等）；

②路基土方工程的开挖和运输，因雨季施工（非土壤中水影响）而引起的黏附工具，降低工效所增加的费用；

③因防止雨水必须采取的防护措施的费用，如挖临时排水沟，防止基坑坍塌所需的支撑、挡板等费用；

④材料因受潮、受湿的耗损费用；

⑤增加防雨、防潮设备的费用；

⑥其他有关雨季施工所需增加的费用，如因河水高涨致使工作困难而增加的费用等。

雨量区和雨季期的划分，是根据气象部门提供的满15年以上的降雨资料确定的。凡月平均降雨天数在10天以上，月平均日降雨量在3.5～5mm之间者为Ⅰ区，月平均日降雨量在5mm以上者为Ⅱ区。全国雨季施工雨量区及雨季期的划分见《编制办法》附录八。若当地气象资料与《编制办法》附录八所划定的雨量区及雨季期出入较大时，可按当地气象资料及上述划分标准确定工程所在地的雨量区及雨季期。

雨季施工增加费的计算方法，是将全国划分为若干雨量区和雨季期，并根据各类工程的特点规定各雨量区和雨季期的取费标准，采用全年平均摊销的方法，即不论是否在雨季施工，均按规定的取费标准计取雨季施工增加费。

一条路线通过不同的雨量区和雨季期时，应分别计算雨季施工增加费或按工程量比例求得平均的增加率，计算全线雨季施工增加费。

雨季施工增加费以各类工程的直接工程费之和为基数，按工程所在地的雨量区、雨季期选用表3-25的费率计算。

雨季施工增加费费率表（%） 表3-25

雨季期（月数）	1	1.5	2		2.5		3		3.5		4		4.5		5		6		7	8
工程类别 \ 雨量区	Ⅰ	Ⅰ	Ⅰ	Ⅱ	Ⅰ	Ⅱ	Ⅰ	Ⅱ	Ⅰ	Ⅱ	Ⅰ	Ⅱ	Ⅰ	Ⅱ	Ⅰ	Ⅱ	Ⅰ	Ⅱ	Ⅱ	Ⅱ
人工土方	0.04	0.05	0.07	0.11	0.09	0.13	0.11	0.15	0.13	0.17	0.15	0.20	0.17	0.23	0.19	0.26	0.21	0.31	0.36	0.42
机械土方	0.04	0.05	0.07	0.11	0.09	0.13	0.11	0.15	0.13	0.17	0.15	0.20	0.17	0.23	0.19	0.27	0.22	0.32	0.37	0.43
汽车运输	0.04	0.05	0.07	0.11	0.09	0.13	0.11	0.16	0.13	0.19	0.15	0.22	0.17	0.25	0.19	0.27	0.22	0.32	0.37	0.43
人工土方	0.02	0.03	0.05	0.07	0.06	0.09	0.07	0.11	0.08	0.13	0.09	0.15	0.10	0.17	0.12	0.19	0.15	0.23	0.27	0.32
机械土方	0.03	0.04	0.06	0.10	0.08	0.12	0.10	0.14	0.12	0.16	0.14	0.19	0.16	0.22	0.18	0.25	0.20	0.29	0.34	0.39
高级路面	0.03	0.04	0.06	0.10	0.08	0.13	0.10	0.15	0.12	0.17	0.14	0.19	0.16	0.22	0.18	0.25	0.20	0.29	0.34	0.39
其他路面	0.03	0.04	0.06	0.09	0.08	0.12	0.09	0.14	0.10	0.16	0.12	0.18	0.14	0.21	0.16	0.24	0.19	0.28	0.32	0.37
构造物Ⅰ	0.03	0.04	0.05	0.08	0.08	0.09	0.07	0.11	0.08	0.13	0.10	0.15	0.12	0.17	0.14	0.19	0.16	0.23	0.27	0.31
构造物Ⅱ	0.03	0.04	0.05	0.08	0.07	0.10	0.08	0.12	0.09	0.14	0.11	0.16	0.13	0.18	0.15	0.21	0.17	0.25	0.30	0.34
构造物Ⅲ	0.06	0.08	0.11	0.17	0.14	0.21	0.17	0.25	0.20	0.30	0.23	0.35	0.27	0.40	0.31	0.45	0.35	0.52	0.60	0.69
技术复杂大桥	0.03	0.05	0.07	0.10	0.08	0.12	0.10	0.14	0.12	0.16	0.14	0.19	0.16	0.22	0.18	0.25	0.20	0.29	0.34	0.39
隧道	—	—	—	—	—	—	—	—	—	—	—	—	—	—	—	—	—	—	—	—
钢材及钢结构	—	—	—	—	—	—	—	—	—	—	—	—	—	—	—	—	—	—	—	—

室内管道及设备安装工程不计雨季施工增加费。

（3）夜间施工增加费

夜间施工增加费系指根据设计、施工的技术要求和合理的施工进度要求，必须在夜间连续施工而发生的工效降低、夜班津贴以及有关照明设施（包括所需照明设施的安拆、摊销、维修及油燃料、电）等增加的费用。

夜间施工增加费以夜间施工工程项目（如桥梁工程项目包括上、下部构造全部工程）的直接工程费之和为基数，按表3-26的费率计算。

夜间施工增加费费率表(%)　　表 3-26

工程类别	费　率	工程类别	费　率
构造物Ⅱ	0.35	技术复杂大桥	0.35
构造物Ⅲ	0.70	钢材及钢结构	0.35

注:设备安装工程及金属标志牌、防撞钢护栏、防眩板(网)、隔离栅、防护网等不计夜间施工增加费。

(4)特殊地区施工增加费

特殊地区施工增加费包括高原地区施工增加费、风沙地区施工增加费和沿海地区施工增加费三项。

①高原地区施工增加费

高原地区施工增加费系指在海拔高度 1500m 以上地区施工,由于受气候、气压的影响,致使人工、机械效率降低而增加的费用。该费用以各类工程人工费和机械使用费之和为基数,按表 3-27 的费率计算。

高原地区施工增加费费率表(%)　　表 3-27

工程类别	海拔高度(m)							
	1501~2000	2001~2500	2501~3000	3001~3500	3501~4000	4001~4500	4501~5000	5000 以上
人工土方	7.00	13.25	19.75	29.75	43.25	60.00	80.00	110.00
机械土方	6.56	12.60	18.66	25.60	36.05	49.08	64.72	83.8
汽车运输	6.50	12.50	18.50	25.00	35.00	47.50	62.50	80.00
人工石方	7.00	13.25	19.75	29.75	43.25	60.00	80.00	110.00
机械石方	6.71	12.82	19.03	27.01	38.50	52.80	69.92	92.72
高级路面	6.58	12.61	18.69	25.72	36.26	49.41	65.17	84.58
其他路面	6.73	12.84	19.07	27.15	38.74	53.17	70.44	93.60
构造物Ⅰ	6.87	13.06	19.44	28.56	41.18	56.86	75.61	102.47
构造物Ⅱ	6.77	12.90	19.17	27.54	39.41	54.18	71.85	96.03
构造物Ⅲ	6.73	12.85	19.08	27.19	38.81	53.27	70.57	93.84
技术复杂大桥	6.70	12.81	19.01	26.94	38.37	52.61	69.65	92.27
隧道	6.76	12.90	19.16	27.50	39.35	54.09	71.72	95.81
钢材及钢结构	6.78	12.92	19.20	27.66	39.62	54.50	72.30	96.80

一条路线通过两个以上(含两个)不同的海拔高度分区时,应分别计算高原地区施工增加费或按工程量比例求得平均的增加率,计算全线高原地区施工增加费。

②风沙地区施工增加费

风沙地区施工增加费系指在沙漠地区施工时,由于受风沙影响,按照施工及验收规范的要求,为保证工程质量和安全生产而增加的有关费用。内容包括防风、防沙及气候影响的措施费,材料费,人工、机械效率降低增加的费用,以及积沙、风蚀的清理修复等费用。

风沙地区的划分,根据《公路自然区划标准》(JTJ 003—86)、"沙漠地区公路建设成套技术研究报告"的公路自然区划和沙漠公路区划,结合风沙地区的气候状况将风沙地区分为三区九类:半干旱、半湿润沙地为风沙一区,干旱、极干旱寒冷沙漠地区为风沙二区,极干旱炎热沙漠地区为风沙三区;根据覆盖度(沙漠中植被、戈壁等覆盖程度)又将每区分为固定沙漠(覆盖度大于 50%)、半固定沙漠(覆盖度 10%~50%)、流动沙漠(覆盖度小于 10%)三类,覆盖度由工程勘察设计人员在公路工程勘察设计时确定。

全国风沙地区公路施工区划见《编制办法》附录九。若当地气象资料及自然特征与《编制办法》附录九中的风沙地区划分有较大出入时，由工程所在省、自治区、直辖市公路（交通）工程造价（定额）管理站按当地气象资料和自然特征及上述划分标准确定工程所在地的风沙区划，并抄送交通运输部公路司备案。

一条路线穿过两个以上（含两个）不同风沙区时，按路线长度经过不同的风沙区加权计算项目全线风沙地区施工增加费。

风沙地区施工增加费以各类工程的人工费和机械使用费之和为基数，根据工程所在地的风沙区划及类别，按表3-28的费率计算。

风沙地区施工增加费费率表（%） 表3-28

风沙区划 / 工程类型	沙风一区			沙风二区			沙风三区		
	沙漠类型								
	固定	半固定	流动	固定	半固定	流动	固定	半固定	流动
人工土方	6.00	11.00	18.00	7.00	17.00	26.00	11.00	24.00	37.00
机械土方	4.00	7.00	12.00	5.00	11.00	17.00	7.00	15.00	24.00
汽车运输	4.00	8.00	13.00	5.00	12.00	18.00	8.00	17.00	26.00
人工石方	—	—	—	—	—	—	—	—	—
机械石方	—	—	—	—	—	—	—	—	—
高级路面	0.50	1.00	2.00	1.00	2.00	3.00	2.00	3.00	5.00
其他路面	2.00	4.00	7.00	3.00	7.00	10.00	4.00	10.00	15.00
构造物Ⅰ	4.00	7.00	12.00	5.00	11.00	17.00	7.00	16.00	24.00
构造物Ⅱ	—	—	—	—	—	—	—	—	—
构造物Ⅲ	—	—	—	—	—	—	—	—	—
技术复杂大桥	—	—	—	—	—	—	—	—	—
隧道	—	—	—	—	—	—	—	—	—
钢材及钢结构	1.00	2.00	4.00	1.00	3.00	5.00	2.00	5.00	7.00

③沿海地区工程施工增加费

沿海地区工程施工增加费系指工程项目在沿海地区施工受海风、海浪和潮汐的影响，致使人工、机械效率降低等所需增加的费用。本项费用由沿海各省、自治区、直辖市交通厅（局）制定具体的适用范围（地区），并抄送交通运输部公路司备案。

沿海地区工程施工增加费以各类工程的直接工程费之和为基数，按表3-29的费率计算。

沿海地区工程施工增加费费率表（%） 表3-29

工程类别	费率	工程类别	费率
构造物Ⅱ	0.15	技术复杂大桥	0.15
构造物Ⅲ	0.15	钢材及钢结构	0.15

(5)行车干扰工程施工增加费

行车干扰工程施工增加费系指由于边施工边维持通车，受行车干扰的影响，致使人工、机械效率降低而增加的费用。该费用以受行车影响部分的工程项目的人工费和机械使用费之和为基数,按表3-30的费率计算。

行车干扰工程施工增加费费率表(%) 表3-30

工程类别	施工期间平均每昼夜双向行车次数(汽车、畜力车合计)							
	51~100	101~500	501~1000	1001~2000	2001~3000	3001~4000	4001~5000	5000以上
人工土方	1.64	2.46	3.28	4.10	4.76	5.29	5.86	6.44
机械土方	1.39	2.19	3.00	3.89	4.51	5.02	5.56	6.11
汽车运输	1.36	2.09	2.85	3.75	4.35	4.84	5.36	5.89
人工石方	1.66	2.40	3.33	4.06	4.71	5.24	5.81	6.37
机械石方	1.16	1.71	2.38	3.19	3.70	4.12	4.56	5.01
高级路面	1.24	1.87	2.50	3.11	3.61	4.01	4.45	4.88
其他路面	1.17	1.77	2.36	2.94	3.41	3.79	4.20	4.62
构造物Ⅰ	0.94	1.41	1.89	2.36	2.74	3.04	3.37	3.71
构造物Ⅱ	0.95	1.43	1.90	2.37	2.75	3.06	3.39	3.72
构造物Ⅲ	0.95	1.42	1.90	2.37	2.75	3.05	3.38	3.72
技术复杂大桥	—	—	—	—	—	—	—	—
隧道	—	—	—	—	—	—	—	—
钢材及钢结构	—	—	—	—	—	—	—	—

(6)安全及文明施工措施费

安全及文明施工措施费系指工程施工期间为满足安全生产、文明施工、职工健康生活所发生的费用。该费用不包括施工期间为保证交通安全而设置的临时安全设施和标志、标牌的费用,需要时应根据设计要求计算。安全及文明施工措施费以各类工程的直接工程费之和为基数,按表3-31的费率计算。

安全及文明施工措施费费率表(%) 表3-31

工程类别	费率	工程类别	费率
人工土方	0.59	构造物Ⅰ	0.72
机械土方	0.59	构造物Ⅱ	0.78
汽车运输	0.21	构造物Ⅲ	1.57
人工石方	0.59	技术复杂大桥	0.86
机械石方	0.59	隧道	0.73
高级路面	1.00	钢材及钢结构	0.53
其他路面	1.02		

注:设备安装工程按表中费率的50%计算。

(7)临时设施费

临时设施费系指施工企业为进行建筑安装工程施工所必需的生活和生产用的临时建筑物、构筑物和其他临时设施的费用等,但不包括概、预算定额中的临时工程在内。

临时设施包括：临时生活及居住房屋（包括职工家属房屋及探亲房屋），文化福利及公用房屋（如广播室、文体活动室等）和生产、办公房屋（如仓库、加工厂、加工棚、发电站、变电站、空压机站、停机棚等），工地范围内的各种临时的工作便道（包括汽车、畜力车、人力车道）、人行便道，工地临时用水、用电的水管支线和电线支线，临时构筑物（如水井、水塔等）以及其他小型临时设施。

临时设施费用内容包括：临时设施的搭设、维修、拆除费或摊销费。

临时设施费以各类工程的直接工程费之和为基数，按表3-32的费率计算。

临时设施费费率表（%） 表3-32

工程类别	费率	工程类别	费率
人工土方	1.57	构造物Ⅰ	2.65
机械土方	1.42	构造物Ⅱ	3.14
汽车运输	0.92	构造物Ⅲ	5.81
人工石方	1.60	技术复杂大桥	2.92
机械石方	1.97	隧道	2.57
高级路面	1.92	钢材及钢结构	2.48
其他路面	1.87		

（8）施工辅助费

施工辅助费包括生产工具用具使用费、检验试验费和工程定位复测、工程点交、场地清理等费用。

生产工具用具使用费系指施工所需不属于固定资产的生产工具、检验用具、试验用具及仪器、仪表等的购置、摊销和维修费，以及支付给生产工人自备工具的补贴费。

检验试验费系指施工企业对建筑材料、构件和建筑安装工程进行一般鉴定、检查所发生的费用，包括自设试验室进行试验所耗用的材料和化学药品的费用，以及技术革新和研究试验费，但不包括新结构、新材料的试验费和建设单位要求对具有出厂合格证明的材料进行检验、对构件进行破坏性试验及其他特殊要求检验的费用。

施工辅助费以各类工程的直接工程费之和为基数，按表3-33的费率计算。

施工辅助费费率表（%） 表3-33

工程类别	费率	工程类别	费率
人工土方	0.89	构造物Ⅰ	1.30
机械土方	0.49	构造物Ⅱ	1.56
汽车运输	0.16	构造物Ⅲ	3.03
人工石方	0.85	技术复杂大桥	1.68
机械石方	0.46	隧道	1.23
高级路面	0.80	钢材及钢结构	0.56
其他路面	0.74		

（9）工地转移费

工地转移费系指施工企业根据建设任务的需要，由已竣工的工地或后方基地迁至新工地的搬迁费用。其内容包括：

①施工单位全体职工及随职工迁移的家属向新工地转移的车费、家具行李运费、途中住

宿费、行程补助费、杂费及工资与工资附加费等；

②公物、工具、施工设备器材、施工机械的运杂费，以及外租机械的往返费及本工程内部各工地之间施工机械、设备、公物、工具的转移费等；

③非固定工人进退场及一条路线中各工地转移的费用。

工地转移费以各类工程的直接工程费之和为基数，按表3-34的费率计算。

工地转移费费率表(%) 表3-34

工程类别	工程转移距离(km)					
	50	100	300	500	1000	每增加100
人工土方	0.15	0.21	0.32	0.43	0.56	0.03
机械土方	0.50	0.67	1.05	1.37	1.82	0.08
汽车运输	0.31	0.40	0.62	0.82	1.07	0.05
人工石方	0.16	0.22	0.33	0.45	0.58	0.03
机械石方	0.36	0.43	0.74	0.97	1.28	0.06
高级路面	0.61	0.83	1.30	1.70	2.27	0.12
其他路面	0.56	0.75	1.18	1.54	2.06	0.10
构造物Ⅰ	0.56	0.75	1.18	1.54	2.06	0.11
构造物Ⅱ	0.66	0.89	1.40	1.83	2.45	0.13
构造物Ⅲ	1.31	1.77	2.77	3.62	4.85	0.25
技术复杂大桥	0.75	1.01	1.58	2.06	2.76	0.14
隧道	0.52	0.71	1.11	1.45	1.94	0.10
钢材及钢结构	0.72	0.97	1.51	1.97	2.64	0.13

转移距离以工程承包单位(如工程处、工程公司等)转移前后驻地距离或两路线中点的距离为准；编制概(预)算时，如施工单位不明确时，高速、一级公路及独立大桥、隧道按省会(自治区首府)至工地的里程，二级及以下公路按地区(市、盟)至工地的里程计算工地转移费；工地转移里程数在表列里程之间时，费率可用内插法计算。工地转移距离在50km以内的工程不计取本项费用。

2. 间接费

间接费由规费、企业管理费及辅助生产间接费组成。

1)规费

规费系指法律、法规、规章、规程规定施工企业必须缴纳的费用(简称规费)，包括：

养老保险费：系指施工企业按规定标准为职工缴纳的基本养老保险费；

失业保险费：系指施工企业按国家规定标准为职工缴纳的失业保险费；

医疗保险费：系指施工企业按规定标准为职工缴纳的基本医疗保险费和生育保险费；

住房公积金：系指施工企业按规定标准为职工缴纳的住房公积金；

工伤保险费：系指施工企业按规定标准为职工缴纳的工伤保险费。

各项规费以各类工程的人工费之和为基数，按国家或工程所在地法律、法规、规章、规程规定的标准计算。

(1)养老保险费

养老保险是指劳动者在达到法定退休年龄退休后，从政府和社会得到一定的经济补偿、物资帮助和服务的一项社会保险制度。凡属统筹范围内的国有企业、集体所有制企业、股份制企业、股份合作制企业、外商投资企业、私营企业、企业化管理的事业单位和民办非企业单位及其职工和退休人员，应按规定参加城镇企业职工基本养老保险。

养老保险费率根据不同地区按不同费率缴纳，一般是企业以本企业上年度职工月平均工资总额（按国家统计局规定的口径）为缴纳基本养老保险费基数（以下简称缴费工资基数），职工个人以本人上年月平均工资为缴费工资基数。企业缴费工资基数不得低于职工个人缴费工资基数之和。如南京市规定职工上年度月平均工资低于上年度全市职工月平均工资60%的，以上年度全市职工月平均工资的60%作为缴费工资基数；超过上年度全市职工月平均工资300%的，超过部分不计入缴费工资基数。从2005年1月1日起，国有、集体、股份制、股份合作制企业和企业化管理的事业单位每月按缴费工资基数的21%缴纳基本养老保险费；外商投资企业、私营企业、民办非企业单位每月按缴费工资基数的20%缴纳基本养老保险费，所有职工每月统一按缴费工资基数的8%缴纳基本养老保险费。

（2）失业保险费

失业保险是指国家通过立法强制实行，由政府负责建立基金，对非因本人意愿中断就业而失去工资收入的劳动者提供一定时期的物资帮助及再就业服务的一项社会保险制度。失业保险费的征缴范围是：国有企业、城镇集体企业、外商投资企业、城镇私营企业和其他城镇企业及其职工，事业单位及其职工。

失业保险费率根据国务院令第258号《失业保险条例》，城镇企业事业单位按照本单位工资总额的2%缴纳失业保险费。城镇企业事业单位职工按照本人工资的1%缴纳失业保险费。城镇企业事业单位招用的农民合同制工人本人不缴纳失业保险费。

（3）医疗保险费

医疗保险是社会保险制度的基本内容之一，是向法定范围内的劳动者部分或全部提供预防和治疗疾病的费用，并保证其在病假期间的经济来源，保障其基本生活需求的社会保险项目。

基本医疗保险费由用人单位和职工共同缴纳。其费率根据国务院相关规定：用人单位缴费率应在职工工资总额的6%左右，职工缴费率一般为本人工资收入的2%，退休人员个人不缴费。各地根据公费劳保医疗消费水平和财政企业承受能力确定基本医疗保险用人单位缴费率，故各统筹地区用人单位的缴费率不尽相同。

（4）住房公积金

住房公积金是指国家机关、国有企业、城镇集体企业、外商投资企业、城镇私营企业及其他城镇企业、事业单位、民办非企业单位、社会团体（以下简称单位）及其在职职工按照规定缴存的具有保障性和互助性的一种长期住房基金。职工缴存的住房公积金和职工所在单位缴存的住房公积金，属于职工个人住房储金，归职工个人所有。住房公积金定向用于职工住房的基本需求和职工住房建设的融通资金。职工离退休时本息余额一次付偿退还给职工本人。

根据国务院《住房公积金管理条例》相关规定，职工住房公积金的月缴存额为职工本人上一年度月平均工资乘以职工住房公积金缴存比例。职工和单位住房公积金的缴存比例均不得低于职工上一年度月平均工资的5%；有条件的城市，可以适当提高缴存比例。如北京现行缴存比例通常为8%～12%。

（5）工伤保险费

工伤保险费是为了保障因工作遭受事故伤害或者患职业病的职工获得医疗救治和经济补偿，促进工伤预防和职业康复，分散用人单位的工伤风险而规定的费用。它由用人单位缴纳的工伤保险费、工伤保险基金的利息和依法纳入工伤保险基金的其他资金构成。

工伤保险费率根据不同行业的工伤风险程度，参照《国民经济行业分类》(GB/T 4754—2011)，将行业分为农林牧副渔、采矿、制造、建筑等二十个行业，其缴费费率从0.4%～2.3%不等。

2)企业管理费

企业管理费由基本费用、主副食运费补贴、职工探亲路费、职工取暖补贴和财务费用五项组成。

(1)基本费用

企业管理费基本费用系指施工企业为组织施工生产和经营管理所需的费用，内容包括：

①管理人员工资。系指管理人员的基本工资、工资性补贴、职工福利费、劳动保护费以及缴纳的养老、失业、医疗、生育、工伤保险费和住房公积金等。

②办公费。系指企业办公用的文具、纸张、账表、印刷、邮电、书报、会议、水、电、烧水和集体取暖(包括现场临时宿舍取暖)用煤(气)等费用。

③差旅交通费。系指职工因公出差和工作调动(包括随行家属的旅费)的差旅费、住勤补助费，市内交通费和午餐补助费，职工探亲路费，劳动力招募费，职工离退休、退职一次性路费，工伤人员就医路费，以及管理部门使用的交通工具的油料、燃料、养路费及牌照费。

④固定资产使用费。系指管理和试验部门及附属生产单位使用的属于固定资产的房屋、设备、仪器等的折旧、大修、维修或租赁费等。

⑤工具用具使用费。系指管理使用的不属于固定资产的生产工具、器具、家具、交通工具和检验、试验、测绘、消防用具等的购置、维修和摊销费。

⑥劳动保险费。系指企业支付离退休职工的易地安家补助费、职工退职金、6个月以上的病假人员工资、职工死亡丧葬补助费、抚恤费、按规定支付给离休干部的各项经费。

⑦工会经费。系指企业按职工工资总额计提的工会经费。

⑧职工教育经费。系指企业为职工学习先进技术和提高文化水平，按职工工资总额计提的费用。

⑨保险费。系指企业财产保险、管理用车辆等保险费用。

⑩工程保修费。系指工程竣工交付使用后，在规定保修期以内的修理费用。

⑪工程排污费。系指施工现场按规定缴纳的排污费用。

⑫税金。系指企业按规定缴纳的房产税、车船使用税、土地使用税、印花税等。

⑬其他。系指上述项目以外的其他必要的费用支出，包括技术转让费、技术开发费、业务招待费、绿化费、广告费、投标费、公证费、定额测定费、法律顾问费、审计费、咨询费等。

基本费用以各类工程的直接费之和为基数，按表3-35的费率计算。

基本费用费率表(%) 表3-35

工程类别	费率	工程类别	费率
人工土方	3.36	构造物Ⅰ	4.44
机械土方	3.26	构造物Ⅱ	5.53
汽车运输	1.44	构造物Ⅲ	9.79

续上表

工程类别	费率	工程类别	费率
人工石方	3.45	技术复杂大桥	4.72
机械石方	3.28	隧道	4.22
高级路面	1.91	钢材及钢结构	2.42
其他路面	3.28		

(2)主副食运费补贴

主副食运费补贴系指施工企业在远离城镇及乡村的野外施工购买生活必需品所需增加的费用。该费用以各类工程的直接费之和为基数,按表3-36的费率计算。

综合里程 = 粮食运距 ×0.06 + 燃料运距 ×0.09 + 蔬菜运距 ×0.15 + 水运距 ×0.70

粮食、燃料、蔬菜、水的运距均为全线平均运距;综合里程数在表列里程之间时,费率可用内插法计算;综合里程在1km以内的工程不计取本项费用。

主副食运费补贴费率表(%) 表3-36

工程类别	综合里程(km)											
	1	3	5	8	10	15	20	25	30	40	50	每增加10
人工土方	0.17	0.25	0.31	0.39	0.45	0.56	0.67	0.76	0.89	1.06	1.22	0.16
机械土方	0.13	0.19	0.24	0.30	0.35	0.43	0.52	0.59	0.69	0.81	0.95	0.13
汽车运输	0.14	0.20	0.25	0.32	0.37	0.45	0.55	0.62	0.73	0.86	1.00	0.14
人工石方	0.13	0.19	0.24	0.30	0.34	0.42	0.51	0.58	0.67	0.80	0.92	0.12
机械石方	0.12	0.18	0.22	0.28	0.33	0.41	0.49	0.55	0.65	0.76	0.89	0.12
高级路面	0.08	0.12	0.15	0.20	0.22	0.28	0.33	0.38	0.44	0.52	0.60	0.08
其他路面	0.09	0.12	0.15	0.20	0.22	0.28	0.33	0.38	0.44	0.52	0.61	0.09
构造物Ⅰ	0.13	0.18	0.23	0.28	0.32	0.40	0.49	0.55	0.65	0.76	0.89	0.12
构造物Ⅱ	0.14	0.20	0.25	0.30	0.35	0.43	0.52	0.60	0.70	0.83	0.96	0.13
构造物Ⅲ	0.25	0.36	0.45	0.55	0.64	0.79	0.96	1.09	1.28	1.51	1.76	0.24
技术复杂大桥	0.11	0.16	0.20	0.25	0.29	0.36	0.43	0.49	0.57	0.68	0.79	0.11
隧道	0.11	0.16	0.19	0.24	0.28	0.34	0.42	0.48	0.56	0.66	0.77	0.10
钢材及钢结构	0.11	0.16	0.20	0.26	0.30	0.37	0.44	0.50	0.59	0.69	0.80	0.11

(3)职工探亲路费

职工探亲路费系指按照有关规定施工企业职工在探亲期间发生的往返车船费、市内交通费和途中住宿费等费用。该费用以各类工程的直接费之和为基数,按表3-37的费率计算。

职工探亲路费费率表(%) 表3-37

工程类别	费率	工程类别	费率
人工土方	0.10	构造物Ⅰ	0.29
机械土方	0.22	构造物Ⅱ	0.34

续上表

工程类别	费率	工程类别	费率
汽车运输	0.14	构造物Ⅲ	0.55
人工石方	0.10	技术复杂大桥	0.20
机械石方	0.22	隧道	0.27
高级路面	0.14	钢材及钢结构	0.16
其他路面	0.16		

(4)职工取暖补贴

职工取暖补贴系指按规定发放给职工的冬季取暖费或在施工现场设置的临时取暖设施的费用。该费用以各类工程的直接费之和为基数,按工程所在地的气温区(见《编制办法》附录七)选用表3-38的费率计算。

职工取暖补贴费率表(%) 表3-38

工程类别	气温区						
	准二区	冬一区	冬二区	冬三区	冬四区	冬五区	冬六区
人工土方	0.03	0.06	0.01	0.15	0.17	0.26	0.31
机械土方	0.06	0.13	0.22	0.33	0.44	0.55	0.66
汽车运输	0.06	0.12	0.21	0.31	0.41	0.51	0.62
人工石方	0.03	0.06	0.10	0.15	0.17	0.25	0.31
机械石方	0.05	0.11	0.17	0.26	0.35	0.44	0.53
高级路面	0.04	0.07	0.13	0.19	0.25	0.31	0.38
其他路面	0.04	0.07	0.12	0.18	0.24	0.30	0.36
构造物Ⅰ	0.06	0.12	0.19	0.28	0.36	0.46	0.56
构造物Ⅱ	0.06	0.13	0.20	0.30	0.41	0.51	0.62
构造物Ⅲ	0.11	0.23	0.37	0.56	0.74	0.93	1.13
技术复杂大桥	0.05	0.10	0.17	0.26	0.34	0.42	0.51
隧道	0.04	0.08	0.14	0.22	0.28	0.36	0.43
钢材及钢结构	0.04	0.07	0.12	0.19	0.25	0.31	0.37

(5)财务费用

财务费用系指施工企业为筹集资金而发生的各项费用,包括企业经营期间发生的短期贷款利息净支出、汇兑净损失、调剂外汇手续费、金融机构手续费,以及企业筹集资金发生的其他财务费用。

财务费用以各类工程的直接费之和为基数,按表3-39的费率计算。

财务费用费率表(%) 表3-39

工程类别	费率	工程类别	费率
人工土方	0.23	构造物Ⅰ	0.37
机械土方	0.21	构造物Ⅱ	0.40
汽车运输	0.21	构造物Ⅲ	0.82

续上表

工程类别	费率	工程类别	费率
人工石方	0.22	技术复杂大桥	0.46
机械石方	0.20	隧道	0.39
高级路面	0.27	钢材及钢结构	0.48
其他路面	0.30		

3)辅助生产间接费

辅助生产间接费系指由施工单位自行开采加工的砂、石等材料及施工单位自办的人工装卸和运输的间接费。

辅助生产间接费按人工费的5%计。该项费用并入材料预算单价内构成材料费,不直接出现在概(预)算中。

高原地区施工单位的辅助生产,可按其他工程费中高原地区施工增加费的费率,以直接工程费为基数计算高原地区施工增加费(其中:人工采集、加工材料,人工装卸、运输材料按人工土方费率计算;机械采集、加工材料按机械石方费率计算;机械装卸、运输材料按汽车运输费率计算)。辅助生产高原地区施工增加费不作为辅助生产间接费的计算基数。

3.利润

利润系指施工企业完成所承包工程应取得的盈利。利润按直接费与间接费之和扣除规费的7%计算。

4.税金

税金系指按国家税法规定应计入建筑安装工程造价内的营业税、城市维护建设税及教育费附加等。

计算公式:

$$综合税金额=(直接费+间接费+利润)\times综合税率$$

(1)纳税地点在市区的企业,综合税率为:

$$综合税率(\%)=\left(\frac{1}{1-3\%-3\%\times7\%-3\%\times3\%}-1\right)\times100=3.41(\%)$$

(2)纳税地点在县城、乡镇的企业,综合税率为:

$$综合税率(\%)=\left(\frac{1}{1-3\%-3\%\times5\%-3\%\times3\%}-1\right)\times100=3.35(\%)$$

(3)纳税地点不在市区、县城、乡镇的企业,综合税率为:

$$综合税率(\%)=\left(\frac{1}{1-3\%-3\%\times1\%-3\%\times3\%}-1\right)\times100=3.32(\%)$$

(二)设备、工具、器具及家具购置费

1.设备购置费

设备购置费系指为满足公路的营运、管理、养护需要,购置的达到固定资产标准的设备和虽低于固定资产标准但属于设计明确列入设备清单的设备的费用,包括渡口设备,隧道照明、消防、通风的动力设备,高等级公路的收费、监控、通信、供电设备,养护用的机械、设备和工具、器具等的购置费用。

设备购置费应由设计单位列出计划购置的清单(包括设备的规格、型号、数量),以设备原价加综合业务费和运杂费按以下公式计算:

设备购置费 = 设备原价 + 运杂费(运输费 + 装卸费 + 搬运费) + 运输保险费 + 采购及保管费

需要安装的设备,应在第一部分建筑安装工程费的有关项目内另计设备的安装工程费。

工程建设设备与材料的划分,直接关系到投资构成的合理划分、概(预)算的编制以及施工产值的计算等方面,为合理确定工程造价,加强对建设过程投资管理,统一概(预)算编制口径,现对交通工程中设备与材料的划分提出如下划分原则和规定。

1)设备与材料的划分原则

凡是经过加工制造,由多种材料和部件按各自用途组成生产加工、动力、传送、储存、运输、科研等功能的机器、容器和其他机械、成套装置等均为设备。设备分为标准设备和非标准设备。

标准设备(包括通用设备和专用设备):是指按国家规定的产品标准批量生产的、已进入设备系列的设备。

非标准设备:是指国家未定型、非批量生产的由设计单位提供制造图纸,委托承制单位或施工企业在工厂或施工现场制作的设备。

设备一般包括以下各项:

①各种设备的本体及随设备到货的配件、备件和附属于设备本体制作成型的梯子、平台、栏杆及管道等;

②各种计量器、仪表及自动化控制装置、试验的仪器及属于设备本体部分的仪器仪表等;

③附属于设备本体的油类、化学药品等设备的组成部分;

④无论用于生产、生活或附属于建筑物的水泵、锅炉及水处理设备、电气、通风设备等。

凡是为完成建筑、安装工程所需的原料和经过工业加工在工艺生产过程中不起单元工艺生产作用的设备本体以外的零配件、附件、成品、半成品等均为材料。

材料一般包括以下各项:

①设备本体以外的不属于设备配套供货,需由施工企业进行加工制作或委托加工的平台、梯子、栏杆及其他金属构件等,以及成品、半成品形式供货的管道、管件、阀门、法兰等;

②设备本体以外的各种行车轨道、滑触线、电梯的滑轨等均为材料。

2)设备与材料的划分界限

①设备主要是指通信系统、监控和收费系统、电气系统、通风及管道系统、房屋建筑、消防及安全系统、炉窑砌筑、各种机动车辆所涉及的设备,以及各种工艺设备在试车时必须填充的一次性填充材料、各种化学药品及变压器油等。不论是随设备带来的,还是单独订货购置的,均视为设备的组成部分。

②材料是指在现场制作安装的各种管线、配件、部件、元件、各种材料或填料及现场所消耗的物料等。

③对于一些在制造厂未整体制作完成的设备,或分片压制成型,或分段散装供货的设备,需要建筑安装工人在施工现场加工、拼装、焊接的,按上述划分原则和其投资构成应属于设备购置费。为合理反映建筑安装工人付出的劳动和创造的价值,可按其在现场加工组装

焊接的工作量，将其分片或组装件按其设备价值的一部分以加工费的形式计入安装工程费内。

④供应原材料，在施工现场制作安装或施工企业附属生产单位为本单元承包工程制作并安装的非标准设备，除配套的电机、减速机外，其加工制作消耗的工、料（包括主材）、机等均应计入安装工程费内。

⑤凡是制造厂未制造完成的设备，已分片压制成型、散装或分段供货，需要建筑安装工人在施工现场拼装、组装、焊接及安装内件的，其制作、安装所需的物料为材料，内件、塔盘为设备。

3）国产设备原价的构成及计算

国产设备的原价一般是指设备制造厂的交货价，即出厂价或订货合同价。它一般根据生产厂或供应商的询价、报价、合同价确定，或采用一定的方法计算确定。其内容包括按专业标准规定的在运输过程中不受损失的一般包装费，及按产品设计规定配带的工具、附件和易损件的费用。即：

设备原价 = 出厂价（或供货地点价）+ 包装费 + 手续费

4）进口设备原价的构成及计算

进口设备的原价是指进口设备的抵岸价，即抵达买方边境港口或边境车站，且交完关税为止形成的价格。即：

进口设备原价 = 货价 + 国际运费 + 运输保险费 + 银行财务费 + 外贸手续费 + 关税 + 增值税 + 消费税 + 商检费 + 检疫费 + 车辆购置附加费

其中：

货价：一般指装运港船上交货价（FOB，习惯称离岸价）。设备货价分为原币货价和人民币货价。原币货价一律折算为美元表示，人民币货价按原币货价乘以外汇市场美元兑换人民币的中间价确定。进口设备货价按有关生产厂商询价、报价、订货合同价计算。

国际运费：即从装运港（站）到达我国抵达港（站）的运费。即：

国际运费 = 原币货价（FOB 价）× 运费费率

我国进口设备大多采用海洋运输，小部分采用铁路运输，个别采用航空运输。运费费率参照有关部门或进出口公司的规定执行，海运费费率一般为 6%。

运输保险费：对外贸易货物运输保险是由保险人（保险公司）与被保险人（出口人或进口人）订立保险契约，在被保险人交付议定的保险费后，保险人根据保险契约的规定对货物在运输过程中发生的承保责任范围内的损失给予经济上的补偿。这是一种财产保险。计算公式为：

运输保险费 = ［原币货价（FOB 价）+ 国际运费］÷（1 − 保险费费率）× 保险费费率

保险费费率按保险公司规定的进口货物保险费费率计算，一般为 0.35%。

银行财务费：一般指中国银行手续费。其可按下式简化计算：

银行财务费 = 人民币货价（FOB 价）× 银行财务费费率

银行财务费费率一般为 0.4% ~0.5%。

外贸手续费：指按规定计取的外贸手续费。其计算公式为：

外贸手续费 = [人民币货价(FOB 价) + 国际运费 + 运输保险费] × 外贸手续费费率

外贸手续费费率一般为 1% ~1.5%。

关税:指海关对进出国境或关境的货物和物品征收的一种税。其计算公式为:

关税 = [人民币货价(FOB 价) + 国际运费 + 运输保险费] × 进口关税税率

进口关税税率按我国海关总署发布的进口关税税率计算。

增值税:是对从事进口贸易的单位和个人,在进口商品报关进口后征收的税种。按《中华人民共和国增值税条例》的规定,进口应税产品均按组成计税价格和增值税税率直接计算应纳税额。即:

增值税 = [人民币货价(FOB 价) + 国际运费 + 运输保险费 + 关税 + 消费税] × 增值税税率

增值税税率根据规定的税率计算,目前进口设备适用的税率为 17%。

消费税:对部分进口设备(如轿车、摩托车等)征收。其计算公式为:

应纳消费税额 = [人民币货价(FOB 价) + 国际运费 + 运输保险费 + 关税] ÷ (1 - 消费税税率) × 消费税税率

消费税税率根据规定的税率计算。

商检费:指进口设备按规定付给商品检查部门的进口设备检验鉴定费。其计算公式为:

商检费 = [人民币货价(FOB 价) + 国际运费 + 运输保险费] × 商检费费率

商检费费率一般为 0.8%。

检疫费:指进口设备按规定付给商品检疫部门的进口设备检验鉴定费。其计算公式为:

检疫费 = [人民币货价(FOB 价) + 国际运费 + 运输保险费] × 检疫费费率

检疫费费率一般为 0.17%。

车辆购置附加费:指进口车辆需缴纳的进口车辆购置附加费。其计算公式为:

进口车辆购置附加费 = [人民币货价(FOB 价) + 国际运费 + 运输保险费 + 关税 + 消费税 + 增值税] × 进口车辆购置附加费费率

在计算进口设备原价时,应注意工程项目的性质,有无按国家有关规定减免进口环节税的可能。

5)设备运杂费的构成及计算

国产设备运杂费指由设备制造厂交货地点起至工地仓库(或施工组织设计指定的需要安装设备的堆放地点)止所发生的运费和装卸费;进口设备运杂费指由我国到岸港口或边境车站起至工地仓库(或施工组织设计指定的需要安装设备的堆放地点)止所发生的运费和装卸费。其计算公式为:

运杂费 = 设备原价 × 运杂费费率

设备运杂费费率见表 3-40。

设备运杂费费率表(%) 表 3-40

运输里程(km)	100以内	101 ~ 200	201 ~ 300	301 ~ 400	401 ~ 500	501 ~ 750	751 ~ 1000	1001 ~ 1250	1251 ~ 1500	1501 ~ 1750	1751 ~ 2000	2000 以上每增 250
费率(%)	0.8	0.9	1.0	1.1	1.2	1.5	1.7	2.0	2.2	2.4	2.6	0.2

6)设备运输保险费的构成及计算

设备运输保险费指国内运输保险费。其计算公式为:

$$运输保险费=设备原价\times保险费费率$$

设备运输保险费费率一般为1%。

7)设备采购及保管费的构成及计算

设备采购及保管费指采购、验收、保管和收发设备所发生的各种费用,包括设备采购人员、保管人员和管理人员的工资、工资附加费、办公费、差旅交通费,设备供应部门办公和仓库所占固定资产使用费、工具用具使用费、劳动保护费、检验试验费等。其计算公式为:

$$采购及保管费=设备原价\times采购及保管费费率$$

需要安装的设备的采购保管费费率为2.4%,不需要安装的设备的采购保管费费率为1.2%。

2. 工器具及生产家具(简称工器具)购置费

工器具购置费系指建设项目交付使用后为满足初期正常营运必须购置的第一套不构成固定资产的设备、仪器、仪表、工卡模具、器具、工作台(框、架、柜)等的费用。该费用不包括构成固定资产的设备、工器具和备品、备件,及已列入设备购置费中的专用工具和备品、备件。

对于工器具购置,应由设计单位列出计划购置的清单(包括规格、型号、数量),购置费的计算方法同设备购置费。

3. 办公和生活用家具购置费

办公和生活用家具购置费系指为保证新建、改建项目初期正常生产、使用和管理所必须购置的办公和生活用家具、用具的费用。

范围包括:行政、生产部门的办公室、会议室、资料档案室、阅览室、单身宿舍及生活福利设施等的家具、用具。

办公和生活用家具购置费按表3-41的规定计算。

办公和生活用家具购置费标准表 表3-41

工程所在地	路线(元/公路公里)				有看桥房的独立大桥(元/座)	
	高速公路	一级公路	二级公路	三、四级公路	一般大桥	技术复杂大桥
内蒙古、黑龙江、青海、新疆、西藏	21500	15600	7800	4000	24000	60000
其他省、自治区、直辖市	17500	14600	5800	2900	19800	49000

(三)工程建设其他费用

1. 土地征用及拆迁补偿费

土地征用及拆迁补偿费系指按照《中华人民共和国土地管理法》及《中华人民共和国土地管理法实施条例》、《中华人民共和国基本农田保护条例》等法律、法规的规定,为进行概、预算费用标准和计算方法公路建设需征用土地所支付的土地征用及拆迁补偿费等费用。

1)费用内容

(1)土地补偿费:指被征用土地地上、地下附着物及青苗补偿费,征用城市郊区的菜地等缴纳的菜地开发建设基金，租用土地费，耕地占用税，地图编制费及勘界费，征地管理费等。

(2)征用耕地安置补助费：指征用耕地需要安置农业人口的补助费。

(3)拆迁补偿费：指被征用或占用土地上的房屋及附属构筑物、城市公用设施等拆除、迁建补偿费，拆迁管理费等。

(4)复耕费：指临时占用的耕地、鱼塘等，待工程竣工后将其恢复到原有标准所发生的费用。

(5)耕地开垦费：指公路建设项目占用耕地的，应由建设项目法人(业主)负责补充耕地所发生的费用；没有条件开垦或者开垦的耕地不符合要求的，按规定缴纳的耕地开垦费。

(6)森林植被恢复费：指公路建设项目需要占用、征用或者临时占用林地的，经县级以上林业主管部门审核同意或批准，建设项目法人(业主)单位按照有关规定向县级以上林业主管部门预缴的森林植被恢复费。

2)计算方法

土地征用及拆迁补偿费应根据审批单位批准的建设工程用地和临时用地面积及其附着物的情况，以及实际发生的费用项目，按国家有关规定及工程所在地的省(自治区、直辖市)人民政府颁发的有关规定和标准计算。

森林植被恢复费应根据审批单位批准的建设工程占用林地的类型及面积，按国家有关规定及工程所在地的省(自治区、直辖市)人民政府颁发的有关规定和标准计算。

当与原有的电力电信设施、水利工程、铁路及铁路设施互相干扰时，应与有关部门联系，商定合理的解决方案和补偿金额，也可由这些部门按规定编制费用以确定补偿金额。

2. 建设项目管理费

建设项目管理费包括建设单位(业主)管理费、工程质量监督费、工程监理费、工程定额测定费、设计文件审查费和竣(交)工验收试验检测费。

1)建设单位(业主)管理费

建设单位(业主)管理费系指建设单位(业主)为建设项目的立项、筹建、建设、竣(交)工验收、总结等工作所发生的费用，不包括应计入设备、材料预算价格的建设单位采购及保管设备、材料所需的费用。

费用内容包括：工作人员的工资、工资性补贴、施工现场津贴、社会保障费用(基本养老、基本医疗、失业、工伤保险)、住房公积金、职工福利费、工会经费、劳动保护费；办公费、会议费、差旅交通费、固定资产使用费(包括办公及生活房屋折旧、维修或租赁费，车辆折旧、维修、使用或租赁费，通信设备购置、使用费，测量、试验设备仪器折旧、维修或租赁费，其他设备折旧、维修或租赁费等)、零星固定资产购置费、招募生产工人费；技术图书资料费、职工教育经费、工程招标费(不含招标文件及标底或造价控制值编制费)；合同契约公证费、法律顾问费、咨询费；建设单位的临时设施费、完工清理费、竣(交)工验收费(含其他行业或部门要求的竣工验收费用)、各种税费(包括房产税、车船使用税、印花税等)；建设项目审计费、境内外融资费用(不含建设期贷款利息)、业务招待费、安全生产管理费和其他管理性开支。

由施工企业代建设单位(业主)办理“土地、青苗等补偿费”的工作人员所发生的费用，应在建设单位(业主)管理费项目中支付。当建设单位(业主)委托有资质的单位代理招标时，其代理费应在建设单位(业主)管理费中支出。

建设单位(业主)管理费以建筑安装工程费总额为基数，按表 3-42 的费率，以累进办法计算。

建设单位管理费费率表

表 3-42

第一部分 建筑安装工程费（万元）	费率（%）	算例（万元）	
		建筑安装工程费	建设单位（业主）管理费
500 以下	3.48	500	500×3.48% =17.4
501 ~1000	2.73	1000	17.4 +500×2.73% =31.05
1001 ~5000	2.18	5000	31.05 +4000×2.18% =118.25
5001 ~10000	1.84	10000	118.25 +5000×1.84% =210.25
10001 ~30000	1.52	30000	210.25 +20000×1.52% =514.25
30001 ~50000	1.27	50000	514.25 +20000×1.27% =768.25
50001 ~100000	0.94	100000	768.25 +50000×0.94% =1238.25
100001 ~150000	0.76	150000	1238.25 +50000×0.76% =1618.25
150001 ~200000	0.59	200000	1618.25 +50000×0.59% =1913.25
200001 ~300000	0.43	300000	1913.25 +100000×0.43% =2343.25
300000 以上	0.32	310000	2343.25 +10000×0.32% =2375.25

水深大于 15m、跨度大于或等于 400m 的斜拉桥和跨度大于或等于 800m 的悬索桥等独立特大型桥梁工程的建设单位（业主）管理费按表 3-42 中的费率乘以系数 1.0 ~1.2 计算；海上工程[指由于风浪影响，工程施工期（不包括封冻期）全年月平均工作日少于 15 天的工程]的建设单位（业主）管理费按表 3-42 中的费率乘以系数 1.0 ~1.3 计算。

2）工程质量监督费

工程质量监督费系指根据国家有关部门规定，各级公路工程质量监督机构对工程建设质量和安全生产实施监督应收取的管理费用。

工程质量监督费以建筑安装工程费总额为基数，按 0.15% 计算。

3）工程监理费

工程监理费系指建设单位（业主）委托具有公路工程监理资格的单位，按施工监理规范进行全面的监督和管理所发生的费用。

费用内容包括：工作人员的基本工资、工资性津贴、社会保障费用（基本养老、基本医疗、失业、工伤保险）、住房公积金、职工福利费、工会经费、劳动保护费；办公费、会议费、差旅交通费、固定资产使用费（包括办公及生活房屋折旧、维修或租赁费，车辆折旧、修、使用或租赁费，通信设备购置、使用费，测量、试验、检测设备仪器折旧、维修或租赁费，其他设备折旧、维修或租赁费等）、零星固定资产购置费、招募生产工人费；技术图书资料费、职工教育经费、投标费用；合同契约公证费、咨询费、业务招待费；财务费用、监理单位的临时设施费、各种税费和其他管理性开支。

工程监理费以建筑安装工程费总额为基数，按表 3-43 的费率计算。

工程监理费费率表

表 3-43

工 程 类 别	高速公路	一级及二级公路	三级及四级公路	桥梁及隧道
费率（%）	2.0	2.5	3.0	2.5

表 3-43 中的桥梁指水深大于 15m、斜拉桥和悬索桥等独立特大型桥梁工程；隧道指水下隧道工程。

建设单位(业主)管理费和工程监理费均为实施建设项目管理的费用,执行时根据建设单位(业主)和施工监理单位所实际承担的工作内容和工作量,在保证监理费用的前提下,可统筹使用。

4)工程定额测定费

工程定额测定费系指各级公路(交通)工程定额(造价管理)站为测定劳动定额、搜集定额资料、编制工程定额及定额管理所需要的工作经费。

工程定额测定费以建筑安装工程费总额为基数,按0.12%计算。

5)设计文件审查费

设计文件审查费系指国家和省级交通主管部门在项目审批前,为保证勘察设计工作的质量,组织有关专家或委托有资质的单位,对设计单位提交的建设项目可行性研究报告和勘察设计文件以及对设计变更、调整概算进行审查所需要的相关费用。

设计文件审查费以建筑安装工程费总额为基数,按0.1%计算。

6)竣(交)工验收试验检测费

竣(交)工验收试验检测费系指在公路建设项目交工验收和竣工验收前,由建设单位(业主)或工程质量监督机构委托有资质的公路工程质量检测单位按照有关规定对建设项目的工程质量进行检测,并出具检测意见所需要的相关费用。

竣(交)工验收试验检测费按表3-44的规定计算。

竣(交)工验收试验检测费标准表 表3-44

项目	路线(元/公路公里)				独立大桥(元/座)	
	高速公路	一级公路	二级公路	三、四级公路	一般大桥	技术复杂大桥
试验检测费	15000	12000	10000	5000	30000	100000

关于竣(交)工验收试验检测费,高速公路、一级公路按四车道计算,二级及以下等级公路按双车道计算,每增加一条车道,按表3-44的费用增加10%。

3. 研究试验费

研究试验费系指为本建设项目提供或验证设计数据、资料进行必要的研究试验和按照设计规定在施工过程中必须进行试验、验证所需的费用,以及支付科技成果、先进技术的一次性技术转让费。该费用不包括:

(1)应由科技三项费用(即新产品试制费、中间试验费和重要科学研究补助费)开支的项目;

(2)应由施工辅助费开支的施工企业对建筑材料、构件和建筑物进行一般鉴定、检查所发生的费用及技术革新研究试验费;

(3)应由勘察设计费或建筑安装工程费用中开支的项目。

计算方法:按照设计提出的研究试验内容和要求进行编制,不需验证设计基础资料的不计本项费用。

4. 建设项目前期工作费

建设项目前期工作费系指委托勘察设计、咨询单位对建设项目进行可行性研究、工程勘察设计,以及设计、监理、施工招标文件及招标标底或造价控制值文件编制时,按规定应支付的费用。该费用包括:

(1)编制项目建议书(或预可行性研究报告)、可行性研究报告、投资估算,以及相应的勘察、设计、专题研究等所需的费用；

(2)初步设计和施工图设计的勘察费(包括测量、水文调查、地质勘探等)、设计费、概(预)算及调整概算编制费等；

(3)设计、监理、施工招标文件及招标标底(或造价控制值或清单预算)文件编制费等。

计算方法:依据委托合同计列,或按国家颁发的收费标准和有关规定进行编制。

5. 专项评价(估)费

专项评价(估)费系指依据国家法律、法规规定须进行评价(评估)、咨询,按规定应支付的费用。该费用包括环境影响评价费、水土保持评估费、地震安全性评价费、地质灾害危险性评价费、压覆重要矿床评估费、文物勘察费、通航论证费、行洪论证(评估)费、使用林地可行性研究报告编制费、用地预审报告编制费等费用。

计算方法:按国家颁发的收费标准和有关规定进行编制。

6. 施工机构迁移费

施工机构迁移费系指施工机构根据建设任务的需要,经有关部门决定成建制地(指工程处等)由原驻地迁移到另一地区所发生的一次性搬迁费用。该费用不包括：

(1)应由施工企业自行负担的,在规定距离范围内调动施工力量以及内部平衡施工力量所发生的迁移费用；

(2)由于违反基建程序,盲目调迁队伍所发生的迁移费；

(3)因中标而引起施工机构迁移所发生的迁移费。

费用内容包括:职工及随同家属的差旅费,调迁期间的工资,施工机械、设备、工具、用具和周转性材料的搬运费。

计算方法:施工机构迁移费应经建设项目的主管部门同意按实计算。但计算施工机构迁移费后,如迁移地点即新工地地点(如独立大桥),则其他工程费内的工地转移费应不再计算;如施工机构迁移地点至新工地地点尚有部分距离,则工地转移费的距离,应以施工机构新地点为计算起点。

7. 供电贴费

供电贴费系指按照国家规定,建设项目应交付的供电工程贴费、施工临时用电贴费。

计算方法:按国家有关规定计列(目前停止征收)。

8. 联合试运转费

联合试运转费系指新建、改(扩)建工程项目,在竣工验收前按照设计规定的工程质量标准,进行动(静)载荷载实验所需的费用,或进行整套设备带负荷联合试运转期间所需的全部费用抵扣试车期间收入的差额。该费用不包括应由设备安装工程项下开支的调试费的费用。

费用内容包括:联合试运转期间所需的材料、油燃料和动力的消耗,机械和检测设备使用费,工具用具和低值易耗品费,参加联合试运转人员工资及其他费用等。

联合试运转费以建筑安装工程费总额为基数,独立特大型桥梁按0.075%、其他工程按0.05%计算。

9. 生产人员培训费

生产人员培训费系指新建、改(扩)建公路工程项目,为保证生产的正常运行,在工程竣工验收交付使用前对运营部门生产人员和管理人员进行培训所必需的费用。

费用内容包括:培训人员的工资、工资性补贴、职工福利费、差旅交通费、劳动保护费、培训及教学实习费等。

生产人员培训费按设计定员和2000元/人的标准计算。

10. 固定资产投资方向调节税

固定资产投资方向调节税系指为了贯彻国家产业政策，控制投资规模，引导投资方向，调整投资结构，加强重点建设，促进国民经济持续稳定协调发展，依照《中华人民共和国固定资产投资方向调节税暂行条例》规定，公路建设项目应缴纳的固定资产投资方向调节税。

计算方法：按国家有关规定计算（目前暂停征收）。

11. 建设期贷款利息

建设期贷款利息系指建设项目中分年度使用国内贷款或国外贷款部分，在建设期内应归还的贷款利息。费用内容包括各种金融机构贷款、企业集资、建设债券和外汇贷款等利息。

计算方法：根据不同的资金来源按需付息的分年度投资计算。

计算公式如下：

建设期贷款利息 = ∑（上年末付息贷款本息累计 + 本年度付息贷款额 ÷ 2）× 年利率

即

$$S = \sum_{n=1}^{N}(F_{n-1} + b_n \div 2) \times i \qquad (3\text{-}2)$$

式中：S——建设期贷款利息（元）；

N——项目建设期（年）；

n——施工年度；

F_{n-1}——建设期第$(n-1)$年末需付息贷款本息累计（元）；

b_n——建设期第n年度付息贷款额（元）；

i——建设期贷款年利率（%）。

（四）预备费

预备费由价差预备费及基本预备费两部分组成。在公路工程建设期限内，凡需动用预备费时，属于公路交通部门投资的项目，需经建设单位提出，按建设项目隶属关系，报交通运输部或交通厅（局、委）基建主管部门核定批准；属于其他部门投资的建设项目，按其隶属关系报有关部门核定批准。

1. 价差预备费

价差预备费系指设计文件编制年至工程竣工年期间，第一部分费用的人工费、材料费、机械使用费、其他工程费、间接费等以及第二、三部分费用由于政策、价格变化可能发生上浮而预留的费用及外资贷款汇率变动部分的费用。

（1）计算方法：价差预备费以概（预）算或修正概算第一部分建筑安装工程费总额为基数，按设计文件编制年始至建设项目工程竣工年终的年数和年工程造价增长率计算。

计算公式如下：

$$价差预备费 = P \times [(1+i)^{n-1} - 1] \qquad (3\text{-}3)$$

式中：P——建筑安装工程费总额（元）；

i——年工程造价增长率（%）；

n——设计文件编制年至建设项目开工年 + 建设项目建设期限（年）。

(2)年工程造价增长率按有关部门公布的工程投资价格指数计算，或由设计单位会同建设单位根据该工程人工费、材料费、施工机械使用费、其他工程费、间接费以及第二、三部分费用可能发生的上浮等因素，以第一部分建安费为基数进行综合分析预测。

(3)设计文件编制至工程完工在一年以内的工程，不列此项费用。

2. 基本预备费

基本预备费系指在初步设计和概算中难以预料的工程和费用。其用途如下：

(1)在进行技术设计、施工图设计和施工过程中，在批准的初步设计和概算范围内所增加的工程费用；

(2)在设备订货时，由于规格、型号改变的价差；材料货源变更、运输距离或方式的改变以及因规格不同而代换使用等原因发生的价差；

(3)由于一般自然灾害所造成的损失和预防自然灾害所采取的措施费用；

(4)在项目主管部门组织竣(交)工验收时，验收委员会(或小组)为鉴定工程质量必须开挖和修复隐蔽工程的费用；

(5)投保的工程根据工程特点和保险合同发生的工程保险费用。

计算方法：以第一、二、三部分费用之和(扣除固定资产投资方向调节税和建设期贷款利息两项费用)为基数按下列费率计算：

设计概算按5%计列；

修正概算按4%计列；

施工图预算按3%计列。

采用施工图预算加系数包干承包的工程，包干系数为施工图预算中直接费与间接费之和的3%。施工图预算包干费用由施工单位包干使用。

该包干费用的内容为：

(1)在施工过程中，设计单位对分部分项工程修改设计而增加的费用，但不包括因水文地质条件变化造成的基础变更、结构变更、标准提高、工程规模改变而增加的费用；

(2)预算审定后，施工单位负责采购的材料由于货源变更、运输距离或方式的改变以及因规格不同而代换使用等原因发生的价差；

(3)由于一般自然灾害所造成的损失和预防自然灾害所采取的措施的费用(例如一般防台风、防洪的费用)等。

(五)回收金额

概、预算定额所列材料一般不计回收，只对按全部材料计价的一些临时工程项目和由于工程规模或工期限制达不到规定周转次数的拱盔、支架及施工金属设备的材料计算回收金额。回收率见表3-45。

回收率表　　表3-45

回收项目	使用年限或周转次数				计算基数
	一年或一次	两年或两次	三年或三次	四年或四次	
临时电力、电信路线	50%	30%	10%	—	材料原价
拱盔、支架	60%	45%	30%	15%	
施工金属设备	65%	65%	50%	30%	

注：施工金属设备指钢壳沉井、钢护筒等。

（六）公路交工前养护费指标

公路交工前养护费为陆续完工的路段，在路段交工初验时止，以路面为主包括路基、构造物在内的养护费用。该费用按全线里程及平均养护月数，以下列标准计算：

三、四级公路每月养护费按每公里每月 60 个工日计算；

二级及二级以上公路每月养护费按每公里每月 30 个工日计算；

另按路面工程类别计算其他工程费和间接费。

（七）绿化补助费指标

新建公路的绿化补助费指标如下：

(1)平原微丘区：5000 元/km；

(2)山岭重丘区：1000 元/km。

以上费用标准内已包括其他工程费和间接费。

本指标仅适用于无绿化设计的二级以下等级公路建设项目。

（八）冬、雨季及夜间施工增工百分率、临时设施用工指标

冬、雨季及夜间施工增工百分率按表 3-46 计列，临时设施用工指标按表 3-47 计列。

冬、雨季及夜间施工增工百分率表　　表 3-46

项　目	雨季施工（雨量区）		冬季施工							
			冬一区		冬二区		冬三区	冬四区	冬五区	冬六区
	Ⅰ	Ⅱ	Ⅰ	Ⅱ	Ⅰ	Ⅱ				
路线	0.30	0.45	0.70	1.00	1.40	1.80	2.40	3.00	4.50	6.75
独立大中桥	0.30	0.45	0.30	0.40	0.50	0.60	0.80	1.00	1.50	2.25

注：冬、雨季施工增工以各类工程概、预算工数之和为依据，表中雨季施工增工百分率为每个雨季月的增加率，如雨季期（不是施工期）为两个半月时，表列数值应乘以 2.5，余类推。夜间施工增工按夜间施工工程项目概、预算工数的 4% 计。

临时设施用工指标表　　表 3-47

项　目	路　线　(1km) 公路等级					独立大中桥 ($100m^2$ 桥面)
	高速公路	一级公路	二级公路	三级公路	四级公路	
工日	2340	1160	340	160	100	60

三　公路工程建设各项费用计算

公路工程建设各项费用根据不同的工程类别其取费标准各不相同，费用计算程序及计算方式见表 3-48。

公路工程建设各项费用的计算程序及计算方式　　表 3-48

代号	项　目	说明及计算式
(一)	直接工程费(即工、料、机费)	按编制年工程所在地的预算价格计算
(二)	其他工程费	(一)×其他工程费综合费率或各类工程人工费和机械费之和×其他工程费综合费率
(三)	直接费	(一)+(二)
(四)	间接费	各类工程人工费×规费综合费率+(三)×企业管理费综合费率
(五)	利润	[(三)+(四)-规费]×利润率
(六)	税金	[(三)+(四)+(五)]×综合税率
(七)	建筑安装工程费	(三)+(四)+(五)+(六)
(八)	设备、工具、器具购置费(包括备品备件) 办公及生活用家具购置费	∑(设备、工具、器具购置数量×单价+运杂费)×(1+采购保管费率) 按有关规定计算
(九)	工程建设其他费用 土地征用及拆迁补偿费 建设单位(业主)管理费 工程质量监督费 工程监理费 工程定额测定费 设计文件审查费 竣(交)工验收试验检测费 研究试验费 前期工作费 专项评价(估)费 施工机构迁移费 供电贴费 联合试运转费 生产人员培训费 固定资产投资方向调节税 建设期贷款利息	 按有关规定计算 (七)×费率 (七)×费率 (七)×费率 (七)×费率 (七)×费率 按有关规定计算 按批准的计划编制 按有关规定计算 按有关规定计算 按实计算 按有关规定计算 (七)×费率 按有关规定计算 按有关规定计算 按实际贷款数及利率计算
(十)	预备费 价差预备费 基本预备费 预备费中施工图预算包干系数	包括价差预备费和基本预备费两项 按规定的公式计算 [(七)+(八)+(九)-固定资产投资方向调节税-建设期贷款利息]×费率 [(三)+(四)]×费率
(十一)	建设项目总费用	(七)+(八)+(九)+(十)

其他工程费及间接费取费标准的工程类别划分如下：

1.人工土方

系指人工施工的路基、改河等土方工程，以及人工施工的砍树、挖根、除草、平整场地、挖盖山土等工程项目，并适用于无路面的便道工程。

2. 机械土方

系指机械施工的路基、改河等土方工程，以及机械施工的砍树、挖根、除草等工程项目。

3. 汽车运输

系指汽车、拖拉机、机动翻斗车等运送的路基、改河土（石）方、路面基层和面层混合料、水泥混凝土及预制构件、绿化苗木等。

4. 人工石方

系指人工施工的路基、改河等石方工程，以及人工施工的挖盖山石项目。

5. 机械石方

系指机械施工的路基、改河等石方工程（机械打眼即属机械施工）。

6. 高级路面

系指沥青混凝土路面、厂拌沥青碎石路面和水泥混凝土路面的面层。

7. 其他路面

系指除高级路面以外的其他路面面层，各等级路面的基层、底基层、垫层、透层、黏层、封层，采用结合料稳定的路基和软土等特殊路基处理等工程，以及有路面的便道工程。

8. 构造物Ⅰ

系指无夜间施工的桥梁、涵洞、防护（包括绿化）及其他工程，交通工程及沿线设施工程[设备安装及金属标志牌、防撞钢护栏、防眩板（网）、隔离栅、防护网除外]，以及临时工程中的便桥、电力电信线路、轨道铺设等工程项目。

9. 构造物Ⅱ

系指有夜间施工的桥梁工程。

10. 构造物Ⅲ

系指商品混凝土（包括沥青混凝土和水泥混凝土）的浇筑和外购构件及设备的安装工程。商品混凝土和外购构件及设备的费用不作为其他工程费和间接费的计算基数。

11. 技术复杂大桥

系指单孔跨径在120m以上（含120m）和基础水深在10m以上（含10m）的大桥主桥部分的基础、下部和上部工程。

12. 隧道

系指隧道工程的洞门及洞内的土建工程。

13. 钢材及钢结构

系指钢桥及钢索吊桥的上部构造，钢沉井、钢围堰、钢套箱及钢护筒等基础工程，钢索塔，钢锚箱，钢筋及预应力钢材，模数式及橡胶板式伸缩缝，钢盆式橡胶支座，四氟板式橡胶支座，金属标志牌、防撞钢护栏、防眩板（网）、隔离栅、防护网等工程项目。

购买路基填料的费用不作为其他工程费和间接费的计算基数。

第六节　概（预）算编制

一　熟悉图纸、收集资料

编制概（预）算，除了按照《编制办法》的规定进行准确计算以外，很大程度上将取决于资料的收集和对文件的熟悉。收集资料、熟悉图纸是编制正确的概（预）算的基础条件，所有的资料收集均要真实可靠，手续齐全，加盖公章，具有法律效力。

资料收集工作应从以下方面着手：

1. 法令性文件

由国家、交通部、地方主管部门等国家和部门颁布的有关概(预)算编制和该工程必须遵循的法令性文件或规定。属于这类文件的有：部颁《公路工程基本建设项目概算预算编制办法》(JTG B06—2007)；各省、市主管部门对工程概(预)算编制的补充规定等。

2. 设计资料

设计资料是概(预)算编制的基本依据。编制的概(预)算原始资料来源于设计资料中的工程数量表和施工组织设计文件。因此，编制人员应全面熟悉设计文件，尤其是结构特点、施工组织设计、特殊设计和结构的特殊处理方法等内容。对设计资料提出的施工方案，应根据实际情况进行补充和完善。概(预)算文件的编制，通常根据不同设计阶段的设计资料编制，当工程的主管部门对该工程另有规定时，按照相应的规定办理。

3. 各类定额、取费标准、材料和设备价格、占用土地赔偿标准等资料

我国公路工程基本建设现行使用的各类定额主要有交通部颁发的《公路工程概算定额》(JTG/T B06-01—2007)、《公路工程预算定额》(JTG/T B06-02—2007)、《公路工程机械台班费用定额》(JTG/T B06-03—2007)(以下分别简称为《概算定额》、《预算定额》、《机械台班费用定额》)，各省、市颁发的《公路工程施工定额》和适用于地方性小修保养的《公路小修保养定额》。

对于公路基本建设，改扩建工程，公路大、中修工程，概预算中其他工程费、间接费(包括规费、企业管理费)、利润、税金等诸项费率，按照《编制办法》和工程所在地有关补充规定采用。

材料和设备价格的收集，在目前市场经济情况下，编制人员应对可供材料的诸多厂矿、市场进行充分调查、分析、比较，尽量选择经济的运输方式及经济的运输路线，尽量在材料价格相对稳定期进行调查，以防价格的失真。

占用土地、拆迁补偿标准等资料，向各省、市、自治区人民政府索要。在收集这方面资料时，应注意补偿标准的政策性很强，且多变，所以，要注意其现行性和地方性。特别要注意省、直辖市、自治区人民政府对某工程有无特殊规定。

4. 当地物资、劳力、动力等资源可利用和供给情况

概(预)算文件编制的合理与否直接受当地物资、劳力、动力等资源供应情况的影响，这就要求概(预)算编制人员，本着因地制宜、就地取材的原则，对以下资料进行深入的调查：当地可利用的自采的材料及运输条件；沿线可利用房屋；供电情况及贴费标准；供水情况；设备、工具、器具及家具供应情况；人工单价构成及地方的具体规定等。

5. 施工单位的施工能力及潜力

施工单位的施工能力主要指施工单位为实现设计目标应具备的施工管理、机械设备等方面能力。某一工程，若施工企业已明确，应对该施工企业的技术、设备、机械等进行充分调查，内容有：该施工企业的施工能力(即可投入的劳动力、设备、机械及其他施工手段等)；施工企业机构所在地址调查(包括地址、迁移至工程现场的运输方式和距离等)。还应调查企业的管理水平，可能采用的新技术、新工艺的程度等。

若施工单位不能预先选定，一般可根据中等施工能力考虑。

6. 当地自然条件及其变化规律

工程所在地自然条件如气温、雨季、冬季、风雪、水源、地质等条件及其变化规律，对概(预)算和施工组织设计的编制有较大的影响。主要影响为：

(1)其他直接费和间接费费率的确定；

(2)施工组织设计的实施及完善；

(3)为达到目标工期，施工队伍劳力、机械的投入；

(4)材料、资金到位计划等。

因此，在概(预)算编制前，对当地自然条件应有充分的了解，有关资料应到气象部门、水利部门等处收集以便正确地编制概(预)算。

7. 其他工程沿线设施情况

其他工程沿线设施如沿线水利设施、电力电信设施、公路设施、铁路设施等，及其对该工程实施干扰或可利用情况，对工程概(预)算有一定影响。如电力、电信线路在桥梁施工中的临时升高或移位；电力、电信线路的挂接；公路、铁路设施的行车干扰，运送材料、半成品的原有道路使用等。所以在收集资料时，应对相应部门进行充分的调查并进行充分协商，取得必需的资料，以满足概(预)算编制的要求。

8. 工程建设其他费用与预留费用

这两项费用一般在概(预)算总费用中占到30%左右，是不容轻视的部分。工程建设其他费用除前面讲到的征地、拆迁补偿等以外，对建设项目管理费、研究试验费、前期工作费、专项评估费、施工机构迁移费、供电贴费、联合试运转费、人员培训费、固定资产投资方向调节税、建设期贷款利息等计算的方法与标准，应进行认真仔细的调查和收集。对国家、省、自治区、直辖市或该工程主管部门下达的文件或制定的标准，应附有书面材料作为计列依据。

预留费用包括工程造价增长预留费和预备费两部分，对增长预留费要注意的是年造价增长率(i)的选用与商定；预备费一般可根据工程预算的性质，参照《编制办法》选定，但应考虑到该工程主管部门可能的具体拟订。

二 概(预)算编制

一般情况下，初步设计编制概算，施工图设计编制预算。其编制步骤如下：

1. 第一步：熟悉图纸和资料

在着手编制概(算)、预(算)前，首先，应熟悉各种基础资料，包括材料价格及其组成、工资标准与各项工资性补贴、占用土地补偿标准等；所有应熟悉的资料在本节第一部分已有了较为详细的说明。其次，应认真掌握设计文件、设计图纸、施工组织设计，对工程全局做到心中有数。再次，应熟悉工程定额。

编制概(预)算文件前，应对相应设计阶段的图纸进行清点和整理，认真核对设计图纸及有关表格(如工程一览表、工程数量表等)，发现设计图纸有问题时，应及时与设计人员联系，取得变更设计通知单作为编制概(预)算的依据。同时，应对相应设计阶段的施工组织设计进行审查，核对施工组织设计的可行性和经济性。另外要确定比较合理的建设周期，因为建设周期的长短，将直接影响工程的造价，主要有：①交工前养路费；②工程造价增长预留费两部分，这将在后面介绍。

2. 第二步:列项并划分工程细目

根据设计文件出现的工程细目,结合相应采用的定额中的分项,按照路线工程概(预)算项目表或独立大、中桥工程概(预)算项目表,将工程细目一一列出,填写在表3-11的工程项目和工程细目栏中。关于概(预)算的列项与工程量计算在本章第四节中已作详细介绍。

3. 第三步:计算工程量,并填入项目表的相应栏内

根据概(预)算所列工程项目的要求,在设计文件中找出相应工程量,对缺少的工程量则按定额中的计量单位补充计算。并把定额单位、定额表号、定额单位下的工程数量填入表3-11的相应栏内。

4. 第四步:初步编制表3-11[分项工程概(预)算表]

编制概(预)算时,应注意一些表格之间是相互交叉制约的,但是总的来讲,还是有一定的固定程序的。这里为什么说初编表3-11,因为表3-11的编制要运用表3-6、表3-12、表3-13、表3-14的成果,而后者的编制又须根据表3-11的定额使用中出现的材料、机械名称和工程类别进行。

初步编制表3-11:根据所列工程项目中工程细目适用的定额表号,将所用定额(也就是实际发生)的人工、材料、机械等名称、单位填入表3-11第5、8、11…各栏;再按实际工程量(定额单位下的)乘以定额值后分别求得相应的人工、材料、机械台班需要量并填入该表第6、9、12…各栏(新编表3-11又称工、料、机分析)。

5. 第五步:编制表3-12(材料预算单价计算表)

根据表3-11出现的各种材料品名,以材料在《预算定额》附录中材料代号先后顺序填列表3-12第2栏(即规格名称栏)和第3栏(即单位栏);第4、5、6栏为原价(供应价)、供应地点、运输方式,按本节第一部分调查资料结果填列;第7栏为毛重系数或单位毛重,根据《编制办法》附录三或《预算定额》附录四填列。

表3-12编列的材料不仅来源于表3-11,还将涉及表3-13、表3-14(自采材料及机械台班所需的原材料),所以一般先按表3-11出现的材料规格编列,再与表3-13、表3-14交错编列,充实完整。

6. 第六步:编制表3-13(自采材料料场价格计算表)

本表是为表3-12提供自采材料原价之用的,通常按表3-11中所出现的自采材料名称,根据外业收集的料场资料编制表3-13。第2栏(定额号)根据采集第3栏所列材料按《预算定额》第八章《材料采集及加工》确定;第4栏(单位)根据《预算定额》的计量单位确定;将定额实际发生的人工、材料、机械名称、定额数分别填入表头()中和第6、9、11、13、15栏,再将表3-12中相应原材料的预算单价填入表头单价栏;第8栏为辅助生产现场经费,按人工费的15%计算。基本数据齐全后,计算该表成果第5栏,并填入表3-12。表3-12第4栏(原价)加计料场至工地运杂费等,求自采材料的工地预算单价(方法同外购材料)。

7. 第七步:编制表3-14(机械台班单价计算表)

根据表3-11、表3-13所出现的机械参照《机械台班费用定额》,填入表3-14第2、3、5、7等各栏;将表3-12计算的燃料工地预算单价填入相应材料表头栏,进行该表计算,直至该表计算完毕,得到本表第4栏台班单价。

8. 第八步:编制表3-9(人工、材料、机械台班单价汇总表)

表3-9是一个成果汇总表。它是将调查确定的人工单价、表3-12计算的各种材料工地预算价格、表3-14计算的各种机械台班单价汇总填入。

9. 第九步:编制表3-6(其他直接费及间接费综合费率计算表)

根据表3-11所列工程项目,按照其他直接费和间接费取费标准的工程类别划分的类别形式列入表3-6第2栏(项目),根据《编制办法》查出各自不同的费率标准分别填入第3、4、5、6、7…各栏,最后计算得到各工程类别的其他直接费及间接费综合费率,供以表3-11需要时查用。

10. 第十步:续编表3-11

将表3-9中的人工、材料、机械台班单价分别列入表3-11第4栏,对应计算表中的7、10、13、16、19栏,并分别按栏(纵向)进行小计,得到各工程细目的工程数量所需的人工、材料、机械费用合计(即工、料、机合计)。将表3-6中的其他直接费及间接费综合费率填入其他直接费、间接费计算中,以"定额基价"金额为基数计算其他直接费及间接费。最后将表3-11分别沿纵列和横行进行合计,闭合表3-11,计算得到工程项目的直接工程费与间接费合计金额。

11. 第十一步:编制表3-5(建筑安装工程费计算表)

该表根据表3-11汇编,即为表3-11工程项目的续编。第2栏(工程名称)即为表3-11的工程项目名称,第3~14栏均由表3-11转来,但应注意不要漏编属于建筑安装工程费的工程交工前养护费、绿化工程费;有设备安装的工程项目应计算设备安装费用。同时在本表计算时应计算施工技术装备费、利润、税金等三个项目费用,在计算此三项费用同时,应特别注意该工程主管部门的具体文件规定,在无特殊规定的情况下,参照《编制办法》计算,具体如下:

(1)施工技术装备费等于定额直接费与间接费之和乘以3%;

(2)利润等于定额直接费与间接费之和乘以4%;

(3)税金等于直接费、间接费、利润之和为基数乘以综合税金,即:

综合税金额=(直接费+间接费+利润)×综合税率

$$综合税额=\frac{1}{1-营业税税率(1+城市建设维护税税率+教育费附加税率)}-1$$

12. 第十二步:编制表3-7(设备、工具、器具购置费计算表)

根据工程实际需要和工程主管部门的意见,参照前面收集的资料编制。其分项根据概(预)算项目表中的"设备购置"、"工具、器具购置"、"办公及生活用家具购置"三项分别编列,需要安装的设备在表3-11中计算建筑安装工程费用,"办公及生活用家具购置"按《编制办法》的规定办理。

13. 第十三步:编制表3-8(工程建设其他费用及回收金额计算表)

根据有关文件、调查资料、施工组织设计及表3-5计算的部分结果等资料,计算土地、青苗等补偿费和安置补助费,建设单位管理费、研究试验费、施工机械迁移费、供电贴费、建设项目前期工作费等按国家颁发的收费标准和各省市的有关规定进行编制。回收金额根据回收项目的原价和《编制办法》规定的回收率计算。

(1)用户应缴纳的贴费标准根据各省市电网有关文件执行,供电贴费的计算按下式进行:

供电贴费=增容数量(kV·A)×用户应缴纳的贴费标准(元/kV·A)

式中,增容数量(kV·A)可参照施工组织设计确定。

(2)研究试验费,按照设计提出的研究试验内容和要求进行编制;不需验证设计基础资料的不计本项费用。

(3)施工机构迁移费是否计列,应经建设项目主管部门同意,若同意计列,则按实际发生计算。

14. 第十四步:编制表 3-3[总概(预)算表]

根据第三步所列项目表各部分、项、目、节的划分及规定的单位,将表 3-5 中各工程名称、工程数量、金额分别列入表 3-3 中,由"节"汇总"目",汇总"项",最后由"项"汇总得到第一部分建筑安装工程费金额。将表 3-7、表 3-8 中数据内容汇入第二部分、第三部分及预留费中,汇总概预算总金额,扣除回收金额后得到公路基本造价。

15. 第十五步:编制表 3-15(辅助生产工、料、机械台班单位数量表)

根据表 3-11、表 3-13 的分析,编制本表。第 2、3 栏由表 3-13 转来,填写自采材料的规格名称;5 ~ 10 栏的空白表头填写所用定额中出现的各种材料、机械名称及其计量单位;4 ~ 10 栏填写所耗用的人工、材料、机械台班数量,由相应定额表查得;最后一行应逐列计算人工、材料、机械台班的合计数,以供汇入表 3-4 使用。

16. 第十六步:编制自办运输人工装卸用工计算辅助表(表 3-49)(如果有)

自办运输人工装卸用工计算辅助表

表 3-49

序 号	名 称	单 位	数 量	定 额	人 工 数
1	2	3	4	5	6

本表第 2 栏填入自办运输人工装卸的材料名称;第 3 栏为人工装卸采用的《预算定额》的定额单位;第 4 栏由表 3-11"合计"数量栏加入场外运输损耗后除以定额单位后填入;第 5 栏根据《预算定额》列入;最后一行计算人工数量合计数,转入表 3-4 相应工程分类中汇总。

17. 第十七步:编制辅助表 3-16(冬季、雨季及夜间施工增工数计算表)

本表第 2 栏按项目表第一部分建筑安装工程费"项"名称编列;第 3 栏为相应工程项目的建筑安装合计工日数,由表 3-11 按"项"统计而来;第 4、6、8、10 栏为增工百分率,按表 3-50、表 3-51 填列;第 12 栏为夜间施工项目的人工工日数,由表 3-11 按实际发生项目统计得到;第 15 栏为增加工日数的合计数供汇入表 3-4 使用。

冬季、雨季及夜间施工增工百分率表

表 3-50

项 目	雨季施工		冬 季 施 工							
	雨量区		冬一区		冬二区		冬三区	冬四区	冬五区	冬六区
	Ⅰ	Ⅱ	Ⅰ	Ⅱ	Ⅰ	Ⅱ				
路线	0.30	0.45	0.70	1.00	1.40	1.80	2.40	3.00	4.50	6.75
独立大中桥	0.30	0.45	0.30	0.40	0.50	0.60	0.80	1.00	1.50	2.25

注:冬季、雨季施工增加工以各类工程概(预)算工数之和为计算依据,表中雨季施工增工百分率为每个雨季月的增加率,如雨季期(不是施工期)为两个半月时,表列数值应乘 2.5,余类推。夜间施工增加工按夜间施工工程项目概(预)算工数的 4% 计。

临时设施用工指标表

表 3-51

项 目	路线(1km)						独立大中桥($100m^2$ 桥面)
	公 路 等 级						
	汽车专用公路			一般公路			
	高速公路	一级公路	二级公路	二级公路	三级公路	四级公路	
工日	2340	1160	580	340	160	100	60

18. 第十八步：编制表 3-4（人工、主要材料、机械台班数量汇总表）

本表第 2 栏为人工、主要材料、机械的名称；第 3 栏为相应的单位；按项目标第一部分建筑安装工程“项”前八项（路线工程）及“自采材料”“自办运距”“机械台班”三项顺序填列第 5～13 栏表头空白处；项目的分项数量统计由表 3-11、表 3-15、表 3-16 转入；第 14 栏根据《编制办法》附录四规定的要求，计算场外运输损耗率，最后计算第 4 栏。

将表 3-8 汇入已编的表 3-3，汇总得第一、二、三部分费用合计。在此直接计算预留费用、固定资产方向调节税、建设期贷款利息等项目。

固定资产投资方向调节税等按国家有关部门规定办理，并注意建设单位主管部门的意见。

$$\text{建设期贷款利息} = \sum_{j=1}^{n} P_j(n - j + k) \times i \tag{3-4}$$

式中：P_j——建设期第 j 年贷款的计划数；

i——年利率；

n——建设期计息年数；

j——建设期第 $j(j=1,2,3,\cdots,n)$ 年；

k——当年计息情况，当年计息 $k=1$，当年不计息 $k=0$。

表 3-3 需直接计算的项目结束后，进行该表的汇总及完善工作。计算概（预）算总额，将表 3-8 的回收金额以负数形式计入该表，且计算出公路基本造价和技术经济指标，以及各项费用比例，即第 8 栏、第 9 栏。第 8 栏、第 9 栏的计算过程即单位工程造价的分析过程，可以看出编制结果是否合理。表 3-3 编制完毕，作为一个工程项概（预）算费用计算部分即编制完毕。

19. 第十九步：编制概（预）算说明书

概（预）算编制的成功与否，仅从费用计算来考虑是很不够的，概（预）说明书的编写起到画龙点睛的作用。它不仅为复核者复核，更为审查人员审查提供了有利的条件。概（预）编制说明，文字力求简明扼要，主要说明内容如下：

（1）建设项目设计资料的依据及有关文号，如建设项目可行性研究报告文号、初步设计和概算批准文号（编修正概算及预算时），以及根据何时的测设资料及比选方案进行编制等；

（2）采用的定额、费用标准，人工、材料、机械台班单价的依据或来源，补充定额及编制依据的详细说明；

（3）与概（预）算有关的委托书、协议书、会议纪要的主要内容（或将复印件附后）；

（4）总概（预）算金额，人工、钢材、水泥、木材、沥青的总需要量情况，各设计方案的经济比较以及编制中存在的问题；

（5）其他与概（预）算有关，但不能在表格中反映的事项。

20. 第二十步：复核、印刷、装订、报批

当概（预）算各表及编制说明全部完成后，应再进一步进行全面的复核，当确认无误、签字后，即可按规定份数对文件进行印刷或复制，并对甲、乙组文件分别装订成册，上报待批。

应该说明的是：一是上述步骤并非一成不变。不仅有些表可以按规定不编，而且各表的编制次序也是可以变换的。为了正确地编制概（预）算，仅仅了解其编制步骤是不够的，最根本的还是要掌握《编制办法》和各项定额说明的各项规定，明确各表的作用和相互关系，精通表中各栏的填列方法。二是采用计算机软件编制时，需要准备建筑安装工程费计算数据表（表 3-10）。

第七节　概(预)算编制示例

例 3-3　某桥梁初步设计概(预)算编制示例

某独立中桥工程,设计荷载为公路—II 级,桥长 72.20m,桥面宽度净值 7m + 2 × 1.0m 人行道,主跨采用 2 × 25m 实腹式圆弧石拱桥,矢跨比 1/5,拱圈厚 70cm,主要工程数量如表 3-52 所示。

全桥工程数量表　　表 3-52

工程项目			单位	数量
上部构造	主拱圈	M10 水泥砂浆 40 号粗料石	m^3	277.0
	拱上侧墙	M7.5 水泥砂浆 30 号块石	m^3	152.0
	拱腹填料	M10 水泥砂浆砌片石	m^3	557.8
	桥面铺装	C30 防水混凝土	m^3	53.7
	栏杆、人行道板	C25 水泥混凝土	m^3	72.5
		I 级钢筋	kg	6331.9
	泄水管	直径 100mm 铸铁泄水管	套	10
下部构造	拱座	C30 水泥混凝土	m^3	84.9
	桥墩	M7.5 水泥砂浆砌 30 号块石	m^3	377.4
	桥台	M7.5 水泥砂浆砌 30 号块石	m^3	1168.7
	基础	M7.5 水泥砂浆砌 30 号块石	m^3	614.5
	锥坡	M5 水泥砂浆砌片石	m^3	137.4
挖基		土方	m^3	1371.5
		石方	m^3	914.3

试根据以上数据编制该桥的概算造价。

解　1. 编制步骤和方法

(1)第一部分费用——建筑安装费,其计算过程如下:

①确定工、料、机的价格。根据实际情况,完成 09 表“材料预算单价计算表”、10 表“自采材料料场价格计算表”、11 表“机械台班单价计算表”、07 表“人工、材料、机械台班单价汇总表”和 12 表“辅助生产工、料、机械台班单价数量表”。本例没有辅助生产,因此没有 10 表、12 表,本例 09 表、11 表略。07 表(表 3-58)编制方法:“名称”栏把该工程所需要的人工、材料、机械按《预算定额》附录四规定的代号按顺序填列;“单位”填人工、材料、机械在概(预)算定额中所采用的单位,“代号”栏按《预算定额》附录四规定的代号填列;“预算金额”栏,由“材料预算单价计算表”(09 表)转来,机械台班单价由“机械台班单价计算表”(11 表)转来。

②确定费率。编制完成 04 表“其他工程费及间接费综合费率计算表”。

③编制直接工程费和间接费。完成计算08-2表“分项工程概(预)算表”。

④计算建筑安装工程费。完成03表“建筑安装工程费计算表”。

(2)第二部分费用,按工程实际情况编制05表“设备、工具、器具购置费计算表”。

本例没有第二部分费用。如果该费用发生,应根据具体的设备、工具、器具购置清单进行计算,包括设备规格、单位、数量、单价以及需要说明的有关问题。

(3)第三部分费用,计算完成06表“工程建设其他费用及回收金额计算表”。

本表应按具体发生的其他费用项目填写,需要说明和具体计算的费用项目依次相应在“说明及计算式”栏内填写或具体计算。

(4)汇总编制总概算表(01表)及人工、主要材料、机械台班数量汇总表(02表)。

总概算表编制方法:总概算表应反映一个工程的各项费用组成、概算金额、技术经济指标等。总概算表的编制应按概算项目表的序列及内容填写。“目”、“节”可根据需要增减,但“项”应保留。“数量”栏和“概算金额”栏由建筑安装工程费计算表(03表),设备、工具、器具购置费计算表(05表)和工程建设其他费用及回收金额计算表(06表)(贴表)转来;“技术经济指标”栏为“概算金额”除以“数量”栏,“各项费用比例”栏为“概算金额”栏除以本工程的概算总金额。

人工、主要材料、机械消耗量表编制方法:人工、主要材料、机械消耗量表应按把工程所需要的人工、材料、机械台班按《预算定额》附录四规定的代号按顺序填列;各栏数据由分项工程概(预)算表(08-2表)及辅助生产工、料、机械台班单位数量表(12表)统计而来,需要计算场外运输损耗的材料按《编制方法》附录四规定计列。

2. 概算文件

(1)编制说明:

编制依据主要有:《公路工程基本建设项目概算预算编制办法》(JTG B06—2007)、《公路工程概算定额》(JTG/T B06-01—2007)、《公路工程预算定额》(JTG/T B06-02—2007)、《公路工程机械台班费用定额》(JTG/T B06-03—2007)、该中桥的初步设计文件等。

人工工资标准按工程所在地基本工资、地区生活补贴、工资性津贴等计算,为49.2元/日;材料单价根据市场调查,按《公路工程基本建设项目概算预算编制办法》规定经计算取定。

施工技术装备费按定额直接工程费与间接费之和的3%计取,计划利润按定额直接工程费与间接费之和的4%计取,预备费按建筑安装工程费、设备及工具器具购置费、工程建设其他费用之和的5%计取,主副食运费补贴按综合里程3km计,征地费按30000元/亩计算,不计工程造价增长预留费。

桥梁概算总造价:3688177元;平均每米造价:51082元;人工总消耗:27484工日;主要材料消耗:木材,757m^3。

(2)总概(预)算表(01表)见表3-53。

(3)人工、主要材料、机械台班数量汇总表(02表)见表3-54。

(4)建筑安装工程费计算表(03表)见表3-55。

(5)其他工程费及间接费综合费率计算表(04表)见表3-56。

(6)工程建设其他费用及回收金额计算表(06表)见表3-57。

(7)人工、材料、机械台班单价汇总表(07表)见表3-58。

(8)分项工程概(预)算表(08表)见表3-59。

总概（预）算表

表 3-53

建设项目名称：×××桥

编制范围：桥梁工程

第 1 页　共 2 页　（01 表）

项	目	节	细目	工程或费用名称	单　位	数　量	概(预)算金额(元)	技术经济指标	各项费用比例(%)	备　注
				第一部分　建筑安装工程费	桥长米	72.20	3078962	42644.90	83.48	
四				桥梁涵洞工程						
	4			中桥工程						
		1		石拱桥						
				引道工程	桥长米	72.20				
				基础	桥长米	72.20	1844587	25619.26	50.01	
			1	围堰	m	58.00	6933	119.53		
			2	天然基础	座	3.00	1837654	612551.33		
				下部构造	桥长米	72.20	670003	9279.82	18.17	
			1	桥台	m^3/座	1253.60/2.00	570218	454.86/285109		
			2	桥墩	m^3/座	377.40/1.00	99785	264.40/99785		
				上部构造	桥长米	72.20	564372	7816.79	15.30	
			1	行车道系	m^3/m	72.20	413982	5733.82		
			2	人行道系	m^3/m	72.20	150390	2082.96		
				第二部分　设施及工具、器具购置费	桥长米	72.20	19800		0.54	
一				设备购置费	桥长米	72.20				
	1			需安装的设备	桥长米	72.20				
	2			不需安装的设备	桥长米	72.20				
二				工具、器具购置	桥长米	72.20				
三				办公及生活用家具购置	桥长米	72.20	19800	274.24		规定
				第三部分　工程建设其他费用	桥长米	72.20	481992	6675.79	13.07	
一				土地征用及拆迁补偿费	桥长米	72.20				

续上表

建设项目名称:×××桥

编制范围:桥梁工程　　　　第2页　共2页　(01表)

项	目	节	细目	工程或费用名称	单　位	数　量	概(预)算金额(元)	技术经济指标	各项费用比例(%)	备　注
二				建设项目管理费	桥长米	72.20				
	1			建设单位管理费	桥长米	72.20	107148	1484.04		费率3.48%
	2			工程质量监督费	桥长米	72.20	46184	639.67		费率0.15%
	3			工程监理费	桥长米	72.20	76974	1065.74		费率2.5%
	4			工程定额测定费	桥长米	72.20	36948	511.75		费率0.12%
	5			设计文件审查费	桥长米	72.20	30790	428.95		费率0.1%
	6			竣(交)工验收试验检测费	桥长米	72.20	30000	415.51		规定
三				研究试验费	桥长米	72.20				
四				建设项目前期工作费	桥长米	72.20				
五				专项评估费	桥长米	72.20				
六				施工机构迁移费	桥长米	72.20				
七				供电补贴	桥长米	72.20				
八				联合试运转费	桥长米	72.20	153948	2132.24		费率0.05%
九				生产人员培训费	桥长米	72.20				
十				固定资产投资方向调节税	桥长米	72.20				
十一				建设期贷款利息	桥长米	72.20				
				第一、二、三部分费用合计	桥长米	72.20	3580754		97.09	
				预备费	元	72.20	107423		2.91	
				1. 价差预备费	元	72.20				
				2. 基本预备费	元	72.20	107423			费率3%
				概算总金额	元	72.20				
				其中:回收金额	元	72.20				
				桥梁基本造价	桥长米	72.20	3688177	51082.78	100	

编制:×××　　　　复核:×××

表 3-54

人工、主要材料、机械台班数量汇总表

建设项目名称：×××桥

编制范围：桥梁工程

第 1 页　共 3 页　(02 表)

序号	规格名称	单位	代号	总数量	分项统计						场外运输损耗	
					基础	下部构造	上部构造				损耗率(%)	数量
1	人工	工日	1	27484	19595	4669	3320					690
2	机械工	工日	3									
3	原木	m^3	10	42		1	41					
4	锯材	m^3	11	715		3	12					
5	钢钎	kg	37	229	229							
6	电焊条	kg	42	99			99					
7	加工钢材	t	50	1		0	1					
8	光圆钢筋	t	111	5.19			5.19					
9	带肋钢筋	t	112	1			1					
10	铁件	kg	150	1476		138	1338					
11	铁钉	kg	151	22		4	18					
12	8～12 号铁丝	kg	152	169		94	75					
13	铸铁管	kg	160	180			180					
14	型钢	t	182	0.15			0.15					
15	钢板	t	183	1			1					
16	钢管	t	191	1		1						
17	水泥	t	240	299		203	96				1.00	4、
18	硝铵炸药	kg	250	1375	1375							

续上表

建设项目名称：×××桥

编制范围：桥梁工程

第2页　共3页　(02表)

序号	规格名称	单位	代号	总数量	分项统计						场外运输损耗	
					基础	下部构造	上部构造				损耗率(%)	数量
19	石油沥青	t	260	3			3				3.00	0
20	柴油	kg	265	79			79					
21	煤	t	266	2.1	2		0.1				1.00	0
22	电	kW·h	267	27887	20100	1888	5899					
23	水	m^3	268	2902	246	1858	797					
24	组合钢模板	t	272	1		1						
25	中(粗)砂	m^3	286	1372	181	734	452				2.5	29
26	砂砾	m^3	287	2			2				1	0
27	黏土	m^3	290	39		39					3	1
28	片石	m^3	305	1874		1734	138					
29	碎石(2cm)	m^3	320	106		29	77				1.00	1
30	碎石(4cm)	m^3	321	56		10	46				1.00	1
31	碎石(8cm)	m^3	323	465		41	424				1.00	5
32	块石	m^3	343	1405	645	456	304					
33	料石	m^3	345	18			18					
34	草皮	m^3	370	62		62					7.00	5
35	32.5~42.5级水泥	kg	656	18			18					
36	铁皮	m^2	666	1			1					

续上表

建设项目名称：×××桥

编制范围：桥梁工程　　　　第3页　共3页　（02表）

序号	规格名称	单位	代号	总数量	分项统计						场外运输损耗	
					基础	下部构造	上部构造				损耗率(%)	数量
37	普通雷管	个	845	2632	2632							
38	导火线	m	842	3336	3336							
39	油毛毡	株	825	622			622					
40	其他材料费	元	391	6607	578	1161	4868					
41	材料总质量	t	394	8957	1543	5227	2187					
42	1t以内机动翻斗车	台班	375	5			5					
43	8～10t钢轮压路机	台班	459	1			1					
44	250L以内强制及反转式搅拌机	台班	569	6		2	4					
45	30kN以内简单慢速电动卷扬机	台班	709	16		16						
46	直径150m以内电动单级离心式水泵	台班	812	649	649							
47	直径500mm木工圆锯机	台班	1710	19			19					
48	30kV·A以内交流电焊机	台班	866	28			28					
49	小型机具使用费	元	998	3573	338	2350	885					
50	混凝土电动搅拌机	台班	1245	5			5					
51	定额基价	元	999	2010393	1161449	461023	387921					

编制：×××　　　　复核：×××

建筑安装工程费计算表

表 3-55

建设项目名称：×××桥

编制范围：桥梁工程

第 1 页　共 1 页　(03 表)

序号	工程名称	单位	工程量	直接费(元)						间接费(元)	利润(元)费率(%)	税金(元)综合税率(%)	建筑安装工程费	
				直接工程费				其他工程费	合计				合计(元)	单价(元)
				人工费	材料费	机械使用费	合计							
1	2	3	4	5	6	7	8	9	10	11	12	13	14	15
1	围堰	m	58	3938	260	0	4198	299	4497	1884	327	225	6933	119.5
2	天然基础	座	3	960116	80561	102434	1143111	81504	1224615	464347	89126	59566	1837645	612551
3	桥台	m^3	1253.6/2	204819	181602	2108	388529	27702	416231	105211	30293	18483	570218	909.7
4	填方压实	m^3	377.4/1	27852	41543	1622	71017	5064	76081	14943	5527	3234	99785	264.4
5	行车道系	m	72.2	113709	177329	2833	293871	20953	314824	61168	22873	15117	413982	5733.8
6	人行道系	桥长米	72.2	44715	57797	3564	106076	7563	113639	29853	8271	5607	150390	2082.96

编制：×××　　　　复核：×××

其他工程费及间接费综合费率计算表

表 3-56

建设项目名称：×××桥

编制范围：桥梁工程

第 1 页　共 1 页　（04 表）

序号	工程类别	其他工程费费率(%) 冬季施工增加费	雨季施工增加费	夜间施工增加费	高原地区施工增加费	风沙地区施工增加费	沿海地区施工增加费	行车干扰工程施工增加费	安全及文明施工措施费	临时设施费	施工辅助费	工地转移费	综合费率 I	综合费率 II	间接费费率(%) 规费 养老保险费	失业保险费	医疗保险费	住房公积金	工伤保险费	综合费率	企业管理费 基本费用	主副食运费补贴	职工探亲路费	职工取暖补贴	财务费用	综合费率
1	2	3	4	5	6	7	8	9	10	11	12	13	14	15	16	17	18	19	20	21	22	23	24	25	26	27
1	人工土方		0.17					3.28	0.59	1.57	0.89	0.12		6.62	0.21	0.02	0.098	0.1	0.005	0.433	3.36	0.28	0.1		0.23	3.97
2	机械土方		0.17					3	0.59	1.42	0.49	0.4		6.07	0.21	0.02	0.098	0.1	0.005	0.433	3.26	0.22	0.22		0.21	3.91
3	汽车运土		0.17					2.85	0.21	0.92	0.16	0.25		4.56	0.21	0.02	0.098	0.1	0.005	0.433	1.44	0.23	0.14		0.21	2.02
4	人工石方		0.1					3.33	0.59	1.6	0.85	0.13		6.6	0.21	0.02	0.098	0.1	0.005	0.433	3.45	0.27	0.1		0.22	4.04
5	机械石方		0.16					2.38	0.59	1.97	0.46	0.29		5.85	0.21	0.02	0.098	0.1	0.005	0.433	3.28	0.25	0.22		0.20	3.95
6	高级路面		0.16					2.5	1	1.92	0.8	0.49		6.87	0.21	0.02	0.098	0.1	0.005	0.433	1.91	0.18	0.14		0.27	2.50
7	其他路面		0.14					2.36	1.02	1.87	0.74	0.45		6.58	0.21	0.02	0.098	0.1	0.005	0.433	3.28	0.18	0.16		0.30	3.92
8	构造物 I		0.12					1.89	0.72	2.65	1.3	0.45		7.13	0.21	0.02	0.098	0.1	0.005	0.433	4.44	0.16	0.29		0.37	5.36
9	构造物 II		0.13	0.35				1.9	0.78	3.14	1.56	0.53		8.39	0.21	0.02	0.098	0.1	0.005	0.433	5.53	0.28	0.34		0.40	6.55
10	构造物 II		0.27	0.7				1.9	1.57	5.81	3.03	1.05		14.33	0.21	0.02	0.098	0.1	0.005	0.433	9.79	0.53	0.55		0.82	11.66
11	技术复杂大桥		0.16	0.35					0.86	2.92	1.68	0.6		6.57	0.21	0.02	0.098	0.1	0.005	0.433	4.72	0.23	0.20		0.46	5.61
12	隧道								0.73	2.57	1.23	0.41		4.94	0.21	0.02	0.098	0.1	0.005	0.433	4.22	0.22	0.27		0.39	5.1
13	钢材及钢结构			0.35					0.53	2.48	0.56	0.57		4.49	0.21	0.02	0.098	0.1	0.005	0.433	2.42	0.23	0.16		0.48	3.29

编制：×××　　　　复核：×××

工程建设其他费用及回收金额计算表 表 3-57

建设项目名称:×××桥

编制范围:桥梁工程 第1页 共1页 (06表)

序号	费用名称及回收金额项目	说明及计算式	金额(元)	备 注
	第三部分 工程建设其他费用		481992	
一	土地征用及拆迁补偿费	按规定		
二	建设项目管理费			
	建设单位管理费	建安费×费率	107148	费率3.48%
	工程质量监督费	建安费×费率	46184	费率0.15%
	工程监理费	建安费×费率	76974	费率2.5%
	工程定额测定费	建安费×费率	36948	费率0.12%
	设计文件审查费	建安费×费率	30790	费率0.1%
	竣(交)工验收试验检测费	按规定	30000	规定
三	研究试验费	按实计取		
四	建设项目前期工作费	按合同计取		
五	专项评估费	按规定		
六	施工机构迁移费	按实计取		
七	供电补贴	停收		
八	联合试运转费	建安费×费率	153948	费率0.05%
九	生产人员培训费	2000/人		
十	固定资产投资方向调节税	停收		
十一	建设期贷款利息	建设期按一年可不计		
	回收金额			

编制:××× 复核:×××

人工、材料、机械台班单价汇总表 表 3-58

建设项目名称:×××桥

编制范围:桥梁工程 第1页 共1页 (07表)

序号	名 称	单 位	代 号	预算金额(元)	备注
1	人工	工日	1	49.2	
2	原木	m^3	10	1120	
3	锯材	m^3	11	1350	
4	Ⅰ级钢筋	t	16	3300	
5	钢材	t	30	4450	
6	钢钎	kg	37	5.62	
7	电焊条	kg	42	4.90	
8	带肋钢筋	t	112	3400	
9	铁件	kg	150	4.40	
10	铝钉	kg	151	6.97	

续上表

序号	名　　称	单　位	代　号	预算金额(元)	备注
11	铁丝	kg	152	6.10	
12	铸铁管	kg	160	2.00	
13	型钢	t	182	3700	
14	钢管	t	191	5610.00	
15	水泥	t	240	320.00	
16	硝铵炸药	kg	250	6.00	
17	石油沥青	t	260	3800	
18	煤	t	266	265	
19	电	kW·h	267	1.00	
20	水	m^3	268	0.5	
21	组合钢模板	t	272	5710.00	
22	中(粗)砂	m^3	286	60	
23	砂砾	m^3	287	31.00	
24	黏土	m^3	290	8.21	
25	片石	m^3	305	34	
26	碎石(2m)	m^3	320	55	
27	碎石(4cm)	m^3	321	55	
28	碎石(8cm)	m^3	323	49	
29	块石	m^3	343	85	
30	料石	m^3	345	170	
31	草皮	m^3	370	1.80	
32	20～22号铁丝	kg	656	6.4	
33	铁皮	m^2	666	25.4	
34	导火线	m	842	0.8	
35	普通雷管	个	845	0.7	
36	油毛毡	株	825	2029	
37	其他材料	元	391	1.00	
38	混凝土电动切缝机	台班	112	141.52	
39	8～10t钢轮压路机	台班	459	280.38	
40	250L以内强制及反转式搅拌机	台班	569	96.79	
41	1t以内机动翻斗车	台班	657	125.75	
42	30kN以内单筒慢速电动卷扬机	台班	709	87.09	
43	150mm以内电动单级离心式水泵	台班	812	157.24	
44	ϕ500mm以内木工圆锯机	台班	1710	68.44	
45	32kV·A以内木工圆锯机	台班	866	104.64	
46	小型机具使用费	元	998	1.00	
47	定额费	元	999	1.00	

编制：×××　　　　　　　　复核：×××

分项工程概（预）算表

表3-59

编制范围:桥梁工程

工程名称:围堰

第1页 共11页 (08表)

序号	工程项目			草土、草(麻)袋、竹笼围堰									合计		
	工程细目			草土围堰高1.0m											
	定额单位			10m围堰											
	工程数量			5.80											
	定额表号			5-1-1											
	工、料、机名称	单位	单价(元)	定额	数量	金额(元)	定额	数量	金额(元)	定额	数量	金额(元)	定额	数量	金额(元)
1	人工	工日	49.2	13.8	80.04	3938								80.04	3938
2	其他材料	元	1.00	44.0	260.42	260								260.42	260
3	定额基价	元	1.00	724	4199.2	4199								4199.2	4199
	直接工程费	元			4198										
	其他工程费 I	元		7.31	299										
	其他工程费 II	元													
	间接费 规费	元		43.3	1705										
	间接费 企业管理费	元		3.97	179										
	税金及利润	元			552										
	建安工程费	元			6933										

续上表

编制范围:桥梁工程

工程名称:天然基础

第2页　共11页　(08表)

序号	工程项目			开挖基坑			开挖基坑			开挖基坑			开挖基坑		
	工程细目			人工开挖基坑干处土方			人工挖地面水4.0m以内湿处土方			人工开挖基坑石方			浆砌块石基础		
	定额单位			$100m^3$			$100m^3$			$100m^3$			$10m^3$		
	工程数量			6.80			6.92			9.14			61.45		
	定额表号			5-1-3-1			5-1-3-2			5-1-3-5			5-1-4-7		
	工、料、机名称	单位	单价(元)	定额	数量	金额(元)	定额	数量	金额(元)	定额	数量	金额(元)	定额	数量	金额(元)
1	人工	工日	49.2	535.5	3641.4	179167	736.3	5095.20	250684	1113.3	10175.56	500638	9.8	602.21	29629
2	钢钎	kg	5.62							25.1	229.414	1289			
3	水泥	t	310.00										0.718	44.12	14118.4
4	硝铵炸药	kg	6.00							150.4	1374.66	8248			
5	煤	t	265							0.19	1.737	460			
6	水	m^3	0.5										4.00	254.80	127
7	中(粗)砂	m^3	60										2.94	180.66	10840
8	块石	m^3	85										10.50	645.23	54844
9	导火线	米	0.8							365	3336.1	2669	25.10	1542.40	
10	普通雷管	个	0.7							288	2632.32	1843			
11	其他材料费	元	1.00							18.3	167.262	167	1.2	73.74	74
12	直径150m以内电动单级离心式水泵	台班	157.24				93.83	649.30	102096						
13	定额基价	元	1.00	26347	179159.6	179160	50980	352781.6	352782	56380	515313.2	515313	1790	109995.5	109996
	直接费	元				12245			42588			42350			82613
	其他直接费	元		5.08		604	5.08		1421	5.08		2039	5.08		3780
	现场金费	元		9.85		1172	9.85		2736	9.85		3956	9.85		7334
	间接费	元		3.90		533	3.90		1253	3.90		1800	3.90		3336
	直接工程费与间接工程费合计	元				14554			48018			50145			97063

续上表

编制范围:桥梁工程

工程名称:天然基础 第3页 共11页 (08表)

序号	工程项目			……			……			合计		
	工程细目											
	定额单位											
	工程数量											
	定额表号											
	工、料、机名称	单位	单价(元)	定额	数量	金额(元)	定额	数量	金额(元)	定额	数量	金额(元)
1	人工	工日	49.2								5288	87199
2	钢钎	kg	5.62								55.8	558
3	水泥	t	310.00								49.4	15316
4	硝铵炸药	kg	6.00								308.1	1849
5	煤	t	265								0.3	57
6	水	m^3	0.5								245.80	246
7	中(粗)砂	m^3	60								184.35	6637
8	块石	m^3	85								658.13	42120
9	其他材料费	元	1.00								365.25	365
10	材料总质量	t	0.00								1543.31	0
11	直径150m以内电动单级离心式水泵	台班	157.24								135.81	25450
12	定额基价	元	1.00								154420.32	154420
	直接工程费	元								1143111		
其他工程费	I	元	7.13							81504		
	II	元								15218.1221		
间接费	规费	元	43.3							415730		
	企业管理费	元	3.97							48617		
利润及税金		元								148692		
建安工程费		元								1837654		

例 3-4 某公路施工图预算编制示例。

某二级公路其中的一段，设计车速 80km/h，路基宽 12m，路线长 347m，主要工程量见表 3-60，试编制该路段的施工图预算。

某公路施工主要工程量 表 3-60

工程项目	单位	工程量
路基土方(松土/普通土/硬土)	m^3	8269(1654/4961/1654)
借方	m^3	123780.6
填方	m^3	113780.6
砌石护肩	m^3	33
石砌挡土墙	m^3/m	14991.68/132
水泥混凝土路面(24cm)	m^2	3956
石灰、粉煤灰稳定碎石基层(22cm)	m^2	4164
路缘石	m^3	49.97
钢筋混凝土拱涵	m/道	59.67/1

解 预算编制过程中除了考虑交通有关部门的规定外，还要考虑项目所在地的一些补充规定。

1. 编制步骤和方法

(1)第一部分费用——建筑安装工程费，其计算过程主要包括：

①确定工、机、料的价格。根据实际需要，完成 09 表“材料预算单价计算表”、10 表“自采材料料场价格计算表”、11 表“机械台班单价计算表”、07 表“人工、材料、机械台班单价汇总表”和 12 表“辅助生产工、料、机械台班单位数量表”。

②确定费率。编制完成 04 表“其他工程费及间接费综合费率计算表”。

③编制直接工程费和间接费。完成计算 08-2 表“分项工程概(预)算表”。

④计算建筑安装工程费。完成 03 表“建筑安装工程费计算表”。

(2)第二部分费用，按工程实际情况编制 05 表“设备、工具、器具购置费计算表”。

(3)第三部分费用，完成计算 06 表“工程建设其他费用及回收金额计算表”。

(4)汇总编制总预算表(01 表)及人工、主要材料、机械台班数量汇总表(02 表)。

2. 概算文件

(1)编制说明：

××公路××段，公路等级为二级，设计车速 80km/h，路线全长 0.347km，主要工程包括路基土石方、路基防护、路面、涵洞等，施工图预算文件编制的主要依据有：该公路施工图设计文件、《公路工程基本建设项目概算预算编制办法》(JTG B06—2007)、《公路工程预算定额》(JTG/T B06-02—2007)、《××省关于执行交通部〈公路基本建设工程概算、预算编制办法〉(部颁 96)的具体规定的通知》、《公路工程机械台班费用定额》(JTG/T B06- 03—2007)。人工单价为 17.09 元/工日；材料单价根据市场调查确定；不计建设期内工程造价增长。

预算总造价:39366689 元;人工总消耗:332095 工日;主要材料:钢筋 15t。

(2)总概(预)算表(01 表),见表 3-61。

(3)人工、主要材料、机械台班数量汇总表(02 表),见表 3-62。

(4)建筑安装工程费计算表(03 表),见表 3-63。

(5)其他工程费及间接费综合费率计算表(04 表),见表 3-64。

(6)工程建设其他费用及回收金额计算表(06 表),见表 3-65。

(7)人工、材料、机械台班单价汇总表(07 表),见表 3-66。

(8)分项工程概(预)算表(08 表),见表 3-67(表中所示为部分内容,其他内容见本教材配套课件)。

(9)材料预算单价计算表(09 表)(略)。

(10)自采材料料场价格计算表(10 表)(略)。

(11)机械台班单价计算表(11 表),见表 3-68。

(12)辅助生产工、料、机械台班单位数量表(12 表),见表 3-69。

例 3-5 宿淮高速公路[编制范围:SH-SQ31-2(K96 + 100 ~ K114 + 100)]交通安全设施(护栏)工程预算如表 3-70、表 3-71 所示(表中所示为部分内容,其他内容见本教材配套课件)。

其中,总预算表,人工、材料、机械台班数量汇总表,人工、材料、机械台班单价汇总表,其他工程及间接费综合费率表,材料、机械台班单价计算表等本算例略,可由学生课后酌情完成。

总概（预）算表

表 3-61

建设项目名称：×××路线工程

编制范围：K×××～K×××　　第 1 页　共 2 页　（01 表）

项	目	节	细目	工程或费用名称	单位	数量	概(预)算金额(元)	技术经济指标	各项费用比例(%)	备注
				第一部分　建筑安装工程费	公路公里	0.35	33282776	84.55		
二				路基工程	公路公里	0.35	31226509	79.32		
	2			挖方						
		1		挖土方						
			1	机械土方	m^3	8268.30	30799			
			2	借土方	m^3	123706.00	951475			
	3			填方						
		1		路基填方						
			1	填方压实	m^3	113780.60	927532			
			2	砌石护肩	m^3	33.00	6853			
			3	整修路基	km	0.35	13085			
	6			防护工程	公路公里	0.35				
		5		石砌挡土墙	m^3/m	14991.68/132.00	29296765			
三				路面工程	公路公里	0.35	455187	1.16		
	3			路面基层						
		3		石灰、粉煤灰稳定类基层						
			1	石灰、粉煤灰稳定土基层	m^2	4164.00	74027			
	6			水混凝土面层						
		1		水泥混凝土路面	m^2	3956.00	347362			
		5		路缘石	m^3/m	49.77/347.00	33798			
四				桥梁涵洞工程	公路公里	0.35	1601080	4.07		
	2			涵洞工程						
		4		拱涵	m/道	59.67/1.00	1601080			
			2	钢筋混凝土拱涵	m/道	59.67/1.00	1601080			
				第二部分　设施及工具、器具购置费	公路公里	0.35	5800	1.47		
				设备购置费						
				需安装的设备						
				不需安装的设备						

续上表

建设项目名称：×××路线工程

编制范围：K×××~K×××　　　　第2页　共2页　(01表)

项	目	节	细目	工程或费用名称	单　位	数　量	概(预)算金额(元)	技术经济指标	各项费用比例(%)	备注
				工具、器具购置						
				办公及生活用家具购置			5800			
				第三部分　工程建设其他费用	公路公里	0.35	4931510	12.53		
一				土地征用及拆迁补偿费	公路公里	0.35	216200			
二				建设项目管理费	公路公里	0.35				
		1		建设单位管理费	公路公里	0.35	818004			
		2		工程质量监督费	公路公里	0.35	499242			
		3		工程监理费	公路公里	0.35	832069			
		4		工程定额测定费	公路公里	0.35	399393			
		5		设计文件审查费	公路公里	0.35	332828			
		6		竣(交)工验收试验检测费	公路公里	0.35	10000			
三				研究试验费	公路公里	0.35	532524			
四				建设项目前期工作费	公路公里	0.35	665656			
五				专项评估费	公路公里	0.35	565807			
六				施工机构迁移费	公路公里	0.35	3146			
七				供电贴费	公路公里	0.35				
八				联合试运转费	公路公里	0.35	16641			
九				生产人员培训费	公路公里	0.35	40000			
十				固定资产投资方向调节税	公路公里	0.35				
十一				建设期贷款利息	公路公里	0.35				
				第一、二、三部分费用合计	公路公里		38220086			
				预备费	元					
				1. 价差预备费	元					
				2. 基本预备费	元		1146603	2.91		
				概算总金额	元		39366689			
				其中：回收金额	元					
				公路基本造价	元		39366689	100		

编制：×××　　　　复核：×××

人工、主要材料、机械台班数量汇总表

表 3-62

建设项目名称：×××路线工程

编制范围：K××× ~ K×××

第 1 页　共 3 页　(02 表)

序号	规格名称	单位	代号	总数量	分项统计								场外运输损耗	
					路基工程	路面工程	桥梁涵洞工程				辅助生产	其他	%	数量
1	人工	工日	1	332095	323747	1728	6620							
2	机械工	工日	2	4181	3526	114	541							
3	原木	m^3	101	55	45		10							
4	锯材	m^3	102	58	25	0	33							
5	光圆钢筋	t	111	3		0	3							
6	带肋钢筋	t	112	12		0	12							
7	型钢	t	182	5		0	5							
8	钢管	t	191	1			1							
9	钢钎	kg	211	4491	4459		32							
10	钢板	t	183	0		0								
11	电焊条	kg	231	41		0	41							
12	组合钢木板	t	272	2			2							
13	铁件	kg	651	4921			4912							
14	铁钉	kg	653	334	150	9	184							
15	8 ~ 12 号铁丝	kg	655	4063	4048		15							
16	20 ~ 22 号铁丝	kg	656	70		2	68							
17	铁皮	m^2	666	281			281							
18	土木格栅	m^2	772	42240	42240									

续上表

建设项目名称:×××路线工程

编制范围:K×××~K×××

第2页　共3页　(02表)

序号	规格名称	单位	代号	总数量	分项统计								场外运输损耗	
					路基工程	路面工程	桥梁涵洞工程				辅助生产	其他	%	数量
19	32.5级水泥	t	832	195	904	383	669							
20	硝铵炸药	kg	841	780	586		194							
21	导火线	m	842	65310	64839		471							
22	普通雷管	个	845	51532	51160		372							
23	石油沥青	t	851	0		0								
24	柴油	kg	863											
25	煤	t	864	34	34	0	0							
26	电	kW·h	865											
27	水	m^3	866	14152	10554	211	3387							
28	生石灰	t	891	97		97								
29	中(粗)砂	m^3	899	6518	4617	474	1427							
30	黏土	m^3	911	270	270									
31	片石	m^3	931	408	38		370							
32	粉煤灰	m^3	945	386		386							3.00	11
33	碎石(4cm)	m^3	952	1347		847	500						1.00	14
34	碎石(8cm)	m^3	953	1780	165		1615						1.00	19
35	碎石	m^3	958	1006		1006							1.00	10
36	块石	m^3	981	15741	15741									
37	其他材料费	元	996	16227	8656	1245	6326							
38	设备摊销费	元	997	10		10								

续上表

建设项目名称：×××路线工程

编制范围：K×××~K×××　　　　第3页　共3页　（02表）

序号	规格名称	单位	代号	总数量	分项统计								场外运输损耗	
					路基工程	路面工程	桥梁涵洞工程				辅助生产	其他	%	数量
39	75kW 以内履带式推土机	台班	1003	34	34									
40	$8m^3$ 以内拖式铲运机	台班	1023	25	25									
41	$2m^3$ 以内单斗挖掘机	台班	1032	142	142									
42	120kW 以内自行式平地机	台班	1057	187	185	2								
43	75kW 以内履带式拖拉机	台班	1063	1		1								
44	6~8t 光轮压路机	台班	1075	143	141	2								
45	12~15t 钢轮压路机	台班	1078	5		5								
46	15t 以内振动压路机	台班	1088	188	188									
47	水泥混凝土真空吸水机	台班	1239	14		14								
48	混凝土切缝机	台班	1245	13		13								
49	250L 以内混凝土搅拌机	台班	1272	251		37	214							
50	8t 以内自卸汽车	台班	1385	1260	1260									
51	4000L 以内洒水汽车	台班	1404	6		6								
52	6000L 以内洒水汽车	台班	1405	5		5								
53	12t 以内汽车式起重机	台班	1451	60			60							
54	30kN 以内单筒慢速电动卷扬机	台班	1499	81			81							
55	直径 500mm 以内木工圆锯机	台班	1710	3			3							
56	32kV · A 以内交流电焊机	台班	1726	8		0	8							
57	小型机具使用费	元	1998	3783		1356	2427							
	定额基价	元	1999	20789011	19453702	352846	982463							

编制：×××　　　　复核：×××

表 3-63

建筑安装工程费计算表

建设安装工程名称：×××公路

编制范围：K×××~K×××

第1页 共1页 （03表）

序号	工程名称	单位	工程量	直接费（元）						间接费（元）	利润（元）费率（%）	税金（元）综合税率（%）	建筑安装工程费	
				直接工程费				其他工程费	合计				合计（元）	单价（元）
				人工费	材料费	机械使用费	合计							
1	2	3	4	5	6	7	8	9	10	11	12	13	14	15
1	机械土方	m^3	8269	1829	0	23593	25422	683.85	26105.85	1797.04	1897.77	998.33	30798.99	3.72
2	借土方	m^3	123780.60	27405	0	787246	814651	14497.62	829148.62	32032.7	59452.05	30841.21	951474.58	7.67
3	填方压实	m^3	113780.60	16794	413956	349374	780124	20985.25	801109.25	38114.39	58236.42	30074.86	927531.92	8.15
4	砌石护肩	m^3	33.00	1851	3087	0	4938	237.52	5175.52	1073.71	381.34	222.11	6852.68	207.66
5	整修路基	km	0.347	8043	0	0	8043	216.36	8259.36	3800.6	600.41	424.12	13084.49	37707.46
6	水泥混凝土路面	m^2	3956	66160	193486	10375	270021	10530.82	280551.82	35436.63	20113.88	11259.43	347361.76	87.81
7	石灰粉煤灰稳定土基层	m^2	4164.00	6283	45912	7558	59753	2264.64	62017.64	5102.02	4507.94	2399.52	74027.12	17.78
8	石砌挡土墙	m^3/m	14991.68	15872415	2319180	0	18191595	875015.72	19066610.72	7875659.42	1404866.01	949629.06	29296765.21	1954.20
9	路缘石	m^3/m	49.97	12588	10301	197	23086	1110.44	24196.44	6723.33	1782.84	1095.94	33798.15	676.37
10	钢筋混凝土拱涵	m/道	见分项工程表										1601079.66	22393.21

编制：×××　　　　复核：×××

表 3-64

其他工程费及间接费综合费率计算表

建设项目名称：×××路线工程

编制范围：K×××～K×××

第 1 页　共 1 页　（04 表）

序号	工程类别	其他工程费费率(%)													间接费费率(%)											
		冬季施工增加费	雨季施工增加费	夜间施工增加费	高原地区施工增加费	风沙地区施工增加费	沿海地区施工增加费	行车干扰工程增加费	安全及文明施工措施费	临时设施费	施工辅助费	工地转移费	综合费率		规费						企业管理费					
													I	II	养老保险费	失业保险费	医疗保险费	住房公积金	工伤保险费	综合费率	基本费用	主副食运费补贴	职工探亲路费	职工取暖补贴	财务费用	综合费率
1	人工土方		0.19						0.59	1.57	0.89		3.24		0.21	0.02	0.098	0.1	0.005	0.433	3.36	0.21	0.1		0.23	3.90
2	机械土方		0.19						0.59	1.42	0.49		2.69		0.21	0.02	0.098	0.1	0.005	0.433	3.26	0.16	0.22		0.21	3.85
3	汽车运土		0.19						0.21	0.92	0.16		1.48		0.21	0.02	0.098	0.1	0.005	0.433	1.44	0.17	0.14		0.21	1.96
4	人工石方		0.12						0.59	1.6	0.85		3.16		0.21	0.02	0.098	0.1	0.005	0.433	3.45	0.16	0.1		0.22	3.93
5	机械石方		0.18						0.59	1.97	0.46		3.2		0.21	0.02	0.098	0.1	0.005	0.433	3.28	0.15	0.22		0.20	3.85
6	高级路面		0.18						1	1.92	0.8		3.9		0.21	0.02	0.098	0.1	0.005	0.433	1.91	0.10	0.14		0.27	2.42
7	其他路面		0.16						1.02	1.87	0.74		3.79		0.21	0.02	0.098	0.1	0.005	0.433	3.28	0.10	0.16		0.30	3.84
8	构造物 I		0.14						0.72	2.65	1.3		4.81		0.21	0.02	0.098	0.1	0.005	0.433	4.44	0.16	0.29		0.37	5.26
9	构造物 II		0.15	0.35					0.78	3.14	1.56		5.98		0.21	0.02	0.098	0.1	0.005	0.433	5.53	0.17	0.34		0.40	6.44
10	构造物 III		0.31	0.7					1.57	5.81	3.03		11.42		0.21	0.02	0.098	0.1	0.005	0.433	9.79	0.30	0.55		0.82	11.46
11	技术复杂大桥		0.18	0.35					0.86	2.92	1.68		5.99		0.21	0.02	0.098	0.1	0.005	0.433	4.72	0.14	0.20		0.46	5.52
12	隧道								0.73	2.57	1.23		4.53		0.21	0.02	0.098	0.1	0.005	0.433	4.22	0.14	0.27		0.39	5.02
13	钢材及钢结构			0.35					0.53	2.48	0.56		3.92		0.21	0.02	0.098	0.1	0.005	0.433	2.42	0.14	0.16		0.48	3.20

编制：×××　　　　复核：×××

工程建设其他费用及回收金额计算表

表 3-65

建设项目名称：×××路线工程

编制范围：K×××~K×××　　　　第1页　共1页　（06表）

序号	费用名称及回收金额项目	说明及计算式	金额(元)	备　注
	第三部分　工程建设其他费用		4931510	
一	土地征用及拆迁补偿费	21.62×10000	216200	
二	建设项目管理费			
	建设单位管理费	500×3.48%+500×2.73%+2328.2776×2.18%	818004	累进
	工程质量监督费	{建安费}×费率	499242	0.15%
	工程监理费	{建安费}×费率	832069	2.5%
	工程定额测定费	{建安费}×费率	399393	0.12%
	设计文件审查费	{建安费}×费率	332828	0.1%
	竣(交)工验收试验检测费	规定	10000	
三	研究试验费	{建安费}×费率	532524	0.16%
四	建设项目前期工作费	合同规定	665656	2%
五	专项评估费	{建安费}×0.17%	565807	0.17%
六	施工机构迁移费	实际发生	3146	
七	供电补贴	停止征收		
八	联合试运转费		16641	0.05%
九	生产人员培训费	2000×20	40000	
十	固定资产投资方向调节税	停止征收		
十一	建设期贷款利息	一年建设期不计		

编制：×××　　　　复核：×××

人工、材料、机械台班单价汇总表

表 3-66

建设项目名称:×××路线工程

编制范围:K×××~K×××　　　　第 1 页　共 2 页　(07 表)

序号	名　称	单　位	代　号	预算单价(元)	备注
1	人工	工日	1	49.20	
2	机械工	工日	2	49.20	
3	原木	m^3	101	1120.00	
4	锯材	m^3	102	1350.00	
5	光圆钢筋	t	111	3300.00	
6	带肋钢筋	t	112	3400.00	
7	型钢	t	182	3700.00	
8	钢板	t	183	4450.00	
9	钢管	t	191	5610.00	
10	钢钎	kg	211	4562	
11	电焊条	t	231	4.90	
12	组合钢板模	t	272	5710.00	
13	铁件	kg	651	4.40	
14	铁钉	kg	653	6.97	
15	8~12 号铁丝	kg	655	6.10	
16	20~22 号铁丝	kg	656	6.40	
17	铁皮	m^2	666	25.40	
18	土木格栅	m^2	772	9.80	
19	32.5 级水泥	t	832	320.00	
20	硝铵炸药	kg	841	6.00	
21	导火线	m	842	0.80	
22	普通雷管	个	845	0.70	
23	石油沥青	t	851	3800.00	
24	柴油	kg	863	3.45	
25	煤	t	864	265.00	
26	电	kW·h	865	1.00	
27	水	m^3	866	0.50	
28	生石灰	t	891	105.00	

建设项目名称:×××路线工程

编制范围:K×××~K×××

序号	名　称	单　位	代　号	预算单价(元)	备注
29	中(粗)砂	m^3	899	60.00	
30	黏土	m^3	911	8.21	
31	片石	m^3	931	34.00	
32	粉煤灰	m^3	945	20.97	
33	碎石(4cm)	m^3	952	55.00	
34	碎石(8cm)	m^3	953	49.00	
35	碎石	m^3	958	27.50	
36	块石	m^3	981	85.00	
37	其他材料费	元	996	1.00	
38	设备摊销费	元	997	1.00	
39	75kW 以内履带式推土机	台班	1003	612.89	
40	$8m^3$ 以内拖式铲运机	台班	1023	871.26	
41	$2m^3$ 以内单斗挖掘机	台班	1032	1091.28	
42	120kW 以内自行式平地机	台班	1057	908.89	
43	75kW 以内履带式拖拉机	台班	1063	525.55	
44	6~8t 光轮压路机	台班	1075	251.49	
45	12~15t 钢轮压路机	台班	1078	411.77	
46	15t 以内振动压路机	台班	1088	774.09	
47	水泥混凝土真空吸水机	台班	1239	82.11	
48	混凝土切缝机	台班	1245	151.52	
49	250L 以内混凝土搅拌机	台班	1272	96.79	
50	8t 以内自卸汽车	台班	1385	486.42	
51	4000L 以内洒水汽车	台班	1404	455.56	
52	6000L 以内洒水汽车	台班	1405	515.01	
53	12t 以内汽车式起重机	台班	1451	705.77	
54	32kN 以内单筒慢速电动卷扬机	台班	1499	87.09	
55	直径 500mm 以内木工圆锯机	台班	1710	68.44	
56	30kV·A 以内交流电弧焊机	台班	1726	104.64	
57	小型机具使用费	元	1998	1.00	
58	定额基价	元	1999	1.00	

编制:×××　　　　复核:×××

分项工程概（预）算表

表 3-67

编制范围：×××公路××段

工程名称：机械土方　　第 1 页　共 17 页　（08 表）

序号	工程项目			铲运机铲运土方			铲运机铲运土方			铲运机铲运土方			合计		
	工程细目			$8m^3$ 以内铲运机 第 1 个 100m 松土			$8m^3$ 以内铲运机 第 1 个 100m 普通土			$8m^3$ 以内铲运机 第 1 个 100m 硬土					
	定额单位			$1000m^3$			$1000m^3$			$1000m^3$					
	工程数量			1.65			4.96			1.65					
	定额表号			22-1-1-13-1			22-1-1-13-2			22-1-1-13-3					
	工料机名称	单位	单价(元)	定额	数量	金额(元)	定额	数量	金额(元)	定额	数量	金额(元)	定额	数量	金额(元)
1	人工	工日	49.2	4	6.6	325	4.5	22.32	1098	5.00	8.25	406		37.17	1829
2	75kW 以内履带式推土机	台班	612.89	0.29	0.48	294	0.35	1.74	1066	0.62	1.02	625		3.24	1985
3	$8m^3$ 以内拖式铲运机(含头)	台班	871.26	2.41	3.98	3468	2.97	14.73	12834	3.69	6.09	5306		24.8	21608
4	定额基价	元	1.00	2349	3875.85	3876	2870	14235.2	14235	3650	6022.5	6022		24133.55	24133
	直接工程费	元				4087			114998			6337			25422
	其他工程费	元		2.69		109.94	2.69		403.45	2.69		170.47			683.85
	间接费　规费	元		43.3		140.72	43.3		475.43	43.3		175.80			791.96
	企业管理费	元		3.85		161.58	3.85		592.96	3.85		250.54			1005.08
	利润及税金	元				466.05			1708.86			721.19			2896.1
	建安工程费	元				4965.29			18178.7			7655			30798.99

续上表

编制范围：×××公路××段

工程名称：借土方

第 2 页　共 17 页　（08 表）

序号	工程项目			挖掘机挖装土方			自卸汽车运土						合计		
	工程细目			2.0m³ 以内挖掘机挖装普通土			8t 以内自卸汽车运输第一个 1km								
	定额单位			1000m³			1000m³								
	工程数量			123.781			123.781								
	定额表号			12-1-1-9-8			15-1-1-11-9								
	工料机名称	单位	单价（元）	定额	数量	金额（元）	定额	数量	金额（元）	定额	数量	金额（元）	定额	数量	金额（元）
1	人工	工日	49.2	4.5	557.01	27405								557.01	27405
2	75kW 以内履带式推土机	台班	612.89	0.25	30.95	18969								30.95	18969
3	$2m^3$ 以内履带式单斗挖掘机	台班	1091.28	1.15	142.35	155344								142.35	155344
4	8t 以内自卸汽车	台班	486.42				10.18	1260.09	612933					1260.09	612933
5	定额基价	元	1	1991	246447.97	246448	4952	612963.51	612964					859411.48	859412
	直接工程费	元				201718			612933						814651
	其他工程费	元		2.69		5426.21	1.48		9071.41						14497.62
	间接费 规费	元		43.3		11866.36	43.3		0						11866.36
	间接费 企业管理费	元		3.85		7975.05	1.96		12191.29						20166.34
	利润及税金	元				23166.82			67126.44						90293.26
	建安工程费	元				250152.44			701322.14						951474.58

表 3-68

机械台班单价计算表

建设项目名称：×××公路

编制范围:K×××~K×××

第1页 共1页 (11 表)

序号	定额号	机械规格名称	台班单价(元)	不变费用(元) 调整系数:1		可变费用 人工:17.09 元/工日		柴油:3.45 元/kg		电:1.00 元/kW		养路费及车船税	可变费用合计(元)
				定额	调整值	定额	费用	定额	费用	定额	费用		
1	1003	75kW 以内履带式推土机	612.89	245.14	245.14	2	98.4	54.97	269.35				368
2	1017	$8m^3$ 以内拖式铲运机	871.26	427.90	427.90	2	98.4	70.4	344.96				443
3	1032	$2m^3$ 以内挖掘机	1091.28	541.15	541.15	2	98.4	92.19	451.73				550
4	1057	120kW 以内自行式平地机	908.89	408.05	408.05	2	98.4	82.13	402.44				501
5	1063	75kW 以内履带式拖拉机	525.55	161.23	161.23	2	98.4	54.27	265.92				364
6	1076	6~8t 光轮压路机	251.49	107.57	107.57	1	49.2	19.33	94.72				144
7	1078	12~15t 光轮压路机	411.77	164.32	164.32	1	49.2	40.46	198.25				247
8	1088	15t 以内振动压路机	774.09	315.05	315.05	2	98.4	73.6	360.64				459
9	1239	电动混凝土真空吸水机组	82.11	24.43	24.43	1	49.2			15.42	8.48		58
10	1245	电动混凝土切缝机	141.52	81.23	81.23	1	49.2			20.16	11.09		60
11	1272	250L 以内强制搅拌机	96.79	18.58	18.58	1	49.2			52.74	29		78
12	5138	8t 以内自卸汽车	486.42	194.91	194.91	1	49.2	49.45	242.31				292
13	1405	6000L 以内洒水汽车	515.01	257.9	257.9	1	49.2	42.43	206.91				257
14	1451	12t 以内汽车式起重机	705.77	387.11	387.11	2	98.4	44.95	220.26				319
15	1499	30kN 以内单筒慢速电动卷扬机	99.59	17.22	17.22	1	49.2			55.11	30.31		80
16	1710	直径 500mm 以内木工圆锯机	82.25	5.85	5.85	1	49.2			44.47	24.46		74
17	1726	32kV·A 以内交流电焊机	104.64	7.24	7.24	1	49.2			87.63	48.2		97

编制：×××　　复核：×××

表 3-69

辅助生产工、料、机械台班单位数量表

建设项目名称：×××公路

编制范围：K×××~K×××　　第 1 页　共 1 页　（12 表）

序号	规格名称	单位	人工（工日）	钢钎（kg）	硝铵炸药（kg）	导火线（m）	普通雷管（个）	煤（t）
1	片石	m^3	0.787	0.045	0.265	0.67	0.67	0.00027
2	块石	m^3	2.469	0.035	0.155	0.47	0.47	0.0002

编制：×××　　复核：×××

表 3-70

建筑安装工程费计算表

建设项目名称：宿淮高速公路交通安全设施（护栏）工程

编制范围：SH-SQ31-2（K96+100~K114+100）　单价文件名：　费率文件名：　编制日期：　第 1 页　共 1 页　（03 表）

序号	工程名称	单位	工程量	直接费（元）						间接费	利润（元）费率（%）	税金（元）综合税率（%）	建筑安装工程费	
				直接工程费				其他工程费	合计				合计（元）	单价（元）
				人工费	材料费	机械使用费	合计							
1	2	3	4	5	6	7	8	9	10	11	12	13	14	15
2	602-2-a 路侧普通护栏	m	32744	9900	2702920	8277	2721097	133062	2854159	97333	206304	101681	3259477	99.54
3	602-2-b 路侧加强护栏	m	6257.69	1892	516554	520045	1040073	50860	1090933	507938	78855	54023	1598871	255.5
4	602-2-c 中分带普通护栏	m	29856	9026	2464522	7547	2481095	121574	2602669	88755	188126	92722	2972272	99.55
5	602-2-d 中分带加强护栏	m	5010.28	1515	413581	1267	416363	20360	436723	14893	31567	15558	498741	99.54
6	602-3 双面波形钢护栏	m	550	333	88168	278	88779	4341	93120	3180	6731	3318	106349	193.36
7	602-4 活动式钢护栏	m	550											
8	602-6C20 混凝土基础	m^3	147.02	439285	25279	0	464564	31632	496196	227269	66837	39022	1250879	8508.22
9	602-8-aϕ114 护拦立柱	m	38202.1	175841	2782091	104148	3062080	149736	3211876	180844	232156	116719	3741535	97.94
10	602-8-bϕ140 护拦立柱	m	541.75	3066	48514	1806	53386	2611	55997	3154	4048	2035	65234	120041
11	605-5-b 附着式轮廓标	个	3386											
12	605-5-c 附着式轮廓标	个	178											
13	606-1 防眩板	m	2036											
14	606-3 防撞筒	个	4											
15	606-4 隔离墩	个	50											

编制：×××　　复核：×××

分 项 工 程 预 算 表

表 3-71

工程名称:602-2-a 路侧普通护栏

编制范围:SH-SQ31-2(K96 + 100 ~ K114 + 100)　　单价文件名:　　费率文件名:　　编制日期:　　第 1 页　共 8 页　(08 表)

序号	工程项目			波形钢板护栏									合计	
	工程细目			单面波形钢板										
	定额单位			1t										
	工程数量			402.424										
	定额表号			781-6-1-3-5										
工、料、机名称		单位	单价(元)	定额	数量	金额(元)	定额	数量	金额(元)	定额	数量	金额(元)	数量	金额(元)
1	人工	工日	49.2	0.500	201.21	9899.53							201.21	9900
2	钢丝绳	t	5853	0.008	3.22	18846.66							3.22	18847
3	高强螺栓	kg	10.65	53.5	21529.68	229291.09							21529.68	229291
4	波形钢板	t	6100	1.000	402.42	2454762							402.42	2454762
5	4t 以内载货汽车	台班	293.84	0.070	28.17	8277.47							28.17	82777
6	定额基价	元	1.000	6762	2721191.09	2721191							2721191.09	2721191
	直接工程费					2721097								2721097
	其他工程费			4.89		133062								133062
	间接费	规费		43.3		4287								4287
		企业管理费		3.26		93046								93046
	利润及税金					307985								307985
	建安工程费					3259477								3259477

续上表

工程名称:602-2-b 路侧普通护栏

编制范围:SH-SQ31-2(K96+100~K114+100)　　单价文件名:　　费率文件名:　　编制日期:　　第2页　共8页　(08表)

序号	工程项目			波形钢板护栏									合计	
	工程细目			单面波形钢板										
	定额单位			1t										
	工程数量			76.907										
	定额表号			781-6-1-3-5										
工、料、机名称		单位	单价(元)	定额	数量	金额(元)	定额	数量	金额(元)	定额	数量	金额(元)	数量	金额(元)
1	人工	工日	49.2	0.500	38.45	1891.74							38.45	1892
2	钢丝绳	t	5853	0.008	0.62	3628.86							0.62	3289
3	高强螺栓	kg	10.65	53.5	4114.52	43819.64							4114.52	43820
4	波形钢板	t	6100	1.000	76.91	469151							76.91	469151
5	4t以内载货汽车	台班	293.84	0.070	5.38	520045							5.38	1581
6	定额基价	元	1.000	6762	520045.14	520045							520045.13	520045
	直接工程费					1040073								1040073
	其他工程费			4.89		50860								50860
	间接费	规费		43.3		472374								472374
		企业管理费		3.26		35564								35564
	利润及税金				632878									632878
	建安工程费				1598871									1598871

思考题

1. 简述公路工程概(预)算的概念。

2. 简述公路工程概(预)算的费用和文件组成。

3. 简述公路工程概(预)算的费用标准和计算方法。

4. 简述公路工程概(预)算的编制程序。

练习题

1. 试确定河北省某地区(七类工资区)公路工程生产工人每工日工资单价。

2. 试计算某公路桥卷扬机带冲抓锥冲孔施工项目的预算定额值、定额直接费、其他直接费。已知桩径1.5m,水深30m,砂土,全桥共40根桩,该桥位于山东省青岛市附近,由于工期紧张,工程需昼夜连续施工,施工期间无行车干扰。

3. 某改建三级公路全长75km,平均养护月数为2个月,人工费20元/工日,山岭重丘陵地形,其他直接综合费率6.2%,间接费综合费率为3.8%,现场经费费率为12.5%。试计算公路交工前养护工程定额的建安工程费金额。

4. 某高速公路工程,由国外银行贷款修建,贷款总金额折算人民币20亿元。第一年贷款8亿元,当年计息,以后每年递减2亿元,并且每次当年都计息,年利率为14%。试计算该建设项目的建设期贷款利息金额。

5. 某架设输电线路工程,其干线工程细目工程量为3.6km,工期为3年,采用角铁横担三线裸铝线,材料原价按长春地区价格确定,试计算该工程细目的工程概算回收金额。

6. 某高速公路路基工程,全长28km,按设计断面计算的填缺为627万m^3,无利用方,平均填土高度为7.0m,平均边坡长度为10.5m,宽填厚度0.2m,路基平均占地宽45m,路基占地及取土坑均为耕地,土质为III类土。采用0.6m^3以内单斗挖掘机装土方,平均挖深2.0m,填前以12t压路机压实耕地。试问:填前压实增加土方量为多少?路基宽填增加土方量为多少?总计计价土方量(压实方)为多少?挖装借方作业所需总基价为多少元?

7. 某桥需运输钢材750.00t,汽车运输,运距25km,运价率0.34元/(t·km)。吨次费2.0元(20~30km每千米减0.20元),囤存费3.0元/t,装卸费1.10元/t。试计算钢材的单位运杂费和总运杂费。

8. 试计算山西大同某矿山公路上一座不能提供具体工程量的小桥概算中的施工技术装备费、计划利润和税金的金额。已知桥型为装配式钢筋混凝土矩形板桥,跨径为净—9m,由部属企业施工,无行车干扰,夜间连续施工,主副食综合运距50km,工地转移100km,工、料、机费15万元。

9. 某一级公路工程,全长120km,定额建筑安装费为165432.1万元,实行国内招标,试计算该工程单位管理费、工程质量监督费、工程监理费、定额编制管理费、设计文件审查费。

10. 某工程所需中央分隔带绿化项目如表3-72所示,试进行工程量计算。

中分带工程量清单

表 3-72

序　号	分部、分项工程名称	计量单位	原数量（1km）	新数量（28km）	单价	新数合价	备注
1	蜀桧	株	735	14000	25		
2	海桐球	株	134	0			
3	大叶黄杨	株	100	0			
4	紫薇	株	268	1440	5		
5	木槿	株	536	0			
6	红花酢浆草	m^2	5378	0			
7	三叶草	m^2	5378	69040	0.5		
8	天堂草	m^2	5378	0			
9	丰花月季(红)	株	0	17300	3		
10	金丝桃	株	0	17300	5		
11	美人蕉	斤	0	0	0		
12	凤尾兰	株	0	2880	5		
13	红叶小檗	株	0	4480	3.5		
14	珊瑚树	株	0	3000	16		
15	金叶女贞	株	0	4480	2		
清单合计							

11. 某工程监控项目如表 3-73 所示，试进行该工程概算。

监 控 项 目 表

表 3-73

序　号	名　称	单　位	数　量
1	2	3	4
一	监控分中心		
1	投影仪	套	1
2	100″投影幕	块	1
3	安装附件	套	1
4	车辆检测器	套	3
5	能见度检测器	套	1
6	微处理系统	套	1
7	显示板(门架式)	套	2
8	显示板(立柱式)	套	3
9	电子控制设备	套	5
10	四通道检测器板	块	3
11	气象检测器	套	1
12	四通道检测器板(备件)	块	4
13	气象检测器(备件)	套	1
14	网络服务器	台	1
15	通信计算机	台	1

续上表

序　　号	名　　称	单　　位	数　　量
16	信息计算机	台	1
17	控制计算机	台	1
18	彩色图形计算机	台	1
19	地图板控制器	台	1
20	激光打印机	台	1
21	针式打印机	台	1
22	光盘机	台	1
23	监控系统软件	套	1
	HUB	个	1

12. 某工程闭路电视监视系统工程量如表3-74所示,试进行该工程项目概算。

监视系统工程量表　　表3-74

项　　目	数　　量	项　　目	数　　量
广场摄像机	2台	时滞录像机	1台
车道摄像机	5台	监视器机架	1台
光缆	1套	收费亭内摄像机	3台
电缆	1套	收费站值班员操作台	1套
视频切换矩阵	1套	单向收费亭	6套
监视器	5台	双向收费亭	1套
录像机	1台		

13. 某工程路侧普通护栏采用单面波形钢板,工程数量为300t,试进行预算。

第四章 公路工程投资估算

第一节　概　述

一　公路工程投资估算的基本概念

公路工程投资估算是对拟建公路工程项目的全部投资费用进行的预测估算，是项目建议书和可行性报告的主要组成部分，是工程项目前期确定和有效控制工程造价的重要手段，是建设项目经济评价中支出费用的关键部分。公路建设项目的投资估算一般包括第一部分建筑安装工程费，第二部分设备工具器具购置费，第三部分工程建设其他费用以及预留费。

投资估算对建设项目具有重要的作用：

(1)投资估算是决定拟建项目是否继续进行的重要依据之一；

(2)投资估算是审批项目建议书和可行性研究报告的依据；

(3)投资估算是控制项目建设投资的依据。

二　投资估算编制依据及基本要求

1. 投资估算编制依据

投资估算应根据项目建议书和工程可靠性研究报告的工作深度，核实工程项目及其数量，结合工程所在地的建设条件，按现行《公路工程估算指标》(JTG/T M21—2011)和《公路工程基本建设项目投资估算编制办法》(JTG M20—2011)以及各省市交通运输主管部门指定的补充规定进行编制。一般包括以下文件：

(1)国家层面的法律法规。

(2)交通运输部发布的《公路工程基本建设项目投资估算编制办法》(JTG M20—2011)、《公路工程估算指标》(JTG/T M21—2011)、《公路工程基本建设项目概算预算编制办法》(JTG B06—2007)、《公路工程概算定额》(JTG/T B06-02—2007)、《公路工程机械台班费用定额》(JTG/T B06-03—2007)；

(3)国家发展计划委员会发布的《国家计委关于印发建设项目前期工作咨询收费暂行规定的通知》、《工程勘察设计收费标准(2011年修订本)》；

(4)国家计委经贸委发布的《关于停止收取供(配)电工程贴费有关问题的通知》；

(5)工程项目所在地交通运输主管部门发布的相关计价依据;

(6)批准的项目建议书或工程可靠性研究图纸等有关资料;

(7)工程所在地的人工、材料、机械及设备预算价格以及自然、技术、经济条件等资料;

(8)工程实施文案、有关合同、协议等;

(9)其他相关资料。

2. 投资估算编制的基本要求

一是编制质量要高。投资估算编制必须严格执行国家的方针、政策和有关规定,并应符合公路工程行业标准、规范和规定。投资估算文件应达到的质量要求是:符合规定、结合实际、经济合理、提交及时、不重不漏、计算正确、字迹清晰、装订整齐完善。

二是编制单位和人员必须具有相应资质和资格。投资估算应由具有相应资质的设计、工程(造价)咨询单位负责编制。编制单位必须配备具有相应执业资格证书的公路工程造价人员,并对工程造价文件的编制质量负责。同时公路工程造价人员应不断提高专业素质,掌握设计、施工情况,做好建设方案的经济比较,使技术工作和经济工作结合起来,全面、有效地提高前期工作质量,合理确定工程造价。

三是当一个建设项目由两个以上设计(咨询)单位共同承担设计时,各设计(咨询)单位应负责编制所承担设计的单项或单位工程投资估算,主体设计(咨询)单位应负责编制原则和依据、工程设备与材料价格、取费标准等的协调与统一,汇编总估算,并对全部估算的编制质量负责。

第二节　投资估算文件及投资估算项目组成

一　投资估算文件组成

投资估算文件是设计文件的重要组成部分,由封面、扉页及目录、投资估算编制说明及全部投资估算计算表格组成。扉页应有建设项目名称,编制单位,编制、复核人员姓名并加盖执业(从业)资格印章,编制日期及第几册、共几册等内容(图4-1)。目录应按投资估算表的表号顺序编排,如图4-2、图4-3所示。

×××公路项目建议书投资估算

(CK×××+×××~CK×××+×××)

第　册　共　册

编制:(签字并加盖资格印章)

复核:(签字并加盖资格印章)

(编制单位)

年　　月

图4-1　封面扉页格式

目　录

（甲组文件）

1. 编制说明

2. 总估算汇总表(01-1 表),见表 4-1

3. 总估算人工、主要材料、机械台班数量汇总表(02-1 表),见表 4-2

4. ××段总估算表(01 表),见表 4-3

5. ××段人工、主要材料、机械台班数量汇总表(02 表),见表 4-4

6. 建筑安装工程费计算表(03 表),见表 4-5

7. 其他工程费及间接费综合费率计算表(04 表),见表 4-6

8. 设备、工具、器具购置费计算表(05 表),见表 4-7

9. 工程建设其他费用计算表(06 表),见表 4-8

10. 人工、材料、机械台班单价汇总表(07 表),见表 4-9

图 4-2　甲组文件目录

目　录

（乙组文件）

1. 建筑安装工程费计算数据表(08-1 表),见表 4-10

2. 分项工程估算表(08-2 表),见表 4-11

3. 材料预算单价计算表(09 表),见表 4-12

4. 自采材料料场价格计算表(10 表),见表 4-13

5. 机械台班单价计算表(11 表),见表 4-14

6. 辅助生产工、料、机械台班单位数量表(12 表),见表 4-15

图 4-3　乙组文件目录

(一)关于投资估算文件的几点说明

(1)投资估算编制完成后,应编写编制说明,文字力求简明扼要。编制说明内容应包括:

①项目建议书或工程可行性研究报告的依据及有关文号、依据的资料及比选方案等;

②采用的估算指标、费用标准,人工费标准、材料预算单价、机械台班单价的依据或来源,补充指标及编制依据的详细说明;

③与投资估算有关的委托书、协议书、会议纪要的主要内容(或将抄件附后);

④总投资估算金额,人工、钢材、水泥、沥青等总需要量情况,各建设方案的经济比较,以及编制中存在的问题;

⑤其他与投资估算有关但不能在表格中反映的事项。

(2)甲组文件为各项费用计算表,乙组文件为建筑安装工程费各项基础数据计算表(仅供审批使用)。甲、乙两组文件应按《公路建设项目可行性研究报告编制办法》关于文件报送份数的规定报送。

(3)报送乙组文件时,尚应提供"建筑安装工程费计算数据表(08-1 表)"(表 4-10)的电子文档和编制补充定额的详细资料。

(4)乙组文件中的"建筑安装工程费计算数据表(08-1 表)"(表 4-10)和"分项工程估算

表(08-2 表)”(表 4-11)应根据审批部门或建设项目业主单位的要求全部提供或仅提供其中的一种。

(5)投资估算应按一个建设项目[如一条路线或一座独立大(中)桥、隧道]进行编制。当一个建设项目需要分段或分部编制时,应根据需要分别编制,但必须汇总编制“总估算汇总表”。

(二)投资估算表格格式

(1)总估算汇总表,见表 4-1。

总估算汇总表 表 4-1

建设项目名称: 第 页 共 页 (01-1 表)

项次	工程或费用名称	单位	总数量	概(预)算金额(元)				技术经济指标	各项费用比例(%)	备注
							合计			

编制: 复核:

填表说明:

①一个建设项目分若干单项工程编制投资估算时,应通过本表汇总全部建设项目投资估算金额。

②本表反映一个建设项目的各项费用组成,投资估算总值和技术经济指标。

③本表项次、工程费用名称、单位、总数量、投资估算金额应由各单项或单位工程总估算表(01 表)转来,“目”、“节”可视需要增减,“项”应保留。

④“技术经济指标”以各项投资估算金额汇总合计除以相应总数量计算;“各项费用比例”以汇总的各项目估算金额合计除以总估算金额合计计算。

(2)总估算人工、主要材料、机械台班数量汇总表(02-1 表),见表 4-2。

总估算人工、主要材料、机械台班数量汇总表 表 4-2

设项目名称: 第 页 共 页 (02-1 表)

序号	规格名称	单位	总数量	编制范围					

编制: 复核:

填表说明:

①一个建设项目分若干个单项工程编制投资估算时,应通过本表汇总全部建设项目的人工、主要材料、机械台班数量。

②本表各栏数据均由各单项或单位工程估算中的人工、主要材料、机械台班数量汇总表

(02 表)转来,编制范围指单项或单位工程。

(3)总估算表(01 表),见表4-3。

总估算表 表4-3

建设项目名称:

编制范围: 第 页 共 页 (01表)

项	目	节	细目	工程或费用名称	单位	数量	概(预)算金额(元)	技术经济指标	各项费用比例(%)	备注

编制: 复核:

填表说明:

①本表反映一个单项或单位工程的各项费用组成、估算金额、技术经济指标等。

②本表“项”、“目”、“节”、“细目”、“工程或费用名称”、“单位”等应按投资估算项目表的序列及内容填写。“目”、“节”、“细目”可视需要增减,但“项”应保留。

③“数量”、“估算金额”由建筑工程费计算表(03 表)、设备、工具、器具购置费计算表(05 表)、工程建设其他费用计算表(06 表)转来。

④“技术经济指标”以各项目估算金额除以相应数量计算,“各项费用比例”以各项估算金额除以总估算金额计算。

(4)人工、主要材料、机械台班数量汇总表(02 表),见表4-4。

人工、主要材料、机械台班数量汇总表 表4-4

建设项目名称:

编制范围: 第 页 共 页 (02表)

序号	规格名称	单位	数量	分项统计								场外运输损耗	
												(%)	数量

编制: 复核:

填表说明:

①本表各栏数据由分项工程估算表(08-2 表)及辅助生产工、料、机 械台班单位数量表(12 表)经分析计算后统计而来。

②发生的冬、雨季及夜间施工增工及临时设施用工,根据有关附录规定计算后列入本表有关项目内。

(5)建筑安装工程费计算表(03 表),见表4-5。

建筑安装工程费计算表 表 4-5

建设项目名称：

编制范围： 第　页　共　页　(03 表)

序号	工程名称	单位	工程量	直接费(元)						间接费（元）	利润(元)费率(%)	税金(元)综合税率(%)	建筑安装工程费	
				直接工程费				其他工程费	合计				合计（元）	单价（元）
				人工费	材料费	使用机械费	合计							
1	2	3	4	5	6	7	8	9	10	11	12	13	14	15

编制： 复核：

填表说明：

本表各栏数据之间关系：5～7 均由 08 表经计算转来，8 栏 =5 栏 +6 栏 +7 栏，9 栏 =8 栏 ×9 栏的费率或(5 栏 +7 栏) ×9 栏的费率，10 栏 =8 栏 +9 栏，11 栏 =5 栏 × 规费综合费率 +10 栏 × 企业管理费综合费率，12 栏 =(10 栏 +11 栏 - 规费) ×12 栏的费率，13 栏 =(10 栏 +11 栏 +12 栏) × 综合税率，14 栏 =10 栏 +11 栏 +12 栏 +13 栏，15 栏 =14 栏 +4 栏。

(6)其他工程费及间接费综合费率计算表(04 表)，见表 4-6。

其他工程费及间接费综合费率计算表 表 4-6

建设项目名称：

编制范围： 第　页　共　页　(04 表)

序号	工程类别	其他工程费费率(%)													间接费费率(%)											
															规费						企业管理费					
		冬季施工增加费	雨季施工增加费	夜间施工增加费	高原地区施工增加费	风沙地区施工增加费	沿海地区施工增加费	行车干扰工程施工增加费	安全及文明施工措施费	临时设施费	施工辅助费	工地转移费	综合费率		养老保险费	失业保险费	医疗保险费	住房公积金	工伤保险费	综合费率	基本费用	主副食运费补贴	职工探亲路费	职工取暖补贴	财务费用	综合费率
													Ⅰ	Ⅱ												
1	2	3	4	5	6	7	8	9	10	11	12	13	14	15	16	17	18	19	20	21	22	23	24	25	26	27

编制： 复核：

填表说明：

本表应根据建设工程项目具体情况，按投资估算编制办法有关规定填入数据计算。其中：14 栏 =3 栏 +4 栏 +5 栏 +8 栏 +10 栏 +11 栏 +12 栏 +13 栏，15 栏 =6 栏 +7 栏 +9 栏，

21栏=16栏+17栏+19栏+20栏,27栏=22栏+23栏+25栏+26栏。

(7)设备、工具、器具购置费计算表(05表),见表4-7。

设备、工具、器具购置费计算表 表4-7

建设项目名称:

编制范围: 第 页 共 页 (05表)

序号	设备、工具、器具规格名称	单位	数量	单价(元)	金额(元)	说明

编制: 复核:

(8)工程建设其他费用计算表(06表),见表4-8。

工程建设其他费用计算表 表4-8

建设项目名称:

编制范围: 第 页 共 页 (06表)

序号	费用名称及回收金额项目	说明及计算式	金额(元)	备注
1	2	3	4	5

编制: 复核:

填表说明:

本表应按具体发生的工程建设其他费用填写,需要说明和具体计算的费用项目依次相应在说明及计算式栏内填写或具体计算,各项费用具体填写方式如下:

①土地征用及拆迁补偿费应填写土地补偿单价、数量和安置补助费标准、数量等,并计算所需费用,填入金额栏。

②建设项目管理费包括建设单位(业主)管理费、工程监理费、设计文件审查费、竣(交)工验收试验检测费,按"建筑安装工程费×费率"或有关定额列式计算。

③研究试验费应根据设计需要进行研究试验的项目分别填写项目名称及金额,或列式计算,或进行说明。

④建设项目前期工作费按国家有关规定填入本表,列式计算。

⑤其余有关工程建设其他费用的填入和计算方法,根据规定依此类推。

(9)人工、材料、机械台班单价汇总表(07表),见表4-9。

人工、材料、机械台班单价汇总表 表 4-9

建设项目名称：

编制范围： 第 页 共 页 （07 表）

序 号	名 称	单 位	代 号	预算单价（元）	备 注

编制： 复核：

填表说明：本表预算单价主要由材料预算单价计算表（09 表）和机械台班单价计算表（11 表）转来。

（10）建筑安装工程费计算数据表（08-1 表），见表 4-10。

建筑安装工程费计算数据表 表 4-10

建设项目名称： 编制范围： 数据文件编号： 公路等级：

路线或桥梁长度（km）： 路基或桥梁宽度（m）： 第 页 共 页 （08-1 表）

项的代号	本项目数	目的代号	本目节数	节的代号	本节细目数	细目的代号	费率编号	定额个数	定额代号	项或目或节或细目或定额的名称	单位	数量		定额调整情况

编制： 复核：

填表说明：

①本表应逐行从左到右横向跨栏填写。

②“项”、“目”、“节”、“细目”、“定额”等的代号应根据实际需要按投资估算项目表的序列及内容填写。

③本表主要是为利用计算机软件编制投资估算提供基础数据，具体填表规则由软件用户手册详细制定。

（11）分项工程估算表（08-2 表），见表 4-11。

分项工程估算表 表 4-11

编制范围：

工程名称： 第 页 共 页 （08-2 表）

编号	工程项目																			合计
	工程细目																			
	定额单位																			
	工程数量																			
	定额表号																			
	工、料、机名称	单位	单价(元)	定额	数量	金额(元)	定额	数量	金额(元)	定额	数量	金额(元)	定额	数量	金额(元)	定额	数量	金额(元)	数量	金额(元)
1	2	3	4	5	6	7	8	9	10	11	12	13	14	15	16	17	18	19	20	21
1	人工	工日																		
2	……																			
	定额基价	元																		
	直接工程费	元																		
	其他直接费 I	元																		
	其他直接费 II	元																		
	间接费 规费	元																		
	间接费 企业管理费	元																		
	利润及税金	元																		
	建筑安装工程费	元																		

编制： 复核：

填表说明：

①本表按具体分项工程项目数量、对应投资估算指标子目填写，单价由 07 表（表 4-9）转来，金额 = 工、料、机各项的单价 × 定额 × 数量。

②其他工程费按相应项目的直接费或人工费与施工机械使用费之和 × 规定费率计算。

③规费按相应项目的人工费 × 规定费率计算。

④企业管理费按相应项目的直接费 × 规定费率计算。

⑤利润按相应项目的（直接费 + 间接费-规费）× 利润率计算。

⑥税金按相应项目的（直接费 + 间接费 + 利润）× 税率计算。

（12）材料预算单价计算表（09 表），见表 4-12。

材料预算单价计算表 表4-12

建设项目名称：

编制范围： 第 页 共 页 （09表）

<table>
<tr><th rowspan="2">序号</th><th rowspan="2">规格名称</th><th rowspan="2">单位</th><th rowspan="2">原价（元）</th><th colspan="5">运 杂 费</th><th rowspan="2">原价运费合计（元）</th><th colspan="2">场外运输损耗</th><th colspan="2">采购及保管费</th><th rowspan="2">预算单价（元）</th></tr>
<tr><th>供应地点</th><th>运输方式、比重及运距</th><th>毛重系数或单位毛重</th><th>运杂费构成说明或计算式</th><th>单位运费（元）</th><th>费率（%）</th><th>金额（元）</th><th>费率（%）</th><th>金额（元）</th></tr>
<tr><td></td><td></td><td></td><td></td><td></td><td></td><td></td><td></td><td></td><td></td><td></td><td></td><td></td><td></td><td></td></tr>
<tr><td></td><td></td><td></td><td></td><td></td><td></td><td></td><td></td><td></td><td></td><td></td><td></td><td></td><td></td><td></td></tr>
<tr><td></td><td></td><td></td><td></td><td></td><td></td><td></td><td></td><td></td><td></td><td></td><td></td><td></td><td></td><td></td></tr>
<tr><td></td><td></td><td></td><td></td><td></td><td></td><td></td><td></td><td></td><td></td><td></td><td></td><td></td><td></td><td></td></tr>
<tr><td></td><td></td><td></td><td></td><td></td><td></td><td></td><td></td><td></td><td></td><td></td><td></td><td></td><td></td><td></td></tr>
</table>

编制： 复核：

填表说明：

①本表计算各种材料自供应地点或料场至工地的全部运杂费与材料原价及其他费用组成预算单价。

②运输方式按火车、汽车、船舶等及所占运输比重填写。

③毛重系数、场外运输损耗、采购及保管费按规定填写。

④根据材料供应地点、运输方式、运输单价、毛重系数等，通过运杂费构成说明或计算式，计算得出材料单位运费。

⑤材料原价与单位运费、场外运输损耗、采购及保管费组成材料预算单价。

(13)自采材料料场价格计算表(10表)，见表4-13。

自采材料料场价格计算表 表4-13

建设项目名称：

编制范围： 第 页 共 页 （10表）

<table>
<tr><th rowspan="2">序号</th><th rowspan="2">定额号</th><th rowspan="2">材料规格名称</th><th rowspan="2">单位</th><th rowspan="2">料场价格（元）</th><th colspan="2">人工（工日）单价(元)</th><th rowspan="2">间接费(元)（占人工费%）</th><th colspan="2">（ ）单价(元)</th><th colspan="2">（ ）单价(元)</th><th colspan="2">（ ）单价(元)</th><th colspan="2">（ ）单价(元)</th></tr>
<tr><th>定额</th><th>金额</th><th>定额</th><th>金额</th><th>定额</th><th>金额</th><th>定额</th><th>金额</th><th>定额</th><th>金额</th></tr>
<tr><td></td><td></td><td></td><td></td><td></td><td></td><td></td><td></td><td></td><td></td><td></td><td></td><td></td><td></td><td></td><td></td></tr>
<tr><td></td><td></td><td></td><td></td><td></td><td></td><td></td><td></td><td></td><td></td><td></td><td></td><td></td><td></td><td></td><td></td></tr>
<tr><td></td><td></td><td></td><td></td><td></td><td></td><td></td><td></td><td></td><td></td><td></td><td></td><td></td><td></td><td></td><td></td></tr>
<tr><td></td><td></td><td></td><td></td><td></td><td></td><td></td><td></td><td></td><td></td><td></td><td></td><td></td><td></td><td></td><td></td></tr>
<tr><td></td><td></td><td></td><td></td><td></td><td></td><td></td><td></td><td></td><td></td><td></td><td></td><td></td><td></td><td></td><td></td></tr>
</table>

编制： 复核：

填表说明：

①本表主要用于分析计算自采材料料场价格，应将选用的定额人工、材料、机械台班数量全部列出，包括相应的工、料、机单价。

②材料规格用途相同而生产方式(如人工捶碎石、机械轧碎石)不同时,应分别计算单价,再以各种生产方式所占比重根据合计价格加权平均计算料场价格。

③定额中机械台班有调整系数时,应在本表内计算。

(14)机械台班单价计算表(11 表),见表 4-14。

机械台班单价计算表 表 4-14

建设项目名称:

编制范围: 第 页 共 页 (11 表)

序号	定额号	机械规格名称	台班单价(元)	不变费用(元)		可变费用(元)								
				定额	调整值	人工(元/工日)		汽油(元/kg)		柴油(元/kg)		……		合计
						定额	费用	定额	费用	定额	费用	定额	费用	

编制: 复核:

填表说明:

①本表应根据公路工程机械台班费用定额进行计算,不变费用如有调整系数应填入调整值;可变费用各栏填入定额数量。

②动力燃料的单价由材料预算单价计算表(09 表)中转来。

(15)辅助生产工、料、机械台班单位数量表(12 表),见表 4-15。

辅助生产工、料、机械台班单位数量表 表 4-15

建设项目名称:

编制范围: 第 页 共 页 (12 表)

序号	规格名称	单位	人工(工日)						

编制: 复核:

填表说明:本表各栏由自采材料料场价格计算表(10 表)统计而来。

(三)投资估算表格之间的相互关系

公路工程基本建设项目投资估算以现行《公路工程估算指标》(JTG/T M21—2011)为依

据,根据各工程项目的人工、材料、机械台班消耗量和投资估算编制时工程所在地的人工费标准、材料预算单价和机械台班单价计算出各工程项目的工、料、机费用,并按编制办法的规定计算各项费用。投资估算的材料、机械台班单价及各项费用的计算都应通过规定的表格反映。各种表格的计算顺序和相互关系如图 4-4 所示。

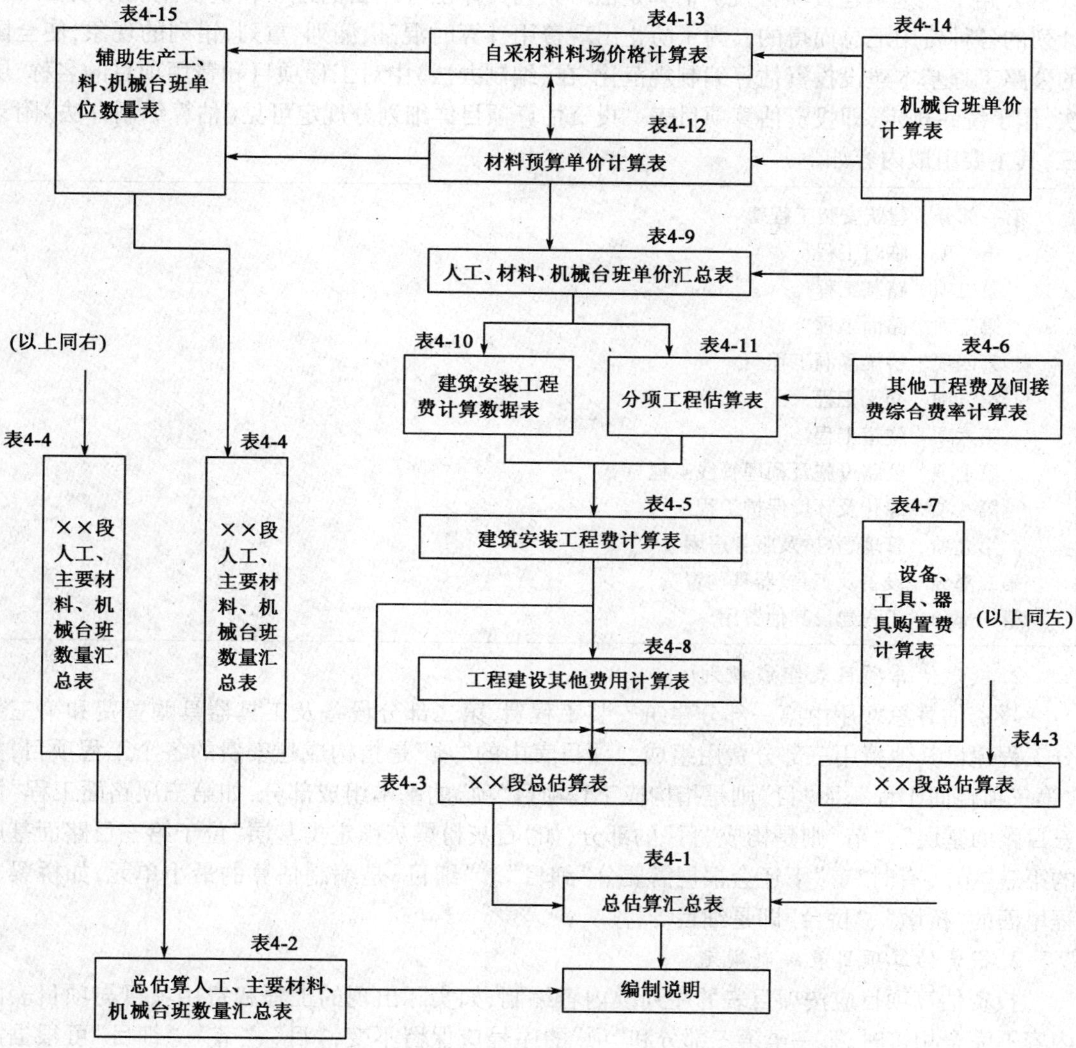

图 4-4 各种表格的计算顺序和相互关系

关于上述各表的填表要点在前面已较详尽地作了介绍,本节对填表的顺序仅作一简要说明。一般情况下,编制人员首先要熟悉图纸,按施工组织设计、项目表及工程实际要求列项,计算各分项工程的工程量。填表的基本顺序为:初编表 4-10→表 4-11→(或表 4-12)→表 4-13→表 4-9→表 4-6→表 4-7→续编表 4-10→表 4-5→表 4-8→编制表 4-3 及表 4-1→编制表 4-4 及表 4-2。

在填表过程中次序并不是一成不变的,经常须交叉进行,特别是表 4-10 与表 4-11、表4-12、表 4-13 经常交叉进行。为了正确地编制估算,仅仅了解其编制次序、步骤是不够的,最根本的是要掌握《编制办法》的各项规定,熟练运用估算指标和各类定额,掌握施工程序,明确各种表的作用及相互关系，精通表中各栏的填列方法。

二 投资估算项目组成

1. 投资估算项目组成内容

公路工程基本建设项目投资估算是由一系列具体工程项目的工、料、机费用和该项目所应计列的各种费用汇总而得的。为了防止出现费用计算时混乱、漏列、重列、错列的现象，使全国的公路工程基本建设投资估算编制规范化，在《编制办法》中对工程项目和费用项目的名称、层次，作了统一规定，即投资估算项目表。投资估算项目详细划分规定可见《估算编制办法》附录三，其主要组成内容如下：

第一部分 建筑安装工程费
　第一项 临时工程
　第二项 路基工程
　第三项 路面工程
　第四项 桥梁涵洞工程
　第五项 交叉工程
　第六项 隧道工程
　第七项 公路设施及预埋管线工程
　第八项 绿化及环境保护工程
　第九项 管理、养护及服务房屋
第二部分 设备及工具、器具购置费
第三部分 工程建设其他费用

2. 投资估算项目表组成规则

投资估算总费用由第一部分建筑安装工程费、第二部分设备及工具器具购置费和第三部分工程建设其他费用三部分费用组成。项目表中的“项”是指构成建安费的各个工程项目，如“第三项路面工程”，而“目”则是指构成工程项目“项”的基本组成部分，如第三项路面工程“第三目路面基层”，“节”则是构成“目”的部分，如“石灰粉煤灰稳定类基层”位于第三目路面基层的第三“节”，有时“节”下还会根据需要分“细目”。“细目”是编制估算的最小单元，如桥梁工程里面的“桥墩”、“桥台”即是细目。

3. 投资估算项目表编制规定

投资估算项目应按项目表的序列及内容编制，如实际出现的工程和费用项目与项目表的内容不完全相符时，第一至第三部分和“项”的序号应保留不变，“目”、“节”、“细目”可根据需要增减，并按项目表的顺序以实际出现的“目”、“节”、“细目”依次排列，不保留缺少的“目”、“节”、“细目”的序号。

当第二部分“设备及工具、器具购置费”在该项目工程中不发生时，第三部分“工程建设其他费用”仍为第三部分。同样，路线工程第一部分第六项为隧道工程，第七项为公路设施及预埋管线工程，若路线中无隧道工程项目，其序号仍保留，公路设施及预埋管线工程仍为第七项。但如“目”或“节”或“细目”发生这样的情况时，可依次递补改变序号。

公路建设项目中的互通式立体交叉、辅道、支线，当工程规模较大时，也可按投资估算项目表单独编制建筑安装工程费，然后将其投资估算建筑安装工程总金额列入路线的总估算表中相应的项目内。

第三节　投资估算费用组成、标准及计算方法

一　投资估算费用组成

投资估算费用总金额由建安费，设备、工具、器具、家具购置费，工程建设其他费用以及预备费组成，如图4-5所示。

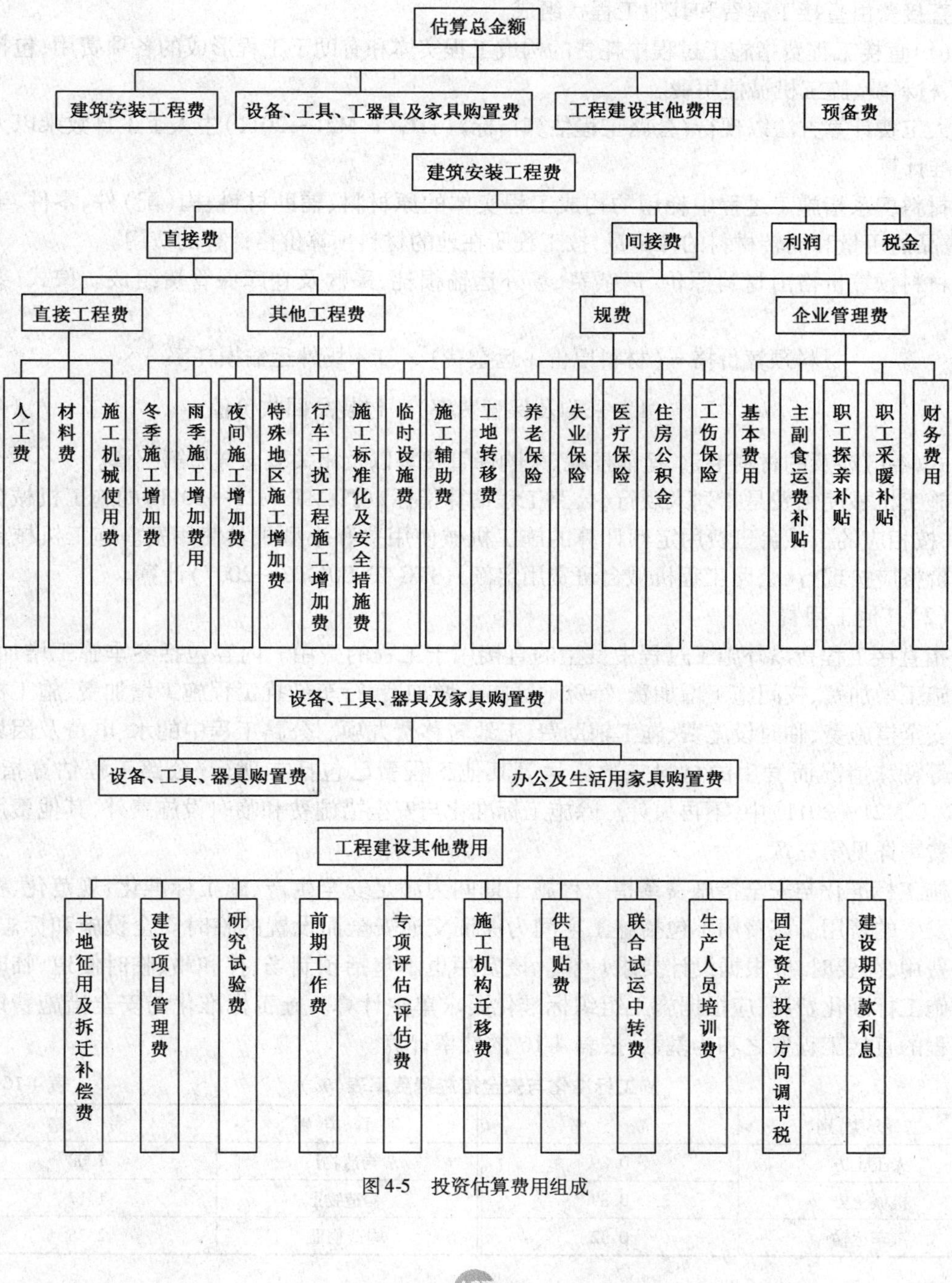

图4-5　投资估算费用组成

二 投资估算费用标准

(一)建筑安装工程费

建筑安装工程费包括直接费、间接费、利润及税金,其中直接费包括直接工程费和其他工程费,间接费包括规费和企业管理费。

1. 直接费

直接费由直接工程费和其他工程费组成。

(1)直接工程费指施工过程中耗费的构成工程实体和有助于工程形成的各项费用,包括人工费、材料费、施工机械使用费。

人工费计算方法以现行《公路工程估算指标》(JTG/T M21—2011)中人工工日数乘以人工费标准计算。

材料费系指施工过程中耗用的构成工程实体的原材料、辅助材料、构(配)件、零件、半成品、成品的用量和周转材料的摊销量,按工程所在地的材料预算价格计算的费用。

材料预算价格由材料原价、运杂费、场外运输损耗、采购及仓库保管费组成。按式(4-1)计算:

$$材料预算价格=(材料原价+运杂费)\times(1+场外运输损耗率)\times(1+采购及保管费率)-包装品回收价值 \quad (4\text{-}1)$$

式(4-1)涉及的材料毛重、运输损耗、采购保管费率以及相关概念详见第三章。

施工机械使用费是指列入现行《公路工程估算指标》(JTG/T M21—2011)的施工机械台班数量,按相应的机械台班费用定额计算的施工机械使用费和小型机具使用费。施工机械台班预算价格应按现行《公路工程机械台班费用定额》(JTG/T B06-03—2007)计算。

(2)其他工程费。

指直接工程费以外施工过程中发生的直接用于工程的费用。内容包括冬季施工增加费、雨季施工增加费、夜间施工增加费、特殊地区施工增加费、行车干扰工程施工增加费、施工标准化与安全措施费、临时设施费、施工辅助费、工地转移费九项。公路工程中的水、电费及因场地狭小等特殊情况而发生的材料二次搬运等其他工程费已包括在现行《公路工程估算指标》(JTG/T M21—2011)中,不再另计。除施工标准化与安全措施费和临时设施费外,其他费用概念及费率详见第三章。

施工标准化与安全措施费系指工程施工期间为满足安全生产、施工标准化、规范化、精细化所发生的费用。该费用不包括施工期间为保证交通安全而设置的临时安全设施和标志、标牌的费用,需要时,应根据设计要求计算。该费用也不包括预制场、拌和站、临时便道、临时便桥的施工标准化费用,应根据施工组织标准化要求单独计算。施工标准化与安全措施费以各类工程的直接工程费之和为基数,按表4-16的费率计算。

施工标准化与安全措施费费率表(%) 表4-16

工程类别	费率	工程类别	费率
人工土方	0.89	构造物Ⅰ	1.08
机械土方	0.89	构造物Ⅱ	1.17
汽车运输	0.32	构造物Ⅲ	2.36

续上表

工程类别	费率	工程类别	费率
人工石方	0.89	技术复杂大桥	1.29
机械石方	0.89	隧道	1.10
高级路面	1.50	钢材及钢结构	0.80
其他路面	1.50		

临时设施费系指施工企业为进行建筑安装工程施工所必需的生活和生产用的临时建筑物、构筑物和其他临时设施及其标准化的费用等，但不包括概、预算定额中的临时工程在内。临时设施费用内容包括：临时设施的搭设、维修、拆除费或摊销费。

临时设施费以各类工程的直接工程费之和为基数，按表4-17的费率计算。

临时设施费费率表（%）

表4-17

工程类别	费率	工程类别	费率
人工土方	1.73	构造物Ⅰ	2.92
机械土方	1.56	构造物Ⅱ	3.45
汽车运输	1.01	构造物Ⅲ	6.39
人工石方	1.76	技术复杂大桥	3.21
机械石方	2.17	隧道	2.83
高级路面	2.11	钢材及钢结构	2.73
其他路面	2.06		

2. 间接费

间接费由规费和企业管理费两项组成。

(1)规费

规费指法律、法规、规章规定施工企业必须缴纳的费用。规费包括养老保险费、失业保险费、医疗保险费、住房公积金、工伤保险费，其基本概念详见第三章。

各项规定以各类工程的人工费之和为基数，按国家或工程所在地相关部门规定的标准计算。

(2)企业管理费

企业管理费由基本费用、主副食运费补贴、职工探亲路费、职工取暖补贴和财务费用五项组成。其基本概念和相关费率详见第三章。

(3)辅助生产间接费

辅助生产间接费系指由施工单位自行开采加工的砂、石等自采材料及施工单位自办的人工装卸和运输的间接费。辅助生产间接费按人工费的5%计。该项费用并入材料预算单价内构成材料费，不直接出现在投资估算中。

3. 利润

利润系指施工企业完成所承包工程应取得的盈利，利润按直接费与间接费之和扣除规费的7%计算。

4. 税金

税金系指按国家税法规定应计入建筑安装工程造价内的营业税，城市维护建设税及教育费附加。税金按式(4-2)计算：

$$税金 = (直接工程费 + 间接费 + 利润) \times 综合税率 \tag{4-2}$$

税金的综合税率按3.41%计算。

5. 其他

其他工程费及间接费取费标准的工程类别划分详见第三章。

(二)设备、工具、器具及家具购置费

1. 设备购置费

指为满足公路的营运、管理、养护需要,购置的达到固定资产标准的设备和虽低于固定资产标准但属于设计明确列入设备清单的设备的费用。

项目建议书投资估算的设备购置费见表4-18。

2. 工器具及生产家具(简称工器具)购置费

工器具购置费系指建设项目交付使用后为满足初期正常营运必须购置的第一套不构成固定资产的设备、仪器、仪表、工卡模具、器具、工作台(框、架、柜)等的费用。不包括:构成固定资产的设备、工器具和备品、备件及已列入设备购置费中的专用工具和备品、备件。工器具购置应由设计(咨询)单位列出计划购置的清单(包括规格、型号、数量),购置费的计算方法同设备购置费。计算方法如下:

(1)项目建议书投资估算设备、工具、器具购置费可按下列表4-18规定的费率,以第一部分建筑安装工程费总额为基数计算。

项目建议书投资估算各项费用取定表 表4-18

a)

Ⅰ. 路线工程 公路等级:高速公路 地形:平原微丘区

工程项目		单位	北京	天津	内蒙古	山西	河北	辽宁	吉林	黑龙江
			1	2	3	4	5	6	7	8
1	设备购置费	%	1.726	1.726	1.726	1.726	1.726	1.726	1.726	1.726
2	拆迁补偿费	%	5.843	5.702	5.422	5.469	5.469	5.515	5.562	5.565
3	研究试验费	%	0.328	0.328	0.328	0.328	0.328	0.328	0.328	0.328
4	建设项目前期工作费	%	2.979	2.979	2.979	2.979	2.979	2.979	2.979	2.979
5	专项评价(估)费	%	0.197	0.197	0.197	0.197	0.197	0.197	0.197	0.197
工程项目		单位	上海	江苏	安徽	山东	浙江	江西	福建	湖南
			9	10	11	12	13	14	15	16
1	设备购置费	%	1.726	1.726	1.726	1.726	1.726	1.726	1.726	1.726
2	拆迁补偿费	%	6.364	6.021	5.776	5.776	6.021	5.776	5.752	5.752
3	研究试验费	%	0.328	0.328	0.328	0.328	0.328	0.328	0.328	0.328
4	建设项目前期工作费	%	2.979	2.979	2.979	2.979	2.979	2.979	2.979	2.979
5	专项评价(估)费	%	0.197	0.197	0.197	0.197	0.197	0.197	0.197	0.197

续上表

工程项目		单位	湖北	河南	广东	广西	海南	重庆	四川	云南
			17	18	19	20	21	22	23	24
1	设备购置费	%	1.726	1.726	1.726	1.726	1.726	1.726	1.726	1.726
2	拆迁补偿费	%	5.752	5.375	5.801	5.776	5.786	5.587	5.587	5.597
3	研究试验费	%	0.328	0.328	0.328	0.328	0.328	0.328	0.328	0.328
4	建设项目前期工作费	%	2.979	2.979	2.979	2.979	2.979	2.979	2.979	2.979
5	专项评价(估)费	%	0.197	0.197	0.197	0.197	0.197	0.197	0.197	0.197

工程项目		单位	贵州	西藏	陕西	甘肃	宁夏	青海	新疆
			25	26	27	28	29	30	31
1	设备购置费	%	1.726	—	1.726	1.726	1.726	1.726	1.726
2	拆迁补偿费	%	5.587	—	5.669	5.419	5.487	5.374	5.374
3	研究试验费	%	0.328	—	0.328	0.328	0.328	0.328	0.328
4	建设项目前期工作费	%	2.979	—	2.979	2.979	2.979	2.979	2.979
5	专项评价(估)费	%	0.197	—	0.197	0.197	0.197	0.197	0.197

b)

I. 路线工程　　公路等级:高速公路　　地形:山岭重丘区

工程项目		单位	北京	天津	内蒙古	山西	河北	辽宁	吉林	黑龙江
			1	2	3	4	5	6	7	8
1	设备购置费	%	1.651	1.651	1.651	1.651	1.651	1.651	1.651	1.651
2	拆迁补偿费	%	4.557	4.448	4.229	4.265	4.265	4.302	4.338	4.411
3	研究试验费	%	0.265	0.265	0.265	0.265	0.265	0.265	0.265	0.265
4	建设项目前期工作费	%	3.128	3.128	3.128	3.128	3.128	3.128	3.128	3.128
5	专项评价(估)费	%	0.206	0.206	0.206	0.206	0.206	0.206	0.206	0.206

工程项目		单位	上海	江苏	安徽	山东	浙江	江西	福建	湖南
			9	10	11	12	13	14	15	16
1	设备购置费	%	—	1.651	1.651	1.651	1.651	1.651	1.651	1.651
2	拆迁补偿费	%	—	4.658	4.429	4.467	4.467	4.505	4.544	4.620
3	研究试验费	%	—	0.265	0.265	0.265	0.265	0.265	0.265	0.265
4	建设项目前期工作费	%	—	3.128	3.128	3.128	3.128	3.128	3.128	3.128
5	专项评价(估)费	%	—	0.206	0.206	0.206	0.206	0.206	0.206	0.206

续上表

工程项目		单位	湖北	河南	广东	广西	海南	重庆	四川	云南
			17	18	19	20	21	22	23	24
1	设备购置费	%	1.651	1.651	1.651	1.651	1.651	1.651	1.651	1.651
2	拆迁补偿费	%	4.773	4.448	4.429	4.467	4.467	4.358	4.395	4.469
3	研究试验费	%	0.265	0.265	0.265	0.265	0.265	0.265	0.265	0.265
4	建设项目前期工作费	%	3.128	3.128	3.128	3.128	3.128	3.128	3.128	3.128
5	专项评价(估)费	%	0.206	0.206	0.206	0.206	0.206	0.206	0.206	0.206

工程项目		单位	贵州	西藏	陕西	甘肃	宁夏	青海	新疆
			25	26	27	28	29	30	31
1	设备购置费	%	1.651	—	1.651	1.651	1.651	1.651	1.651
2	拆迁补偿费	%	4.617	—	4.103	4.139	4.139	4.174	4.209
3	研究试验费	%	0.265	—	0.265	0.265	0.265	0.265	0.265
4	建设项目前期工作费	%	3.128	—	3.128	3.128	3.128	3.128	3.128
5	专项评价(估)费	%	0.206	—	0.206	0.206	0.206	0.206	0.206

c)

I.路线工程　　　公路等级:一级公路　　　地形:平原微丘区

工程项目		单位	北京	天津	内蒙古	山西	河北	辽宁	吉林	黑龙江
			1	2	3	4	5	6	7	8
1	设备购置费	%	1.675	1.675	1.675	1.675	1.675	1.675	1.675	1.675
2	拆迁补偿费	%	5.946	5.804	5.518	5.566	5.566	5.613	5.661	5.756
3	研究试验费	%	0.318	0.318	0.318	0.318	0.318	0.318	0.318	0.318
4	建设项目前期工作费	%	3.158	3.158	3.158	3.158	3.158	3.158	3.158	3.158
5	专项评价(估)费	%	0.208	0.208	0.208	0.208	0.208	0.208	0.208	0.208

工程项目		单位	上海	江苏	安徽	山东	浙江	江西	福建	湖南
			9	10	11	12	13	14	15	16
1	设备购置费	%	1.675	1.675	1.675	1.675	1.675	1.675	1.675	1.675
2	拆迁补偿费	%	6.464	6.116	5.867	5.867	6.116	5.867	5.842	5.842
3	研究试验费	%	0.318	0.318	0.318	0.318	0.318	0.318	0.318	0.318
4	建设项目前期工作费	%	3.158	3.158	3.158	3.158	3.158	3.158	3.158	3.158
5	专项评价(估)费	%	0.208	0.208	0.208	0.208	0.208	0.208	0.208	0.208

续上表

工程项目		单位	湖北 17	河南 18	广东 19	广西 20	海南 21	重庆 22	四川 23	云南 24
1	设备购置费	%	1.675	1.675	1.675	1.675	1.675	1.675	1.675	1.675
2	拆迁补偿费	%	5。842	5.471	5.892	5.867	5.877	5.683	5.683	5.693
3	研究试验费	%	0.318	0.318	0.318	0.318	0.318	0.318	0.318	0.318
4	建设项目前期工作费	%	3.158	3.158	3.158	3.158	3.158	3.158	3.158	3.158
5	专项评价(估)费	%	0.208	0.208	0.208	0.208	0.208	0.208	0.208	0.208

工程项目		单位	贵州 25	西藏 26	陕西 27	甘肃 28	宁夏 29	青海 30	新疆 31
1	设备购置费	%	1.675	—	1.675	1.675	1.675	1.675	1.675
2	拆迁补偿费	%	5.683	—	5.881	5.622	5.693	5.575	5.575
3	研究试验费	%	0.318	—	0.318	0.318	0.318	0.318	0.318
4	建设项目前期工作费	%	3.158	—	3.158	3.158	3.158	3.158	3.158
5	专项评价(估)费	%	0.208	—	0.208	0.208	0.208	0.208	0.208

d)

I.路线工程　　公路等级:一级公路　　地形:山岭重丘区

工程项目		单位	北京 1	天津 2	内蒙古 3	山西 4	河北 5	辽宁 6	吉林 7	黑龙江 8
1	设备购置费	%	1.602	1.602	1.602	1.602	1.602	1.602	1.602	1.602
2	拆迁补偿费	%	4.638	4.527	4.304	4.341	4.341	4.378	4.415	4.490
3	研究试验费	%	0.257	0.257	0.257	0.257	0.257	0.257	0.257	0.257
4	建设项目前期工作费	%	3.316	3.316	3.316	3.316	3.316	3.316	3.316	3.316
5	专项评价(估)费	%	0.219	0.219	0.219	0.219	0.219	0.219	0.219	0.219

工程项目		单位	上海 9	江苏 10	安徽 11	山东 12	浙江 13	江西 14	福建 15	湖南 16
1	设备购置费	%	—	1.602	1.602	1.602	1.602	1.602	1.602	1.602
2	拆迁补偿费	%	—	4.731	4.499	4.537	4.537	4.576	4.615	4.693
3	研究试验费	%	—	0.257	0.257	0.257	0.257	0.257	0.257	0.257
4	建设项目前期工作费	%	—	3.316	3.316	3.316	3.316	3.316	3.316	3.316
5	专项评价(估)费	%	—	0.219	0.219	0.219	0.219	0.219	0.219	0.219

续上表

工程项目		单位	湖北	河南	广东	广西	海南	重庆	四川	云南
			17	18	19	20	21	22	23	24
1	设备购置费	%	1.602	1.602	1.602	1.602	1.602	1.602	1.602	1.602
2	拆迁补偿费	%	4.848	4.527	4.499	4.537	4.537	4.433	4.470	4.545
3	研究试验费	%	0.257	0.257	0.257	0.257	0.257	0.257	0.257	0.257
4	建设项目前期工作费	%	3.316	3.316	3.316	3.316	3.316	3.316	3.316	3.316
5	专项评价(估)费	%	0.219	0.219	0.219	0.219	0.219	0.219	0.219	0.219

工程项目		单位	贵州	西藏	陕西	甘肃	宁夏	青海	新疆
			25	26	27	28	29	30	31
1	设备购置费	%	1.602	—	1.602	1.602	1.602	1.602	1.602
2	拆迁补偿费	%	4.696	—	4.257	4.294	4.294	4.330	4.367
3	研究试验费	%	0.257	—	0.257	0.257	0.257	0.257	0.257
4	建设项目前期工作费	%	3.316	—	3.316	3.316	3.316	3.316	3.316
5	专项评价(估)费	%	0.219	—	0.219	0.219	0.219	0.219	0.219

e)

I. 路线工程　　公路等级:二级公路　　地形:平原微丘区

工程项目		单位	北京	天津	内蒙古	山西	河北	辽宁	吉林	黑龙江
			1	2	3	4	5	6	7	8
1	设备购置费	%	1.389	1.389	1.389	1.389	1.389	1.389	1.389	1.389
2	拆迁补偿费	%	6.658	6.498	6.178	6.231	6.231	6.258	6.338	6.444
3	研究试验费	%	0.275	0.275	0.275	0.275	0.275	0.275	0.275	0.275
4	建设项目前期工作费	%	3.892	3.892	3.892	3.892	3.892	3.892	3.892	3.892
5	专项评价(估)费	%	0.234	0.234	0.234	0.234	0.234	0.234	0.234	0.234

工程项目		单位	上海	江苏	安徽	山东	浙江	江西	福建	湖南
			9	10	11	12	13	14	15	16
1	设备购置费	%	1.389	1.389	1.389	1.389	1.389	1.389	1.389	1.389
2	拆迁补偿费	%	6.796	6.430	6.169	6.169	6.430	6.169	6.143	6.143
3	研究试验费	%	0.275	0.275	0.275	0.275	0.275	0.275	0.275	0.275
4	建设项目前期工作费	%	3.892	3.892	3.892	3.892	3.892	3.892	3.892	3.892
5	专项评价(估)费	%	0.234	0.234	0.234	0.234	0.234	0.234	0.234	0.234

续上表

工程项目		单位	湖北	河南	广东	广西	海南	重庆	四川	云南
			17	18	19	20	21	22	23	24
1	设备购置费	%	1.389	1.389	1.389	1.389	1.389	1.389	1.389	1.389
2	拆迁补偿费	%	6.143	6.125	6.195	6.169	6.179	6.194	6.194	6.204
3	研究试验费	%	0.275	0.275	0.275	0.275	0.275	0.275	0.275	0.275
4	建设项目前期工作费	%	3.892	3.892	3.892	3.892	3.892	3.892	3.892	3.892
5	专项评价(估)费	%	0.234	0.234	0.234	0.234	0.234	0.234	0.234	0.234

工程项目		单位	贵州	西藏	陕西	甘肃	宁夏	青海	新疆
			25	26	27	28	29	30	31
1	设备购置费	%	1.389	1.389	1.389	1.389	1.389	1.389	1.389
2	拆迁补偿费	%	6.194	5.957	6.419	6.136	6.213	6.085	6.085
3	研究试验费	%	0.275	0.275	0.275	0.275	0.275	0.275	0.275
4	建设项目前期工作费	%	3.892	3.892	3.892	3.892	3.892	3.892	3.892
5	专项评价(估)费	%	0.234	0.234	0.234	0.234	0.234	0.234	0.234

f)

I. 路线工程　　　　公路等级:二级公路　　　　地形:山岭重丘区

工程项目		单位	北京	天津	内蒙古	山西	河北	辽宁	吉林	黑龙江
			1	2	3	4	5	6	7	8
1	设备购置费	%	1.159	1.159	1.159	1.159	1.159	1.159	1.159	1.159
2	拆迁补偿费	%	4.107	4.008	3.811	3.844	3.844	3.877	3.910	3.975
3	研究试验费	%	0.191	0.191	0.191	0.191	0.191	0.191	0.191	0.191
4	建设项目前期工作费	%	4.119	4.119	4.119	4.119	4.119	4.119	4.119	4.119
5	专项评价(估)费	%	0.247	0.247	0.247	0.247	0.247	0.247	0.247	0.247

工程项目		单位	上海	江苏	安徽	山东	浙江	江西	福建	湖南
			9	10	11	12	13	14	15	16
1	设备购置费	%	—	1.159	1.159	1.159	1.159	1.159	1.159	1.159
2	拆迁补偿费	%	—	4.099	3.898	3.931	3.931	3.965	3.999	4.066
3	研究试验费	%	—	0.191	0.191	0.191	0.191	0.191	0.191	0.191
4	建设项目前期工作费	%	—	4.119	4.119	4.119	4.119	4.119	4.119	4.119
5	专项评价(估)费	%	—	0.247	0.247	0.247	0.247	0.247	0.247	0.247

续上表

工程项目		单位	湖北	河南	广东	广西	海南	重庆	四川	云南
			17	18	19	20	21	22	23	24
1	设备购置费	%	1.159	1.159	1.159	1.159	1.159	1.159	1.159	1.159
2	拆迁补偿费	%	4.200	4.008	3.898	3.931	3.931	4.094	4.129	4.198
3	研究试验费	%	0.191	0.191	0.191	0.191	0.191	0.191	0.191	0.191
4	建设项目前期工作费	%	4.119	4.119	4.119	4.119	4.119	4.119	4.119	4.119
5	专项评价(估)费	%	0.247	0.247	0.247	0.247	0.247	0.247	0.247	0.247

工程项目		单位	贵州	西藏	陕西	甘肃	宁夏	青海	新疆
			25	26	27	28	29	30	31
1	设备购置费	%	1.159	1.159	1.159	1.159	1.159	1.159	1.159
2	拆迁补偿费	%	4.337	4.215	4.007	4.042	4.042	4.076	4.111
3	研究试验费	%	0.191	0.191	0.191	0.191	0.191	0.191	0.191
4	建设项目前期工作费	%	4.119	4.119	4.119	4.119	4.119	4.119	4.119
5	专项评价(估)费	%	0.247	0.247	0.247	0.247	0.247	0.247	0.247

g)

I.路线工程　　公路等级:三级公路　　地形:平原微丘区

工程项目		单位	北京	天津	内蒙古	山西	河北	辽宁	吉林	黑龙江
			1	2	3	4	5	6	7	8
1	设备购置费	%	1.174	1.174	1.174	1.174	1.174	1.174	1.174	1.174
2	拆迁补偿费	%	9.246	9.024	8.581	8.654	8.654	8.728	8.802	8.950
3	研究试验费	%	0.216	0.216	0.216	0.216	0.216	0.216	0.216	0.216
4	建设项目前期工作费	%	4.209	4.209	4.209	4.209	4.209	4.209	4.209	4.209
5	专项评价(估)费	%	0.189	0.189	0.189	0.189	0.189	0.189	0.189	0.189

工程项目		单位	上海	江苏	安徽	山东	浙江	江西	福建	湖南
			9	10	11	12	13	14	15	16
1	设备购置费	%	1.174	1.174	1.174	1.174	1.174	1.174	1.174	1.174
2	拆迁补偿费	%	10.344	9.787	9.389	9.389	9.787	9.389	9.349	9.349
3	研究试验费	%	0.216	0.216	0.216	0.216	0.216	0.216	0.216	0.216
4	建设项目前期工作费	%	4.209	4.209	4.209	4.209	4.209	4.209	4.209	4.209
5	专项评价(估)费	%	0.189	0.189	0.189	0.189	0.189	0.189	0.189	0.189

续上表

工程项目		单位	湖北	河南	广东	广西	海南	重庆	四川	云南
			17	18	19	20	21	22	23	24
1	设备购置费	%	1.174	1.174	1.174	1.174	1.174	1.174	1.174	1.174
2	拆迁补偿费	%	9.349	8.507	9.429	9.389	9.405	8.609	8.609	8.624
3	研究试验费	%	0.216	0.216	0.216	0.216	0.216	0.216	0.216	0.216
4	建设项目前期工作费	%	4.209	4.209	4.209	4.209	4.209	4.209	4.209	4.209
5	专项评价(估)费	%	0.189	0.189	0.189	0.189	0.189	0.189	0.189	0.189

工程项目		单位	贵州	西藏	陕西	甘肃	宁夏	青海	新疆
			25	26	27	28	29	30	31
1	设备购置费	%	1.174	1.174	1.174	1.174	1.174	1.174	1.174
2	拆迁补偿费	%	8.609	7.922	8.536	8.161	8.263	8.092	8.092
3	研究试验费	%	0.216	0.216	0.216	0.216	0.216	0.216	0.216
4	建设项目前期工作费	%	4.209	4.209	4.209	4.209	4.209	4.209	4.209
5	专项评价(估)费	%	0.189	0.189	0.189	0.189	0.189	0.189	0.189

h)

I.路线工程　　公路等级:三级公路　　地形:山岭重丘区

工程项目		单位	北京	天津	内蒙古	山西	河北	辽宁	吉林	黑龙江
			1	2	3	4	5	6	7	8
1	设备购置费	%	0.891	0.891	0.891	0.891	0.891	0.891	0.891	0.891
2	拆迁补偿费	%	5.792	5.653	5.375	5.422	5.422	5.468	5.514	5.607
3	研究试验费	%	0.120	0.120	0.120	0.120	0.120	0.120	0.120	0.120
4	建设项目前期工作费	%	4.563	4.563	4.563	4.563	4.563	4.563	4.563	4.563
5	专项评价(估)费	%	0.205	0.205	0.205	0.205	0.205	0.205	0.205	0.205

工程项目		单位	上海	江苏	安徽	山东	浙江	江西	福建	湖南
			9	10	11	12	13	14	15	16
1	设备购置费	%	—	0.891	0.891	0.891	0.891	0.891	0.891	0.891
2	拆迁补偿费	%	—	5.988	5.694	5.743	5.743	5.792	5.841	5.939
3	研究试验费	%	—	0.120	0.120	0.120	0.120	0.120	0.120	0.120
4	建设项目前期工作费	%	—	4.563	4.563	4.563	4.563	4.563	4.563	4.563
5	专项评价(估)费	%	—	0.205	0.205	0.205	0.205	0.205	0.205	0.205

续上表

工程项目		单位	湖北	河南	广东	广西	海南	重庆	四川	云南
			17	18	19	20	21	22	23	24
1	设备购置费	%	0.891	0.891	0.891	0.891	0.891	0.891	0.891	0.891
2	拆迁补偿费	%	6.136	5.653	5.694	5.743	5.743	5.376	5.422	5.513
3	研究试验费	%	0.120	0.120	0.120	0.120	0.120	0.120	0.120	0.120
4	建设项目前期工作费	%	4.563	4.563	4.563	4.563	4.563	4.563	4.563	4.563
5	专项评价(估)费	%	0.205	0.205	0.205	0.205	0.205	0.205	0.205	0.205

工程项目		单位	贵州	西藏	陕西	甘肃	宁夏	青海	新疆
			25	26	27	28	29	30	31
1	设备购置费	%	0.891	0.891	0.891	0.891	0.891	0.891	0.891
2	拆迁补偿费	%	5.695	5.175	4.920	4.963	4.963	5.005	5.048
3	研究试验费	%	0.120	0.120	0.120	0.120	0.120	0.120	0.120
4	建设项目前期工作费	%	4.563	4.563	4.563	4.563	4.563	4.563	4.563
5	专项评价(估)费	%	0.205	0.205	0.205	0.205	0.205	0.205	0.205

i)

I.路线工程　　公路等级:四级公路　　地形:平原微丘区

工程项目		单位	北京	天津	内蒙古	山西	河北	辽宁	吉林	黑龙江
			1	2	3	4	5	6	7	8
1	设备购置费	%	1.174	1.174	1.174	1.174	1.174	1.174	1.174	1.174
2	拆迁补偿费	%	9.246	9.024	8.581	8.654	8.654	8.728	8.802	8.950
3	研究试验费	%	0.216	0.216	0.216	0.216	0.216	0.216	0.216	0.216
4	建设项目前期工作费	%	4.500	4.500	4.500	4.500	4.500	4.500	4.500	4.500
5	专项评价(估)费	%	0.203	0.203	0.203	0.203	0.203	0.203	0.203	0.203

工程项目		单位	上海	江苏	安徽	山东	浙江	江西	福建	湖南
			9	10	11	12	13	14	15	16
1	设备购置费	%	1.174	1.174	1.174	1.174	1.174	1.174	1.174	1.174
2	拆迁补偿费	%	10.344	9.787	9.389	9.389	9.787	9.389	9.349	9.349
3	研究试验费	%	0.216	0.216	0.216	0.216	0.216	0.216	0.216	0.216
4	建设项目前期工作费	%	4.500	4.500	4.500	4.500	4.500	4.500	4.500	4.500
5	专项评价(估)费	%	0.203	0.203	0.203	0.203	0.203	0.203	0.203	0.203

续上表

工程项目		单位	湖北	河南	广东	广西	海南	重庆	四川	云南
			17	18	19	20	21	22	23	24
1	设备购置费	%	1.174	1.174	1.174	1.174	1.174	1.174	1.174	1.174
2	拆迁补偿费	%	9.349	8.507	9.429	9.389	9.405	8.609	8.609	8.624
3	研究试验费	%	0.216	0.216	0.216	0.216	0.216	0.216	0.216	0.216
4	建设项目前期工作费	%	4.500	4.500	4.500	4.500	4.500	4.500	4.500	4.500
5	专项评价(估)费	%	0.203	0.203	0.203	0.203	0.203	0.203	0.203	0.203

工程项目		单位	贵州	西藏	陕西	甘肃	宁夏	青海	新疆
			25	26	27	28	29	30	31
1	设备购置费	%	1.174	1.174	1.174	1.174	1.174	1.174	1.174
2	拆迁补偿费	%	8.609	7.922	8.536	8.161	8.263	8.092	8.092
3	研究试验费	%	0.216	0.216	0.216	0.216	0.216	0.216	0.216
4	建设项目前期工作费	%	4.500	4.500	4.500	4.500	4.500	4.500	4.500
5	专项评价(估)费	%	0.203	0.203	0.203	0.203	0.203	0.203	0.203

j)

Ⅰ.路线工程　　公路等级:四级公路　　地形:山岭重丘区

工程项目		单位	北京	天津	内蒙古	山西	河北	辽宁	吉林	黑龙江
			1	2	3	4	5	6	7	8
1	设备购置费	%	0.891	0.891	0.891	0.891	0.891	0.891	0.891	0.891
2	拆迁补偿费	%	5.792	5.653	5.375	5.422	5.422	5.468	5.514	5.607
3	研究试验费	%	0.120	0.120	0.120	0.120	0.120	0.120	0.120	0.120
4	建设项目前期工作费	%	4.935	4.935	4.935	4.935	4.935	4.935	4.935	4.935
5	专项评价(估)费	%	0.222	0.222	0.222	0.222	0.222	0.222	0.222	0.222

工程项目		单位	上海	江苏	安徽	山东	浙江	江西	福建	湖南
			9	10	11	12	13	14	15	16
1	设备购置费	%	—	0.891	0.891	0.891	0.891	0.891	0.891	0.891
2	拆迁补偿费	%	—	5.988	5.694	5.743	5.743	5.792	5.841	5.939
3	研究试验费	%	—	0.120	0.120	0.120	0.120	0.120	0.120	0.120
4	建设项目前期工作费	%	—	4.935	4.935	4.935	4.935	4.935	4.935	4.935
5	专项评价(估)费	%	—	0.222	0.222	0.222	0.222	0.222	0.222	0.222

续上表

工程项目		单位	湖北	河南	广东	广西	海南	重庆	四川	云南
			17	18	19	20	21	22	23	24
1	设备购置费	%	0.891	0.891	0.891	0.891	0.891	0.891	0.891	0.891
2	拆迁补偿费	%	6.136	5.653	5.694	5.743	5.743	5.376	5.422	5.513
3	研究试验费	%	0.120	0.120	0.120	0.120	0.120	0.120	0.120	0.120
4	建设项目前期工作费	%	4.935	4.935	4.935	4.935	4.935	4.935	4.935	4.935
5	专项评价(估)费	%	0.222	0.222	0.222	0.222	0.222	0.222	0.222	0.222

工程项目		单位	贵州	西藏	陕西	甘肃	宁夏	青海	新疆
			25	26	27	28	29	30	31
1	设备购置费	%	0.891	0.891	0.891	0.891	0.891	0.891	0.891
2	拆迁补偿费	%	5.695	5.175	4.920	4.963	4.963	5.005	5.048
3	研究试验费	%	0.120	0.120	0.120	0.120	0.120	0.120	0.120
4	建设项目前期工作费	%	4.935	4.935	4.935	4.935	4.935	4.935	4.935
5	专项评价(估)费	%	0.222	0.222	0.222	0.222	0.222	0.222	0.222

k)

l. 独立隧道工程(适用于平原微丘区)

工程项目		单位	北京	天津	内蒙古	山西	河北	辽宁	吉林	黑龙江
			1	2	3	4	5	6	7	8
1	设备购置费	%	1.109	1.109	1.109	1.109	1.109	1.109	1.109	1.109
2	拆迁补偿费	%	0.299	0.292	0.278	0.280	0.280	0.283	0.285	0.290
3	研究试验费	%	0.284	0.284	0.284	0.284	0.284	0.284	0.284	0.284
4	建设项目前期工作费	%	2.347	2.347	2.347	2.347	2.347	2.347	2.347	2.347
5	专项评价(估)费	%	0.155	0.155	0.155	0.155	0.155	0.155	0.155	0.155

工程项目		单位	上海	江苏	安徽	山东	浙江	江西	福建	湖南
			9	10	11	12	13	14	15	16
1	设备购置费	%	—	1.109	1.109	1.109	1.109	1.109	1.109	1.109
2	拆迁补偿费	%	—	0.292	0.278	0.280	0.280	0.283	0.285	0.290
3	研究试验费	%	—	0.284	0.284	0.284	0.284	0.284	0.284	0.284
4	建设项目前期工作费	%	—	2.347	2.347	2.347	2.347	2.347	2.347	2.347
5	专项评价(估)费	%	—	0.155	0.155	0.155	0.155	0.155	0.155	0.155

续上表

工程项目		单位	湖北	河南	广东	广西	海南	重庆	四川	云南
			17	18	19	20	21	22	23	24
1	设备购置费	%	1.109	1.109	1.109	1.109	1.109	1.109	1.109	1.109
2	拆迁补偿费	%	0.299	0.292	0.278	0.280	0.280	0.283	0.285	0.290
3	研究试验费	%	0.284	0.284	0.284	0.284	0.284	0.284	0.284	0.284
4	建设项目前期工作费	%	2.347	2.347	2.347	2.347	2.347	2.347	2.347	2.347
5	专项评价(估)费	%	0.155	0.155	0.155	0.155	0.155	0.155	0.155	0.155

工程项目		单位	贵州	西藏	陕西	甘肃	宁夏	青海	新疆
			25	26	27	28	29	30	31
1	设备购置费	%	1.109	1.109	1.109	1.109	1.109	1.109	1.109
2	拆迁补偿费	%	0.299	0.292	0.278	0.280	0.280	0.283	0.285
3	研究试验费	%	0.284	0.284	0.284	0.284	0.284	0.284	0.284
4	建设项目前期工作费	%	2.347	2.347	2.347	2.347	2.347	2.347	2.347
5	专项评价(估)费	%	0.155	0.155	0.155	0.155	0.155	0.155	0.155

1)

Ⅱ.独立隧道工程(适用于山岭重丘区)

工程项目		单位	北京	天津	内蒙古	山西	河北	辽宁	吉林	黑龙江
			1	2	3	4	5	6	7	8
1	设备购置费	%	1.564	1.458	1.224	1.221	1.225	1.218	1.218	1.218
2	拆迁补偿费	%	2.346	2.290	2.177	2.135	2.135	1.652	1.666	2.317
3	研究试验费	%	0.898	0.898	0.838	0.896	0.898	0.906	0.906	0.906
4	建设项目前期工作费	%	5.588	5.588	5.588	5.588	5.588	5.588	5.588	5.588
5	专项评价(估)费	%	0.369	0.369	0.369	0.369	0.369	0.369	0.369	0.369

工程项目		单位	上海	江苏	安徽	山东	浙江	江西	福建	湖南
			9	10	11	12	13	14	15	16
1	设备购置费	%	1.818	1.928	1.389	1.210	1.728	1.324	1.352	1.337
2	拆迁补偿费	%	2.161	2.044	1.961	1.961	2.066	2.156	2.211	2.438
3	研究试验费	%	1.201	1.228	1.036	1.066	1.118	1.012	1.013	1.033
4	建设项目前期工作费	%	5.588	5.588	5.588	5.588	5.588	5.588	5.588	5.588
5	专项评价(估)费	%	0.369	0.369	0.369	0.369	0.369	0.369	0.369	0.369

续上表

工程项目		单位	湖北	河南	广东	广西	海南	重庆	四川	云南
			17	18	19	20	21	22	23	24
1	设备购置费	%	1.332	1.279	1.816	1.318	1.318	1.328	1.331	1.325
2	拆迁补偿费	%	2.220	1.812	2.471	1.876	2.173	1.939	1.939	1.475
3	研究试验费	%	1.033	1.017	1.119	1.023	1.023	1.040	1.045	1.036
4	建设项目前期工作费	%	5.588	5.588	5.588	5.588	5.588	5.588	5.588	5.588
5	专项评价(估)费	%	0.369	0.369	0.369	0.369	0.369	0.369	0.369	0.369

工程项目		单位	贵州	西藏	陕西	甘肃	宁夏	青海	新疆
			25	26	27	28	29	30	31
1	设备购置费	%	1.324	1.037	1.129	1.022	1.021	1.021	1.020
2	拆迁补偿费	%	1.008	1.188	1.838	1.757	1.779	1.742	1.213
3	研究试验费	%	1.029	1.092	0.882	0.832	0.832	0.831	0.829
4	建设项目前期工作费	%	5.588	5.588	5.588	5.588	5.588	5.588	5.588
5	专项评价(估)费	%	0.369	0.369	0.369	0.369	0.369	0.369	0.369

(2)工程可行性研究报告投资估算的设备及工具、器具购置费按表4-19计算。

设备购置费参考值 表4-19

序号	项目名称			单位	金额(元)	备注
1	监控系统	一般监控		公路公里	50000	
2		重点路段监控		公路公里	80000	
3	通信系统			公路公里	150000	
4	收费系统			每车道数	273917	若为计重收费,另增加16万元/收费车道
5						若为ETC收费,另增加40万元/收费车道
6	隧道	监控		km	1819369	工程量以隧道双洞长度计算;若隧道为单洞,则需将参考值乘以系数0.5
7		通风	4000m以上	km	1625384	
8			4000m以上	km	3951416	
9		消防		km	281722	
10		供配电及照明		km	2219969	
11	服务房屋			m^2	396	按建筑面积计算
12	除湿系统			套	500000	
13	索塔内维修电梯			台	1000000	
14	桥区VTS系统			套	2000000	

注:本指标适用于高速公路和一级公路,工程量按估算指标相应规定计算。

3. 办公和生活用家具购置费

办公和生活用家具购置费系指为保证建设项目初期正常生产、使用和管理所必须购置的办公和生活用家具、用具的费用。范围包括:办公室、会议室、资料档案室、阅览室、宿舍及生活福利设施等的家具、用具。其购置费用标准详见本书第三章。新建工程的办公和生活用家具购置费按规定计算,改建工程按规定标准的80%计列。

(三)工程建设其他费用

1. 土地征用及拆迁补偿费

计算方法:

(1)项目建议书投资估算阶段

土地征用费按《公路工程项目建设用地指标》中规定的数量乘以工程所在地的征地单价进行计算。拆迁补偿费按表4-18规定的费率,以第一部分建筑安装工程费总额为基数进行计算。

(2)工程可行性研究报告投资估算阶段

土地征用及拆迁补偿费应根据工程可行性研究报告编制的建设工程用地和临时用地面积及其附着物的情况,以及实际发生的费用项目,按国家有关规定及工程所在地的省(自治区、直辖市)人民政府颁发的有关规定和标准计算。

森林植被恢复费应根据审批单位批准的建设工程占用林地的类型及面积,按国家有关规定及工程所在地的省(自治区、直辖市)人民政府颁发的有关规定和标准计算。当与原有的电力电讯设施、水利工程、铁路及铁路设施互相干扰时,应与有关部门联系,商定合理的解决方案和赔偿金额,也可由这些部门按规定编制费用以确定赔偿金额。

2. 建设项目管理费

建设项目管理费包括建设单位(业主)管理费、工程监理费、设计文件审查费和竣(交)工验收试验检测费。其费用标准详见第三章。

3. 研究试验费

计算方法:

(1)项目建议书投资估算的研究试验费按表4-18规定的费率,以第一部分建筑安装工程费总额为基数计算。

(2)工程可行性研究报告的研究试验费按照设计提出的研究试验内容和要求进行编制,不需验证设计基础资料的不计本项费用。

4. 建设项目前期工作费

计算方法:

(1)项目建议书投资估算前期工作费可按表4-18规定的费率,以第一部分建筑安装工程费总额为基数计算。

(2)工程可行性研究报告投资估算前期工作费依据委托合同计列,或按国家颁发的收费标准和有关规定进行编制。

5. 专项评价(估)费

计算方法:

(1)项目建议书投资估算的专项评价(估)费可按表4-18规定的费率,以第一部分建筑安装工程费总额为基数计算。

(2)工程可行性研究报告投资估算的专项评价(估)费依据委托合同计列,或按国家颁发的收费标准和有关规定进行编制。

6. 其他

施工机构迁移费、供电贴费(目前停止征收)、联合试运转费、生产人员培训费、固定资产投资方向调节税(目前暂停征收)、建设期贷款利息等内容详见第三章。

（四）预备费

预备费由价差预备费及基本预备费两部分组成。在公路工程建设期限内，凡需动用预备费时，属于公路交通部门投资的项目，需经建设单位提出，按建设项目隶属关系，报交通运输部或交通厅（局）基建主管部门核定批准。属于其他部门投资的建设项目，按其隶属关系报有关部门核定批准。

1. 价差预备费

计算方法：价差预备费以投资估算第一部分建筑安装工程费总额为基数，按项目建议书和可行性研究报告编制年始至建设项目工程竣工年的年数和年工程造价增长率计算。计算方法同第三章。

2. 基本预备费

计算方法：以第一、二、三部分费用之和（扣除固定资产投资方向调节税和建设期贷款利息两项费用）为基数，项目建议书投资估算按费率 11% 计列，可行性研究报告投资估算按费率 9% 计列。

（五）回收金额

同第三章。

（六）冬、雨季及夜间施工增工百分率、临时设施用工指标

同第三章。

三 投资估算计算程序和方法

投资估算计算程序一般是直接工程费即工料机费用、其他工程费、直接费、规费、企业管理费、间接费、利润、税金、建安费、设备工具器具购置费、办公及生活家具购置费、工程建设其他费、预备费、回收金额、估算总金额。在此过程中，应根据不同工程类别列出其他工程费、规费、企业管理费的综合费率以便应用。公路工程建设各项费用的计算程序及计算方式见表 4-20。

公路工程建设各项费用的计算程序及计算方式 表 4-20

代号	项　目	说明及计算式
（一）	直接工程费（即工、料、机费）	按编制年工程所在地的预算价格计算
（二）	其他工程费	（一）×其他工程费综合费率或各类工程人工费和机械费之和×其他工程费综合费率
（三）	直接费	（一）+（二）
（四）	间接费	各类工程人工费×规费综合费率+（三）×企业管理费综合费率
（五）	利润	[（三）+（四）-规费]×利润率
（六）	税金	[（三）+（四）+（五）]×综合税率
（七）	建筑安装工程费	（三）+（四）+（五）+（六）
（八）	设备、工具、器具购置费（包括备品备件）	Σ（设备、工具、器具购置数量×单价+运杂费）×（1+采购保管费率）
	办公和生活用家具购置费	按有关规定计算

续上表

代号	项　目	说明及计算式
（九）	工程建设其他费用	
	土地征用及拆迁补偿费	按有关规定计算
	建设单位（业主）管理费	（七）×费率
	工程监理费	（七）×费率
	设计文件审查费	（七）×费率
	竣（交）工验收试验检测费	按有关规定计算
	研究试验费	按有关规定计算
	建设项目前期工作费	按有关规定计算
	专项评价（估）费	按有关规定计算
	施工机构迁移费	按实计算
	供电贴费（停止收取）	按有关规定计算
	联合试运转费	（七）×费率
	生产人员培训费	按有关规定计算
	固定资产投资方向调节税（暂停征收）	按有关规定计算
	建设期贷款利息	按资金筹措方案贷款数及利率计算
（十）	预备费	包括价差预备费和基本预备费两项
	价差预备费	按规定的公式计算
	基本预备费	［（七）＋（八）＋（九）－固定资产投资方向调节税－建设期贷款利息］×费率
（十一）	建设项目总费用	（七）＋（八）＋（九）＋（十）

例 4-1　本章第四节的案例中路基挖土方为 107672m^3，自卸汽车运土，试计算该项土方工程的估算直接工程费。

解题思路：

本题首先需要确定该项工程的估算定额，同时确定估算指标中相应的工料机单价。

查估算指标可知，该项工程挖土方指标号为第 2 页 1-1-1，指标单位 1000m^3，指标工程量为 107.672m^3。

人工费为：45.4 工日×61.07 元/工日×107.672＝298529（元）

其他材料费为：0.4 元×1 元×107.672＝43（元）

机械使用费为：1246272 元

75kW 以内履带式推土机使用费：0.21 台班×900.49 元/台班×107.672

135kW 以内履带式推土机使用费：1.24 台班×1678.01 元/台班×107.672

2.0m^3 以内履带式单斗挖掘机使用费：0.95 台班×1871.76 元/台班×107.672

120kW 以内自行式平地机使用费：0.02 台班×1331.89 元/台班×107.672

8～10t 光轮压路机使用费：0.03 台班×403.61 元/台班×107.672

蛙式夯土机使用费：0.25 台班×26.42 元/台班×107.672

小型机具使用费：3.1 台班×1 元/台班×107.672

基价：5804 元

自卸汽车运土方见《估算指标》第 3 页 1-4-1。

10t 以内自卸汽车使用费：8.19 台班×839.31 元/台班×107.672

基价:4976 元

直接工程费为:1544844 元

第四节　投资估算编制案例

某“二改一”工程项目位于山东省境内,主要工程为路面加宽改造、桥梁新建和加宽、路基土方工程、下穿铁路立交路段的加宽改造及安全设施、景观绿化等。本项目的主要技术经济及工程建设规模见表 4-21。

主要技术经济及工程建设规模指标表　　表 4-21

项　目		单　位	
路线长度		km	7.732
公路等级			一级
设计速度		km/h	80
最小平曲线半径		m	300
最大纵坡		%	3.392
公路主线新征土地		公顷	23.2057
拆迁房屋		m^2	22014
树木		棵	7672
路基填筑土石方数量	填土方	m^3	5400
	挖土方	m^3	107672
路面	沥青混凝土面层	km^2	165.337
路基排水	M7.5 浆砌片石	m^3	2418.7
	直径 80cm 排水管	m	12881
路基防护	M7.5 浆砌片石	m^3	2200
桥涵	大桥	m/座	188.20/1
	中桥	m/座	42.98/1
	小桥	m/座	12.0/1
	涵洞	道	6
路线交叉	与铁路分离式立体交叉	处	2
	与等级公路平面交叉	处	2

编制思路:

1. 投资估算编制依据

交通部[2011]82 号公告发布的《公路工程基本建设项目投资估算编制办法》(JTG M20—2011)和《公路工程估算指标》(JTG/T M21—2011);

交通部[2007 年]第 33 号公告公布的《公路工程基本建设项目概算预算编制办法》(JTG B06—2007);

交通部[2007 年]第 33 号公告公布的《公路工程概算定额》(JTG/T B06-02—2007);

交通部[2007 年]第 33 号公告公布的《公路工程机械台班费用定额》(JTG/T B06-03—2007);

国家发展计划委员会文件计价格[1999]1283 号《国家计委关于印发建设项目前期工作咨询收费暂行规定的通知》;

国家发展计划委员会文件计价格[2002]10 号《工程勘察设计收费标准(2002 年修订

本)》执行;

国家计委经贸委计价格[2002]98号《关于停止收取供(配)电工程贴费有关问题的通知》;

鲁交建管[2012]18号关于印发《山东省公路工程基本建设项目投资估算概算预算编制补充规定》的通知;

鲁政办发(2009)20号《山东省关于实施征地区片综合地价标准的通知》;

鲁价费发(2008)175号《省物价局、山东省财政厅、山东省国土资源厅关于调整枣庄市征地地面附着物和青苗补偿标准的批复》;

鲁财建[2011]159号《关于明确国省道专项资金开支范围的通知》;

本可行性研究报告拟定的技术标准、建设规模、工程方案及工程数量。

2. 工、料、机取费标准

人工费单价按61.07元/工日计取。

指标材料综合价格:本项目建设所用筑路材料的产地价格都是由近期实地调查和当地造价信息发布的市场指导价所提供的建筑材料价格。通过对现有料场,从质量到数量的比选,拟选择产品质量好,产量稳定,适宜路桥规范规定材料的料场,采用数学加权平均算法,分别计算出各种主要材料的平均运距,再根据运输主管部门规定的运价和装卸费,计算出材料的综合价格。

设备、工器具购置费:按《编制办法》规定,以建安费为基数,按一级公路标准计算。

建设单位管理费:按《编制办法》规定,以建安费为基数,以累进办法计算。

工程质量监督费:取消不计。

工程监理费:按《编制办法》规定,以建安费为基数,一级及二级公路按2.5%计算。

工程定额测定费:取消不计。

设计文件审查费:按《编制办法》规定,以建安费的0.1%计算。

建设项目前期工作费:国家发展改革委员会文件计价格[1999]1283号《国家计委关于印发建设项目前期工作咨询收费暂行规定的通知》和国家发展计划委员会、建设部发布的《工程勘察设计收费标准(2002年修订本)》执行。

计划利润:按《编制办法》规定,以直接工程费与间接费之和扣除规费的7%计。

税金:按《编制办法》规定,综合税率为3.41%。

预备费:按一、二、三部分费用之和(扣除大型专用机械设备购置费、固定资产投资方向调节税和建设期贷款利息三项费用)的9%计列。

以下费用不计:

(1)研究实验费;

(2)供电贴费;

(3)施工机构迁移费;

(4)大型专用机械设备购置费;

(5)建设期贷款利息;

(6)固定资产投资方向调节税。

3. 项目资金筹措

根据鲁财建[2011]159号《关于明确国省道专项资金开支范围的通知》要求,国省道专项资金分为省级投资与市县级投资两部分。本项目应根据该规定进行资金申请。

4. 投资估算计算结果(表4-22～表4-28)

总 估 算 表

表4-22

建设项目名称：S348 枣曹线薛城至济宁界段改建工程

编制范围：K36 + 556 ~ K44 + 287.82

第1页　共4页　（01表）

项	目	节	细目	工程或费用名称	单　位	数　量	预算金额(元)	技术经济指标	各项费用比例(%)	备　注
				第一部分　建筑安装工程费	公路公里	7.730	121312684	15693749.55	60.93	
一				临时工程	公路公里	7.730	1201404	155420.96	0.60	
	1			临时道路		7.730	642006	83053.82		
	2			临时便桥	m/座	56.000/2	164048	2929.43/82024.00		
	3			其他临时工程	公路公里	7.730	395350	51144.89		
二				路基工程	公路公里	7.730	10162126	1314634.67	5.10	
	1			场地清理	公路公里	7.730	634781	82119.15		
		1		挖除旧路面	m^2	5400.000	234284	43.39		
		2		拆除旧建筑物、构筑物	m^3	760.000	400498	526.97		
	2			挖方	m^3	107672.000	2039396	18.94		
		1		路基挖方	m^3	107672.000	2039396	18.94		
	3			填方	m^3	54000.000	3555978	65.85		
		1		路基填方	m^3	54000.000	3555978	65.85		
	4			排水工程	公路公里	7.730	3074688	397760.41		
		1		砌石圬工	m^3	2418.700	942620	389.72		
		2		混凝土圬工	m^3	62.600	76311	1219.03		
		3		其他排水工程	公路公里	7.730	2055757	265945.28		
	5			防护与加固工程	公路公里	7.730	857282	110903.23		
		1		其他路基防护与加固	公路公里	7.730	857282	110903.23		
三				路面工程	公路公里	7.730	40591447	5251157.44	20.39	
	1			老路处治	公路公里	7.730	1040197	134566.24		
		1		老路灌缝	m	12980.000	66847	5.15		

续上表

建设项目名称:S348 枣曹线薛城至济宁界段改建工程

编制范围:K36 + 556 ~ K44 + 287.82　　　　第 2 页　共 4 页　(01 表)

项	目	节	细目	工程或费用名称	单　位	数　量	预算金额(元)	技术经济指标	各项费用比例(%)	备　注
		2		挖补 20cm 水稳碎石	m^2	3490.000	248179	71.11		
		3		铣刨 4cm 沥青路面	m^2	39790.000	239594	6.02		
				铣刨 6.5cm 沥青路面	m^2	60249.000	485576	8.06		
	2			路面底基层	m^2	120925.000	5351711	44.26		
		1		15cm 水泥稳定碎石	m^2	60249.000	2407587	39.96		
		2		20cm 低剂量水稳碎石底基层	m^2	60676.000	2944123	48.52		
	3			路面基层	m^2	182881.000	10456490	57.18		
		1		17cm 水泥稳定碎石基层	m^2	62649.000	2802685	44.74		
		2		34cm 水泥稳定碎石基层	m^2	59983.000	5246219	87.46		
		3		15cm 水泥稳定碎石找平层	m^2	60249.000	2407587	39.96		
	4			沥青混凝土面层	m^3	16873.000	21625476	1281.66		
		1		6cmAC-16F 中粒式沥青混凝土	m^3	10259.160	12157473	1185.04		
		2		4cmAC-13C 细粒式改性沥青混凝土	m^3	6613.480	9468003	1431.62		
	5			沥青路面镶边及路缘石	km	7.540	2117573	280845.23		
		1		路缘石	km	7.540	2117573	280845.23		
四				桥梁涵洞工程	公路公里	7.730	26675423	3450895.60	13.40	
	1			涵洞工程	m/道	156.000/6	1309554	8394.58/218259.00		
		1		钢筋混凝土圆管涵	m/道	73.500/3	218290	2969.93/72763.33		
		2		盖板涵	m/道	78.000/3	1091264	13990.56/363754.67		
	2			小桥	m/座	12.000/1	1068655	89054.58/1068655.00		
	3			中桥工程	m/座	42.980/1	4039192	93978.41/4039192.00		
	4			大桥工程	m/座	159.900/1	20258022	126691.82/20258022.00		

续上表

建设项目名称:S348 枣曹线薛城至济宁界段改建工程

编制范围:K36 +556 ~ K44 +287.82　　　　第 3 页　共 4 页　(01 表)

项	目	节	细目	工程或费用名称	单　位	数　量	预算金额(元)	技术经济指标	各项费用比例(%)	备　注
		1		蟠龙河大桥	m^2/m	4610.900/188.200	20258022	4393.51/107640.92		
五				交叉工程	处	4.000	29628172	7407043.00	14.88	
	1			平面交叉	处	2.000	1367046	683523.00		
	2			分离式立体交叉	处	2.000	28261127	14130563.50		
		1		下穿铁路框架桥	处	2.000	25141445	12570722.50		
		2		下穿铁路路面工程	m^2	11400.000	3119682	273.66		
七				公路设施及预埋管线工程	公路公里	7.730	11119374	1438470.12	5.58	
	1			安全设施	公路公里	7.730	8719374	1127991.46		
	2			管理、养护设施	公路公里	7.730	2400000	310478.65		
		1		养护工区	处	1.000	2400000	2400000.00		
八				绿化及环境保护工程	公路公里	7.730	1934737	250289.39	0.97	
	1			中分带填土	m^3	4283.000	68537	16.00		
	2			绿化工程	km	5.332	1866200	350000.00		
				第二部分　设备及工具、器具购置费	公路公里	7.730	590310	76366.11	0.30	
一				设备购置费	公路公里	7.730	500000	64683.05	0.25	
	1			张桥交通观测设备	总额	1.000	200000	200000.00		
	2			养护工区配套机电						
	3			公路养护设备及养护工区配套设备	总额	1.000	300000	300000.00		
		1		变压器	总额	1.000	100000	100000.00		
		2		锅炉	总额	1.000	200000	200000.00		
三				办公及生活用家具购置费	公路公里	7.730	90310	11683.05	0.05	

续上表

建设项目名称:S348 枣曹线薛城至济宁界段改建工程

编制范围:K36 +556 ~ K44 +287.82

第4页　共4页　(01表)

项	目	节	细目	工程或费用名称	单　位	数　量	预算金额(元)	技术经济指标	各项费用比例(%)	备　注
				第三部分　工程建设其他费用	公路公里	7.730	46991691	6079132.08	23.60	
一				土地征用拆迁补偿费	公路公里	7.730	36399165	4708818.24	18.28	
	1			土地征用费	公路公里	7.730	9733650	1259204.40		
		1		永久占地	亩	213.000	9628650	45204.93		
		2		临时占地	亩	35.000	105000	3000.00		
	2			拆迁补偿费	公路公里	7.730	7117415	920752.26		
	3			附着物及青苗等补偿费	公路公里	7.730	19548100	2528861.58		
		1		青苗补偿费	亩	126.000	126000	1000.00		
		2		拆迁建筑物	m^2	22014.000	14309100	650.00		
		3		拆迁电力电讯线	道	136.000	5113000	37595.59		
二				建设项目管理费	公路公里	7.730	5673367	733941.40	2.85	
	1			建设单位(业主)管理费	公路公里	7.730	2426453	313900.78		
	2			工程监理费	公路公里	7.730	3032817	392343.73		
	3			设计文件审查费	公路公里	7.730	121313	15693.79		
	4			竣(交)工验收试验检测费	公路公里	7.730	92784	12003.10		
三				老路检测费	公路公里	7.730	385774	49906.08	0.19	
四				建设项目前期工作费	公路公里	7.730	3831055	495608.67	1.92	
五				专项评价(估)费	公路公里	7.730	702330	90857.70	0.35	
				第一、二、三部分费用合计	公路公里	7.730	168894685	21849247.74	84.83	
				预备费	元		15200522		7.63	
				基本预备费	元		15200522		7.63	

编制:×××　　复核:×××

人工、主要材料、机械台班数量汇总表

表 4-23

建设项目名称:S348 枣曹线薛城至济宁界段改建工程

编制范围:K36 +556 ~ K44 +287.82

序号	规格名称	单位	总数量	分项统计									场外运输损耗	
				临时工程	路基工程	路面工程	桥梁涵洞工程	交叉工程	公路设施及预埋管线工程	绿化及环境保护工程	辅助生产	其他	损耗率(%)	数量
1	人工	工日	133407	5744	27593	20427	55371	4564	6046	63		13600		
2	机械工	工日	17916	213	3599	4630	7896	934	588	55				
3	机械工	工日	76			76								
4	原木	m^3	61	20	5		36	0	0					
5	锯材木中板 § =19 ~35	m^3	142	31	31		78	1	0					
6	枕木	m^3	20				20							
7	光圆钢筋直径 10 ~14mm	t	275		2		263	1	10					
8	带肋钢筋直径 15 ~24mm,25mm 以上	t	884		2		856	27						
9	钢绞线普通,无松弛	t	77				77							
10	冷拔低碳钢丝 ϕ5mm 以内冷拔丝	t	0				0							
11	波纹管钢带	t	8				8							
12	型钢	t	24	1	0	4	19	0	0					
13	钢板	t	20	0		0	10		10					
14	圆钢	t	0				0							
15	钢管	t	35				33		2					
16	镀锌钢板	t	0						0					
17	钢钎	kg	2				2							

续上表

建设项目名称:S348 枣曹线薛城至济宁界段改建工程

编制范围:K36+556~K44+287.82

第2页　共12页　(02表)

序号	规格名称	单位	总数量	分项统计									场外运输损耗	
				临时工程	路基工程	路面工程	桥梁涵洞工程	交叉工程	公路设施及预埋管线工程	绿化及环境保护工程	辅助生产	其他	损耗率(%)	数量
18	钢丝绳	t	5				2		3					
19	电焊条	kg	7804	11	1	20	6259		1514					
20	螺栓	kg	22429				4		22426					
21	镀锌膨胀螺栓	套	52						52					
22	钢管立柱	t	314				0		313					
23	型钢立柱	t	21						21					
24	波形钢板	t	422				0		422					
25	钢管桩	t	8	1			7							
26	钢护筒	t	12				12							
27	钢套箱	t	74				74							
28	钢模板	t	3		1		2							
29	组合钢模板	t	16		0	0	15	0	0					
30	门式钢支架	t	2				2							
31	四氟板式橡胶组合支座	dm^3	151				151							
32	板式橡胶支座	dm^3	823				823							
33	模数式伸缩缝	t	9				9							
34	板式橡胶伸缩缝	m	7				7							
35	铸铁	kg	3933				3933							
36	钢绞线群锚(3孔)	套	2022				2022							

续上表

建设项目名称:S348 枣曹线薛城至济宁界段改建工程

编制范围:K36 + 556 ~ K44 + 287.82

第 3 页　共 12 页　(02 表)

序号	规格名称	单位	总数量	分项统计									场外运输损耗	
				临时工程	路基工程	路面工程	桥梁涵洞工程	交叉工程	公路设施及预埋管线工程	绿化及环境保护工程	辅助生产	其他	损耗率(%)	数量
37	钢绞线群锚(7 孔)	套	7				7							
38	铁件	kg	11559	268	45	491	10462	75	217					
39	镀锌铁件	kg	15683						15683					
40	铁钉	kg	452		356		96							
41	8 ~ 12 号铁丝	kg	1375	309	826		200	0	40					
42	20 ~ 22 号铁丝	kg	4104		41		3884	137	43					
43	刺铁丝	kg	1833						1833					
44	铁皮	m^2	16				16							
45	铝合金标志	t	5						5					
46	铸铁箅子	kg	116		116									
47	铸铁管	kg	2385				2385							
48	裸铝(铜)线	m	479	479										
49	橡皮线	m	1198	1198										
50	皮线	m	2087	2087										
51	油漆	kg	241				49		192					
52	桥面防水涂料	kg	13180				13180							
53	热熔涂料	kg	36317						36317					
54	反光玻璃珠	kg	2866						2866					
55	反光膜	m^2	666						666					

续上表

建设项目名称:S348 枣曹线薛城至济宁界段改建工程

编制范围:K36 +556 ~ K44 +287.82

序号	规格名称	单位	总数量	分项统计									场外运输损耗	
				临时工程	路基工程	路面工程	桥梁涵洞工程	交叉工程	公路设施及预埋管线工程	绿化及环境保护工程	辅助生产	其他	损耗率(%)	数量
56	反光突起路钮	个	2945						2945					
57	土工布	m^2	30319		30319									
58	玻璃纤维布	m^2	14866				14866							
59	塑料波纹管(φ100mm)	m	2159		2159									
60	塑料打孔波纹管(φ100mm)	m	6813		6813									
61	麻袋	个	4149				4149							
62	草袋	个	6379		328		6052							
63	油毛毡	m^2	267				267							
64	32.5 级水泥	t	14101		550	7384	3962	1862	203				1.00	140
65	42.5 级水泥	t	1243				1231						1.00	12
66	硝铵炸药	kg	160		95		65							
67	导火线	m	267		211		56							
68	普通雷管	个	26				26							
69	石油沥青	t	1383		9	1319	2	54						
70	改性沥青	t	897			822	74							
71	乳化沥青	t	15				7	8						
72	纤维稳定剂	t	4				4							
73	重油	kg	234194			219654	8293	6247						
74	汽油	kg	13376		225	3080	980	332	8760					

续上表

建设项目名称:S348 枣曹线薛城至济宁界段改建工程

编制范围:K36 + 556 ~ K44 + 287.82

第5页　共12页　(02表)

序号	规格名称	单位	总数量	分项统计									场外运输损耗	
				临时工程	路基工程	路面工程	桥梁涵洞工程	交叉工程	公路设施及预埋管线工程	绿化及环境保护工程	辅助生产	其他	损耗率(%)	数量
75	柴油	kg	422837	4345	161579	187240	43706	22730	42	3195				
76	煤	t	16			15	0	0					1.00	0
77	电	kW·h	868534	1379	2732	202873	622568	19427	19555					
78	水	m^3	51540	440	7940	15127	26006	1232	796					
79	青(红)砖	千块	203				130	67					3.00	6
80	生石灰	t	5862		5517			175					3.00	171
81	土	m^3	304					295					3.00	9
82	砂	m^3	6759			6344	67	183					2.50	165
83	中(粗)砂	m^3	14180		2226	2868	6769	1620	352				2.50	346
84	砂砾	m^3	9017		1910	2554	4034	429					1.00	89
85	天然级配	m^3	4773	4726									1.00	47
86	黏土	m^3	2206		44		2097						3.00	64
87	碎石土	m^3	99					99					1.00	1
88	片石	m^3	7015		4905	662	1439	9						
89	大卵石	m^3	0		0									
90	煤渣	m^3	87		87								1.00	1
91	石渣	m^3	21					20					1.00	0
92	粉煤灰	m^3	1211			495		681					3.00	35
93	矿粉	t	2352			2101	128	54					3.00	69

建设项目名称:S348 枣曹线薛城至济宁界段改建工程

编制范围:K36 + 556 ~ K44 + 287.82

序号	规格名称	单位	总数量	分项统计									场外运输损耗	
				临时工程	路基工程	路面工程	桥梁涵洞工程	交叉工程	公路设施及预埋管线工程	绿化及环境保护工程	辅助生产	其他	损耗率(%)	数量
94	碎石(2cm)	m^3	2796		1104		1647		17				1.00	28
95	碎石(4cm)	m^3	12099		717	1780	6466	2843	173				1.00	120
96	碎石(6cm)	m^3	1290		1242		36						1.00	13
97	碎石(8cm)	m^3	912		16		522		365				1.00	9
98	碎石	m^3	99184			89974		8228					1.00	982
99	石屑	m^3	6074			4844	105	1066					1.00	60
100	路面用碎石(1.5cm)	m^3	10384			8855	580	846					1.00	103
101	路面用碎石(2.5cm)	m^3	6260			5408		790					1.00	62
102	路面用碎石(3.5cm)	m^3	573			86		481					1.00	6
103	块石	m^3	1885		458	802	618	8						
104	粗料石	m^3	1				1							
105	草皮	m^2	39				37						7.00	3
106	其他材料费	元	272083	4670	3128	15661	49487	4862	194276					
107	设备摊销费	元	497360	21556		69681	404638	1485						
108	75kW 以内履带式推土机	台班	137	51	40	12	32	2		1				
109	90kW 以内履带式推土机	台班	1	1										
110	105kW 以内履带式推土机	台班	21			18	3	0						
111	135kW 以内履带式推土机	台班	146		146									
112	$0.6m^3$ 履带式单斗挖掘机	台班	25			15	10	0						

建设项目名称:S348 枣曹线薛城至济宁界段改建工程

编制范围:K36 +556 ~ K44 +287.82

序号	规格名称	单位	总数量	分项统计									场外运输损耗	
				临时工程	路基工程	路面工程	桥梁涵洞工程	交叉工程	公路设施及预埋管线工程	绿化及环境保护工程	辅助生产	其他	损耗率(%)	数量
113	1.0m^3 履带式单斗挖掘机	台班	3				3							
114	2.0m^3 履带式单斗挖掘机	台班	195		181			9		5				
115	1.0m^3 轮胎式装载机	台班	44			15	29							
116	2.0m^3 轮胎式装载机	台班	105			98	4	3						
117	3.0m^3 轮胎式装载机	台班	223			196		27						
118	120kW 以内平地机	台班	128		100		3	25						
119	75kW 以内履带式拖拉机	台班	1					1						
120	6 ~ 8t 光轮压路机	台班	281	4	90	155	8	24						
121	8 ~ 10t 光轮压路机	台班	42	10	5	8	15	3						
122	10 ~ 12t 光轮压路机	台班	0				0							
123	12 ~ 15t 光轮压路机	台班	766	26	0	659	15	66						
124	0.6t 手扶式振动碾	台班	226	38		169		18						
125	10t 以内振动压路机	台班	12					12						
126	15t 以内振动压路机	台班	161		157			4						
127	夯击功 200 ~ 620N · m	台班	50		50									
128	235kW 以内稳定土拌和机	台班	4				1	4						
129	300t/h 以内稳定土厂拌设备	台班	112			104		7						
130	9.5m 稳定土摊铺机	台班	107			102		6						
131	4000L 以内沥青洒布车	台班	7			6	1	1						

续上表

建设项目名称:S348 枣曹线薛城至济宁界段改建工程

编制范围:K36 + 556 ~ K44 + 287.82

第 8 页　共 12 页　(02 表)

序号	规格名称	单位	总数量	分项统计									场外运输损耗	
				临时工程	路基工程	路面工程	桥梁涵洞工程	交叉工程	公路设施及预埋管线工程	绿化及环境保护工程	辅助生产	其他	损耗率(%)	数量
132	30t/h 以内沥青混合料拌和设备	台班	2			2	0							
133	120t/h 以内沥青混合料拌和设备	台班	2					2						
134	160t/h 以内沥青混合料拌和设备	台班	29			28	2							
135	240t/h 以内沥青混合料拌和设备	台班	12			12								
136	6.0m 以内带自动找平沥青混合料摊铺机	台班	2					2						
137	9.0m 以内带自动找平沥青混合料摊铺机	台班	32			30	2							
138	12.5m 以内带自动找平沥青混合料摊铺机	台班	13			13								
139	16 ~ 20t 轮胎式压路机	台班	17			15		1						
140	20 ~ 25t 轮胎式压路机	台班	27			26		1						
141	含热熔釜标线车 BJ-130、油抹器动力等热熔标线设备	台班	43						43					
142	3.0 ~ 9.0m 滑模式水泥混凝土摊铺机	台班	2				1	1						
143	2.5 ~ 4.5m 轨道式水泥混凝土摊铺机	台班	5					5						
144	电动混凝土真空吸水机组	台班	30				15	16						

续上表

建设项目名称:S348 枣曹线薛城至济宁界段改建工程

编制范围:K36 +556 ~ K44 +287.82

第9页　共12页　(02表)

序号	规格名称	单位	总数量	分项统计									场外运输损耗	
				临时工程	路基工程	路面工程	桥梁涵洞工程	交叉工程	公路设施及预埋管线工程	绿化及环境保护工程	辅助生产	其他	损耗率(%)	数量
145	电动混凝土刻纹机	台班	143				36	107						
146	电动混凝土切缝机	台班	71				14	57						
147	机动混凝土路缘石铺筑机	台班	38			38								
148	机动破路机	台班	338		338									
149	250L 以内强制式混凝土搅拌机	台班	216		21	79	78	36	1					
150	500L 以内强制式混凝土搅拌机	台班	14				14							
151	$3m^3$ 以内混凝土搅拌运输车	台班	24			24								
152	$6m^3$ 以内混凝土搅拌运输车	台班	34					34						
153	$60m^3/h$ 以内混凝土输送泵	台班	40				40							
154	$15m^3/h$ 以内水泥混凝土搅拌站	台班	13			13								
155	$40m^3/h$ 以内水泥混凝土搅拌站	台班	44				34	11						
156	$60m^3/h$ 以内水泥混凝土搅拌站	台班	1					1						
157	900kN 以内预应力拉伸机	台班	0				0							
158	5000kN 以内预应力拉伸机	台班	0				0							
159	油泵、千斤顶各 1 钢绞线拉伸设备	台班	317				317							
160	含钢带点焊机波纹管卷制机	台班	42				42							
161	2t 以内载货汽车	台班	184						184					
162	4t 以内载货汽车	台班	85			0	2		83					
163	6t 以内载货汽车	台班	6				5		1					

续上表

建设项目名称:S348 枣曹线薛城至济宁界段改建工程

编制范围:K36 + 556 ~ K44 + 287.82

第 10 页　共 12 页　(02 表)

序号	规 格 名 称	单位	总数量	分项统计									场外运输损耗	
				临时工程	路基工程	路面工程	桥梁涵洞工程	交叉工程	公路设施及预埋管线工程	绿化及环境保护工程	辅助生产	其他	损耗率(%)	数量
164	8t 以内载货汽车	台班	31				25	6						
165	10t 以内载货汽车	台班	5				5							
166	15t 以内载货汽车	台班	6				6							
167	3t 以内自卸汽车	台班	1				1							
168	5t 以内自卸汽车	台班	73			69	2	2						
169	6t 以内自卸汽车	台班	6			6								
170	8t 以内自卸汽车	台班	35					35						
171	10t 以内自卸汽车	台班	1991		1832	151	8							
172	12t 以内自卸汽车	台班	1341			1238		59		44				
173	20t 以内平板拖车组	台班	15			12	2	0						
174	4000L 以内洒水汽车	台班	13				6	7						
175	6000L 以内洒水汽车	台班	228		45	133	5	45						
176	1.0t 以内机动翻斗车	台班	268		5	77	111	75						
177	15t 以内履带式起重机	台班	14				14							
178	8t 以内轮胎式起重机	台班	1	1										
179	25t 以内轮胎式起重机	台班	12				12							
180	5t 以内汽车式起重机	台班	39		9		21		10					
181	8t 以内汽车式起重机	台班	0		0		0							
182	12t 以内汽车式起重机	台班	310			2	307	2						

续上表

建设项目名称:S348 枣曹线薛城至济宁界段改建工程

编制范围:K36 + 556 ~ K44 + 287.82

序号	规格名称	单位	总数量	分项统计									场外运输损耗	
				临时工程	路基工程	路面工程	桥梁涵洞工程	交叉工程	公路设施及预埋管线工程	绿化及环境保护工程	辅助生产	其他	损耗率(%)	数量
183	20t 汽车式起重机	台班	89			7	76	5						
184	30t 汽车式起重机	台班	18				18							
185	40t 汽车式起重机	台班	15			14		0						
186	75t 汽车式起重机	台班	26			21	4	0						
187	30kN 以内单筒慢动电动卷扬机	台班	476		0		476							
188	50kN 以内单筒慢动电动卷扬机	台班	801	18			783							
189	30kN 以内单筒快动电动卷扬机	台班	207				207							
190	300kN 以内振动打拔桩锤	台班	5	2			2							
191	600kN 以内振动打拔桩锤	台班	2				2							
192	20 型,22 型电动冲击钻机	台班	16				16							
193	30 型电动冲击钻机	台班	50				50							
194	1500mm 以内回旋钻机	台班	194				194							
195	2500mm 以内回旋钻机	台班	331				331							
196	容量 100 ~ 150L 泥浆搅拌机	台班	118				118							
197	150mm 以内电动单级离心清水泵	台班	143		5		138							
198	500mm 木工圆锯机	台班	0				0							
199	32kV · A 交流电弧焊机	台班	1286	1	0	4	1058		223					

续上表

建设项目名称:S348 枣曹线薛城至济宁界段改建工程

编制范围:K36 + 556 ~ K44 + 287.82

第 12 页　共 12 页　(02 表)

序号	规格名称	单位	总数量	分项统计									场外运输损耗	
				临时工程	路基工程	路面工程	桥梁涵洞工程	交叉工程	公路设施及预埋管线工程	绿化及环境保护工程	辅助生产	其他	损耗率(%)	数量
200	100kV · A 交流对焊机	台班	41				41							
201	9m³/min 以内机动空气压缩机	台班	0				0							
202	44kW 以内内燃拖轮	台班	14	1			13							
203	88kW 以内内燃拖轮	台班	29				29							
204	221kW 以内内燃拖轮	台班	10				10							
205	294kW 以内内燃拖轮	台班	1				1							
206	80t 以内工程驳船	艘班	2	2										
207	100t 以内工程驳船	艘班	83				83							
208	200t 以内工程驳船	艘班	286				286							
209	100m³/h 以内混凝土搅拌船	艘班	22				22							
210	123kW 以内机动艇	艘班	2				2							
211	潜水设备	台班	20				20							
212	小型机具使用费	元	102514	96	7454	19771	55700	1688	17805					
213	铣刨机(W2000)	台班	38			38								

编制:× × ×　　　　复核:× × ×

表 4-24

建筑安装工程费计算表

建设项目名称：S348 枣曹线薛城至济宁界段改建工程

编制范围：K36 + 556 ~ K44 + 287.82

第 1 页　共 2 页　（03 表）

序号	工程名称	单位	工程量	直接费（元）						间接费（元）	利润（元）（费率 7.0%）	税金（元）（综合税率 3.41%）	建筑安装工程费	
				直接工程费				其他工程费	合计				合计（元）	单价（元）
				人工费	材料费	机械使用费	合计							
1	2	3	4	5	6	7	8	9	10	11	12	13	14	15
1	临时道路		7.730	154776	237174	72046	463996	35833	499829	84644	36363	21170	642006	83053.81
2	临时便桥	m/座	56.000	18168	104162	5101	127431	8362	135793	12966	9879	5410	164048	2929.43
3	其他临时工程	公路公里	7.730	177829	76329	743	254901	21731	276631	85557	20125	13037	395350	51144.94
4	挖除水泥混凝土路面	m^2	5400.000	79146		80142	159288	14919	174207	39704	12647	7726	234284	43.39
5	拆除钢筋混凝土结构	m^3	595.000	216566	393	8627	225586	22506	248092	104048	18283	12631	383054	643.79
6	拆除砖石及其他砌体	m^3	165.000	8464		2392	10857	1028	11885	4112	871	575	17443	105.72
7	挖土方	m^3	107672.000	298529	43	1246272	1544844	130355	1675200	176130	120816	67250	2039396	18.94
8	6% 灰土	m^3	54000.000	98127	1652659	1264321	3015108	115184	3130291	86160	222267	117260	3555978	65.85
9	砌石圬工	m^3	2418.700	188664	494470	885	684018	53986	738004	119084	54449	31083	942620	389.72
10	混凝土圬工	m^3	62.600	23682	28091	428	52201	4413	56614	13003	4177	2516	76311	1219.02
11	其他排水工程	公路公里	7.730	600333	805677	14338	1420348	118821	1539169	335240	113559	67790	2055757	265945.24
12	挡土墙	m^3	2200.000	171584	449704	805	622092	49098	671190	108303	49520	28269	857282	389.67
13	老路灌缝	m	12980.000				66847		66847				66847	5.15
14	挖补 20cm 水稳碎石	m^2	3490.000	12277	160288	25551	198116	13063	211179	13453	15363	8184	248179	71.11
15	铣刨 4cm 沥青路面	m^2	39790.000	8019		180642	188661	17349	206010	10747	14937	7901	239594	6.02
16	铣刨 6.5cm 沥青路面	m^2	60249.000	14901		368532	383434	34886	418320	20935	30310	16012	485576	8.06
17	15cm 水泥稳定碎石	m^2	60249.000	60342	1573607	308850	1942800	128035	2070835	106707	150654	79391	2407587	39.96
18	20cm 低剂量水稳碎石底基层	m^2	60676.000	81150	1825137	463509	2369796	159750	2529545	133469	184025	97084	2944123	48.52
19	17cm 水泥稳定碎石基层	m^2	62649.000	66572	1848979	347930	2263481	148576	2412057	122730	175478	92420	2802685	44.74
20	15cm 水泥稳定碎石找平层	m^2	60249.000	60342	1573607	308850	1942800	128035	2070835	106707	150654	79391	2407587	39.96
21	6cmAC-16F 中粒式沥青混凝土	m^3	10259.160	117347	8554871	1309336	9981554	692037	10673591	317086	765897	400899	12157473	1185.04

续上表

建设项目名称:S348 枣曹线薛城至济宁界段改建工程

编制范围:K36+556~K44+287.82 第2页 共2页 (03表)

序号	工程名称	单位	工程量	直接费(元)						间接费(元)	利润(元)(费率7.0%)	税金(元)(综合税率3.41%)	建筑安装工程费	
				直接工程费				其他工程费	合计				合计(元)	单价(元)
				人工费	材料费	机械使用费	合计							
22	4cmAC-13C 细粒式改性沥青混凝土	m^3	6613.480	80125	6879537	825575	7785237	531460	8316697	242318	596775	312212	9468003	1431.62
23	路缘石	km	7.540	640511	784238	60973	1485722	113798	1599520	331860	116366	69828	2117573	280845.24
24	钢筋混凝土圆管涵	m/道	73.500	55695	78544	19111	153350	13085	166435	32378	12279	7198	218290	2969.93
25	涵径 3m 以内	m/道	24.500	45315	71357	11215	127887	10735	138621	26516	10227	5980	181345	7401.84
26	涵径 5m 以内	m/道	49.000	233735	348298	57232	639265	53914	693178	135593	51142	30005	909919	18569.78
27	小桥	m/座	12.000	189600	488825	96489	774914	68890	843804	127214	62397	35239	1068655	89054.58
28	中桥工程	m/座	42.980	506460	2082424	411775	3000659	266759	3267418	396963	241617	133195	4039192	93978.40
29	蟠龙河大桥	m^2/m	4610.900	2350709	10345476	2417837	15114022	1343637	16457658	1915345	1216999	668019	20258022	4393.51
30	平面交叉	处	2.000	36862	873241	166302	1076405	82063	1158468	78028	85471	45079	1367046	683522.81
31	下穿枣临铁路框架桥	总额	1.000				8280572		8280572				8280572	8280572.00
32	下穿京沪铁路框架桥	总额	1.000				11860873		11860873				11860873	11860873.00
33	泵站	项	1.000				5000000		5000000				5000000	5000000.00
34	26cm 水泥混凝土路面	m^2	11400.000	211693	960539	188666	1360898	102608	1463506	125630	105016	57771	1751922	153.68
35	34cm 水泥稳定碎石基层	m^2	11704.000	20657	683162	124426	828245	54117	882361	43344	64192	33755	1023652	87.46
36	20cm 级配碎石底基层	m^2	11704.000	9506	243874	24648	278028	17615	295643	15608	21508	11347	344107	29.40
37	安全设施	公路公里	7.730	369207	6277923	192658	6839787	499286	7339073	551303	541472	287526	8719374	1127991.49
38	养护工区	处	1.000				2400000		2400000				2400000	2400000.00
39	中分带填土	m^3	4283.000	3845		50760	54605	4301	58906	3140	4230	2260	68537	16.00
40	绿化工程	km	5.332				1866200		1866200				1866200	350000.00
41	各项费用合计	公路公里	7.732	7316604	53003835	11294649	101089580	5337578	106427158	6248162	5608950	3028413	121312684	15689690.10

编制:××× 复核:×××

其他工程费及间接费综合费率计算表

表 4-25

建设项目名称:S348 枣曹线薛城至济宁界段改建工程

编制范围:K36 + 556 ~ K44 + 287.82

第1页 共1页 (04表)

序号	工程类别	其他工程费费率(%)													间接费费率(%)											
													综合费率		规费						企业管理费					
		冬季施工增加费	雨季施工增加费	夜间施工增加费	高原地区施工增加费	风沙地区施工增加费	沿海地区施工增加费	行车干扰工程施工增加费	安全及文明施工措施费	临时设施费	施工辅助费	工地转移费	I	II	养老保险费	失业保险费	医疗保险费	住房公积金	工伤保险费	综合费率	基本费用	主副食运费补贴	职工探亲路费	职工取暖补贴	财务费用	综合费率
1	2	3	4	5	6	7	8	9	10	11	12	13	14	15	16	17	18	19	20	21	22	23	24	25	26	27
01	人工土方	0.280	0.190					5.290	0.890	1.730	0.890	0.348	4.328	5.290	20.000	2.000	7.000	12.000	1.000	42.000	3.360	0.248	0.100	0.060	0.230	3.998
02	机械土方	0.430	0.190					5.020	0.890	1.560	0.490	1.130	4.690	5.020	20.000	2.000	7.000	12.000	1.000	42.000	3.260	0.189	0.220	0.130	0.210	4.009
03	汽车运输	0.080	0.190					4.840	0.320	1.010	0.160	0.670	2.430	4.840	20.000	2.000	7.000	12.000	1.000	42.000	1.440	0.199	0.140	0.120	0.210	2.109
04	人工石方	0.060	0.120					5.240	0.890	1.760	0.850	0.360	4.040	5.240	20.000	2.000	7.000	12.000	1.000	42.000	3.450	0.189	0.100	0.060	0.220	4.019
05	机械石方	0.080	0.180					4.120	0.890	2.170	0.460	0.798	4.578	4.120	20.000	2.000	7.000	12.000	1.000	42.000	3.280	0.179	0.220	0.110	0.200	3.989
06	高级路面	0.370	0.180					4.010	1.500	2.110	0.800	1.400	6.360	4.010	20.000	2.000	7.000	12.000	1.000	42.000	1.910	0.119	0.140	0.070	0.270	2.509
07	其他路面	0.110	0.160					3.790	1.530	2.060	0.740	1.270	5.870	3.790	20.000	2.000	7.000	12.000	1.000	42.000	3.280	0.119	0.160	0.070	0.300	3.929
08	构造物Ⅰ	0.340	0.140					3.040	1.080	2.920	1.300	1.270	7.050	3.040	20.000	2.000	7.000	12.000	1.000	42.000	4.440	0.179	0.290	0.120	0.370	5.399
09	构造物Ⅱ	0.420	0.150	0.350				3.060	1.170	3.450	1.560	1.508	8.608	3.060	20.000	2.000	7.000	12.000	1.000	42.000	5.530	0.199	0.340	0.130	0.400	6.599
10	构造物Ⅲ(一般)	0.830	0.310	0.700				3.050	2.360	6.390	3.030	2.983	16.603	3.050	20.000	2.000	7.000	12.000	1.000	42.000	9.790	0.357	0.550	0.230	0.820	11.747
10-1	构造物Ⅲ(室内管道)	0.830		0.700				3.050	2.360	6.390	3.030	2.983	16.293	3.050	20.000	2.000	7.000	12.000	1.000	42.000	9.790	0.357	0.550	0.230	0.820	11.747
10-2	构造物Ⅲ(安装工程)	0.830						3.050	2.360	6.390	3.030	2.983	15.593	3.050	20.000	2.000	7.000	12.000	1.000	42.000	9.790	0.357	0.550	0.230	0.820	11.747
11	技术复杂大桥	0.480	0.180	0.350					1.290	3.210	1.680	1.700	8.890		20.000	2.000	7.000	12.000	1.000	42.000	4.720	0.159	0.200	0.100	0.460	5.639
12	隧道	0.100							1.100	2.830	1.230	1.195	6.455		20.000	2.000	7.000	12.000	1.000	42.000	4.220	0.159	0.270	0.080	0.390	5.119
13	钢材及钢结构(一般)	0.020		0.350					0.800	2.730	0.560	1.625	6.085		20.000	2.000	7.000	12.000	1.000	42.000	2.420	0.159	0.160	0.070	0.480	3.289
13-1	钢材及钢结构	0.020							0.800	2.730	0.560	1.625	5.735		20.000	2.000	7.000	12.000	1.000	42.000	2.420	0.159	0.160	0.070	0.480	3.289

编制:××× 复核:×××

表 4-26

设备、工具、器具购置费计算表

建设项目名称：S348 枣曹线薛城至济宁界段改建工程

编制范围：K36 + 556 ~ K44 + 287.82

第 1 页　共 1 页　(05 表)

序号	设备、工具、器具规格名称	单位	数量	单价(元)	金额(元)	说　明
一	设备购置费	公路公里	7.73	64683.050	500000	
1	张桥交通观测设备	总额	1.00	200000.000	200000	1.00(总额) ×200000
3	公路养护设备及养护工区配套设备	总额	1.00	300000.000	300000	
(1)	变压器	总额	1.00	100000.000	100000	1.00(总额) ×100000
(2)	锅炉	总额	1.00	200000.000	200000	1.00(总额) ×200000
三	办公及生活用家具购置费	公路公里	7.73	11683.020	90310	办公及生活用家具购置费

编制：× × ×　　复核：× × ×

表 4-27

工程建设其他费用计算表

建设项目名称：S348 枣曹线薛城至济宁界段改建工程

编制范围：K36 + 556 ~ K44 + 287.82

第 1 页　共 2 页　(06 表)

序号	费用名称及回收金额项目	说明及计算式	金额(元)	备　注
	第三部分　工程建设其他费用		46991691	
一	土地征用拆迁补偿费		36399165	
1	土地征用费		9733650	
(1)	永久占地		9628650	
[1]	农用地	6.85(亩) ×54000	369900	
[2]	建设用地	204.15(亩) ×45000	9186750	
[3]	未利用地	2.00(亩) ×36000	72000	
(2)	临时占地	35.00(亩) ×3000	105000	
2	拆迁补偿费	建安工程费 × 相关费率	7117415	121312683.87 ×0.05867

续上表

建设项目名称:S348 枣曹线薛城至济宁界段改建工程

编制范围:K36 + 556 ~ K44 + 287.82　　　　第 2 页　共 2 页　(06 表)

序号	费用名称及回收金额项目	说明及计算式	金额(元)	备　注
3	附着物及青苗等补偿费		19548100	
(1)	青苗补偿费	126.00(亩)×1000	126000	
(2)	拆迁建筑物		14309100	
[1]	砖瓦房	22014.00(m^2)×650	14309100	
(3)	拆迁电力电讯线		5113000	
[1]	拆迁电力线	43×5500+93×50000	4886500	43×5500+93×50000
[2]	拆迁电讯线	151.00(根)×1500	226500	
二	建设项目管理费		5673367	
1	建设单位(业主)管理费	{建设单位管理费}(建安费)	2426453	2426452.79
2	工程监理费	{工程监理费}	3032817	3032817.1
3	设计文件审查费	建安工程费×0.1%	121313	121312683.87×0.1%
4	竣(交)工验收试验检测费	{竣(交)工验收试验检测费}	92784	92784
三	老路检测费	建安工程费×相关费率	0	121312683.87×0
四	建设项目前期工作费	建安工程费×相关费率	3831055	121312683.87×0.03158
五	专项评价(估)费	建安工程费×相关费率+150000+75000+50000+75000+100000	702330	121312683.87×0.00208+150000+75000+50000+75000+100000
	1 预备费		15200522	
	2. 基本预备费	(第一、二、三部分费用合计-{N}-{P})×9%	15200522	(168894684.63-0-0)×9%

编制:×××　　　　复核:×××

表4-28

人工、材料、机械台班单价汇总表

建设项目名称:S348 枣曹线薛城至济宁界段改建工程

编制范围:K36+556~K44+287.82　　第1页　共5页　(07表)

序号	名　称	单位	代号	预算单价(元)	备注	序号	名　称	单位	代号	预算单价(元)	备注
1	人工	工日	1	61.07		24	波形钢板	t	249	6500	
2	机械工	工日	2	61.07		25	钢管桩	t	262	5500	
3	机械工	工日	浙补2	61.07		26	钢护筒	t	263	5200	
4	原木	m^3	101	2000		27	钢套箱	t	264	5000	
5	锯材木中板	m^3	102	2300		28	钢模板	t	271	5800	
6	枕木	m^3	103	2100		29	组合钢模板	t	272	5600	
7	光圆钢筋直径10~14mm	t	111	4700		30	门式钢支架	t	273	5200	
8	带肋钢筋直径15~24mm,25mm以上	t	112	4800		31	四氟板式橡胶组合支座	dm^3	401	110	
9	钢绞线普通,无松弛	t	125	6000		32	板式橡胶支座	dm^3	402	80	
10	冷拔低碳钢丝ϕ5mm以内冷拔丝	t	132	5800		33	模数式伸缩缝	t	541	43100	
11	波纹管钢带	t	151	6350		34	板式橡胶伸缩缝	m	542	375	
12	型钢	t	182	5500		35	铸铁	kg	561	4.5	
13	钢板	t	183	5800		36	钢绞线群锚(3孔)	套	572	105	
14	圆钢	t	184	5300		37	钢绞线群锚(7孔)	套	576	245	
15	钢管	t	191	7000		38	铁件	kg	651	6.5	
16	镀锌钢板	t	208	6800		39	镀锌铁件	kg	652	7.8	
17	钢钎	kg	211	6.5		40	铁钉	kg	653	7.5	
18	钢丝绳	t	221	6100		41	8~12号铁丝	kg	655	7	
19	电焊条	kg	231	9		42	20~22号铁丝	kg	656	7.2	
20	螺栓	kg	240	13		43	刺铁丝	kg	658	7.5	
21	镀锌膨胀螺栓	套	243	8		44	铁皮	m^2	666	35	
22	钢管立柱	t	247	6200		45	铝合金标志	t	668	24000	
23	型钢立柱	t	248	5500		46	铸铁箅子	kg	681	12.5	

续上表

建设项目名称:S348 枣曹线薛城至济宁界段改建工程

编制范围:K36 +556 ~ K44 +287.82

序号	名　称	单位	代号	预算单价(元)	备注	序号	名　称	单位	代号	预算单价(元)	备注
47	铸铁管	kg	682	5		70	改性沥青	t	852	6800	
48	裸铝(铜)线	m	712	9.5		71	乳化沥青	t	853	5100	
49	橡皮线	m	713	7		72	纤维稳定剂	t	856	18000	
50	皮线	m	714	6.5		73	重油	kg	861	4.5	
51	油漆	kg	732	13.5		74	汽油	kg	862	10.5	
52	桥面防水涂料	kg	735	8.5		75	柴油	kg	863	9.7	
53	热熔涂料	kg	738	6		76	煤	t	864	900	
54	反光玻璃珠	kg	739	3		77	电	kW·h	865	1	
55	反光膜	m^2	740	240		78	水	m^3	866	2	
56	反光突起路钮	个	741	15		79	青(红)砖	千块	877	350	
57	土工布	m^2	770	7.5		80	生石灰	t	891	300	
58	玻璃纤维布	m^2	771	4.5		81	土	m^3	895	8	
59	塑料波纹管(ϕ100mm)	m	786	14		82	砂	m^3	897	75	
60	塑料打孔波纹管(ϕ100mm)	m	789	16		83	中(粗)砂	m^3	899	75	
61	麻袋	个	818	3.5		84	砂砾	m^3	902	75	
62	草袋	个	819	2.5		85	天然级配	m^3	908	50	
63	油毛毡	m^2	825	4.5		86	黏土	m^3	911	25	
64	32.5 级水泥	t	832	400		87	碎石土	m^3	915	45	
65	42.5 级水泥	t	833	470		88	片石	m^3	931	80	
66	硝铵炸药	kg	841	13		89	大卵石	m^3	935	60	
67	导火线	m	842	1.5		90	煤渣	m^3	937	55	
68	普通雷管	个	845	1		91	石渣	m^3	939	55	
69	石油沥青	t	851	5400		92	粉煤灰	m^3	945	65	

续上表

建设项目名称:S348 枣曹线薛城至济宁界段改建工程

编制范围:K36 + 556 ~ K44 + 287.82 　　第 3 页　共 5 页　(07 表)

序号	名　称	单位	代号	预算单价(元)	备注	序号	名　称	单位	代号	预算单价(元)	备注
93	矿粉	t	949	125		112	0.6m^3 履带式单斗挖掘机	台班	1027	701.75	
94	碎 石(2cm)	m^3	951	85		113	1.0m^3 履带式单斗挖掘机	台班	1035	1159.23	
95	碎 石(4cm)	m^3	952	85		114	2.0m^3 履带式单斗挖掘机	台班	1037	1871.76	
96	碎 石(6cm)	m^3	953	85		115	1.0m^3 轮胎式装载机	台班	1048	649.58	
97	碎 石(8cm)	m^3	954	85		116	2.0m^3 轮胎式装载机	台班	1050	1162.25	
98	碎 石	m^3	958	85		117	3.0m^3 轮胎式装载机	台班	1051	1480.46	
99	石屑	m^3	961	85		118	120kW 以内平地机	台班	1057	1331.89	
100	路面用碎石(1.5cm)	m^3	965	95		119	75kW 以内履带式拖拉机	台班	1063	809.79	
101	路面用碎石(2.5cm)	m^3	966	95		120	6 ~ 8t 光轮压路机	台班	1075	356.14	
102	路面用碎石(3.5cm)	m^3	967	95		121	8 ~ 10t 光轮压路机	台班	1076	403.61	
103	块石	m^3	981	90		122	10 ~ 12t 光轮压路机	台班	1077	534.93	
104	粗料石	m^3	984	120		123	12 ~ 15t 光轮压路机	台班	1078	617.85	
105	草皮	m^2	995	3		124	0.6t 手扶式振动碾	台班	1083	127.88	
106	其他材料费	元	996	1		125	10t 以内振动压路机	台班	1087	933.3	
107	设备摊销费	元	997	1		126	15t 以内振动压路机	台班	1088	1151.11	
108	75kW 以内履带式推土机	台班	1003	900.49		127	夯击功 200 ~ 620N · m	台班	1094	26.42	
109	90kW 以内履带式推土机	台班	1004	1067.37		128	235kW 以内稳定土拌和机	台班	1155	2477.45	
110	105kW 以内履带式推土机	台班	1005	1194.79		129	300t/h 以内稳定土厂拌设备	台班	1160	1239.48	
111	135kW 以内履带式推土机	台班	1006	1678.01		130	9.5m 稳定土摊铺机	台班	1165	2328.85	

续上表

建设项目名称：S348 枣曹线薛城至济宁界段改建工程

编制范围：K36 + 556 ~ K44 + 287.82

第 4 页　共 5 页　（07 表）

序号	名　称	单位	代号	预算单价(元)	备注	序号	名　称	单位	代号	预算单价(元)	备注
131	4000L 以内沥青洒布车	台班	1193	602.07		151	500L 以内强制式混凝土搅拌机	台班	1274	231.33	
132	30t/h 以内沥青混合料拌和设备	台班	1201	5891.3		152	$3m^3$ 以内混凝土搅拌运输车	台班	1304	904.85	
133	120t/h 以内沥青混合料拌和设备	台班	1204	21226.48		153	$6m^3$ 以内混凝土搅拌运输车	台班	1307	1513.38	
134	160t/h 以内沥青混合料拌和设备	台班	1205	29195.38		154	$60m^3/h$ 以内混凝土输送泵	台班	1316	1276.13	
135	240t/h 以内沥青混合料拌和设备	台班	1206	43945.22		155	$15m^3/h$ 以内水泥混凝土搅拌站	台班	1323	813.73	
136	6.0m 以内带自动找平沥青混合料摊铺机	台班	1212	1938.22		156	$40m^3/h$ 以内水泥混凝土搅拌站	台班	1325	1333.86	
137	9.0m 以内带自动找平沥青混合料摊铺机	台班	1213	2713.3		157	$60m^3/h$ 以内水泥混凝土搅拌站	台班	1327	2356.25	
138	12.5m 以内带自动找平沥青混合料摊铺机	台班	1214	3936.04		158	900kN 以内预应力拉伸机	台班	1344	55.51	
139	15t 以内双钢轮振动压路机	台班	1220	1688.38		159	5000kN 以内预应力拉伸机	台班	1347	209.31	
140	16 ~ 20t 轮胎式压路机	台班	1224	833.52		160	油泵、千斤顶各 1 钢绞线拉伸设备	台班	1349	142.79	
141	20 ~ 25t 轮胎式压路机	台班	1225	1013.53		161	含钢带点焊机波纹管卷制机	台班	1352	264.35	
142	含热熔釜标线车 BJ-130、油抹器动力等热熔标线设备	台班	1227	775.5		162	2t 以内载货汽车	台班	1370	326.55	
143	3.0 ~ 9.0m 滑模式水泥混凝土摊铺机	台班	1234	2782.68		163	4t 以内载货汽车	台班	1372	488.59	
144	2.5 ~ 4.5m 轨道式水泥混凝土摊铺机	台班	1235	1344.31		164	6t 以内载货汽车	台班	1374	534.58	
145	电动混凝土真空吸水机组	台班	1239	100.92		165	8t 以内载货汽车	台班	1375	645.85	
146	电动混凝土刻纹机	台班	1243	227.52		166	10t 以内载货汽车	台班	1376	728.71	
147	电动混凝土切缝机	台班	1245	162.46		167	15t 以内载货汽车	台班	1378	996.27	
148	机动混凝土路缘石铺筑机	台班	1251	199.34		168	3t 以内自卸汽车	台班	1382	489.66	
149	机动破路机	台班	1256	177.42		169	5t 以内自卸汽车	台班	1383	603.39	
150	250L 以内强制式混凝土搅拌机	台班	1272	132.39		170	6t 以内自卸汽车	台班	1384	627.79	

续上表

建设项目名称:S348 枣曹线薛城至济宁界段改建工程

编制范围:K36 + 556 ~ K44 + 287.82　　　　第 5 页　共 5 页　(07 表)

序号	名　称	单位	代号	预算单价(元)	备注	序号	名　称	单位	代号	预算单价(元)	备注
171	8t 以内自卸汽车	台班	1385	738.22		194	30 型电动冲击钻机	台班	1589	563.77	
172	10t 以内自卸汽车	台班	1386	839.31		195	1500mm 以内回旋钻机	台班	1600	1370.2	
173	12t 以内自卸汽车	台班	1387	934.29		196	2500mm 以内回旋钻机	台班	1602	2124.38	
174	20t 以内平板拖车组	台班	1393	962.83		197	容量 100 ~ 150L 泥浆搅拌机	台班	1624	78.47	
175	4000L 以内洒水汽车	台班	1404	660.03		198	150mm 以内电动单级离心清水泵	台班	1653	236.06	
176	6000L 以内洒水汽车	台班	1405	732.7		199	500mm 木工圆锯机	台班	1710	91.26	
177	1.0t 以内机动翻斗车	台班	1408	180.82		200	32kV · A 交流电弧焊机	台班	1726	155.94	
178	15t 以内履带式起重机	台班	1432	777.15		201	100kV · A 交流对焊机	台班	1746	263.56	
179	8t 以内轮胎式起重机	台班	1440	596.82		202	$9m^3/min$ 以内机动空气压缩机	台班	1842	849.43	
180	25t 以内轮胎式起重机	台班	1443	1238.36		203	44kW 以内内燃拖轮	台班	1851	745.76	
181	5t 以内汽车式起重机	台班	1449	533.53		204	88kW 以内内燃拖轮	台班	1852	1308.24	
182	8t 以内汽车式起重机	台班	1450	713.6		205	221kW 以内内燃拖轮	台班	1855	2336.18	
183	12t 以内汽车式起重机	台班	1451	951.03		206	294kW 以内内燃拖轮	台班	1856	3213.68	
184	20t 汽车式起重机	台班	1453	1346.96		207	80t 以内工程驳船	艘班	1873	227.96	
185	30t 汽车式起重机	台班	1455	1724.62		208	100t 以内工程驳船	艘班	1874	312.3	
186	40t 汽车式起重机	台班	1456	2422.01		209	200t 以内工程驳船	艘班	1876	456.44	
187	75t 汽车式起重机	台班	1458	3515.29		210	$100m^3/h$ 以内混凝土搅拌船	艘班	1913	19337.53	
188	30kN 以内单筒慢动电动卷扬机	台班	1499	115.87		211	123kW 以内机动艇	艘班	1919	1378.97	
189	50kN 以内单筒慢动电动卷扬机	台班	1500	136.26		212	潜水设备	台班	1945	430.3	
190	30kN 以内单筒快动电动卷扬机	台班	1509	145.02		213	小型机具使用费	元	1998	1	
191	300kN 以内振动打拔桩锤	台班	1581	442.76		214	铣刨机(W2000)	台班	浙补 2006	9601.47	
192	600kN 以内振动打拔桩锤	台班	1583	713.67		215	定额基价	元	999	1	
193	20 型,22 型电动冲击钻机	台班	1588	404.8							

编制:× × ×　　　　复核:× × ×

第五章　公路工程概(预)算审查

第一节　审查方法与内容

一　概(预)算审查的意义和目的

公路工程概(预)算文件是确定工程造价的重要文件,又是论证和评价公路基本建设投资效益和制订投资计划的重要依据。随着高等级公路的不断建造,投资的数额亦越来越大,其概(预)算文件的质量不仅直接关系到公路基本建设计划的制订和执行,而且直接关系到投资效益。因此,不但要编制好概(预)算,而且要审查好概(预)算。

(一)概(预)算审查的意义

(1)审查概算,有利于合理分配投资资金,加强管理,设计概算编制得偏高或偏低,均会影响其真实性,会影响投资比例的合理分配。

(2)审查设计概(预)算,有助于促进设计的技术先进性和经济合理性,对进一步优化设计有指导意义。

(3)审查设计概(预)算,可使建设项目的总投资力求做到准确、完整,防止任意扩大投资规模或出现漏项,使投资与实际造价基本接近,同时为招投标提供一个较可靠的依据。

(4)审查施工图预算,有助于准确核实工程造价,节约国家资金,同时也有利于施工企业经济核算,改善经营管理。

(5)审查概(预)算,有利于对概(预)算的合理确定。

(二)概(预)算审查的目的

审查概(预)算的目的是为了使设计文件严格执行国家的方针政策,符合公路工程设计及施工技术规范。

二　概(预)算审查的方式与方法

公路工程概(预)算审核是公路工程建设程序不可缺少的一环,在编制过程中应做到编制与核审分离,技术上先进,经济上合理,使概(预)算更能反映工程实际情况。

（一）概（预）算审查的方式

审查公路工程概预算的方式应因地制宜，一般采用下列方式：

(1)单独审查。主要是由建设单位或有关主管部门主持对概（预）算进行单独审查，将审查中发现的问题向设计单位提出，根据有关定额和有关文件进行研究协商，并加以修改。这种方式比较灵活，不受时间和场所的限制，故使用较广泛。

(2)多方会审。主要由建设单位或主管部门主持，邀请有关专家及有关单位组成会审组，对编制文件进行全面审查，这种方式通常用于大、中型建设项目的概（预）算的审查。

（二）概（预）算审查的方法

审查概（预）算的方法也应根据具体情况确定，一般有下列两种方法：

(1)全面审查法。即按照各阶段设计图的要求，结合有关概（预）算定额和编制办法的要求，以及施工组织设计文件，对分项工程的细目和各项内容，逐一全面地进行审查，其审查方法与编制的过程基本相同。这种方法比较全面、细致，审查质量较高，但工作量大。因此，该方法适合一些工程量较小、工艺简单、差错率较高的工程。

(2)重点审查法。一般是根据审查人员积累的经验，对差错率较高的地方进行审查，特别对于易重项、漏项的工程；对于采用新工艺新技术工程所使用的有关补充定额；或由于设计变更引起的概（预）算造价的增减等。还有公路工程中属于非公路专业的工程，如房屋等，是否执行了有关专业和工程所在地区统一的直接费用定额和相应间接费定额等。

三 概（预）算审查的步骤和内容

（一）审查概（预）算的步骤

1. 安排好审查时间

概（预）算文件应由设计单位事先提交各有关单位和有关专家，以便让各有关单位或有关专家熟悉概（预）算文件的内容。组织审查的部门应事先发通知安排好会审时间。

2. 收集好有关资料

作为审查人员应熟悉定额、编制办法及有关文件，对设计图纸等有关技术文件也应熟悉。同时，收集有关资料（有的资料可由编制单位提供），了解现场，并与编制单位取得联系；调阅有关编制资料，如设计的有关基础资料、施工组织设计文件、工程量计算底稿等。资料收集力求完整，以供审查时参考。

3. 准备好各种依据

审查的依据一般为有关的定额、编制办法、地方性及相关文件、补充定额和上级有关批文，以及提供的地方性价格信息、规定的各类工程技术经济指标等，可根据这些依据审查概（预）算的各项内容。

4. 做好审查定案

通过审查，把发生的问题提交原编制单位和有关单位共同协商、研究，得出统一的结论，然后据此修正原工程概（预）算。这是准确确定建设项目造价、巩固审查成果的重要环节。审查、核定并经上级有关部门批准后的概（预）算才能作为编制施工图文件及签订有关合同的依据。

(二)审查概(预)算的内容

1. 概(预)算审查的重点内容

(1)概(预)算编制人员是否具有“概(预)算人员资格证书”,审核人员是否具有“编审资格证书”,对无证书者所编、审的概(预)算一律不得受理;

(2)有无违背预算价格管理、概(预)算制度、工程造价管理方面的问题;

(3)项目是否齐全、合理,工程量计算或划分是否重复或遗漏;

(4)定额使用是否正确;

(5)工、料、机械台班单价的取定是否正确;

(6)各项费率的拟定是否正确;

(7)对伸缩比较大或金额比较大的费用项目要特别细致审查;

(8)计算有无错误。

2. 审查过程

审查时,首先从总体上看工程与定额使用是否一致。若符合基本条件,审核时应把重点放在乙组文件上,即有关基础计算的表格。下面就审核的一些顺序、要点作一简要介绍。

(1)首先要看所列项目是否重漏。

这个问题在工程实践中往往是影响概(预)算编制质量的主要因素之一。主要原因是编制人员对施工工艺流程不清,不熟悉施工,对定额中某工程细目的内容不了解。例如,路基工程这一项的土方常出现重项,重项原因是对同一路段的土方数量重复计算或重复列项,这主要反映在08表里。所以就土方而言,它必须考虑整个土方该填的应填好,该挖运的要挖运,直至把断面填筑至设计的断面要求为止,在此期间发生的各个环节的费用均要计算,这样才不至于有漏项。其他工程首先要对所编制的构造物的构造、施工流程、实地情况、定额细目工程内容了解清楚并熟练掌握才能准确立项。

(2)审核各分项细目的工程量。

工程量审核是审查的又一重要环节。作为审核人员应熟悉各项工程量计算规则,特别要熟练掌握各定额的总说明和各章的分说明(例如路基土方数量)。同时还应结合施工组织设计,提出有关数量,例如路基填方段,当清除表土或零填方地段的基底压实、耕地填前夯(压)实后,回填至原地面高程所需的土、石方数量等。又例如,在预算定额之桥梁工程中,构件体积均为实际体积,不包括空心部分,钢筋混凝土构件中钢筋搭接长度未计入定额,在编制时应按实需长度计算等。

(3)定额套用的审查。

定额套用时应执行“干什么工程套用什么定额”的规定,在套用定额时要重点审查所列项目与施工组织设计是否相对应,同时还要审查定额中各种机械配套使用的问题。所以通过定额套用的审查,反过来检查施工组织设计的合理性,使施工组织设计得以优化。例如,路基土方中挖掘机与运输机械配套,路面工程中搅拌站位置与混凝土运输距离等问题。

(4)材料预算单价的审核。

材料预算单价是概(预)算审核的重要环节,因为是计算直接费和其他费用的基础,数据的审核主要从以下几方面着手:

①材料的供应价(即原价)。若为市场调查价,应附有关调查资料;若为省内统一规定价,看是否执行有关规定;若为自采材料的料场价,看计算是否正确。

②运距。根据施工组织设计要求确定,并按有关规则计算。

③运杂费。审核有关参数的取值依据,看是否符合当地主管部门的有关规定,或是否与实际相符。

(5)机械台班预算单价和人工预算单价的审核。

审核其是否符合《编制办法》的规定和当地有关文件的规定。

(6)其他费用计算的审核。

认真审核其他各种费用的计算基数和所取用有关费率是否符合《编制办法》要求和符合相关文件规定。

(7)对有关补充定额使用的审查。

在施工中采用的新工艺、新方法,现行定额中无法查阅而采用其他定额,应认真审查所采用定额的使用范围,看定额与施工工艺方法是否相适应。常用的方法有两种:

①若工程项目是完全新的,定额中不能查阅时,由编制概(预)算设计单位自拟补充定额,报上一级定额管理单位批准后使用。

②若新工程项目与定额中工程项目其中某些工序用材料与使用设备不同,那么则增加(减少)这些材料,抽换某些机械设备调整原定额后暂时使用。应严格执行"干什么工程执行什么定额"的规定,维护使用定额的严肃性。同时,还要检查计算有无错误,计量单位是否正确,是否符合国家标准。

总之,审查公路工程概(预)算是政策性较强、要求较高、工作量很大的工作。在审查过程中,小至尺寸单位与小数点,均应严格审查。作为审核人员应对审核成果作出结论,并对审查成果负责。

四 变更设计与概(预)算的增减

(一)工程设计与概(预)算的关系

工程设计包括结构设计和施工组织设计两大部分,它与概(预)算的关系很密切。前已简述了概(预)算编制的基本方法,从中可以看出,工程结构设计文件和施工组织设计文件是编制概(预)算的基础,概(预)算费用的项目、工程量等均取之于工程设计文件。概(预)算是反映在该设计前提下的工程费用的多少,也是衡量设计文件合理性的重要依据,以及衡量其施工组织设计是否合理、先进的重要标志。较好的工程设计可以节省工程造价,而概(预)算反过来可用以衡量施工组织,使工程设计、施工组织更趋完善、先进和合理。

(二)变更设计的概念

变更设计有时称之为设计变更,即在特定的环境条件下对原工程设计中的局部进行修改。任何工程项目,无论其设计多么合理,考虑的情况多么全面,在实施过程中很可能遇到一些意外的问题,从而必须进行设计变更。设计变更的目的是使项目更完善,在原来没有考虑到或考虑不周的情况下,选择较好的方式处理问题,保证项目顺利进行;或者是完善设计,提高工程质量和性能;或者是节约工程费用,降低造价,提高工程的经济性。总之,设计变更的目的是为了更好地实施工程。因此,在工程实施过程中,很可能要遇到一些设计变更,而无论是什么样的变更(数量上、形式上还是质量上的变更),都将涉及工程费用问题。

（三）变更设计与概（预）算的增减

变更设计涉及建设单位（业主）和施工单位（承包人）之间的经济利益，当工程实际情况与原设计不同时，一般变更设计可由建设单位审批。若涉及规模、标准的变更，变更设计应由主管部门或有权批准该项目的单位批准。例如：若某项工程因群众要求和当地政府意见某处要增加一小项目，此项目较小，在整个批准的概算内可以调整，不涉及整个线路的规模，业主或建设单位有权审批。又如：某高速公路原设计四车道要改六车道，某处数公里道路要改为高架桥，或某处要增加一个互通式立交等，这些变更设计均涉及该工程项目的规模、标准等大的问题，且均涉及调整概（预）算造价问题，所以业主和建设单位均无法审批，一定要主管部门或有权审批该项目的单位审批。凡涉及变更部分的各种相应费用在原概（预）算或经济合同中予以增减，其方法与编制概（预）算同。

第二节　工程费用结算

一　工程费用结算的概念

工程费用结算是指在施工过程中建设单位（业主）与施工单位（承包人）之间所发生的货币收支行为。正确而及时地组织工程费用的结算，全面做好费用结算的各项工作，对于加速资金周转，加强经济核算，对工程施工过程实行全面监督和管理，促进施工任务的完成，保证工程施工的顺利进行等方面都有着极其重要的意义。工程费用的结算过程，实际上也是组织施工活动，及时掌握施工活动的动态和变化情况的过程。

工程费用结算通过有关报表和必要的文字说明形式，定期反映建设单位、施工单位和工程项目的经济活动状况。这些报表是一个综合性、阶段总结性的报告文件。工程费用结算一般采用转账结算的形式进行。

（一）工程费用结算的意义

1. 促使各方严格遵守合同

通过工程费用结算，可以促使建设单位与施工单位恪守承包合同。通过结算，一方面可以使建设单位了解工程进展情况，及时组织资金和有关工作；另一方面则使施工单位的施工消耗及时得到补偿。另外，还可以使双方发现问题并及时解决，改进和提高项目管理水平。总之，结算即通过协调双方的经济关系而促使他们严格遵守承包合同。

2. 强化监理工程师的监督作用

对有监理参与的工程费用结算，其结算凭证由监理工程师签认。结算过程实际上是监理工程师对工程费用进行监理的过程。

3. 确定工程费用的实际数额

工程费用的实际数值是通过工程结算来揭示的，无论在施工之前对工程费用进行了多少次预算，签订合同所形成的合同价始终只是估算价，费用究竟是多少，只有通过施工过程中结算才能确定。结算的主要作用之一就是对实际工程费用予以确定。

4. 业主与承包人办理财务结账的依据

项目结算包含有确定各阶段已完工程造价以及根据确定的造价进行费用支付两层含

义。费用的支付以确定的造价为基础，期中结算的金额作为各期进度款支付的依据；竣工结算造价确定之后，根据期中结算累计支付总额可计算竣工支付金额及缺陷责任期满后的最终支付金额作为支付的依据。

5. 建设单位编制竣工决算报告的基础资料

竣工决算是建设单位编制的公路工程建设成果和财务情况的总结。在建设成本方面，竣工项目的所有工程的竣工结算汇总，加上设备仪器购置及工程建设其他费用的结算造价，是计算项目实际总投资、编制竣工决算的依据。

6. 施工单位核对工程成本、考核企业盈亏的依据

双方办理的期中及竣工结算，是施工单位完成承包工程内容所获取的总报酬费用，与工程施工过程所花费的实际成本进行比较与分析，考核企业的盈亏。通过总结经验与教训，提高施工管理水平以及市场竞争能力。

（二）工程费用结算的特点

1. 时间性

结算有明确的时间限制，特别是有监理参与的工程，从结算申请到结算审查签认和费用支付这一系列环节中，各环节都有严格的时间限制。

2. 经济性

结算本身是一种重要的经济活动，它是实现合同双方经济利益的唯一途径，体现工程活动的经济性。

3. 合法性

合法性是结算的根本特点，它一方面要求结算必须依法进行，即按合同进行结算，并在结算时遵守国家有关经济政策和结算纪律及法律要求；另一方面则指结算凭证的合法性，结算凭证作为结算的基础，不仅必须准确可靠，而且应该合法。即用于结算的各类凭证如发票、报表等必须按国家有关政策合法提供，并且其签认程序应合法，签认者也必须是合法的签认人。否则，将无法进行结算。

（三）工程费用结算的原则

1. 遵守合同、协议条款的规定

合同中有关计价的条款是双方办理工程结算的法律性依据，应严格遵守。

随着公路工程招投标制度的建立及公路建设管理模式的规范，我国已逐步建立适应市场经济与国际惯例接轨的工程管理合同格式，其中的工程项目结算范围与内容、计量与支付、方式与程序等造价方面条款是工程项目结算的依据，也是影响结算造价的主要因素。

2. 遵守国家、地区的有关政策规定

交通运输部颁发的《公路工程概（预）算定额》、《公路工程基本建设项目概算预算编制办法》、《公路工程机械台班费用定额》以及各地区的补充规定、材料价格信息等文件，是国家和各地区对于工程造价宏观管理的法规性文件，在合同条款中应予以明确，并应严格遵守。

但应说明的是，我国在计划经济体制下建立的全国平均水平的统一定额计价法，已逐渐由法令性转变为指导性、参考性作用，如与合同条款有冲突，工程项目结算应以合同的有关规定为依据。

3. 体现“公平合理、实事求是”的原则

结算直接反映工程建设项目建设单位和施工单位双方的利益，在计划经济向市场经济过渡之后，过去长期在计划经济条件下形成的法规、常规的法定性逐渐减弱，新的办法尚需进一步完善。此时，在拟定有关合同计价条款时，更应注重其操作性，公平、合理、实事求是地处理好双方利益的矛盾。

(四)工程费用结算的方式

工程费用结算的内容很广，原则上工程承包合同中各项费用都必须进行结算。一般施工合同中的工程费用结算包括材料费、动员预付费、永久工程款、保留金、索赔等款项。

目前，由于各地区的差别，以及施工单位流动资金供应方式的不同和各工程项目自身的特点，可以选用不同的结算方式。对于国内工程而言，建设银行于 1990 年实行《建设工程款结算办法》，该办法规定，工程费用结算有四种方式：按月结算、竣工后一次结算、分段结算和其他结算方式。

1. 按月结算

就是按照每月实际完成的分部分项工程进行结算，根据验收合格的各个月份已完成分部分项工程量与工程量清单相应项目的单价进行结算。

2. 分段预支

竣工结算。就是将一个工程按形象进度划分为几个阶段(部位)，按照完成段落分次预支工程费，如可按规定在开工、施工和竣工后三个阶段按合同价分别预支 50%、30% 和 15%，其余 5% 留在工程竣工结算时结清。

3. 竣工后一次结算工程费用

当年开工且当年竣工的工程可在全部工程竣工后一次结算；跨年度施工的工程，可在单项工程竣工后结算。

对于国外工程或外资工程来说，若按 FIDIC 条款施工，则在 FIDIC 条款中明确规定了计量支付条款，对结算内容、结算方式、结算时间和结算程序给出了明确规定，在此不作介绍。

二 工程项目结算的内容

工程项目结算的实质是根据承包人完成的合格工程量或工作量进行合理计价并办理支付的过程，包括计量、计价、支付等工作内容，是建设单位、监理工程师、施工单位共同参与完成的工作。

以目前普遍采用的单价合同为例，进行结算的内容包括构成合同价格的工程量清单中的工程细目、计日工、暂定金额项目费用，也包括在工程实施过程中引起合同价格发生变化的工程变更、索赔、价格调整等项目费用。如何对这些项目进行计量、计价并进行支付，构成了公路工程项目结算的内容。

因此，工程项目结算包括确定已完工程造价(计量、计价)和结算费用支付两大内容。

(一)合同价格

合同价格是建设单位与中标施工单位签订的合同中的工程数量清单及其造价，或以其他计价方式(如施工图预算下浮)确定的施工前预计造价，是合同文件的组成部分。

1. 合同价格的构成

不同的合同类型(总价、单价、成本加酬金合同等)有不同的合同价格的构成形式,下面以单价合同加以说明。我国目前实施的单价合同,在世行贷款项目及部分外商投资项目,直接采用国际咨询工程师联合会(FIDIC)合同条件;此外,其他项目是参照 FIDIC 合同条件,结合我国国情及不同项目特点进行编制的类似格式。单价合同是把工程技术、法律、经济、管理等有机结合起来的合同条件,特点是固定单价,工程量按实际量进行结算。

单价合同的合同价格是在工程量清单汇总表中的投标总价金额。不同项目的投标金额所包括的项目有各自的规定,有的仅是工程细目表金额,有的还包括计日工金额、暂定金额等项目金额。

2. 工程量清单格式与费用组成

不同工程项目合同文件中的工程数量清单格式与内容不尽相同。交通运输部颁发的《公路工程标准施工招标文件(2009 年版)》(交公路发[2009]221 号)中工程量清单是由清单说明、投标报价说明、计日工说明、工程量清单表、计日工表、暂估价表、投标报价汇总表和工程量清单单价分析表等部分组成。

1)工程细目表金额

工程量清单表即工程细目表,是根据公路工程的不同部位和施工内容进行分类的。如《公路工程标准施工招标文件(2009 年版)》中分总则、路基、路面、桥梁、涵洞、隧道、安全设施及预埋管线、绿化及环境保护设施等科目。每个科目根据工作性质、内容再分为不同的细目,科目与细目按顺序进行编号。每一细目的金额是由招标文件中的工程数量与中标单位填报的单价相乘而得,每一科目的金额是该科目所包括的所有细目金额之和,把合同中所有科目的金额汇总,就可得到合同价格中工程细目表金额。

工程细目表金额与概预算定额计价形式相似。但在细目划分、内容、单位、单价等方面有所不同,主要体现在以下几个方面。

①工程细目的划分,为便于施工单位投标报价及工程实施过程中对工程量计量、计价、支付工作的简化,在预算定额细目划分基础上进行综合与概括,往往一个细目的工作内容及单价是预算定额中几个细目的工作与单价之和。如桩基础以 m 为计量单位,在合同技术规范中明确包含的工作内容与费用有:材料的采备、供应、加工、运输,施工平台及支架设备的安装、拆除,临时护筒的沉入,挖土围堰,钻孔,泥浆护壁,清孔,安装钢筋骨架笼,混凝土的灌注、养生,截桩头,无破损检验的一切与此有关的作业与价款,相当于预算定额中灌注桩工作平台定额细目,护筒制作、埋设、拆除;钻孔;灌注桩混凝土;灌注桩钢筋的细目之和。

②把概(预)算中没有但与工程实施有关的项目列在工程细目表第 100 章“总则”之中。如各种保险费、竣工文件、施工环保费、安全生产费、各种临时设施及承包人驻地建设费等,计量单位一般以总额计。

③工程量清单中各细目的单价是综合单价,包括完成每个细目计量单位的工程量所花费的工、料、机、其他直接费、间接费、利润、技术装备费、税费(如作独立一列在“总则”中则扣除)、上交管理费、缺陷工程维修费等一切有关费用,以概预算文件资料进行报价时应进行适当的归纳与调整。

2)计日工金额

计日工是有别于工程概(预)算定额的一类费用,是指工程实施中,在工程细目表以外,有一些临时性的或新增的小型变更项目,为避免按工程变更处理的烦琐程序,通过监理工程师指示施工单位按计日工方式完成，以计日（或计时）使用人工、材料、施工机械所需的费用进行结算。计日工分计日工劳务、材料、施工机械单价表，招标文件中计日工数量一般是根据经验估计的数量。施工单位投标时按估计数量填写单价、金额，并汇总而得到合同价格中这一部分的金额，将之列于汇总表中。

3）暂估价

暂估价一般包括材料暂估价、工程设备暂估价、专业工程暂估价等。这部分费用一般由建立人报发包人批准后指令全部、部分或不予动用，一般用于支付工程细目表与计日工金额超支部分以及由工程变更、索赔、价格调整及施工阶段出现无法预料的情况增加的其他费用。其支付的范围、条件、要求等应在合同条款中明确。

由以上几个部分的费用之和构成的合同价格，是以施工前预计数量为依据的，只能作为工程项目结算的基础性资料，工程项目结算要按照完成的准确数量及其他变动情况进行。

（二）合同价格不变部分结算

合同价格不变部分结算是指工程量清单中科目、细目的工作性质及单价均维持不变，以计量的已完合格工程量或工作量确定的造价。

结算的项目内容包括：

（1）工程量清单中第100章“总则”的项目；

（2）工程量清单中科目、细目、单价不变的工程项目；

（3）计日工结算。

（三）工程变更造价的结算

1. 影响合同价格变化的原因

公路工程施工周期较长，各种因素的变化都可能影响工期和造价，使其发生变化，这是工程建设各方所面临的风险。每一影响因素的变化导致工程造价变化的处理方法、程序和由谁承担损失，在合同有关条款中都应明确规定。如何根据具体变化因素及合同条款规定，明确施工单位应获取的变更费用，是工程项目结算的一项重要内容。

归纳起来，影响合同价格变更的有设计变更、进度计划变更、施工条件变化、技术标准变更等因素。至于由社会因素（物价、法规、汇率、动乱、战争等）、自然因素（洪水、地震等）、建设单位及其代理人（监理工程师）的工作失误等引起的合同变更对造价的影响，应在工程索赔、清单中总则的保险细目、价格调整等相关内容中给出处理措施。

2. 工程变更的内容及调价的判别标准

工程变更一般包括以下六个方面的内容：

（1）增加或减少合同中包括的任何工作的数量；

（2）取消任何此类工作；

（3）改变任何此类工作的性质、质量或种类；

（4）改变本工程所必要的任何种类的附加工作；

（5）改变本工程任何部分的规定顺序或时间安排；

（6）完成本工程所必要的任何种类的附加工作。

（四）工程索赔费用结算

索赔是当事人一方在工程承包合同履行过程中，由于另一方未履行合同所规定的义务或不可抗力因素而遭受损失，向另一方提出赔偿要求的行为。施工单位向建设单位索赔为施工索赔，建设单位向施工单位索赔为建设单位反索赔。对于施工单位而言，索赔的对象一是建设单位，一是保险公司。索赔的内容包括工期索赔与费用索赔，费用索赔是索赔的最终目的，工期索赔很大程度上也是为了费用索赔。

索赔费用结算就是把合同履行过程中所发生的每一次施工索赔（如有建设单位反索赔，则应扣减）费用汇总，是施工单位在合同价格之外获得的费用补偿。

我国目前工程管理水平较低，建设单位、施工单位都很难严格执行合同，常常双方都有违约行为，而且索赔的意识不强。随着建筑市场法制化、规范化以及工程管理水平的提高，合同意识特别是索赔意识的建立将会越来越得到重视并应用到实际行动中。

三 工程费用结算的支付

支付是对施工单位完成工程量或工作量进行计量并确定各项款项后，办理付款手续的过程，是公路工程项目结算确定造价与支付费用的两大内容之一。

支付根据内容与性质的不同，按时间顺序可分为动员预付款支付、期中支付、竣工支付和最终支付四类。

（一）支付的特点

（1）以确立的造价为依据。

（2）以合同条款为依据。合同条款中规定了各项款项的支付条件、时间要求、货币形式等，应严格执行。

（3）支付的违约通常只有延迟付款一种方式，如果出现，应按合同条款规定办法计算延迟付款罚息。

（二）动员预付款支付

动员预付款是开工前建设单位支付给施工单位用于工程开办费的一笔无息贷款，在施工阶段根据工程进度及时间分期从期中支付中扣回。

1. 动员预付款的支付条件

（1）建设单位与施工单位正式签订了工程承包合同并已生效。

（2）施工单位按合同文件格式（或建设单位及监理工程师认可的格式）提交有效期为合同履约期的履约保证金或履约银行保函，金额由合同条款规定。

（3）施工单位按合同文件格式（或建设单位及监理工程师认可的格式）提交有效期为扣完预付款终止的预付款银行保函，金额一般与预付款相同，且应随预付款的逐次扣回而减少。

2. 动员预付款金额

动员预付款一般由开工预付款和材料设备预付款组成。开工预付款在签订协议后支付70%，承包人主要设备进场后再支付剩余的30%。材料设备预付款按项目专用合同条款数据表所列主要材料设备单据费用的百分比支付。

3. 动员预付款的支付程序

动员预付款的支付程序一般按下列程序办理支付：

施工单位提出申请(14d) ⟶ 监理工程师签认(14d) ⟶ 建设单位批准并支付

4. 动员预付款的扣回

动员预付款是从各期的期中支付(月进度款)中扣回,扣回一般采用工作量比例法及月度平均法两种方法。

1)工作量比例法

在期中支付证书的累计金额未达到合同价格的35%之前不予扣回,在达到合同价格35%之后,开始按工程进度以固定比例(即每完成合同价格1%,扣回预付款的2%)分期从各月的期中支付证书中扣回,全部金额在期中支付证书的累计金额达到合同价格的85%时扣完。如图5-1所示。

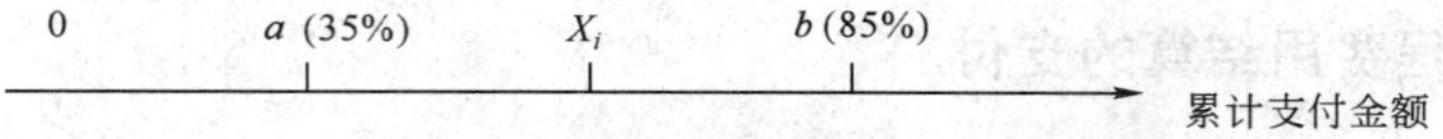

图5-1 工作量比例法计算累计支付金额

图5-1中:a、b分别为预付款起扣点和终止点的累计支付金额;X_i是ab范围内某期累计支付额。如合同价用H表示,预付款总额用Y_0表示,则某期应扣回预付款Y_i用以下公式计算:

$$Y_i = 2 \times [(X_i - a)/H] \times Y_0 \tag{5-1}$$

例5-1 某合同价格5000万元,预付款10%即500万元,第12月的累计支付金额为2400万元,则应从第12个月扣回的预付款计算如下:

$$a = 5000 \times 35\% = 1750(\text{万元})$$

$$b = 5000 \times 85\% = 4250(\text{万元})$$

$X_{12} = 2400$万元,在扣回预付款的范围内($a < X_{12} < b$)

$$H = 5000\text{ 万元}$$

$$Y_0 = 500\text{ 万元}$$

则有:$Y_{12} = 2 \times [(X_i - a)/H] \times Y_0 = 2 \times [(2400 - 1750)/5000] \times 500 = 130$(万元)

2)月度平均法

采用这种方法时,一般合同规定起扣点与终止点的月度,在起终点月度期内逐月按平均等量扣回。

如某合同规定,起扣点为累计支付金额达到合同价的20%的当月,终止点在规定竣工日前3个月的当月。

则每月应扣回预付款可用以下公式计算:

$$Y_i = Y_0/N \tag{5-2}$$

式中:Y_0——预付款总额;

N——扣回预付款总期数。

例5-2 如例5-1,为预付款总额合同规定完成工作量20%的当月起至竣工之前3个月的当月内按月度平均法扣回预付款,合同工期为24个月,在开工6个月后完成了合同价格的20%工作量,第12个月应扣预付款的计算可用相应公式计算如下:

预付款扣回起终点的总月数计算:$N = 24 - (6 - 1) - 2 = 17$(月)

从开工第6月开始至22月终共17个月内,则每月按$500/17 = 29.41$万元平均扣回预付款。

（三）期中支付

期中支付又称月进度支付，是对施工单位当月应获得的款项，是建设单位在扣减合同规定应予扣减的款项后支付给施工单位的费用。

1. 支付项目内容和支付额计算

期中支付的项目、内容、应扣减的款项及实际支付额的计算程序与方法如表 5-1 所示。

支付项目及计算程序表

表 5-1

序号	项目		计算方法	说明
1	支付项目	工程量各清单各项目	截至本月完成累计金额	按计量证书中的工程量清单与工程量清单中相应单价计算
2		计日工		
3		工程变更		按计量证书中的工程量与变更工程通知书中相应单价计算
4		工程索赔		按索赔审批书中确认（或暂定）累计金额计算
5		价格调整		按价格调整一览表累计金额计算
6		截至本月完成的工程总金额	项目 6 = 项目（1 + 2 + 3 + 4 + 5）	
7		动员预付款支付	截至本月总付出	
8		材料预付款支付		
9	扣款项目	扣回动员预付款	截至本月累计扣款金额	按合同规定的办法计算
10		扣回材料预付款		按合同规定的办法计算
11		业主供材时扣回供应材料款		按合同辅助表中业主供材相应价格计算
12		扣保留金	项目 66 ×（5% ~10%）	按合同规定的百分比计算
13	截至本期总支付		项目 13 = 项目（6 + 7 + 8 − 9 − 10 − 11 − 12）	
14	减上期实际支付总额			
15	加延期付款利息			按合同规定的办法计算
16	本期实际支付款		项目 16 = 项目（13 − 14 + 15）	

2. 期中支付的程序与要求

（1）施工单位应在合同规定的每月底前（一般在每月 25 日前），将经各方签认的中间计量汇总表、计日工一览表、工程变更一览表、索赔审批书、价格调整一览表等表格按要求的份数汇总填报期中支付申请表，提交监理工程师。

（2）监理工程师应在合同规定时间内（一般为 7 ~ 14d），审批并修订施工单位的支付申请后，向业主签发“中期支付证书”。如本期应支付额低于合同规定的支付最低限额时，把本期应支付额汇总于下一期支付证书中，监理工程师可不签发本期的“中期支付证书”。

监理工程师审核的内容包括：

①申请的格式和内容符合合同要求；

②各项资料、证明文件手续齐全；

③所有款项计算与汇总无误；

(3)建设单位应在合同规定时间内(一般为14～28d)批准"中期支付证书"，并按合同规定的货币形式支付。

(四)竣工支付

竣工支付是指工程竣工并签发交工证书后的规定时间内(一般为42天)进行的支付。

1.竣工支付的项目内容与期中支付的差异

(1)按合同规定将所扣保留金的一半退还给施工单位。

(2)增加提前竣工奖金项目。为提高施工单位积极性，有些合同规定，如工程比合同规定的工期提前竣工，施工单位可得到提前竣工奖金。提前竣工奖金的计算一般合同规定：每提前一天竣工的奖励金额与实际提前的天数相乘进行计算，总奖金一般规定不超过合同总价的2%～5%。

(3)增加延误完工罚金项目。如施工单位由自身原因造成工程未能按规定的工期完成，根据合同条款的规定，施工单位应向建设单位支付合同规定的延误完工罚金，计算方法与提前竣工奖金相同：每延误一天的处罚金额与实际延误天数相乘进行计算，总罚金一般规定不超过合同总价的10%。

2.支付的程序与要求

支付的程序与期中支付基本相同。由于工程竣工时，工程量清单中支付项目都已完工或部分完工，要审查的支付项目大大增加；部分工程变更、索赔等项目的费用，合同各方在施工阶段未能最终确定，此时需要进一步核实确定；各项费用要进行汇总。因此，合同条款规定办理竣工结算的时间有所延长。施工单位提交"竣工支付申请"时间，一般为签发交工证书后的42d内，监理工程师审核、建设单位确认并支付的时间也相应延长。

(五)质量保证金

监理人应从第一个付款周期开始，在发包人的进度款中按项目专用合同条款数据表规定的百分比扣留质量保证金，直至扣留的质量保证金数额达到规定的限额为止。

(六)最终支付

最终支付是工程缺陷责任期满(一般为交工验收后12个月)，在签发"缺陷责任终止证书"后规定时间内办理的最后一笔费用。

1.支付的项目内容

(1)剩余保留金的返还；

(2)缺陷期内的剩余工程价款；

(3)缺陷期内的变更工程价款。

2.支付的程序与要求

与期中支付、竣工支付的程序基本相同。承包人在签发"缺陷责任终止证书"后，按合同规定的时间内(一般为28d)提交"最终支付申请书"，在合同规定的时间内，监理工程师进行审核并签发。

例5-3 某公路工程公司于某年3月10日与某建设单位签订一工程施工承包合同。合同中有关工程价款及其支付的条款摘要如下：

(1)合同总价为6000万元，其中工程主要材料和结构件总值占合同总价的60%；

(2)预付备料款为合同总价的25%，于3月20日前拨付给施工单位；

(3)工程进度款由施工单位逐月(每月月末)申报，经审核后于下月5日前支付；

(4)工程竣工并交付竣工结算报告后30d内，支付工程总价款的95%，留5%为工程质量保修金，保修期(1年)满后，全部结清。

合同中有关工程工期的规定为：4月1日开工，9月20日竣工；工程款逾期支付按每日8‰的利率计息；逾期竣工，按每日10000元罚款。根据经建设单位代表批准的施工进度，各月计划完成产值(合同价)如表5-2所示。

各月计划完成产值表(单位：万元)　　表5-2

月　份	4	5	6	7	8	9
完成产值	800	1000	1200	1200	1000	800

在工程施工至8月16日时，因施工设备出现故障，停工2天，造成窝工50工日(每工日工资19.50元)，8月份实际产值比原计划少30万元。工程施工至9月6日，因建设单位提供的某种材料质量不合格、效果差，建设单位决定更换材料，造成拆除用工60工日(每工日工资19.50元)，机械多闲置3个台班(每台班按4000元计)，材料费损失5万元，其他费用损失1万元，重新修建费10万元，因拆除、重修使工期延长5d，最终工程于9月29日竣工。

问题：

(1)按原施工进度计划，为建设单位提供一份完整的逐月拨款计划。

(2)施工单位分别于8月20日和9月28日提出延长工期3d、费用索赔额1092元和延长工期6d、费用索赔额162370元。请问该两项索赔能否成立？应批准延长工期为几天？索赔费为多少元？

(3)8月份和9月份，施工单位应申报的工程结算款分别为多少？

解题思路：

本案例主要考核工程结算按月结算的计算方法及工程索赔费用的计算。

参考答案：

(1)按原施工进度计划的逐月拨款计划：

①预付备料款：$6000 \times 0.25 = 1500$(万元)

②预付备料款的扣点：$6000 - 1500 \div 0.6 = 3500$(万元)

③逐月拨款计划：

4月份：工程款800万元，累计完成800万元；

5月份：工程款1000万元，累计完成1800万元；

6月份：工程款1200万元，累计完成3000万元；

7月份：已达到起扣点情况下的应收工程款为：

工程款=当月已完工作量-(当月累计已完工作量-起扣点)×主材所占比重

$=1200-(3000+1200-3500)\times 0.6=780$(万元)

累计完成3780万元；

8月份：工程款=当月已完工作量×(1-主材所占比重)

$=1000\times(1-0.6)=400$(万元)

累计完成 4180 万元；

9 月份：工程款 = 当月已完工作量 ×（1 − 主材所占比重）− 保留金

$$= 800 \times (1 - 0.6) - 6000 \times 0.05 = 20(\text{万元})$$

累计完成 4200 万元。

（2）第一项不予批准。第二项应予批准，但应予以修正，应批准延长工期为 5d，费用索赔额为 162370 元。

（3）8 月份施工单位应申报的工程结算款为：400 − 30 = 370（万元）

9 月份施工单位应申报的工程结算款为：20 + 16.237 = 36.237（万元）

第三节 竣工决算

竣工决算是在公路、桥梁建设项目完工后，由建设单位（业主）根据工程结算及其他有关工程资料为基础按一定的格式和要求进行编制的。竣工决算全面反映了竣工项目从筹建到交付使用全过程各项资金的使用情况和设计概算执行的结果，是公路建设成果和财务情况的总结性文件。

竣工决算所反映的公路工程项目建设造价，不仅包括建筑安装工程结算费用，还包括设备、工具、器具及家具购置费，工程建设其他费用（包括征地拆迁、勘察设计、建设期贷款利息）等用于建设项目全部实际支出费用的总和。

一 竣工决算的作用

竣工决算的作用是由编制竣工决算报告的目的所决定的，主要有以下几个方面的作用：

（1）竣工决算能全面反映竣工项目最初计划和最终建成的工程概况。

（2）竣工决算可以考核竣工项目设计概算的执行结果，考核交通基本建设项目投资效益。

（3）竣工决算核定竣工项目的新增固定资产和流动资产价值，是建设单位向使用或管理单位移交财产的依据。

（4）竣工决算全面反映了竣工项目建设全过程的财务情况。

（5）竣工决算界定了项目经营的基础，为项目进行后评估提供依据。

（6）竣工决算报告作为重要的技术经济文件，是存档的需要，也是工程造价积累的基础资料之一。

二 编制竣工决算报告的依据

交通部根据公路、桥梁建设项目的特点于 2000 年 4 月制定了《交通基本建设项目竣工决算报告编制办法》，该办法是公路桥梁工程项目编制竣工决算的法定性文件和依据。各省市根据具体实际情况，对该办法的内容及有关表格进行修改及增减，制订适用于本地区的竣工决算报告的标准及格式也是编制竣工决算的依据。

按《交通基本建设项目竣工决算报告编制办法》规定，凡公路、桥梁基本建设项目完建后，均需按照本办法编制竣工决算报告。未预编制竣工决算报告的项目原则上不能通过竣工动用验收。建设单位预编制的竣工决算报告须提交竣工验收委员会审查。未经竣工验收委员会审查的竣工决算报告不得作为正式的竣工决算报告上级。

竣工决算报告应当依据以下文件、资料编制：

(1)经批准的可行性研究报告、初步设计、概算或调整概算、变更设计以及开工报告等文件；

(2)历年的年度基本建设投资计划；

(3)经审核批复的历年年度基本建设财务决算；

(4)编制的施工图预算,承包合同、工程结算等有关资料；

(5)历年有关财产物资、统计、财务会计核算、劳动工资、审计及环境保护等有关资料；

(6)工程质量鉴定、检验等有关文件,工程监理有关资料；

(7)施工企业交工报告等有关技术经济资料；

(8)有关建设项目附产品、简易投产、试运营(生产)、重载负荷试车等产生基本建设收入的财务资料；

(9)有关征地拆迁资料(协议)和土地使用权确权证明；

(10)其他有关的重要文件。

三 竣工决算报告的编制

建设单位从项目筹建开始,即应明确专人负责,根据竣工决算报告要求的内容,做好有关资料的收集、整理累计和分析工作。项目建完后,应组织工程技术、计划、财务、物资、统计等有关人员共同完成竣工决算报告的编制工作。竣工决算报告的具体编制办法介绍如下。

(一)交通基本建设项目竣工决算报告封面

(1)"主管部门"填写需上报竣工决算报告的主管部门或单位；

(2)"建设项目名称"填写批准的项目初步设计文件中注明的项目名称；

(3)"建设项目类别"是指"大中型"或"小型"；

(4)"建设性质"是指建设项目属于新建、改建、扩建、续建等内容；

(5)"级别"是指中央级或地方级的建设项目。

(二)竣工工程平面示意图

公路建设项目可按设计文件中的大比例平面示意图编制,独立的公路桥梁项目可按桥位平面图进行编制。

(三)竣工报告说明书

竣工决算报告说明书是竣工决算报告的重要组成部分。主要内容包括:工程项目概况,工程建设过程和工程管理工作中的重大事件、经验教训,工程投资支出和业务管理工作的基本情况,工程遗留问题和有待解决的问题。

(四)竣工决算表格

1. 竣工决算审批表(交建竣1表)(表5-3)

2. 工程概况专用表

(1)公路建设项目工程概况表(交建竣2-1表)(表5-4)；

(2)桥梁隧道建设项目工程概况表(交建竣2-2表)(表5-5)；

(3)内河航运建设项目工程概况表(交建竣2-3表)(表5-6);

(4)港口(码头)建设项目工程概况表(交建竣2-4表)(表5-7);

(5)其他建设项目工程概况表(交建竣2-5表)(表5-8)。

3. 财务通用表

(1)建设项目竣工财务决算总表(交建竣3-1表)(表5-9);

(2)资金来源情况表(交建竣3-2表)(表5-10);

(3)待核销基建支出及转出投资明细表(交建竣3-3表)(表5-11);

(4)工程造价和概算执行情况表(交建竣4表)(表5-12);

(5)外资使用情况表(交建竣5表)(表5-13);

(6)基本建设项目交付使用资产总表(交建竣6-1表)(表5-14);

(7)基本建设项目交付使用资产明细表(交建竣6-2表)(表5-15)。

(五)交通基本建设项目竣工决算表格填列说明

1. 竣工决算审批表(交建竣1表)(表5-3)。

中央级大中型基本建设项目,其项目竣工决算报告经省级交通主管部门或部属一级单位签署意见后报部备案(一式四份)。

2. 建设项目概况表(表5-4~表5-8)

(1)建设时间开工和竣工日期按照实际开工和办理竣工验收的日期填列。如实际开工日期与批准的开工日期不符应作出说明。

(2)表中初步设计、调整概算的批准机关、日期、文号应按历次审批文件填列。

(3)表中有关项目的设计、概算、决算等指标,根据批准的设计文件和概算、决算等确定的数字填写。

(4)表中"总投资"按批准的概算和调整概算数及累计实际投资数填列。

(5)表中"基建支出合计"是指建设项目从开工起至竣工止发生的全部基本建设支出,根据财政部门或主管部门历年批准的"基建投资表"中有关数字填列。

(6)表中所列工程主要特征、完成主要工程量、主要材料消耗量、主要技术经济指标等,根据主管部门批准的概算、建设单位统计资料和施工企业提供的有关成本核算资料等分别填列。

(7)"主要收尾工程"填写工程内容和名称、预计投资额及完成时间等。如果收尾工程内容较多,可增设"收尾工程项目明细表"。这部分工程的实际成本,可根据具体情况进行估算,并作说明,完工以后不再调整竣工决算,但应将收尾工程执行结果按规定程序补报有关资料。

(8)"工程质量评定"填列经工程质量监督部门检测评定的单项工程质量评定及工程综合评价结果。

3. 财务决算总表、资金来源情况表、待核销基建支出及转出投资明细表

1)基本建设项目竣工财务决算总表(交建竣3-1表)

①表中有关"交付使用资产"、"基建拨款"、"项目资本"、"基建借款"等项目,填列自开工建设至竣工止的累计数,上述指标根据历年批复的年度基本建设财务决算和竣工年度的基本建设财务决算中资金平衡表相应项目的数字进行汇总填列(包括收尾工程的估列数)。

交通基本建设项目竣工决算审批表

表 5-3

（交建竣 1 表）

建设项目法人 （建设单位）		建设性质	
建设项目名称		主管部门	
主管部门（单位）意见： 盖 章 年 月 日			
省级交通主管部门 或部属一级单位意见： 盖 章 年 月 日			
交通运输部审批意见： 盖 章 年 月 日			

公路建设项目工程概况表

表 5-4

（交建竣 2-1 表）

建设项目或单项工程名称			工程主要特征、完成的主要工程量及主要技术经济指标	设计	实际
建设地址或地理位置			1. 公路等级		
建设时间	计划	从 年 月 日开工至 年 月 日竣工	2. 设计速度（km/h）		
	实际	从 年 月 日开工至 年 月 日竣工	3. 路线总长（km）		
初步设计和概算批准机关、日期、文号			4. 路基宽度（m）		
			5. 路基土石方（万 m^2）		
调整概算批准机关、日期、文号			6. 路面结构		
			7. 路面铺筑（万 m^2/km）		
开工报告批准时间			8. 桥梁总长（m/座）		
主要设计单位			9. 隧道总长（m/座）		
主要监理单位			10. 涵洞通道（m/座）		
主要施工单位			11. 互通式立交（处）		
工程质量监督部门			12. 分离式立交及平交（处）		

续上表

建设项目或单项工程名称			工程主要特征、完成的主要工程量及主要技术经济指标	设计	实际
总投资(万元)	批准概算	竣工决算	13. 防护工程(万 m^3)		
			14. 连接线长度(km)		
主要材料消耗	设计	实际	15. 管理及养护用房(m^2)		
钢材(t)			16. 服务区(处)		
木材(m^3)			17. 停车区(处)		
水泥(t)			18. 养护工区(处)		
沥青(t)			19. 封闭工程(km)		
			20.		
			21.		
基建支出合计(万元)	批准概算	竣工决算	22.		
建筑安装工程			23.		
设备工程器具			24.		
待摊投资			25.		
其中:建设单位管理费			26. 平均每公里造价(万元)		
其他投资			27. 拆迁房屋(m^2)		
待核销基建支出			28. 迁移人口(人)		
非经营项目转出投资			29. 占地面积(亩)		
			30.		
			31.		
主要收尾工程			32.		
工程内容或名称	投资额(万元)	预计完成时间	33.		
			34.		
			工程质量评定:优良　项;合格　项;不合格　项;总评		

桥梁隧道建设项目工程概况表

表 5-5

（交建竣 2-2 表）

建设项目或单项工程名称			工程主要特征、完成的主要工程量及主要技术经济指标	设计	实际
建设地址或地理位置			1. 桥梁、隧道全长(m)		
建设时间	计划	从　年　月　日开工至　年　月　日竣工	2. 主桥、隧道全长(m)		
	实际	从　年　月　日开工至　年　月　日竣工	3. 引桥、引导长度(m)		
初步设计和概算批准机关、日期、文号			4. 最大跨径、隧道净宽(m)		
			5. 通航净空、隧道净宽(m)		
调整概算批准机关、日期、文号			6. 桥梁墩数(个)		
			7. 桥梁荷载(t)		
开工报告批准时间			8. 断面形式		
主要设计单位			9.		
主要监理单位			10.		
主要施工单位			11. 接线公路等级		
工程质量监督部门			12. 连接线长度(km)		
总投资(万元)	批准概算	竣工决算	13.		
			14.		
主要材料消耗	设计	实际	15.		
钢材(t)			16.		
木材(m^3)			17.		
水泥(t)			18.		
沥青(t)			19.		
			20.		
			21.		
基建支出合计(万元)	批准概算	竣工决算	22.		
建筑安装工程			23.		
设备工程器具			24.		
待摊投资			25.		

续上表

建设项目或单项工程名称			工程主要特征、完成的主要工程量及主要技术经济指标	设计	实际
其中:建设单位管理费			26. 平均每公里造价(万元)		
其他投资			27. 拆迁房屋(m^2)		
待核销基建支出			28. 迁移人口(人)		
非经营项目转出投资			29. 占地面积(亩)		
			30.		
			31.		
主要收尾工程			32.		
工程内容或名称	投资额(万元)	预计完成时间	33.		
			34.		
			工程质量评定:优良　项;合格　项;不合格　项;总评		

内河航运建设项目工程概况表

表 5-6

(交建竣 2-3 表)

建设项目或单项工程名称			工程主要特征、完成的主要工程量及主要技术经济指标	设计	实际
建设地址或地理位置			1. 航道等级		
建设时间	计划	从　年　月　日开工至　年　月　日竣工	2. 航道疏竣量(m^3/km)		
	实际	从　年　月　日开工至　年　月　日竣工	3. 土方开挖、填筑量(m^3)		
初步设计和概算批准机关、日期、文号			4. 石方开挖、填筑量(m^3)		
			5. 砌石方量(m^3)		
调整概算批准机关、日期、文号			6. 混凝土(m^3)		
			7.		
开工报告批准时间			8.		
主要设计单位			9.		
主要监理单位			10.		
主要施工单位			11.		
工程质量监督部门			12.		

续上表

建设项目或单项工程名称			工程主要特征、完成的主要工程量及主要技术经济指标	设计	实际
总投资(万元)	批准概算	竣工决算	13.		
			14.		
主要材料消耗	设计	实际	15.		
钢材(t)			16.		
木材(m^3)			17.		
水泥(t)			18.		
沥青(t)			19.		
			20.		
			21.		
基建支出合计(万元)	批准概算	竣工决算	22.		
建筑安装工程			23.		
设备工程器具			24.		
待摊投资			25.		
其中:建设单位管理费			26. 平均每公里造价(万元)		
其他投资			27. 拆迁房屋(m^2)		
待核销基建支出			28. 迁移人口(人)		
非经营项目转出投资			29. 占地面积(亩)		
			30.		
			31.		
主要收尾工程			32.		
工程内容或名称	投资额(万元)	预计完成时间	33.		
			34.		
			工程质量评定:优良　项;合格　项;不合格　项;总评		

港口(码头)建设项目工程概况表

表 5-7

(交建竣 2-4 表)

建设项目或单项工程名称			工程主要特征、完成的主要工程量及主要技术经济指标	设计	实际
建设地址或地理位置			1. 码头泊位(个数)		
建设时间	计划	从　年　月　日开工至　年　月　日竣工	其他:(个数/吨级)		
	实际	从　年　月　日开工至　年　月　日竣工	(个数/吨级)		
初步设计和概算批准机关、日期、文号					
			2. 码头总长度(m)		
调整概算批准机关、日期、文号			3. 陆域回填或填筑工程量(m^3)		
			4. 陆域形成(m^2)		
开工报告批准时间			5. 港池挖泥量、面积(m^3/m^2)		
主要设计单位			6. 航道挖泥量、长度(m^3/m)		
主要监理单位			7. 引桥、引堤(m)		
主要施工单位			8. 防波堤(m)		
工程质量监督部门			9.		
总投资(万元)	批准概算	竣工决算	10.		
			11. 大型装卸机械(t)		
主要材料消耗	设计	实际	其中:		
钢材(t)					
木材(m^3)			12. 铁路(km)		
水泥(t)			13. 港内道路(m^2)		
沥青(t)			14. 生产用房建筑面积(m^2)		
			15. 堆场、仓库(m^2)		
			16. 港作车、船(台/艘)		
基建支出合计(万元)	批准概算	竣工决算	17.		
建筑安装工程			18.		
设备工程器具			19.		

续上表

建设项目或单项工程名称			工程主要特征、完成的主要工程量及主要技术经济指标	设计	实际
待摊投资			20.		
其中：建设单位管理费			21. 平均每延米造价（万元）		
其他投资			22. 拆迁房屋（m^2）		
待核销基建支出			23. 迁移人口（人）		
非经营项目转出投资			24. 占地面积（亩）		
			25.		
			26.		
主要收尾工程			27.		
工程内容或名称	投资额（万元）	预计完成时间	28.		
			29.		
			工程质量评定：优良　项；合格　项；不合格　项；总评		

其他建设项目工程概况表

表 5-8

（交建竣 2-5 表）

建设项目或单项工程名称			工程主要特征、完成的主要工程量及主要技术经济指标	设计	实际
建设地址或地理位置			1.		
建设时间	计划	从　年　月　日开工至　年　月　日竣工	2.		
	实际	从　年　月　日开工至　年　月　日竣工	3.		
初步设计和概算批准机关、日期、文号			4.		
			5.		
调整概算批准机关、日期、文号			6.		
			7.		
开工报告批准时间			8.		
主要设计单位			9.		
主要监理单位			10.		
主要施工单位			11.		
工程质量监督部门			12.		

续上表

建设项目或单项工程名称			工程主要特征、完成的主要工程量及主要技术经济指标	设计	实际
总投资(万元)	批准概算	竣工决算	13.		
			14.		
主要材料消耗	设计	实际	15.		
钢材(t)			16.		
木材(m^3)			17.		
水泥(t)			18.		
沥青(t)			19.		
			20.		
			21.		
基建支出合计(万元)	批准概算	竣工决算	22.		
建筑安装工程			23.		
设备工程器具			24.		
待摊投资			25.		
其中:建设单位管理费			26.		
其他投资			27.		
待核销基建支出			28.		
非经营项目转出投资			29.		
			30.		
			31.		
主要收尾工程			32.		
工程内容或名称	投资额(万元)	预计完成时间	33.		
			34.		
			工程质量评定:优良　项;合格　项;不合格　项;总评		

建设项目竣工财务决算总表

表 5-9

（交建竣 3-1 表）

单位:元

资金来源	金额	资金占用	金额
一、基建拨款		一、基本建设支出	
1. 预算拨款		1. 交付使用资金	
2. 基建基金拨款		2. 在建工程	
3. 进口设备转账拨款		3. 待核销基建支出	
4. 器材转账拨款		4. 非经营项目转出投资	
5. 煤代油专用基金拨款		二、应收生产单位投资借款	
6. 自筹资金拨款		三、拨付所属投资借款	
7. 其他拨款		四、器材	
二、项目资本		其中:待处理器材损失	
1. 国家资本		五、货币金额	
2. 法人资本		六、预付及应收款	
3. 个人资本		七、有价证券	
三、项目资本公积		八、固定资产	
四、基建借款		固定资产原价	
五、上级拨入投资借款		减:累计折旧	
六、企业证券资金		固定资产净值	
七、待冲基建支出		固定资产清理	
八、应付款		处理固定资产损失	
九、未付款			
1. 未交税金			
2. 未交基建收入			
3. 未交基建包干节余			

续上表

资 金 来 源	金　　额	资 金 占 用	金　　额
4. 其他未交款			
十、上级拨入资金			
十一、留成收入			
合计		合计	

补充资料：基建投资借款期末金额；
应收生产单位投资借款末数；
基建结余资金。

资 金 来 源 情 况 表

表 5-10
（交建竣 3-2 表）
（单位：元）

资 金 来 源	年度		年度		年度		年度		年度		年度		年度	
	计划数	实际数	计划数	实际数	计划数	实际数	计划数	实际数	计划数	实际数	计划数	实际数	计划数	实际数
一、基建拨款														
1.														
2.														
3.														
4.														
5.														
…														
…														
二、项目资本														
1.														
2.														
3.														

续上表

资金来源	年度		年度		年度		年度		年度		年度		年度	
	计划数	实际数	计划数	实际数	计划数	实际数	计划数	实际数	计划数	实际数	计划数	实际数	计划数	实际数
4.														
5.														
…														
三、项目资本公积金														
四、基建投资借款														
1.														
2.														
3.														
4.														
5.														
…														
五、上级拨入投资借款														
六、企业债券资金														
七、														
…														
合计														

待核销基建支出及转出投资明细表

表 5-11

（交建竣 3-3 表）

（单位：元）

项目	金额	内容	批准单位	文号	备注
一、待核销基建支出合计					
1.					
2.					

续上表

项　　目	金　　额	内　　容	批 准 单 位	文　　号	备　　注
3.					
4.					
5.					
…					
…					
二、非经营项目转出投资合计					转人单位
1.					
2.					
3.					
4.					
5.					
…					

工程造价和概算执行情况表

表 5-12

（交建竣 4 表）

（单位:元）

项目	工程总概算			概算包干数	工 程 造 价			其中:						概算投资节余			概算投资包干节余	备注
	合计	人民币	外币		合计	人民币	外币	建安投资	设备投资	其他投资	待摊投资	待核销基建支出	转出投资	合计	人民币	外币		
1	2栏=3栏+4栏	3	4	5	6栏=7栏+3栏 或=9栏+10栏+11栏=12栏+13栏	7	8	9	10	11	12	13	14	15栏=2栏-6栏	16栏=3栏-7栏	17栏=4栏-8栏	18 栏 =2栏-5栏	
…																		

注:按概算项目或单项工程及费用项目填列。

外 资 使 用 情 况 表

表 5-13
（交建竣 5 表）
单位：外币种类（　）

项　　目	计量单位	工程量或数量	外币概算金额（币）	外币实际支出金额	外币实际指出较概算增减	备注

注：按费用项目填列。

基本建设项目交付使用资产总表

表 5-14
（交建竣 6-1 表）
单位：元

单项工程项目名称（1栏）	总计（2栏）	固定资产				流动资产（7栏）	无形资产（8栏）	递延资产（9栏）
		建安工程（3栏）	设备（4栏）	其他（5栏）	合计（6栏）			

交付单位　　　　年　月　日　　接受单位　　　　年　月　日
盖章　　　　　　　　　　　　　盖章

基本建设项目交付使用资产明细表

表 5-15
（交建竣 6-2 表）

单项工程项目名称	建筑工程			设备工具器具家具						流动资产		无形资产		递延资产	
	结构	面积（m^2）	价值（元）	名称	规格型号	单位	数量	价值（元）	设备安装费（元）	名称	价值（元）	名称	价值（元）	名称	价值（元）

交付单位　　　　年　月　日　　接受单位　　　　年　月　日
盖章　　　　　　　　　　　　　盖章

②表中其余各项目反映办理竣工验收时的结余数,根据竣工年度财务决算中资金平衡表的有关项目期末数填表。

③资金占用总额应等于资金来源总额。

④补充资料的“基建投资借款期末余额”反映竣工时尚未偿还的基建投资借款数,应根据竣工年度资金平衡表内的“基建投资借款”项目期末数填列;“应收生产单位投资借款期末数”,应根据竣工年度资金平衡表内的“应收生产单位投资借款”项目的期末数填列;“基建结余资金”反映竣工时的结余资金,应根据竣工财务决算总表中有关项目计算填列。

⑤基建结余资金的计算。

基建结余资金 = 基建拨款 + 项目资本 + 项目资本公积 + 基建投资借款 + 企业债券资金 + 待冲基建支出 - 基本建设支出 - 应收生产单位投资借款

2)资金来源情况表(交建竣 3-2 表)

本表反映建设项目分年度的投资计划与资金拨付到位情况,表中有关基建拨款、项目资本、基建投资借款等资金来源内容,根据历年批复的年度基本建设财务决算和竣工年度的基本建设财务决算中资金平衡表相应项目的数字填列(包括收尾工程的估列数)。

3)待核销基建支出及转出投资明细表(交建竣 3-3 表)

①“待核销基建支出”反映非经营性项目发生的江河清障、航道清淤、补助群众造林、水土保持、取消项目的可行性研究费以及项目报废等不能形成资产部分的投资支出。

②“转出投资”反映非经营性项目为项目配套而建成的、产权不归属本单位的专用设施的实际成本,按照规定的内容分项逐笔填列。

4. 工程造价和概算执行情况表(交建竣 4 表)

(1)本表反映工程实际建设成本和总造价,以及概算投资节余和概算投资包干部分节余的情况,应按照概算项目或单项工程(费用项目)填列。

(2)待摊投资按照某一单项工程投资额占全部投资的比例分摊到单项工程上。不计入固定资产价值的支出不分摊待摊投资。

5. 外资使用情况表(交建竣 5 表)

本表反映建设项目外资使用情况,按照使用外资支出费用项目填列。应说明批准初步设计时的汇率、记账汇率、竣工时的汇率以及外资贷款的转贷金额和转贷单位等情况。各有关表格中,外币折合人民币时,应以项目竣工时的汇率为准。

6. 交付使用资产总表和交付使用资产明细表

(1)交付使用资产总表中各栏数字应根据交付使用资产明细表中相应项目的数字汇总填列。交付使用资产明细表作为建设单位管理项目资产使用,可不纳入上报的竣工决算报告,其具体格式各单位可根据情况进行修改。

(2)交付使用资产总表中固定资产、流动资产、无形资产和递延资产各栏的合计数,应分别与竣工财务决算表交付使用资产的相应数字相符。

四 竣工决算的注意事项

(1)竣工决算报告按照建设项目类型分公路建设项目、桥梁隧道建设项目、内河航运建设项目、港口(码头)建设项目和不能归入上述四类的其他建设项目等分别编报。编制竣工决算报告时,必须填制本类项目工程概况专用表和全套财务通用表。

(2)建设项目完建时的收尾工程,建设单位可根据概算所列的投资额或收尾工程的实际情况测算投资支出列入竣工决算报告。但收尾工程投资额不得超过工程总投资的5%。

(3)对列入竣工决算报告的基本建设收入、基建结余资金等财务问题，建设单位应按国家规定进行相应处理。

(4)建设项目完建时，建设单位要认真做好各项账务、物资、财产、债权债务、投资资金到位情况和报废工程的清理工作，做到工完料清，账实相符。各种材料、物资、设备、施工机具等要逐项清点核实，妥善保管，按照国家规定处理，不准任意侵占。

(5)建设单位编制的竣工决算报告在审计部门提出审计意见后，方可组织竣工验收。未经竣工验收委员会认定的竣工决算报告不得上报。

(6)中央级大中型基本建设项目，其项目竣工决算报告经省级交通主管部门或部属一级单位签署意见后报部备案(一式四份)。

(7)竣工决算报告在竣工验收委员会审查同意后3个月内报出。

(8)竣工验收合格的基本建设项目其正式交付使用时间由竣工验收委员会确定。

(9)对编报竣工决算报告工作认真负责，上报及时的，上级交通主管部门可以给予表彰。对不按本办法编制和报送竣工决算报告的，上级交通主管部门可以通报批评；情节严重的，可暂停拨付建设资金、停批新建项目，并按有关规定对单位负责人及直接责任人给予行政处分和行政处罚。

思考题

1. 简述概预算审查的意义与目的。

2. 简述概预算审查的步骤与方法。

3. 简述变更设计的含义。

4. 简述工程结算与工程决算的概念、内容、作用。

5. 简述竣工决算的表格种类及其填列方法。

练习题

1. 某合同价格8000万元，预付款10%，第12月的累计支付金额为300万元，则应从第12个月扣回的预付款应为多少？

2. 某工程土方合同30000m^3，合同单价13元/m^3，超过合同工程量15%以上的单价按照11元/m^3计算，低于合同工程量20%的单价按照14元/m^3计算。现完成合同工程量为38000m^3，试进行工程结算。

第六章 工程量清单计量规则与清单计价

第一节 工程量清单的概念和内容

工程量清单计价是改革和完善工程价格的管理体制的一个重要组成部分。工程量清单计价方法相对于传统的定额计价方法是一种新的计价模式,或者说是一种市场定价模式,是由建设产品的买方和卖方在建设市场上根据供求状况、信息状况进行自由竞价,从而最终能够签订工程合同价格的方法。在工程量清单的计价过程中,工程量清单为建设市场的交易双方提供了一个平等的平台,其内容和编制原理的确定是整个计价方式改革中的重要工作。工程量清单的计量和计价,可以实现工程量计算规则统一化,工程量计算方法标准化,工程造价确定市场化。

一 工程量清单的概念和内容

工程量清单是表现拟建工程的分部分项工程项目、临时工程项目、其他项目名称和相应工程量的明细清单,是按照招标要求和施工设计图纸要求将拟建招标工程的全部项目和内容,依据统一的工程量计算规则、统一的工程量清单项目编制规则要求,计算拟建招标工程的分部分项工程数量的表格。

工程量清单作为招标文件的组成部分,一个最基本的功能是作为信息的载体。工程量清单的内容应全面、准确,以便投标人能对工程有全面充分的了解。工程量清单主要包括工程量清单说明和工程量清单表两部分。

工程量清单说明主要是招标人解释拟招标工程的工程量清单的重要组成部分。合理的清单项目设置和准确的工程数量,是清单计价的前提和基础。对于招标人来说,工程量清单是进行投资控制的前提和基础,工程量清单表编制的质量直接关系和影响到工程建设的最终结果。

二 工程量清单的作用

(1)工程量清单为投标人提供估计的依据;

(2)工程量清单为建设单位合同管理提供依据(单价调整和变更、中期支付等);

(3)工程量清单为项目投资控制提供依据;

(4)工程量清单为施工单位项目管理提供依据;

(5)工程量清单为工程结算提供依据(反映管理效益)。

投标人在投标前填列工程量清单时,既希望中标又要有经济效益;既要掌握投标技巧,又要使得价格有竞争力,故而标价后的工程量清单在中标后是极为重要的。它不仅是施工单位与建设单位进行工程结算的重要依据,也是施工单位合法分包的基本价格参考依据,更重要的是体现了施工单位的竞争实力。因此,施工企业必须对其慎重保密。

从合同意义上讲,在工程量清单中,施工单位填写的价格对合同双方是有约束力的。而不论“综合价格”是否合理,在单价合同中,建设单位与施工单位的经济关系几乎全部是通过标价的工程量清单联系起来的,因此工程量清单的地位颇为特殊和重要。

三 工程量清单的编制

工程量清单是招标文件的组成部分,主要由总则清单、分部分项工程量清单、暂估价清单和计日工清单组成,是编制标底和投标报价的依据。已标价、经算术性修正无误且施工单位已确认的最终工程量清单是签订合同、调整工程量和办理工程结算的基础。

工程量清单应由有编制招标文件能力的招标人或受其委托具有相应资质的工程造价咨询机构、招标代理机构,依据有关计价方法、招标文件的要求、设计文件和施工现场实际情况进行编制。

(一)工程量清单的项目设置

工程量清单的项目设置规则是为了统一工程量清单项目号、项目名称、计算单位、工程量计算而制定的,是编制工程量清单的依据。在《公路工程工程量清单计量规则》中,对工程量清单项目的设置作了明确的规定。

1. 项目编号

项目编号以五级编码设置,用阿拉伯数字或英文字母表示。一、二、三级编码统一;第四级编码根据不同情况,对已有细目的项目可在其后增列细目,没有细目的项目可直接列细目;第五级编码由工程量清单编制人区分具体工程的清单项目特征而分别编码。各级编码代表的含义介绍如下:

(1)第一级表示项顺序码(一位)总则为1,路基为2,路面为3,桥梁、涵洞为4,隧道为5,安全设施及预埋管线为6,绿化及环境保护为7;

(2)第二级表示目顺序码(两位)用阿拉伯数字表示,不足两位数前面补零;

(3)第三级表示节顺序码(一位或两位)用自然数表示;

(4)第四级表示细目顺序码(一位或两位)用英文字母a、b、…表示;

(5)第五级表示子细目顺序码(一位或两位)用自然数表示。

项目编码结构如图6-1所示。

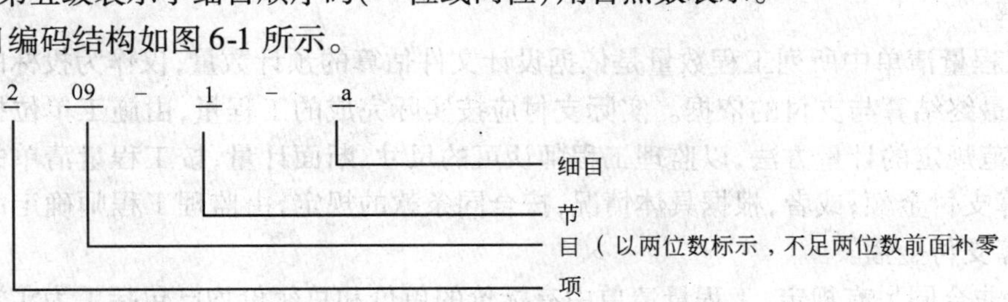

图6-1 项目编码结构

2. 项目名称

项目名称以工程和费用名称命名，如有缺项，招标人可按相应的《公路工程工程量清单计量规则》进行补充。

3. 项目特征

项目特征是按不同的工程部位、施工工艺或材料品种、规格等对项目所作的描述，是设置清单项目的依据。

4. 计量单位

计量单位采用基本单位，除另有特殊规定外，均按以下单位计量：

以体积计算的项目——m^3；

以面积计算的项目——m^2；

以重量计算的项目——t、kg；

以长度计算的项目——m；

以自然体计算的项目——个、棵、根、台、套、块等；

没有具体数量的项目——总额。

5. 工程量计算规则

工程量计算规则是对清单项目工程量的计算规定。除另有说明外，清单项目工程量均按设计图以工程实体的净值计算；材料及半成品采备和损耗、场内二次转运、常规的检测、试验等均包括在相应工程项目中，不另行计量。

6. 工程内容

工程内容是对拟完成项目的主要工作的描述。凡工程内容中未列的其他工作，为该项目的附属工作，应参照各项目对应的招标文件范本章节的规定或设计图纸综合考虑在报价中。

具体项目设置及计量规则见《公路工程工程量清单计量规则》。

（二）招标文件中提供的工程量清单标准格式

工程量清单应采用统一格式，一般应由封面、说明、工程细目、专项暂定金额汇总表、计日工明细表、投标报价汇总表、工程量清单汇总表组成。分别介绍如下。

1. 封面

封面一般注明工程量清单所涉及的工程项目名称和合同段名称，同时要注明招标人名称，以及涉及的具体日期，并加盖公章。具体格式如图 6-2 所示。

2. 说明

(1)工程量清单应与投标人须知、合同条款、计量规则、技术规范及图纸等文件结合起来查阅与理解。

(2)工程量清单中所列工程数量是依据设计文件估算的预计数量，仅作为投标的共同基础，不作为最终结算与支付的依据。实际支付应按实际完成的工程量，由施工单位按计量规则、技术规范规定的计量方法，以监理工程师认可的尺寸、断面计量，按工程量清单的单价和总额价计算支付金额；或者，根据具体情况，按合同条款的规定，由监理工程师确定的单价或总额价计算支付金额。

(3)除非合同另有规定，工程量清单中有标价的单价和总额价均已包括了为实施和完成工程合同所需的劳务、材料、机械、质检（自检）、安装、缺陷修复、管理、保险（工程一切险和第三方责任险除外)、税费、利润等费用,以及合同明示或暗示的所有责任、义务和一般风险。

×××项目

第　　合同段

工程量清单

×××公司（招标人名称）（签章）

××××年××月

图6-2　封面大样

(4)工程一切险的投保金额为工程量清单第100章(不含工程一切险及第三方责任险的保险费)至第700章的合计金额,保险费率为______‰;第三方责任险的投保金额为______元,保险费率为______‰。工程量清单第100章内列有上述保险费的支付细目,投标人根据上述保险费率计算出保险费,填入工程量清单。除上述工程一切险及第三方责任险以外,所投其他保险的保险费均由施工单位承担并支付,不在报价中单列。

(5)工程量清单中本合同工程有数量的每一个细目,都需填入单价;对于没有填入单价或总额价的细目,其费用应视为已包括在工程量清单的其他单价或总额价中,施工单位必须按监理工程师指令完成工程量清单中未填入单价或总额价的工程细目,但不能得到结算与支付。

(6)符合合同条款规定的全部费用应认可已被计入有标价的工程量清单所列各细目之中,未列细目不予计量的工作,其费用应视为已分摊在本合同工程的有关细目的单价或总额价之中。

(7)工程量清单各章是按计量规则、技术规范相应章次编号的,因此,工程量清单中各章的工程细目的范围与计量应与计量规则、技术规范相应章节的范围、计量与支付条款结合起来理解或解释。

(8)对作业和材料的一般说明或规定,未重复写入工程量清单内,在给工程量清单各细目标价前,应参阅招标文件中计量规则、技术规范的有关部分。

(9)对于符合要求的投标文件,在签订合同协议书前,如发现工程量清单中有计算方面的算术性差错,应按投标人须知的规定予以修正。

(10)工程量清单中所列工程量的变动,丝毫不会降低或影响合同条款的效力,也不免除施工单位按规定的标准进行施工和修复缺陷的责任。

(11)施工单位用于为本合同工程的各类装备提供运输、维护、拆卸、拼装等支付的,已包括在工程量清单的单价与总额价之中。

(12)在工程量清单中标明的暂估价,除合同另有规定外,应由监理工程师按合同条款的规定,结合工程具体情况,报经建设单位批准后全部或部分使用,或根本不予动用。

(13)计量方法:

①用于支付已完工程的计量方法,应符合计量规则、技术规范中相应章节的“计量与支付”条款的规定;

②图纸中所列的工程数量表及数量汇总表仅提供资料,不是工程量清单的外延。但图纸与工程量清单所列数量不一致时,以工程量清单所列数量作为报价的依据。

(14)工程量清单中各项金额均以人民币(元)结算。

3. 工程细目

工程细目是对拟完成的分部分项工程项目、临时工程项目、其他项目和相应工程量的具体名称的描述,详见表6-1。

工 程 量 清 单 表6-1

清单 第100章 总则					
子目号	子 目 名 称	单位	数量	单价	合计
101-1	保险费				
-a	按合同条款规定,提供建筑工程一切险	总额			
-b	按合同条款规定,提供第三方责任险	总额			
102-1	竣工文件	总额			
102-2	施工环保费	总额			
102-3	安全生产费	总额			
102-4	工程管理软件(暂估价)	总额			
103-1	临时道路修建、养护与拆除(包括原道路的养护维修费)	总额			
103-2	临时占地	总额			
103-3	临时供电设施				
-a	设施架设拆除	总额			
-b	设施维修	总额			
103-4	电信设施提供、维修与拆除	总额			
103-5	供水与排污设施	总额			
104-1	承包人驻地建设	总额			
清单 第100章合计______人民币					
清单 第200章 路基					
子目号	子目名称	单位	数量	单价	合计
202-1	清理与掘除				
-a	清理现场				
…	……				
清单 200章合计______人民币					

续上表

清单　第 300 章　路面					
子目号	子 目 名 称	单位	数量	单价	合计
302-1	碎石垫层				
-a	……				
清单　300 章合计______人民币					
清单　第 400 章　桥梁涵洞					
子目号	子 目 名 称	单位	数量	单价	合计
401-1	桥梁荷载试验(暂估价)				
…	……				
清单　400 章合计______人民币					
清单　第 500 章　隧道					
子目号	子 目 名 称	单位	数量	单价	合计
501-1	洞口明洞开挖				
…	……				
清单　500 章合计______人民币					
清单　第 600 章　安全设施及预埋管线					
子目号	子 目 名 称	单位	数量	单价	合计
602-1	C…混凝土护栏				
…	……				
清单　600 章合计______人民币					
清单　第 700 章　绿化及环境保护设施					
702-1	开挖并铺设表土				
…	……				
清单　700 章合计______人民币					

4. 专项暂定金额汇总表

专项暂定金额是根据合同条款第 52 条和第 58 条的规定或具体的合同约定，为应付某些难以预见的费用而计列的费用，具体格式见表 6-2。

专项暂定金额汇总表(示例)　　表 6-2

清 单 编 号	细 目 号	名　称	估计金额(元)
400	401-1	桥梁荷载试验(举例)	60000
…	…	……	…
…	…	……	…
专项暂定金额小计：			

5. 计日工明细表

计日工明细表由计日工劳务单价表(表 6-3)、计日工材料单价表(表 6-4)、计日工施工机械单价表(表 6-5)、计日工汇总表(表 6-6)、材料暂估价表(表 6-7)、工程设备暂估价表(表 6-8)、专业工程暂估价表(表 6-9)等组成。

计日工劳务单价表　　表 6-3

合同段：

细目号	合同	估计数量(h)	单价(元/h)	合价(元)
101	班长			
102	普通工			
103	焊工			
104	电工			
105	混凝土工			
106	木工			
107	钢筋工			
	……			
计日工劳务(结转计日工汇总表)				

注：根据具体工程情况，也可用天数作为计日工劳务单位。

计日工材料单价表　　表 6-4

合同段：

细目号	名称	单位	估计数量	单价(元)	合价(元)
201	水泥	t			
202	钢筋	t			
203	钢绞丝	t			
204	沥青	t			
205	木材	m^3			
206	砂	m^3			
207	碎石	m^3			
208	片石	m^3			
	……				
	……				
计日工材料小计(结转计日工汇总表)					

计日工施工机械单价表　　表 6-5

合同段：

细目号	名　称	估计数量(h)	租价(元/h)	合价(元)
301	装载机			
301-1	$1.5m^3$ 以下			
301-2	$1.5 \sim 2.5m^3$			
301-3	$2.5m^3$ 以上			
302	推土机			
302-1	90kW 以下			
302-2	90 ~ 180kW			
302-3	180kW 以上			
	……			
计日工施工机械小计(结转计日工汇总表)				

计日工汇总表 表6-6

合同段：

名 称	金 额 （元）
计日工	
1. 劳务	
2. 材料	
3. 施工机械	
计日工合计(结转工程量清单汇总表)	

材料暂估价表 表6-7

序 号	名 称	单 位	数 量	单 价	合 价	备注

工程设备暂估价表 表6-8

序 号	名 称	单 位	数 量	单 价	合 价	备注

专业工程暂估价表 表6-9

序 号	专业工程名称	工 程 内 容	金 额
小计：			

1)说明

(1)这里参照合同通用条款一并理解；

(2)未经监理工程师书面指令，任何工程不得按计日工施工；接到监理工程师按计日工施工的书面指令，施工单位也不得拒绝；

(3)投标人应在本节计日工单价表中填列计日工细目的基本单价或租价，该基本单价或租价适用与监理工程师指令的任何数量的计日工的结算与支付。计日工的劳务、材料和施工机械由招标人(或建设单位)列出正常的估计数量，投标人报出单价，计算出计日工总额后列入工程量清单汇总表并计入评标价；

(4)计日工不调价。

2)计日工劳务

(1)在计算应付给施工单位的计日工工资时，工时应从工人到达施工现场，并开始从事指定的工作算起，到返回原出发地点为止，扣去用餐和休息的时间。只有直接从事指定的工作，且能胜任该工作的工人能记工，随同工人一起做工的班长应计算在内，但不包括领工(工长)和其他质检管理人员。

(2)施工单位可以得到用于计日工劳务的全部工时的支付，此支付按施工单位填报的“计日工劳务单价表”所列单价计算。该单价应包括基本单价及施工单位的管理费、税费、利润等所有劳务附加费，具体说明如下：

①劳务基本单价包括：施工单位劳务的全部直接费用，如工资、加班费、津贴、福利费及劳动保护费等；

②劳务附加费包括施工单位的利润、管理费、质检费、保险费、税费；易耗品的使用费；水电及照明费；工作台、脚手架、临时设施费；手动机具与工具的使用及维修费，以及上述各项伴随而来的费用。

3）计日工材料

施工单位可以得到计日工使用的材料费用［上述第2）条（2）已计入劳务费内的材料费用除外］的支付，此费用按施工单位"计日工材料单价表"中所填报的单价计算，该单价应包括基本单价及施工单位的管理费、税费、利润等所有附加费，说明如下：

（1）材料基本单价按供货价加运杂费（到达施工单位现场仓库）、保险费、仓储管理费以及运输损耗等计算；也可以按市场价直接计算；

（2）材料附加费包括施工单位的利润、管理费、质检费、保险费、税费及其他附加费；

（3）从现场运至使用地点的人工费和施工机械使用费不包括在上述基本单价内。

4）计日工施工机械

（1）施工单位可以得到用于计日工作业的施工机械费用的支付，该费用按施工单位填报的".计日工施工机械单价表"中的租价计算。该租价应包括施工机械的折旧、利息、维修、保养、零配件、油燃料、保险和其他消耗品的费用以及全部有关使用这些机械的管理费、税费、利润和驾驶员助手的劳务费等费用。

（2）在计工作业时，施工单位计算所用的施工机械费用时，应按实际工作小时支付。除非经监理工程师的同意，计算的工作小时才能将施工机械从现场某处运到监理工程师指令的计日工作业的另一现场往返运送时间包括在内。

6. 投标报价汇总表格式（表6-10）、工程量清单单价分析表（6-11）

投标报价汇总表　　表6-10

________项目名称　　________标段

序　号	章　次	科 目 名 称	金 额 （元）
1	100	总则	
2	200	路基	
3	300	路面	
4	400	桥梁、涵洞	
5	500	隧道	
6	600	安全设施及预埋管线	
7	700	绿化及环境保护设施	
8	第100~700章清单合计		
9	已包含在清单合计中的材料、工程设备、专业工程暂估价合计		
10	清单合计减去暂估价合计（即8-9=10）		
11	计日工合计		
12	暂列金额（不含计日工总额）		
13	投标报价（8+11+12）=13		总额

注：材料、工程设备、专业工程暂估价已包括在清单合计中，不应重复计入投标报价。

工程量清单单价分析表 表 6-11

序号	编码	子目名称	人工费			材料费						机械使用费	其他	管理费	税费	利润	综合单价
						主材				辅材费	金额						
			工日	单价	金额	主材耗量	单位	单价	主材费								

（三）工程量清单编制或填报的一般要求

(1)招标文件中要求工程量清单签字、盖章的地方，必须有规定的单位和人员签字、盖章。

(2)工程量清单中的任何内容不得随意删除或涂改；

(3)工程量清单中的所有需要招标人明确的单位或数量，招标人应填写；工程量清单列明的所有需要填报的单价和合价，投标人均应填报，未填入单价或总额价，其费用视为已包括在工程量清单的其他单价或总额价中，施工单位必须按监理工程师指令完成工程量清单中未填入单价或总额价的工程细目，但不能得到结算与支付。

(4)工程数量按照计量规则中的工程量计算规则计算，其精确度按下列规定执行：

①以“t”为单位的，保留小数点后三位，第四位小数四舍五入；

②以“m^3”、“m^2”、“m”为单位的，保留小数点后两位，第三位小数四舍五入；

③以“个”、“棵”、“kg”等为单位的，取整数；

④以“总额”为单位的，按金额数量。

第二节　工程量清单计量规则

工程量计算是公路基本建设程序中各阶段编制设计文件及工程造价的重要内容，同时也是进行工程估价的重要依据。准确地计算工程量，对编制计划、财务管理以及对成本计划执行情况的分析等都是十分重要的。项目前期阶段应按《公路工程基本建设项目概算预算编制办法》(JTG B06—2007)的规定设置项目并对应计算工程量。施工招投标阶段则应依据中华人民共和国交通运输部发布的《公路工程国内招标文件范本》，并参照招标文件范本配套用《公路工程工程量清单计量规则》的要求计算工程量。

一　工程数量的计算

工程量清单数量是按合同图纸并通过工程量计算规则计算得到的工程量。工程量是指以物理计量单位或自然计量单位所表示的建筑工程各个分项工程或结构件的实物数量。物理计量单位是指以度量表示的长度、面积、体积和质量等单位；自然计量单位是指以建筑成品表现在自然状态下的简单点数所表示的个、条、块等单位。

工程量是确定工程量清单、建筑工程直接费、编制施工组织设计、安排工程施工进度、编制材料供应计划、进行统计工作和实现经济核算的重要依据。

（一）工程量计算的资料

(1)施工图纸及设计说明书、相关图表、设计变更资料、评审记录等。

(2)经审定的施工组织设计或施工方案。

(3)工程施工合同、招标文件的商务条款。

(4)工程量计算规则。

（二）工程量计算的顺序

计算工程量应按照一定的顺序依次进行,既可节省时间加快计算速度,又可避免漏算或重复计算。

(1)按施工顺序计算法。按施工顺序计算法是按照工程施工顺序的先后次序来计算工程量。如桥梁按照基础、下部、上部、附属结构等顺序进行。

(2)按图纸分项编号顺序计算法。此法就是按照图纸上所注结构构件、配件的编号顺序计算工程量。如计算混凝土结构、门窗等分项工程,均可以按照此顺序进行计算。

（三）工程量计算的步骤

(1)根据工程内容和计算规则中规定的项目列出需计算工程量的分部分项工程。

(2)根据一定的计算顺序和计算规则列出计算式进行数值计算。

(3)根据施工图纸的要求确定有关数据代入计算式进行数值计算。

(4)对计算结果的计量单位进行调整,使之与计量规则中规定的相应分部分项工程的计量单位保持一致。

（四）工程量计算的注意事项

(1)口径必须一致。施工图列出的工程项目(工程项目所包括的内容及范围)必须与计量规则中规定的相应工程相一致,这样才能准确地套用工程单价。计算工程量除必须熟悉施工图外,还必须熟悉计量规则中每个工程项目所包括的内容和范围。

(2)必须按工程量计算规则计算。工程量计算规则是综合和确定各项消耗指标的基本依据,也是具体工程测算和分析资料的准绳。

(3)必须按图纸计算。工程量计算时,应严格按照图纸所注尺寸进行计算,不得任意加大或缩小,也不得任意增加或减少,以免影响工程量计算的准确性。图纸中的项目,要认真反复清查,不得漏项少算或重复多算。

(4)必须列出计算式。在列计算式时,必须分清部位并详细列项标出计算式,注明计算结构构件的所处部位和轴线,同时保留工程量计算书作为复查依据。工程量计算式应力求简单明了,醒目易懂,并要按一定的顺序排列,以便于审核和校对。

(5)计算必须准确。工程量计算的精度将直接影响到造价的精度,因此,数量计算要准确。一般工程量的精度应按计量规则中的有关规定执行。

(6)计量单位必须一致。工程量的计量单位,必须与计量规则中规定的计量单位相一致,这样才能准确地套用工程量单价。有时由于所采用的制作方法和施工要求不同,其计算工程量的计量单位是有区别的,应予以注意。

(7)必须注意计算顺序。为了计算时不漏项目,又不产生重复计算,应按照一定的顺序进行计算。

(8)力求分层分段计算。要结合施工图纸尽量做到按结构层次,或按施工方案的要求分段计算,或按使用的材料不同分别进行计算。这样,在计算工程量时既可避免漏项,又可为编制工、料、机分析和安排施工进度计划提供数据。

(9)必须注意统筹计算。各个分项工程项目的施工顺序、相互位置及构造尺寸之间存在内在联系。通过了解这种内在联系之间的关系,寻找简化计算过程的途径,以达到快速、高效之目的。

(10)必须自我检查复核。工程量计算完毕后,必须进行自我复核,检查其项目、算式、数据及小数点等有无错误和遗漏,以避免预算审查时返工重算。

二 公路工程计量规则

(一)总则

一般总则的工程量计量规则如下:

(1)施工单位为工程建设修建的临时工程及设施,施工过程中采取的任何措施所需的费用、保险费、竣工文件编制费,按总额计算,计量单位为总额。

(2)临时工程用地按设计提供的临时用地图纸面积计算,计量单位为亩(1 亩 =666.67m^2)。

(二)路基工程

一般路基工程的工程量计量规则如下:

1. 清理现场

按设计图表所示,以投影平面面积计算,计量单位为 m^2。

2. 开挖土石方

按路线中线长度乘以核定的断面面积,即以开挖天然密实体积计算,计量单位为 m^3。

3. 土石方填筑

按路线中线长度乘以核定的断面面积,即以压实体积计算,计量单位为 m^3。

4. 排水工程

石砌(或混凝土)排水工程按设计图所示,以体积计算,计量单位为 m^3。

5. 石砌(或混凝土)防护工程

按设计图所示,以体积计算,计量单位为 m^3。

6. 挂网或植草防护

按设计图表所示,以面积计算,计量单位为 m^2。

7. 软基处理

打桩或砂井、排水板等处理以长度计算,计量单位为 m。

土工织物处理按设计图表所示,以净面积计算,计量单位为 m^2。

抛片石等实体性材料处理按设计图所示,以体积计算,计量单位为 m^3。

8. 钢筋、锚杆、锚索

按设计图表所示,以质量计算,计量单位为 kg。

（三）路面工程

一般路面工程的工程量计量规则如下：

1. 路面垫层、基层

按设计图表所示，按不同厚度以顶面面积计算，计量单位为 m^2。

2. 面层

按设计图表所示，按不同厚度以面积计算，计量单位为 m^2。

3. 培土路肩、中央分隔带填土

按设计图表所示，以压实体积计算，计量单位为 m^3。

4. 加固土路肩、路缘石

以长度计算，计量单位为 m。

5. 沥青油毡、土工布

以铺设的净面积计算，计量单位为 m^2。

6. 渗沟、纵（横）向排水管沟、拦水带

以长度计算，计量单位为 m。

7. 路肩排水垫层

按设计图表所示，以压实体积计算，计量单位为 m^3。

（四）桥梁、涵洞工程

一般桥梁、涵洞工程的工程量计量规则如下：

1. 桥梁检测

按检测内容，以总额计算，计量单位为总额。

2. 结构钢筋、钢材及预应力钢材

按设计图所示，按有效长度以质量计算，计量单位为 kg。

3. 基础挖方及回填

按设计图所示，基础所占面积周边外加宽 0.5m，垂直由河床顶面至基础底面高程以实际工程体积计算（因施工、放坡、立模而超挖的土方不另计量），计量单位为 m^3。

4. 灌注桩

按设计图所示，按不同桩径的钻孔灌注桩以长度（桩底高程至承台底面或系梁顶面高程，无承台或系梁时，则以桩位处地面线为分界线，地面线以下部分为灌注桩桩长）计算，计量单位为 m。

5. 沉桩

按设计图所示，按不同桩径的沉桩以（沉桩桩尖高程至承台底面或盖梁底）长度计算，计量单位为 m。

6. 钢壳沉井

按设计图所示，以质量计算，计量单位为 kg。

7. 结构混凝土

按设计图表所示，以实体体积计算，计量单位为 m^3。

8. 砌石工程

按设计图所示的体积计算，计量单位为 m^3。

9. 桥面铺装

按设计图表所示，按不同厚度以面积计算，计量单位为 m^2。

10. 桥梁支座

橡胶支座按支座体积计算，计量单位为 $10^{-3}m^3$。

盆式支座按设计图所示的数量计算，计量单位为套。

11. 桥梁伸缩缝

按设计图所示的长度计算，计量单位为 m。

12. 涵洞、通道

按设计图所示，按不同断面尺寸以长度（进出口端墙间距离）计算，计量单位为 m。

（五）隧道工程

一般隧道工程的工程量计量规则如下：

1. 开挖土石方

按路线中线长度乘以核定的断面面积，以开挖天然密实体积计算，计量单位为 m^3。

2. 弃方超运

按设计图所示，弃土场地不足需增加弃土场或监理工程师批准变更弃土场导致弃方超过图纸规定运距，按超运弃方数量乘以超运里程计算，计量单位为 $m^3 \cdot km$。

3. 砌石、混凝土工程

按设计图所示的体积计算，计量单位为 m^3。

4. 排水管、止水带、止水条

按设计图所示，以长度计算，计量单位为 m。

5. 锚杆、管棚、小导管

按设计图表所示，以长度计算，计量单位为 m。

6. 钢筋、钢筋网、型钢、钢管

按设计图表所示，以质量计算，计量单位为 kg。

7. 防水板、土工膜

按设计图所示，以净面积计算，计量单位为 m^2。

8. 洞门、消防设施

按设计图所示，以个数计算，计量单位为个（座）。

9. 洞内路面

基层按设计图表所示，按不同厚度以顶面面积计算，计量单位为 m^2。

面层按设计图表所示，按不同厚度以面积计算，计量单位为 m^2。

10. 防水涂料和装饰工程

按设计图表所示，以面积计算，计量单位为 m^2。

11. 监控量测与地质预报

按规定以总额计算，计量单位为总额。

（六）安全设施及预埋管线工程

一般安全设施及预埋管线工程的工程量计量规则如下：

1. 砌石及混凝土护栏

按设计图所示,以体积计算,计量单位为 m^3。

2. 钢护栏

沿栏杆面(不包括起终端段)量测以长度(含立柱)计算,计量单位为 m。

3. 隔离栅(墙)

按设计图所示,从端部外侧沿隔离栅(墙)中部丈量,以长度计算,计量单位为 m。

4. 交通标志、标记、轮廓标

按设计图所示,按不同规格以累计数量计算,计量单位为个。

5. 道路标线

按设计图纸所示,按涂敷厚度,以实际面积计算,计量单位为 m^2。

6. 预埋管道、管线

按设计图所示,按不同结构沿铺筑就位的管道中线量测,以累计长度计算,计量单位为 m。

7. 收费岛、收费亭、高杆灯

按设计图所示,以累计数量计算,计量单位为个。

8. 地下通道

按设计图所示,按不同断面尺寸以通道中心量测洞口间距离计算,计量单位为 m。

9. 防眩板(网)

按设计图所示,沿路线中线乘以累计长度计算,计量单位为 m。

10. 收费天棚

按设计图的形式组装架设,以面积计算,计量单位为 m^2。

(七)绿化及环境保护工程

一般绿化及环境保护工程的工程量计量规则如下:

1. 草皮和草种

按设计图所示尺寸,以面积计算,计量单位为 m^2。

2. 喷灌管道

按设计图所示尺寸,以累计长度计算,计量单位为 m。

3. 树木

以累计株数计算,计量单位为棵。

4. 竹类

以冠幅垂直投影确定冠幅宽度,按丛累计数量计算,计量单位为丛。

5. 玻璃钢消声板

按设计图所示,以长度计算,计量单位为 m。

6. 砖墙声屏障

按设计图所示,以体积计算,计量单位为 m^3。

(八)房建工程

一般房建工程的工程量计量规则如下:

1. 建筑基坑

挖土石方按设计图所示以基础垫层底面积乘以挖土深度计算，计量单位为 m^3。

回填土按挖方体积减去设计室外地坪以下埋设的基础体积（包括基础垫层及其他构筑物）计算，计量单位为 m^3。

2. 垫层

按设计垫层外边线所围面积乘以厚度计算，计量单位为 m^3。

3. 灌注桩

按设计图所示，按不同桩径以桩长度（包括桩尖）计算，计量单位为 m。

4. 砖砌体、混凝土基础

按设计图所示，以体积计算，计量单位为 m^3。

5. 防水工程

按设计图所示，以面积计算。

(1) 地面防水：按主墙间净空面积计算，扣除凸出地面的构筑物、设备基础等所占面积，不扣除柱、垛、间壁墙、烟囱及 0.3m^2 以内空洞所占面积。

(2) 墙基防水：外墙按中心线，内墙按净长乘以宽度计算，计量单位为 m^2。

6. 混凝土工程

1) 柱

按设计图所示尺寸以体积计算，不扣除构件内钢筋、预埋铁件所占体积。

2) 柱高

(1) 有梁板柱高，应自柱基上表面（或楼板上表面）至上一层楼板上表面之间的高度计算；

(2) 框架柱高，应自柱基上表面至柱顶高度计算；

(3) 构造柱按全高计算（与砖墙嵌接部分的体积并入柱身体积），计量单位为 m^3。

3) 梁

按设计图所示尺寸以体积计算，不扣除构件内钢筋、预埋铁件所占体积。

4) 梁长

(1) 梁与柱连接时，梁长算至柱侧面；

(2) 主梁与次梁连接时，次梁长算至主梁侧面；

(3) 深入墙内的梁头、梁柱体积并入梁体积计算，计量单位为 m^3。

5) 板

空心板的空洞体积应扣除，其中：

(1) 有梁板包括主、次梁与板，按梁、板体积之和计算；

(2) 无梁板按板和柱帽体积之和计算；

(3) 各类板深入墙内的板头并入体积内计算，计量单位为 m^3。

7. 混凝土小型构件、楼梯、台阶、挑檐板等

按设计图所示尺寸以体积计算，计量单位为 m^3。

8. 钢筋（包括钢筋笼、钢筋网片等）、预埋铁件

按设计图所示尺寸，以重量单位计算，计量单位为 t。

9. 地沟、明沟

按设计图所示，以长度计算，计量单位为 m。

10. 门窗

按设计图所示数量计算，计量单位为樘。

11. 门窗套

按设计图所示，以展开面积计算，计量单位为 m^2。

12. 地面

按设计图所示以面积计算，门洞、空圈、暖气包槽、壁龛的开口部分并入相应的工程量内，计量单位为 m^2。

13. 楼面

按设计图所示以楼梯（包括踏步、休息平台以及 50mm 以内的楼梯井）水平投影面积计算。楼梯与楼地面相连时，算至梯口梁内侧边沿；无梯口梁者，算至最上一层踏步边沿加 300mm，计量单位为 m^2。

14. 扶手、栏杆

按设计图所示以扶手中心线长度（包括弯头长度）计算，计量单位为 m。

15. 屋面

按设计图所示以斜面面积计算。不扣除房上烟囱、风帽底座、风道、小气窗、斜沟等所占面积。小气窗的出檐部分亦不增加，计量单位为 m^2。

16. 抹灰、勾缝

按设计图所示以面积计算，应扣除墙裙、门窗洞口和 0.3m^2 以上的孔洞面积，不扣除踢脚线、挂镜线和墙与构件交接处的面积，门窗洞口和孔洞的侧壁及顶面亦不增加。附墙柱、梁、垛、烟囱侧壁并入相应的墙面积内计算。

（1）外墙抹灰面积：按外墙垂直投影面积计算。

（2）外墙裙抹灰面积：按其长度乘以高度计算。

（3）内墙抹灰面积：以主墙间的净长乘以高度计算（无墙裙的，按室内楼地面至天棚底面高度；有墙裙的，按墙裙顶至天棚底面高度）。

（4）内墙裙抹灰面积：按内墙净长乘以高度计算，计量单位为 m^2。

17. 墙面

按设计图所示，以面积计算，计量单位为 m^2。

18. 路面

按设计图所示，以面积计算，计量单位为 m^2。

19. 管道、导线、电缆线等

按设计图所示尺寸，以长度计算，按设计图所示数量计算。

20. 阀门、防火器材、设备电气、灯具、开关、发电设备、防雷装置等

按设计图所示数量计算，计量单位为个、台（套）、座等。

第三节　工程量清单计价的基本原理和特点

一　工程量清单计价的基本原理

以招标人提供的工程量清单为平台，投标人根据自身的技术、财务、管理能力进行投标

报价，招标人根据具体的评标细则进行优选，这种计价方式是市场定价体系的具体表现形式。因此，在市场经济比较发达的国家，工程量清单计价方法是非常流行的，随着我国建设市场的不断成熟和发展，工程量清单计价方法必然会越来越成熟和规范。

(一)工程量计价的基本方法与程序

工程量清单计价的基本过程可以描述为：在统一的工程量清单计算规则的基础上，制定工程量清单项目设置规则，根据具体工程的施工图纸计算出各个清单项目的工程量，再根据各种渠道所获得的工程信息和经验数据计算得到工程造价。这一基本的计算过程如图 6-3 所示。

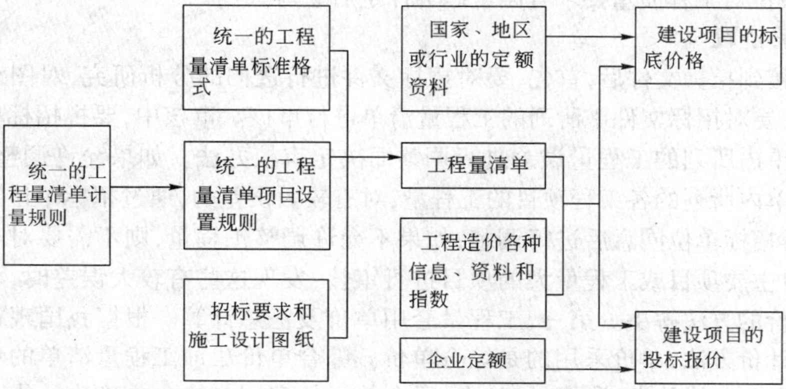

图 6-3 工程量清单计价过程示意图

从工程量清单计价过程的示意图(图 6-3)中可以看出，其编制过程可以分为两个阶段：工程量清单格式的编制和利用工程量清单来编制招标标底和投标报价。招标标底是建设单位根据自身掌握的信息资料，依据一定的价格计算原则计算出来的工程项目预估价。投标报价是在建设单位提供的工程量计算结果的基础上，根据企业自身所掌握的各种信息、资料，结合企业定额编制得出的。标底价格或投标报价的计算过程基本一致，由下述步骤构成：

(1)计算分部分项工程数量和工程单价。

(2)计算各章节清单合计 = ∑分部分项工程量 × 分部分项工程单价。

其中分部分项工程单价由人工费、材料费、机械费、措施费、管理费、利润、税金等组成，并考虑风险费用。

(3)清单合计 = ∑各章节清单合计。

(4)暂估价小计 = ∑暂估价。

其中暂估价项目包括材料暂估价、工程设备暂估价和专业工程暂估价。

(5)计日工小计 = ∑计日工工程量 × 计日工单价。

单价的构成与分部分项工程单价构成类似。

(6)标底价格或投标报价 = (3) + (4) + (5)。

(二)工程量清单计价的操作过程

就我国目前的实践情况而言，工程量清单计价作为一种市场价格的形成机制，其主要使用在工程招投标阶段。因此工程量清单计价的操作过程可以从招标、投标、评标三个阶段阐述。

1. 工程招标阶段

招标单位在工程方案、初步设计或部分施工图设计完成后，即可委托标底编制单位（或招标代理单位）按照统一的工程量计算规则，再以单位工程为对象，计算并列出各分部分项工程的工程量清单（应附有有关的施工内容说明），作为招标文件的组成部分发放给各投标单位。其工程量清单的粗细程度、准确程度取决于工程的设计深度及编制人员的技术水平和经验。在分部分项工程量清单中，项目编号、项目名称、计量单位和工程数量等项由招标单位根据统一的工程量清单项目设置规则和计量规则填写。单价与合价由投标人根据自己的施工组织设计（如工程量的大小、施工方案的选择、施工机械和劳动力的配备、材料供应等）以及招标单位对工程质量要求等因素综合评定后填写。

2. 工程投标阶段

投标单位接到招标文件后，首先，要对招标文件进行透彻的分析研究，对图纸进行仔细的理解。其次，要对招标文件中所列的工程量清单进行审核。审核中，要视招标单位是否允许对工程量清单内所列的工程量误差进行调整而决定审核办法。如果允许调整，就要详细审核工程量清单内所列的各工程项目的工程量，对有较大误差的，通过招标单位答疑会提出调整意见，取得招标单位同意后进行调整；如果不允许调整工程量，则不需要对工程量进行详细审核，只对主要项目或工程量大的项目进行审核，发现这些有较大误差时，可以利用调整这些项目单价的方法解决。第三，工程量套用单价及汇总计算。根据我国现行的公路工程工程量清单计价方法，单价采用的是综合单价。综合单价法即工程量清单的单价综合了直接工程费、间接费、措施费、利润、风险金、税金等一切费用。综合单价法的优点是当工程量发生变更时，易于查对，能够反映本企业的技术能力和工程管理能力。

3. 工程评标阶段

在评标时可以对投标单位的最终总报价以及分项工程的综合单价的合理性进行评分。由于采用了工程量清单计价方法，所以投标单位都站在同一起跑线上，因而竞争更为公平合理，有利于实现优胜劣汰，而且在评标时应坚持倾向于合理低标价中标的原则。当然，在评标时仍然可以采用综合计分的方法，不仅考虑报价因素，而且还对投标单位的施工组织设计、企业业绩和信誉等按一定的权重分值分别进行计分，按总评分的高低确定中标单位。或者采用两阶段评标的方法，即先对投标单位的技术方案进行评价，在技术方案可行的前提下，再以投标单位的报价作为评标定标的唯一因素，这样既可以保证工程建设质量，又有利于建设单位选择一个合理的、报价较低的单价中标。

二 工程量清单计价的特点

（一）工程量清单计价法的特点和作用

工程造价的计价具有多次性特点，在项目建设的各个阶段都需要进行造价的预测与计算。在投资决策、初步设计、技术设计和施工图设计阶段，建设单位委托有关的工程造价中介咨询机构根据某一阶段所具备的信息进行确定和控制，这一阶段的工程造价还并不完全具备价格属性，因为此时交易的另一方主体还没有真正出现，此时的造价确定过程可以理解为是建设单位的单方面行为，属于建设单位对投资费用管理的范畴。

工程价格形成的主要阶段是招投标阶段，但由于我国的投资费用管理模式并没有严格区分，所以长期以来在招投标阶段实行“按预算定额规定的分布分项项目，逐项计算工程量，套用预算定额确定直接费，然后按规定的取费标准确定其他直接费、现场经费、间接费、计划利润和税金”加上适当的不可预见费，经汇总后形成工程预算或标底。而“标底则作为评标定标的主要依据”这一模式，在工程价格形成的过程中存在比较明显的缺陷。在市场经济条件下，工、料、机是变化的，定额不能在市场中及时准确地反映建筑产品的造价。况且，对号入座方式的定额子目不可能涵盖所有的材料，也不可能涵盖不断发展的新材料、新工艺、新技术、新设备。而为满足设计要求，建设单位、投标人计价时需不断地调整换算定额中的工、料、机。这样做一方面增加了双方计算造价工程量，另一方面也带来计算造价的不合理、不准确、为“高估冒算”提供了可乘之机。

在工程量清单计价方法的招标方式下，由建设单位或招标单位根据统一的工程量清单项目设置规则和工程量清单计量规则编制工程量清单，鼓励企业自主报价，建设单位的标底不再成为评标的主要依据，甚至可以不编标底。从而在工程价格的形成过程中摆脱长期以来的计划管理色彩，而由市场的参与双方主体自主定价，符合价格形成的基本原理。

工程量清单计价真实反映了工程实际，为把定价自主权交给市场参与方提供了可能。在工程招标过程中，投标企业在投标报价时必须考虑工程本身的内容、范围、技术特点要求以及招标文件有关规定、工程现场情况等因素；同时还必须充分考虑到许多其他方面的因素，如投标单位自己定制的工程进度计划、施工方案、分包计划、资源安排计划等。这些因素对投标报价有着直接而重大的影响，而且对每一项招标工程来讲都具有其特殊性的一面，所以应该允许投标单位针对这些方面灵活机动地调整报价，以使报价能够比较准确地与工程实际相吻合。而只有这样才能把投标定价自主权真正交给招标和投标单位，投标单位才会对自己的报价承担相应的风险和责任，从而建立起真正的风险制约和竞争机制，避免合同实施过程中的推诿和扯皮现象的发生，为工程管理提供方便。

1. 工程量清单计价法的特点

与在招标过程中采用定额计价法相比，采用工程量清单计价方法具有如下特点。

(1)满足竞争的需要。投标过程本身就是一个竞争的过程，投标人给出的工程量清单，投标人去填单价(此单价中一般包括成本、利润)，填高了中标，填低了要赔本，这样就体现了企业的技术、管理水平的重要性，形成企业整体实力的竞争。

(2)提供了一个平等竞争的条件。采用施工图预算来投标报价，由于设计图纸的缺陷，不同投标企业的人员理解不一，计算出的工程量也不同，报价相去甚远，容易产生纠纷。而工程量清单报价就为投标者提供了一个平等竞争的条件，相同的工程量，由企业根据自身的实力来填不同的单价，符合商品交换的一般性原则。

(3)有利于工程款的拨付和工程造价的最终确定。中标后，业主要与中标施工企业签订施工合同，工程量清单报价基础上的中标价就成了合同价的基础。投标清单上的单价也就成了拨付工程款的依据。建设单位根据施工企业完成的工程量，可以很容易地确定进度款的拨付额。工程竣工后，再根据设计变更、工程量的增减乘以相应的单价，建设单位也很容易确定工程的最终造价。

(4)有利于实现风险的合理分担。采用工程量清单报价方式后，投标单位只对自己所报的成本、单价等负责，而对工程量的变更或计算错误等不负责任；相应地这一部分风险则应由建设单位承担，这种格局符合风险合理分担与责任权利关系对等的一般原则。

(5)有利于建设单位对投资的控制。采用现在的施工图预算形式，建设单位对因设计变更、工程量的增减所引起的工程造价变化不敏感，往往等竣工结算时才知道这些对项目的投资影响有多大,但此时常常为时已晚。而采用工程量清单计价的方式则一目了然,在要进行设计变更时,能马上知道它对工程造价的影响,这样建设单位就能根据投资情况来决定是否变更或进行方案比较,以决定最恰当的处理方法。

2. 工程量清单计价法对推进我国工程造价管理体制改革的重大作用

如前所述,工程量清单计价不仅仅是一种简单的造价计算方法。其更深层次的意义在于提供了一种由市场形成价格的新的计价模式。它对我国工程造价管理改革的推进作用是显而易见的。

(1)用工程量清单招标符合我国当前工程造价体制改革中“逐步建立以市场形成价格为主的价格机制”的目标。这一目标的本身就是要把价格的决定权逐步交给发包单位、交给施工企业、交给建筑市场,并最终通过市场来配置资源,决定工程价格。它能真正实现通过市场机制决定工程造价。

(2)采用工程量清单招标有利于将工程的“质”与“量”紧密结合起来。质量、造价、工期三者之间存在着一定的相互联系,报价过程当中必须充分考虑到工期和质量因素,这是客观规律的反映和要求。采用工程量清单招标有利于投标单位通过报价的调整来反映质量、工期、成本三者之间的科学关系。

(3)有利于建设单位获得最合理的工程造价。增加了综合实力强、社会信誉好的企业的中标机会,更能体现招标投标宗旨。同时也可以为建设单位的工程成本控制提供准确、可靠的依据。

(4)有利于标底的管理与控制。在传统的招标投标方法中,标底的正确与否、保密程度如何一直是人们关注的焦点。而采用工程量清单招标方法,工程量是公开的,是招标文件内容的一部分,标底只起到参考和一定的控制作用(即控制报价不能突破工程概算的约束),而与评标过程无关,并且在适当的时候甚至可以不编制标底。这就从根本上消除了标底准确性和标底泄露所带来的负面影响。

(5)有利于中标企业精心组织施工,控制成本。中标后,中标企业可以根据中标价及投标文件中的承诺,通过对单位工程成本、利润进行分析,统筹考虑、精心选择施工方案;并根据企业定额合理确定人工、材料、施工机械要素的投入与配置、优化组合、合理控制现场费用和施工技术措施费用等,以便更好地履行承诺,抓好工程质量和工期。

3. 工程量清单计价现阶段存在的主要问题

(1)企业缺乏自主报价的能力。工程量清单计价方法实施的关键在于企业的自主报价。但是,由于大多数施工企业未能形成自己的企业定额,在制定综合单价时,多是按照行业或地区定额内各相应子目的工、料、机消耗量,乘以自己在支付人工、购买材料、使用机械和消耗能源方面的市场单价,再加上由行业或地区定额制定的按工程类别的综合管理费率和优惠折扣系数,这样一个单项报价就生成了。相当于把一个工程按清单内的细目划分变成一个个独立的分部分项工程项目去套用定额,其实质仍沿用了定额计价模式去处理。这个问题并不是工程量清单计价法的固有特点,而是由于应用的不完善造成的。因此,企业定额体系的建立是推行工程量清单计价的重要工作。运用自己的企业定额资料去制定工程量清单中的报价,材料损耗、用工损耗、机械种类和使用方法、管理费用的构成等各项指标都是按本企业的具体情况制定的,表现自己企业施工和管理上的个性特点,增强企业的竞争力。

(2)缺乏与工程量清单计价相配套的统一的计量规则和配套体系。目前规范工程量清单计价的体系主要是《公路工程标准施工招标文件(2009年版)》,但由于其中部分工程细目的计量规则的描述比较笼统,往往对清单细目所包含的工程内容理解有差异,容易造成工程纠纷;同时附属工作在工程量清单中的认定比较模糊,也造成一部分建设资金的不合理支出等问题。我们可以参考国际惯例并结合国内具体情况重新建立统一的项目编码、工程量计量项目、计算规则、工程计价内容和计量单位,主要包括全国统一的公路工程量清单计量规则和全国统一工程量清单计价规范。

(3)对工程量清单计价模式本身的认识还有所欠缺。如前所述,工程量清单计价是与定额计价法相并列的一种计价模式,其核心是为了配合工程价格的管理制度改革。而在工程量清单计价法推广后,工程造价管理部门需要用新的观念和新的造价管理模式去适应这项改革工作。管理部门要加强监管和规范工程项目的计价行为,完善工程量清单计价体系的法律法规,制定相关政策,依法查处违反工程量清单计价规范强制性标准的行为。

(4)未建立市场参考体系。建设行政主管部门,不仅要对建筑市场各行业行为进行规范管理,同时也应为建筑提供服务,特别是信息服务,间接地指导、调控建筑市场。信息获得渠道是多种多样的,而比较快捷有效的途径是网站,通过建立相应网站,有关部门可定期公布工、料、机市场价格信息、供求信息、工程造价信息,新材料、新工艺、新产品、新技术等配套信息,开展网上信息业务,为供求双方提供全方位的信息服务,为清单计价顺利实施创造较好的外部环境。

4.为推行工程量清单计价法应该加强的工作

除了建立并完善相应的管理体制和加深对工程量清单计价法的认识之外,为推行工程量清单计价模式,还需要加强以下工作。

(1)应当加强施工招标机构的自身建设。加强工程建设招标机构自身建设,一是要建立由高层次、有权威的专业人士组成的招标机构;二是实行工程招标管理专业化,专人负责工程报建、信息发布、后勤服务等工作;三是对工程招标的各个环节实行规范管理,包括招标信息披露、招标文件、现场踏勘、招标文件及设计图纸答疑、评分标准、评委组成及其人选资格等,制定标准文本和规范性的操作要求。

(2)必须加快市场中介组织的建设。建筑产品及其生产过程的特殊性,加上建设单位不可能熟悉建筑市场的体制、运行规则和工程本身,它和施工单位也就不可能是地位平等的市场主体。所以,工程中介代理机构在建筑市场中的作用至关重要。中介代理机构的业务范围、资质条件、从业资格如何确定,如何规范设立,是一个亟待解决的问题。应当充分发挥中介机构自己的专业优势,大力拓展招标咨询业务,提高人员素质,积累工作经验,适应工程量清单计价这一新的计价模式。

(3)加强法律、制度建设和宣传教育工作。对业主、施工单位、中介组织、管理部门来说,工程量清单计价方法毕竟是一个新事物,需要有一个学习和适应的过程。通过学习借鉴、调查研究和建立试点城市、试点工程,来摸索经验,提高认识。同时,要采取措施普及这方面的知识,使得工程造价管理的从业人员来对工程量清单计价方法有全面、系统的认识,为普及这一市场定价模式奠定基础。

(二)工程量清单计价与工程招投标、工程合同管理的关系

工程量清单计价虽然只是一种计价模式的改变,但其影响却绝不仅仅在于工程造价的计算方法和计算过程,这一计价模式的改革必然对招投标制度和工程合同管理体系带来深远的影响。

1. 工程量清单计价与工程招投标

从严格意义上说，工程量清单计价作为一种独立的计价模式，并不一定用在招投标阶段，但在我国目前的情况下，工程量清单计价作为一种市场定价模式，主要在工程项目的招投标过程中使用，而估算、概算、预算的编制依然沿用过去的计算方法。因此，工程量清单计价方法又时常被称为工程量清单招标。

2. 工程量清单计价与合同管理

在招投标阶段运用工程量清单计价办法确定的合同价格需要在施工过程中得到实施和控制，因此，工程量清单计价方法会对合同管理体制带来新的挑战和变革。

(1)工程量清单计价制度要求采用单价合同的合同计价方式。在现行的施工承包合同中，按计价方式的不同主要有总价合同与单价合同两种形式。总价合同的特点是总价包干、按总价办理结算，它只适用于施工图纸明确、工程规模较小且技术不太复杂的工程。在这种情况下，合同管理的工作量较小，结算工作也十分简单，且便于进行投资控制。单价合同的特点是合同中各工程细目的单价明确，施工单位完成的工作量要通过计量来确定，单价合同在合同管理中具有便于处理工程变更及施工索赔的特点，且合同的公正性及可操作性相对较好。工程量清单是一份与技术规范相对应的文件，其中详细地说明了合同中需要或可能发生的工程细目及相应的工程量，可用于作为办理计量支付和结算的依据。因此，工程量清单计价制度必须配套单价合同的合同计价方式，当然最常用的还是固定合同单价的形式，即在工程结算时，结算单价按照投标人的投标价格确定，而工程量则依照实际完成的工程量结算，这是因为工程量清单中的工程量是由招标人提供的。因此，工程量变动的风险应该由招标人承担。

(2)工程量清单计价制度中工程量计算对合同管理的影响。由于工程量清单中所提供的工程量是投标单位投标报价的基本依据，因此其计算的要求相对较高，在工程量的计算工程中，要做到不重不漏，更不能发生计算错误，否则会带来下列问题。

①工程量的错误一旦被施工单位发现和利用，则会给建设单位带来损失。

②工程量的错误会引发其他施工索赔。施工单位除通过不平衡报价获取超额利润外，还可能提出索赔。例如，由于工程数量增加，施工单位的开办费用(如施工队伍调遣费、临时设施费等)不够开支，可能要求建设单位赔偿。

③工程量的错误还会增加变更工程的处理难度。由于施工单位采用了不平衡报价，所以当合同发生设计变更而引起工程量清单中工程量的增减时，会使得工程师不得不和建设单位及施工单位协商确定新的单价，对变更工程进行计价。

④工程量的错误会造成投资控制和造价管理的困难。由于合同的预估金额通常是根据投标报价加上适当的预留费后确定的，工程量的错误还会造成项目管理中投资控制的困难和概算追加的难度。

(三)投标报价中工程量清单计价

1. 工程量清单计价办法

(1)工程量清单计价。工程量清单计价包括编制招标标底、投标报价、合同价款的确定与调整和办理工程结算等。

①招标工程如设标底，标底应根据招标文件中的工程量清单和有关要求、施工现场实际情况、合理的施工方法以及按照交通行政主管部门制订的有关工程造价计价办法进行编制。

②投标报价应根据招标文件中的工程量清单和有关要求、施工现场实际情况及拟订的施工方案或施工组织设计,根据企业定额和市场价格信息,并参照交通行政主管部门发布的现行消耗量定额进行编制。

③工程量清单计价应包括按招标文件规定完成工程量清单所需的全部费用,通常由分部分项工程直接费、措施费、其他项目费、规费、税金组成。

分部分项工程直接费是指为完成分部分项工程量所需的实体项目费用。

措施费是指除分部分项工程直接费以外,为完成该工程项目施工,发生于该工程施工前和施工过程中技术、生活、安全等方面的非工程实体项目所需的费用。

其他项目费是指除分部分项工程直接费和措施费以外,该工程项目施工中可能发生的其他费用。

分部分项工程直接费、措施费和其他项目费均采用综合单价计价,综合单价由完成规定计量单位工程量清单项目所需的人工费、材料费、机械使用费、措施费、管理费、利润等费用组成,综合单价应考虑风险因素。

(2)工程量变更及其计价。合同中综合单价因工程量变更,除合同另有约定外应按照下列办法确定。

①工程量清单漏项或由于设计变更引起新的工程量清单项目,其相应综合单价由施工单位提出,经建设单位确认后作为结算的依据。

②由于设计变更引起工程量增减部分,属合同约定幅度以内的,应执行原有的综合单价;增减的工程量属合同约定幅度以外的,其综合单价由施工单位提出,经建设单位确认后作为结算的依据。

③由于工程量的变更,且实际发生了规定以外的费用损失,施工单位可提出索赔要求,与建设单位协商确认后,给予补偿。

2. 工程量清单招投标报价的标准格式

工程量清单计价应采用统一格式。工程量清单计价格式应随招标文件发至投标人,由投标人填写。投标人应严格按工程量清单内容及计价格式填写。

例 6-1 某预应力混凝土连续刚构大桥,其他直接费、现场经费及间接费综合费率见表 6-12。

某预应力混凝土桥的其他直接费、现场经费及间接费费率(单位:%) 表 6-12

项目	其他直接费费率	现场经费费率	间接费费率	项目	其他直接费费率	现场经费费率	间接费费率
构筑物Ⅰ	2.8	15.7	6.4	构筑物Ⅱ	3.1	15.4	6.2
技术复杂大桥	3.2	13.3	4.8	钢桥上部	0.70	7.9	3.9

问题:

分析计算该桥梁工程中主要工程项目的工程量清单价格,清单格式见表 6-13。要求计算结果列入清单表格中。

某桥梁工程量清单 表 6-13

货币单位:人民币(元)

编 号	细 目 名 称	单 位	数 量	单 价
404	钻孔灌注桩			
404-1	桩径 120cm	m	560	

续上表

编　号	细目名称	单　位	数　量	单　价
404-2	桩径150cm	m	1134	
406	钢筋			
406-1	基础钢筋	t	152.49	
406-2	上部结构钢筋	t	589.588	
407	结构混凝土			
407-1	基础混凝土	m^3	1717.3	
407-2	上部结构混凝土			
407-2-1	箱梁混凝土	m^3	1176.8	
407-2-2	桥头搭板混凝土	m^3	96.3	
408	预应力混凝土结构			
408-1	预应力钢材			
408-1-1	钢绞线	t	156.381	
408-1-2	预应力粗钢筋	t	25.76	
408-2	预应力混凝土连续刚构	m^3	3158.4	
416	人行道	m^3	505.5	

解题思路：

本案例主要考核工程量清单价格的构成，各类工程类别综合费率的选择，以及桥梁工程附属设施的内容。其中主墩为3个，过渡墩为2个，桥台及现浇箱梁墩台为6个，则桩径为120cm的为20个，桩径为150cm的为18个。

工程量清单价格=直接费+其他直接费+间接费+管理费+利润+税金。桥梁基础工程应考虑的附属设施包括：护筒、钻孔工作平台、套箱围堰。桥梁上部构造应考虑的附属设施包括：现浇支架、悬浇挂篮、0号块托架、墩顶龙门架等。

参考答案：

根据给定的各种条件，其清单价格为：

单价=定额基价×(1+其他直接费率+现场经费率)×(1+间接费率)

本案例仅涉及构造物Ⅰ、构造物Ⅱ的综合费率，分别为：

构造物Ⅰ：$(1+0.028+0.157)\times(1+0.064)=1.26084$

构造物Ⅱ：$(1+0.031+0.154)\times(1+0.062)=1.25847$

(1)桩径120cm的钻孔灌注桩

根据钻孔土质情况，拟定护筒长度平均为3.5m，质量为：$20\times3.5\times0.2313=16.191$(t)。混凝土数量为：$28\times20\times(1.2\div2)^2\times\pi=633.345$($m^3$)。

定额基价为：$2.553\times6.68+4.784\times33.32+15313\times16+839\times16.191+2536\times63.3345=595665.46$(元)

清单单价为：$595665.46\times1.25847\div560=1338.62$(元/m)

(2)桩径150cm的钻孔灌注桩

根据钻孔土质情况，拟定护筒长度平均为10m，质量为：$18\times10\times0.2801=50.418$(t)。混凝土数量为：$63\times18\times(1.5\div2)^2\times\pi=2003.943$($m^3$)。钻孔工作平台面积为：$8\times15\times3=360$($m^2$)

定额基价为：$3.674\times6.9+7108\times87.14+23660\times17.55+33913\times2.69+5356\times50.418+2536\times200.394+15625\times3.6=1985689.44$（元）

清单单价为：$1985689.44\times1.25847\div1134=2203.64$（元/m）

（3）基础钢筋

定额基价为：$3514\times118.423+3358\times34.067=530535.41$（元）

清单单价为：$530535.41\times1.25847\div152.49=4378.40$（元/t）

（4）上部结构钢筋

定额基价为：$3431\times66.237+3504\times310.897+3257\times207.25+3795\times5.204=2011404.67$（元）

清单单价为：$[(2011404.67-3795\times5.204)\times1.25847+3795\times5.204\times1.26084]\div589.588=4293.40$（元/t）

（5）基础混凝土

主墩承台考虑采用钢套箱施工，质量为：$(7.5+11.5)\times2\times5.5\times0.15\times3=94.05$（t）

定额基价为：$2215\times34.1+2196\times137.63+14709\times9.405=516105.13$（元）

清单单价为：$516105.13\times1.25847\div1717.3=378.21$（元/$m^3$）

（6）箱梁混凝土

现浇30m箱梁考虑采用门式轻型钢支架施工，数量为：$(10+6)\div2\times30\times3\times2=1440$（$m^2$），支架宽度按桥宽加1m考虑。

定额基价为：$4408\times117.68+371\times14.4\times13.5\div12=524743.64$（元）

清单单价为：$524743.64\times1.25847\div1176.8=561.16$（元/$m^3$）

（7）桥头搭板混凝土

现浇桥头搭板考虑采用20cm厚的石灰粉煤灰碎石作垫层，数量为：$10\times12.5\times2=250$（m^2）

定额基价为：$2334\times9.63+(8924+494)\times0.25=24830.92$（元）

清单单价为：$24830.92\times1.26084\div96.3=325.11$（元/$m^3$）

（8）钢绞线

定额基价为：$(14390-204\times4.113)\times14.64+(17025-2136\times0.723)\times11.184+(12340-2186\times0.301)\times39.46+(10744-2306\times0.416)\times91.097=1723851.17$（元）

清单单价为：$1723851.17\times1.25847\div156.381=13872.63$（元/t）

（9）预应力粗钢筋

定额基价为：$(99156-98\times273.79)\times2.576=186308.12$（元）

清单单价为：$186308.12\times1.25847\div25.76=9101.83$（元/t）

（10）预应力混凝土连续刚构

考虑到工期关系，三个T形梁同时施工，挂篮质量为：$63.6\times3\times2=381.6$（t），墩顶拐角门架按$43.9\times3=131.7$（t）考虑，施工期按6个月考虑；墩顶0号块托架质量为：$7\times3\times12.5=262.5$（t），施工期按三个月考虑；边跨现浇段采用门式轻型钢支架施工，数量为：$10\times10\times2=200$（m^2），支架宽度按桥宽加1m考虑。

定额基价为：$3736\times53.7+4047\times262.14+(6125+1100)\times38.16+(4358+1100)\times13.17+(4366-550)\times26.15+354\times2\times13.5\div12=1709676.54$（元）

清单单价为：$1709676.54\times1.25847\div3158.4=681.22$（元/$m^3$）

(11)人行道

人行道预制构件运输按手推车运250m考虑。

定额基价为：$4836\times1.01\times16.1+692\times16.1+3406\times1.01\times12.411+(68+10\times24)\times16.1=137432.78$（元）

清单单价为：$137432.78\times1.26084\div505.5=342.79$（元/m）

综上所述，该桥梁工程中主要工程项目的工程量清单价格见表6-14。

某桥梁工程量清单　　表6-14

货币单位：人民币（元）

编　号	细目名称	单　位	数　量	单　价
404	钻孔灌注桩			
404-1	桩径120cm	m	560	1338.62
404-2	桩径150cm	m	1134	2203.64
406	钢筋			
406-1	基础钢筋	t	152.49	4378.40
406-2	上部结构钢筋	t	589.588	4293.40
407	结构混凝土			
407-1	基础混凝土	m^3	1717.3	378.21
407-2	上部结构混凝土			
407-2-1	箱梁混凝土	m^3	1176.8	561.16
407-2-2	桥头搭板混凝土	m^3	96.3	325.11
408	预应力混凝土结构			
408-1	预应力钢材			
408-1-1	钢绞线	t	156.381	13872.63
408-1-2	预应力粗钢筋	t	25.76	9101.83
408-2	预应力混凝土连续刚构	m^3	3158.4	681.22
416	人行道	m^3	505.5	342.79

例6-2　某高速公路第×合同段15 km，路基宽26m，其中挖方路段长4.7km，填方路段长10.5km。招标文件图纸中路基土石表的主要内容见表6-15。

某高速公路路基土石表　　表6-15

挖方(m^3)				本桩利用方(m^3)			远运利用(m^3)		借方(m^3)
普通土	硬土	软石	次坚石	普通土	硬土	石方	土方	石方	普通土
265000	220000	404000	340000	50000	35000	105000	385000	450000	600000

注：表中挖方、利用方指天然密实方；借方指压实方。

根据招标文件技术规范规定，路基挖方包括土石方的开挖和运输，路基填筑包括土石方的压实，借土填方包括土方的开挖、运输和压实费用、工程量清单格式见表6-16。

某高速公路工程量清单　　表 6-16

细目编号	细目名称	单位	数量	单价	金额
203-1-a	挖土方	m^3			
203-1-b	挖石方	m^3			
204-1-a	利用土方填方	m^3			
204-1-b	利用石方填方	m^3			
204-1-c	借土填方	m^3			

问题：

(1)请计算各支付细目的计量工程数量。

(2)请计算各支付细目应分摊的整修路拱和整修边坡的工程数量。

解题思路：

注意挖方数量为天然密实方，填方数量为压实方，要考虑调整系数(表 6-17)。

调 整 系 数　　表 6-17

公 路 等 级	土　方				石方
	松土	普通土	硬土	运输	
二级及以上等级公路	1.23	1.16	1.09	1.19	0.92
三、四级公路	1.11	1.05	1.00	1.08	0.84

参考答案：

(1)计量工程数量的计算

考虑到实际计量支付以断面进行计算。故挖方数量为天然密实方，填方数量为压实方，并据此计算清单计量工程数量。

203-1-a 挖土方：$265000+220000=485000(m^3)$

203-1-b 挖石方：$404000+34000=744000(m^3)$

204-1-a 利用土方：$[(50000+385000)-(220000-35000)]\div 1.16+22000\div 1.09=417352(m^3)$

204-1-b 利用石方：$(105000+450000)\div 0.92=603261(m^3)$

204-1-c 借土填方：$600000(m^3)$

(2)各支付细目分摊的整修路拱的工程数量计算

挖方总量：$485000+744000=1229000(m^3)$

填方总量：$417352+603261+600000=1620613(m^3)$

203-1-a 挖土方：$4500\times 26\times(485000\div 1229000)=46172(m^3)$

203-1-b 挖石方：$4500\times 26\times(744000\div 1229000)=70828(m^3)$

204-1-a 利用土方：$10500\times 26\times(417352\div 1620613)=70305(m^3)$

204-1-b 利用石方：$10500\times 26\times(603261\div 1620613)=101622(m^3)$

204-1-c 借土填方：$10500\times 26\times(600000\div 1620613)=101073(m^3)$

(3)各支付细目分摊的整修边坡的工程数量计算

203-1-a 挖土方:4.5×(485000÷1229000)=1.776(km)

203-1-b 挖石方 4.5×(744000÷1229000)=2.724(km)

204-1-a 利用土方:10.5×(417352÷1620613)=2.704(km)

204-1-b 利用石方:10.5×(603261÷1620613)=3.909(km)

204-1-c 借土填方:10.5×(600000÷1620613)=3.887(km)

第七章 公路工程造价控制

第一节 公路建设项目经济费用效益和财务分析

一 经济评价的概念和特点

公路建设项目经济评价是公路建设项目前期研究工作的有机组成部分和重要内容，其目的是根据国民经济与社会发展战略和交通行业、地区发展规划的要求，结合交通量预测和工程技术研究情况，计算项目的费用和效益，对拟建项目的经济合理性作出评价，为项目建设方案的比选、决策提供科学依据。

建设项目经济评价从评价角度和内容看，可分为经济费用效益分析和财务分析。

经济费用效益分析，是在合理配置社会资源的前提下，从国民经济整体利益的角度出发，计算项目对国民经济的贡献，分析项目的经济效率、效果和对社会的影响，评价项目在宏观经济上的合理性。公路建设项目经济费用效益分析，是通过项目所支出的经济费用与全社会使用公路者所获得的效益两个要素的比较来衡量。

建设项目所支出的经济费用是指国家为建设项目所投入的人力和物力资源，不包括国民经济内部转移支付的费用，如税金、贷款利息等。因为这些费用的支出，从国民经济的角度来看，并不反映国民收入的变化，只是其使用权利由项目转移给社会或其他实体，是国民经济内部各部门之间的转移支付，这种并不伴随资源消耗的纯粹货币性质的转移，称为项目的内部转移支付，不能计为项目的费用。同时，为了反映国家为建设项目所投入的人力物力资源的真实价值，应采用影子价格计算。为了区别经济费用效益分析中的费用与财务费用的不同，这种调整后的项目费用称为经济费用。

作为交通运输设施的公路项目与一般的工业项目相比，具有独特的生产方式，它产出的不是具体的物质产品，而是货物或旅客在空间的位移，是生产过程在流通领域内的继续。因而，公路建设项目的经济效益不是以产品收入来衡量的，而主要是通过项目实施后对整个社会或地区经济发展所做的贡献和给国民经济带来的节约来衡量的。这使得公路建设项目存在很多难以量化的、间接的、无形的经济效益，如促进资源开发利用，促进地区产业结构变化和经济发展，提高了地区国防、文化、教育、就业和人民生活水平等。目前，公路建设项目经济费用分析主要计算那些可量化的经济效益，对不可量化的经济效益一般进行定性描述。

财务分析是在国家现行财税制度和价格体系的条件下，从财务角度，分析测算项目的财务盈利能力、清偿能力和财务生存能力，对项目的财务可行性进行评价。公路建设项目财务分析是通过项目所支出的财务费用与所收取的过路、过桥费以及其他相关的收入两个要素的比较来衡量的。因此,公路建设项目只对收费公路进行财务分析。经济费用效益分析与财务分析的主要区别见表 7-1。

经济费用效益分析与财务分析 表 7-1

对比项目	经济费用效益分析	财 务 分 析
评价角度	站在国家角度	站在企业(投资者)角度
费用计算	经济费用	财务费用
效益计算	经济效益	财务收入(收费收入)
评价指标	经济净现值(ENPV) 财务内部收益率(FIRR) 经济效益费用比(EBCR)	财务净现值(FNPV) 经济内部收益率(EIRR) 财务效益费用比(FBCR)
价格计算	影子价格或机会成本	市场价格
贴现率	国家统一测定的社会贴现率	因行业而异的财务基准收益率
汇率	影子汇率	官方汇率

经济费用效益分析与财务分析结论均可行的项目,从经济角度看应予通过,反之予以否定。经济费用效益分析结论不可行的项目,一般予以否定。对某些具有重大政治、经济国防、交通意义的公路项目,若经济费用效益分析结论可行,但财务分析不可行,可重新考虑方案,或提出相应优惠措施的建议,使项目在财务上具有生存能力,必要时进一步说明建设的必要性,不再考虑财务分析的结果。

二 建设项目经济评价的基本原则

工程经济学的中心内容是对工程项目和技术方案进行分析、比较和论证。而各方案解决问题的侧重点往往有些差别,这就要求在对方案进行经济效益评价时,必须遵循一定的原则,全面、系统地选出最优方案。

在建设项目经济评价中,必须始终保证评价的客观性、科学性、公正性,具体如下。

1. *定量分析与定性分析相结合,以定量分析为主*

经济评价中,存在着不同的经济评价指标,如内部收益率、净现值、动态投资回收期等。它们都可以通过项目建设和生产过程中的费用—效益计算,进行定量的分析,将隐含的经济价值揭示出来。另外,还有一些难以量化的无形影响因素,可以使用定性描述。在实际工作中,常常将两种分析方法相结合。

2. *动态分析与静态分析相结合,以动态分析为主*

传统的评价方法以静态分析为主,不考虑资金的时间价值,其评价指标很难反映未来时期的变动情况。经济评价时,无论是技术方案所发挥的经济效益或所消耗的人力、物力和财力,一般都是以资金的形式表现出来的。在工程经济活动中,时间就是效益,资金是运动的时间价值,随时间的推移而增值,因此,应该考虑资金的时间价值,进行动态的价值判断,即将建设项目在建设和生产不同时间段上资金的流入、流出折算成同一时点的价值。变成可加性函数,从而为不同项目和方案的比较提供平等的基础。

3. *差异分析与总体分析相结合,以差异分析为主*

对各方案进行经济效果评价时,一般只考虑它们之间的差异部分,而省略其共同点,这样既可以明显看出方案间的差别，又可以减少工作量。但在省略时，一定要确证舍弃的是相同部分，因为微小的差别也会对分析结果产生影响。

4. 价值量分析与实物量分析相结合，以价值量分析为主

对建设项目进行财务评价或国民经济评价时，都要设立价值指标和实物指标。以往分析中，多侧重考虑生产能力、实物消耗、产品产量等实物指标。随着数学、统计、计算机等科学的发展，工程技术分析人员已经能够把投资、劳动力、信息、资源等因素量化为用货币表示的、具有可比性的价值因素，更便于方案的取舍。

5. 宏观效益分析与微观效益分析相结合，以宏观效益分析为主

在进行评价时，不应只看项目本身的盈利水平，有无财务生存能力，还要评价其对国民经济的贡献。如果项目自身的效益是以牺牲其他企业的利益为代价，或者使整个国民经济付出了更大的代价，那么对社会来说，这个项目就是不可行的。现行经济效果评价方法规定：当项目财务评价与国民经济评价的结论发生矛盾时，一般情况下，应以国民经济评价的结论为依据进行项目或方案的取舍。此外，宏观与微观不一致方面的研究将有助于国家制定合理的政策（如税收或补贴政策），以合理调整部门或企业的得益。

6. 全过程经济效益分析与阶段经济效益分析相结合，以全过程经济效益分析为主

经济评价包括确定目标、方案提出、方案优选、方案实施、生产经营以及信息反馈的全过程。在分析中，应重点突出。以前，我国普遍重视建设项目投产后的经济效益，对项目建设过程的经济效果重视不够；在建设工作中，又普遍忽视项目建设前期的经济评价，而把主要精力放在施工阶段，往往得到事倍功半的效果。所以，为取得较好的经济效益，应重视全过程的效益分析。

7. 预测分析与统计分析相结合，以预测分析为主

对方案进行评价，既要以现有状况为基础，又要做有根据的预测。预测的依据是统计资料，方法是统计分析，内容包括现金流入与流出、不确定性因素、风险性等。

8. 主动分析与被动分析相结合，以主动分析为主

项目建设应是事前、事中和事后的全过程管理。以往，管理人员往往将精力主要集中在事后，当目标值与实际值产生偏差后，才去分析原因并制定改进策略，这种事后控制在一定程度上虽然是有意义的，但它只能是在已造成损失和浪费的基础上发现偏差，也不能预防未来可能发生的偏差。近年来，人们将系统论和控制论的思想引入工程经济评价中，进行事前的主动控制，以避免或尽可能减少目标值发生偏差，取得了良好的控制效果。

三 经济费用效益分析的指标

公路项目国民经济盈利能力主要用经济内部收益率、经济净现值、经济效益费用比、投资回收期和最佳建设时机等项指标来衡量。对于改、扩建项目，应采用增量经济内部收益率、增量经济净现值来分析，注意正确识别“有项目”情况和“无项目”情况下的经济效益和经济费用。

经济内部收益率（EIRR）是反映公路项目对国民经济净贡献的相对指标，是项目在计算期内各年经济净现金流量累计现值等于零时的折现率，经济内部收益率等于或大于社会折现率表明项目可以接受。经济净现值（ENPV）是反映项目对国民经济净贡献的绝对指标，是指用社会折现率将项目计算期内各年的净效益流量折算到开工前一年年末的现值之和，经济净现值

等于或大于零表明项目是可以接受的。经济效益费用比(R_{BC})是指项目在计算期内效益流量的现值与费用流量的现值之比,如果经济效益费用比大于1,表明项目资源配置的经济效率达到了可以接受的水平。投资回收期(N)是指公路项目的净效益抵偿全部投资所需要的时间。实际上就是从投资开始年算起到项目的净效益为零止的年限,它是反映项目投资回收能力的重要指标。投资回收期一般应按动态进行计算,并以公路建设项目投资开始的第一年算起,投资回收期一般以计至年为准。最佳建设时机(FYRR)是考察拟建项目的最佳建设时机,可采用第一年收益率(FYRR)法,若FYRR大于社会折现率,表明项目建设时机已成熟。

四 公路建设项目的经济效益

1. 公路建设项目的效益构成

公路运输项目所产生的效益是多方面的,可以分为直接效益、间接效益。

(1)直接效益反映了可以直接按项目归集的效益。公路建设项目的直接效益一般反映了由于提高运输生产效率所带来的效益。主要表现为:降低运输成本、节省运输时间、减少交通事故和货物损坏等,是公路建成后所带来的最重要、最直接的可以用货币形式计量的效益,是公路使用者获得的直接效益。投资者的财务收益也属于直接效益。通常我们所作的国民经济分析、评价都是以直接效益为主,直接效益的计算结果在相当大的程度上决定了项目的国民经济分析、评价结果。

(2)间接效益反映了由于项目的兴建而产生于项目之外的效益。间接效益是外部效益的一种形式,项目的间接效益反映了由某项目所引起的或所导致的效益。例如,运煤专用公路的兴建所造成的煤炭供应量的增加将引起或带动其他地区电力工业、化学工业、机械制造业、轻工业以及商业的进一步发展,反过来煤炭运输量的增加也会促进煤炭采掘业以及煤炭采掘地周围产业、服务行业等的进一步发展并将导致煤炭部门对其他部门产品需求的增长。间接效益主要表现为促进经济发展、提高国家声誉、节约能源消耗、提供就业机会、减少环境污染,以及增加舒适和方便等。

2. 公路建设项目经济效益的特点

(1)从公路建设在国民经济中的地位和作用来看,公路建设项目的经济效益直接影响着其他经济部门的经济效益。公路建设项目的外部经济效益有可能会大于其内部经济效益,间接经济效益有可能会大于其直接经济效益。

(2)公路建设项目的内部效益之一反映在所完成的周转量增量上。但着眼于整个国民经济只要能够实现预期的旅客与货物的空间位移,则周转量越少其效益越高。

(3)公路建设项目的产出物为非外贸物品,无法像“可外贸”的工农业产品那样用国际市场价格来衡量其产出物的经济价值。

(4)公路建设项目的经济效益与整个运输系统的经济效益是密切联系的,公路建设项目的经济效益要通过运输业各种运输方式之间的相互配合与合理分工体现出来。公路建设与其他运输方式之间相互制约,相互促进,相互协调。只有根据各种运输方式的技术经济特点合理分工,密切配合,形成完整有效的综合运输体系,才能以较高的效率完成运输任务。公路建设所吸引的新运输量如果是从其他运输方式那里转移过来的,其效益不能反映在运量增长上,因为全社会总量并没有因此而增加,因此其效益主要体现在成本降低额上。

(5)公路建设作为国民经济发展的基础,其发展应当先行一步。公路项目投资额一般较大,而且具有较长的建设周期。这反映公路建设项目具有远期经济效益大于近期经济效益的特点。要求公路项目具有较短的投资回收期并不妥当，片面追求投资回收期有可能导致公路建设上的短期行为。

(6)公路建设项目具有不可忽视的，但难以用货币准确衡量的外部效益和无形效益。在进行决策分析时不可忽视这些效益对方案选择的影响。

3. 公路项目经济效益的计算

公路建设项目的效益是指项目为国民经济所做的贡献，分为直接效益和间接效益，一般只计算直接效益，并通过“有无对比”来确定。直接效益包括公路使用者费用节约和原有相关公路维护费用节约，其中公路使用者费用节约主要有拟建项目和原有相关公路的降低营运成本效益、旅客在途时间节约效益和拟建项目减少交通事故效益。

计算公路项目经济效益可以采用相关路线法、路段费用法和OD矩阵法。计算中对车型不做要求，但要注意保持各参数之间的一致性。

五 公路建设项目的财务分析

(一)财务基础数据测算

1. 营业收入及税金的估算

在建设项目进行财务分析之前，必须先进行财务基础数据的测算。它是在确定了项目的建设标准、规模、技术方案和投资估算一级预测交通量的基础上，从项目财务评价的要求出发，按照现行财务制度规定，对项目有关成本和收益等财务基础数据进行收集、测算，并编制财务基础数据测算表的工作。财务基础数据是项目财务分析的基础，测算数据的准确性对项目评价结论有直接影响。

1)营业收入的估算

公路项目营业收入一般是指对公路使用者收取的车辆通行费，即收费收入。当拟建项目有相关关联的配套服务、开发等商业性设施时，其产品销售收入应计入营业收入，相应的建设投资和税金等各项支出应计入费用中。

收费收入以项目交通量、收费标准和收费里程为基础计算得到。确定车辆通行费收费标准时，应考虑的主要因素有公路使用者所获得的效益、其他相关运输方式的收费标准和其他公路的收费标准、公路使用者对公路收费的负担能力和接受能力、还款额度或投资者期望的投资收益率以及对公路的损坏程度等。

在项目经济评价的计算期内，项目通行费收费标准一般会作适当调整，调整的时间间隔、幅度等可以参照拟建项目所在地区的类似项目确定。

2)营业税金及附加的估算

营业税金及附加是指项目生产经营期内因销售产品或提供劳务而发生的增值税、营业税、消费税、资源税、城市建设维护费、教育费附加和地方教育费附加等。税金是指工程项目根据国家税法的规定向国家缴纳的各种税款，与此相对应的概念即为税收。税收是国家向纳税义务人无偿征收财物一种形式。它具有强制性、无偿性和依法征税所具有的固定性的特点，是国民收入分配和再分配的一种形态，起着巨大的经济杠杆作用。

建筑安装工程税金是指国家税法规定的、应计入建筑安装工程造价的营业税、城市维护建设税、教育费附加及地方教育费附加。为了计算上的方便，可将营业税、城市维护建设税和教育费附加合并在一起计算，以工程成本加利润为基数计算税金，综合税率的计算因纳税所在地的不同而不同。

2. 成本与费用的估算

1)总成本费用估算

(1)按制造成本法计算。

按制造成本法计算,总成本费用由生产成本和期间费用两部分组成。

生产成本亦称制造成本,是指企业生产经营过程中实际消耗的直接材料、直接工资、其他直接支出和制造费用。

直接材料。包括企业生产过程中实际消耗的原材料、辅助材料、设备配件、外购半成品、燃料、动力、包装物、低值易耗品以及其他直接材料。

直接工资。包括企业直接从事产品生产人员的工资、奖金、津贴和补贴。

其他直接支出。包括直接从事产品生产人员的职工福利费等。

制造费用是指企业各个生产单位(分厂、车间)为组织和管理生产所发生的各项费用,包括生产单位(分厂、车间)管理人员工资、职工福利费、折旧费、维简费、修理费、物料消耗、低值易耗品摊销、劳动保护费、水电费、办公费、差旅费、运输费、保险费、租赁费(不包括融资租赁费)、设计制图费、试验检验费、环境保护费以及其他制造费用。

期间费用是指在一定会计期间发生的与生产经营没有直接关系和关系不密切的管理费用、财务费用和销售费用。期间费用不计入产品的生产成本,直接体现为当期损益。

管理费用。是指企业行政管理部门为管理和组织经营活动发生的各项费用。包括:公司经费(工厂总部管理人员工资、职工福利费、差旅费、办公费、折旧费、修理费、物料消耗、低值易耗品摊销以及其他公司经费)、工会经费、职工教育经费、劳动保险费、董事会费、咨询费、顾问费、交际应酬费、税金(指企业按规定支付的房产税、车船使用税、土地使用税、印花税等)、土地使用费(海域使用费)、技术转让费、无形资产摊销、开办费摊销、研究发展费以及其他管理费用。

财务费用。是指企业为筹集资金而发生的各项费用,包括企业生产经营期间的利息净支出(减利息收入)、汇兑净损失、调剂外汇手续费、金融机构手续费以及筹资发生的其他财务费用等。

销售费用。是指企业在销售产品、自制半成品和提供劳务等过程中发生的各项费用以及专设销售机构的各项经费,包括应由企业负担的运输费、装卸费、包装费、保险费、委托代销费、广告费、展览费、租赁费(不包括融资租赁费)和销售服务费用、销售部门人员工资、职工福利费、差旅费、办公费、折旧费、修理费、物料消耗、低值易耗品摊销以及其他经费。

(2)以生产要素为基础计算。

总成本费用是将生产和销售过程中消耗的全部外购原材料、辅助材料、燃料、动力、人工工资福利以及各种外部提供的劳务或服务等费用要素加上当年应计提的折旧、摊销、财务费用和其他费用,构成项目的总成本费用。采用这种估算方法,不必计算项目内部各生产环节成本结转,同时也较容易计算可变成本、固定成本和进项税额。

2)经营成本估算

在投资项目决策分析与评价中,将经营成本的概念应用于现金流量分析。经营成本是指总成本费用扣除固定资产折旧费、矿山维简费、无形资产及其他资产摊销费和财务费用(一般仅指利息支出)后的成本费用。

经营成本是工程经济学特有的概念,它涉及产品生产及销售、企业管理过程中的物料、人力和能源的投入费用,它反映企业的生产和管理水平。同类企业的经营成本具有可比性。

在可行性研究与项目评估的经济评价中，它被应用于现金流量的分析中。

计算经营成本之所以要从总成本费用中剔除折旧费、维简费、摊销费和利息支出，主要原因是：

(1)现金流量表反映项目在计算期内逐年发生的现金流入和流出。与常规会计方法不同，现金收支何时发生，就在何时计算，不作分摊。由于投资已按其发生的时间作为一次性支出被计入现金流出，所以，不能再以折旧、提取维简费和摊销的方式计为现金流出，否则会发生重复计算。因此，作为经常性支出的经营成本中不包括折旧费和摊销费，同理也不包括维简费。

(2)因为全部投资现金流量表以全部投资作为计算基础，不分投资资金来源，利息支出不作为现金流出，而自有资金现金流量表中已将利息支出单列，因此，经营成本中也不包括利息支出。

3)固定成本和可变成本估算

财务评价进行盈亏平衡分析时，需要将总成本费用分解为固定成本和可变成本。固定成本是指不随产品产量及销售量的增减发生变化的各项成本费用，主要包括非生产人员工资、折旧费、无形资产及其他资产摊销费、修理费、办公费、管理费等。可变成本是指随产品产量及销售量增减而成正比例变化的各项费用，主要包括原材料、燃料、动力消耗、包装费和生产人员工资等。长期借款利息应视为固定成本，短期借款如果用于购置流动资产，可能部分与产品产量、销售量相关，其利息可视为半可变半固定成本。为简化计算，也可视为固定成本。

(二)财务分析方法

1. 财务盈利能力分析

公路项目财务盈利能力评价主要考察投资项目投资的盈利水平，是在编制项目投资现金流量表、项目资本金现金流量表、利润和利润分配等财务报表的基础上，计算财务净现值、财务内部收益率、项目投资回收期、总投资收益率和项目资本金净利润率等指标。对于改扩建项目，原则上应采用增量法来计算财务内部收益率、财务净现值，并注意准确识别“有项目”和“无项目”的收入和支出；对于增量收入和支出难以准确甄别的改扩建项目，也可以采用存量法。

2. 清偿能力分析

投资项目的资金构成一般可分为借入资金和自有资金。自有资金可长期使用，而借入资金必须按期偿还。项目的投资者自然要关心项目偿债能力；借入资金的所有者——债权人也非常关心贷出资金能否按期收回本息。因此，偿债分析是财务分析中的一项重要内容。公路项目清偿能力分析主要是考察计算期内各年的财务状况及偿债能力。主要采用借款偿还期指标进行评价，也可以用利息备付率或偿债备付率指标来考察。

在项目评价过程中，可行性研究人员应该综合考察以上的盈利能力和偿债能力分析指标，分析项目的财务运营能力能否满足预期的要求和规定的标准要求，从而评价项目的财务可行性。

3. 财务生存能力分析

财务生存能力分析，应在财务分析辅助表和利润与利润分配表的基础上编制财务计划现金流量表，通过考察项目计算期内的投资、融资和经营活动所产生的各项现金流入和流出，计算净现金流量和累计盈余资金，分析项目是否有足够的净现金流量维持正常运营，以实现财务可持续性。

财务可持续性应首先体现在有足够大的经营活动净现金流量，其次各年累计盈余资金不应出现负值。若出现负值，应进行短期借款，同时分析该短期借款的年份长短和数额大小，进一步判断项目的财务生存能力。短期借款应体现在财务计划现金流量表中，其利息应计入财务费用。为维持项目正常运营,还应分析短期借款的可靠性。

（三）公路建设项目财务分析报表

1. 项目投资现金流量表(表7-2)

项目投资现金流量表(单位:万元)　表7-2

序号	项目＼年份	合计	计算期					
			1	2	3	4	…	n
1	现金收入							
1.1	营业收入							
1.2	回收固定资产余值							
1.3	回收流动资金							
1.4	其他现金流入							
2	现金流出							
2.1	建设投资							
2.2	流动资金							
2.3	经营成本							
2.4	营业税金及附加							
2.5	维持运营投资							
3	所得税前净现金流量(1－2)							
4	累计所得税前净现金流量							
5	调整所得税							
6	所得税后净现金流量							
7	所得税后累计净现金流量							
计算指标: 项目投资财务内部收益率(%)(所得税前) 项目投资财务内部收益率(%)(所得税后) 项目投资财务净现值(所得税前)(%) 项目投资财务净现值(所得税后)(%) 项目投资回收期(年)(所得税前) 项目投资回收期(年)(所得税后)								

2. 项目资本金现金流量表(表7-3)

项目资本金现金流量表(单位:万元)　表7-3

序号	项目＼年份	合计	计算期					
			1	2	3	4	…	n
1	现金收入							
1.1	营业收入							
1.2	回收固定资产							
1.3	回收流动资金							
2	现金流出							
2.1	项目资本金							

续上表

序号	项目 \ 年份	合计	计算期					
			1	2	3	4	…	*n*
2.2	借款本金偿还							
2.3	借款利息支付							
2.4	经营成本							
2.5	营业税金及附加							
2.6	所得税							
2.7	维持运营投资							
3	净现金流量(1-2)							
计算指标: 资本金财务内部收益率(%)								

3. 投资各方财务现金流量表(表7-4)

投资各方财务现金流量表(单位:万元)　　表7-4

序号	项目 \ 年份	合计	计算期					
			1	2	3	4	…	*n*
1	现金流入							
1.1	实分利润							
1.2	资产处置收益分配							
1.3	租赁费收入							
1.4	技术转让或使用收入							
1.5	其他现金流入							
2	现金流出							
2.1	实缴资本							
2.2	租赁资产支出							
2.3	其他现金流出							
3	净现金流量(1-2)							
计算指标: 投资各方财务内部收益率(%)								

4. 财务计划现金流量表(表7-5)

财务计划现金流量表(单位:万元)　　表7-5

序号	项目	合计	计算期					
			1	2	3	4	…	*n*
1	经营活动净现金流量(1.1~1.2)							
1.1	现金流入							
1.1.1	营业收入							
1.1.2	增值税销项税额							
1.1.3	补贴收入							

续上表

序号	项目	合计	计算期					
			1	2	3	4	…	*n*
1.1.4	其他流入							
1.2	现金流出							
1.2.1	经营成本							
1.2.2	增值税进项税额							
1.2.3	营业税金及附加							
1.2.4	增值税							
1.2.5	所得税							
1.2.6	其他流出							
2	投资活动净现金流量(2.1～2.2)							
2.1	现金流入							
2.2	现金流出							
2.2.1	建设投资							
2.2.2	维持运营投资							
2.2.3	流动资金							
2.2.4	其他流出							
3	筹资活动净现金流量(3.1～3.2)							
3.1	现金流入							
3.1.1	项目资本金投入							
3.1.2	建设投资借款							
3.1.3	流动资金借款							
3.1.4	债券							
3.1.5	短期借款							
3.1.6	其他流入							
3.2	现金流出							
3.2.1	各种利息支出							
3.2.2	偿还债务本金							
3.2.3	应付利润(股利分配)							
3.2.4	其他流出							
4	净现金流量(1+2+3)							
5	累计盈余资金							

5. 利润与利润分配表(表7-6)

利润和利润分配表(单位:万元)　　表7-6

序号	项目	合计	计算期					
			1	2	3	4	…	*n*
1	营业收入							
2	营业税金及附加							

续上表

序号	项目	合计	计算期					
			1	2	3	4	…	n
3	总成本费用							
4	补贴收入							
5	利润总额（项目1－2－3＋4）							
6	弥补以前年度亏损							
7	应纳税所得额（项目5－6）							
8	所得税							
9	净利润（项目5－8）							
10	期初未分配利润							
11	可供分配利润（项目9＋10）							
12	提取法定盈余公积金							
13	可供投资者分配利润（项目11－12）							
14	应付优先股股利							
15	提取任意盈余公积金							
16	应付普通股股利（项目13－14－15）							
17	各投资方利润分配							
	其中：××方							
	××方							
18	未分配利润（项目13－14－15－17）							
19	息税前利润 （利润总额＋利息支出）							
20	息税折旧摊销前利润 （息税前利润＋折旧＋摊销）							

6. 资产负债表（表7-7）

资产负债表（单位：万元）　　表7-7

序号	项目	合计	计算期					
			1	2	3	4	…	n
1	资产							
1.1	流动资产总额							
1.1.1	货币资金							
1.1.2	应收账款							
1.1.3	预付账款							
1.1.4	存货							
1.1.5	其他							
1.2	在建工程							
1.3	固定资产净值							
1.4	无形及其他资产净值							
2	负债及资产所有者权益 （项目2.4＋2.5）							

续上表

序　号	项　目	合计	计　算　期					
			1	2	3	4	…	*n*
2.1	流动负债总额							
2.1.1	短期借款							
2.1.2	应付账款							
2.1.3	预收账款							
2.1.4	其他							
2.2	建设投资借款							
2.3	流动资金借款							
2.4	负债小计(项目2.1+2.2+2.3)							
2.5	所有者权益							
2.5.1	资本金							
2.5.2	资本公积金							
2.5.3	累计盈余公积金							
2.5.4	累计未分配利润							
计算指标： 资产负债率(%)								

第二节　公路施工阶段工程造价控制

一　施工组织设计与工程预算

施工组织设计是在对拟建的公路工程现场进行充分调查，结合施工条件具体分析的基础上从技术经济方面进行研究对比，选择技术上可行、经济上合理的方案。

施工组织设计对预算的影响是多方面的，但主要是对直接费的影响，影响较大的主要因素有如下几个方面：

1. 施工现场平面布置对预算的影响

施工现场平面布置是施工组织设计在空间上的综合描述，是施工组织设计的重要组成部分。它是在基础资料调查的基础上，结合建设工程的实际情况，按照一定的布置原则和方法，对建设工程在施工过程中的材料供应和运输路线、供电、供水、临时工程、工地仓库、生活设施、机械设施、服务区、加油站、道班房、预制场、拌和厂以及大型机械设备工作面的布置和安排。平面布置的确定，也就决定了预算中相应的直接费，如场内运输的价格、临时工程的费用以及租用土地费、平整场地费用等。

2. 施工工期对预算的影响

由于直接工程费随工期的缩短而增加，间接费随工期的缩短而减少，这样就存在一个最优的工期。合理地确定施工工期，对工程质量和预算造价都会产生极大的影响。

3. 施工方法的选择对预算的影响

随着新工艺、新技术的不断发展，完成一个项目有多种施工方法，而每种施工方法又有其自身的特点和不足，这就要求设计人员根据工程的具体条件，选择经济适用的方法。

目前高等级公路一般都采用机械化施工，低等级公路一般采用人工、机械组合进行施工。如采用机械化施工，其施工方法的选择其实就是施工机械的选择，应根据施工的作业种类及运输距离合理选择机械。

路面基层施工方法主要分为路拌法和厂拌法，面层施工主要有热拌、冷拌、贯入等方法。各种施工方法的工程成本消耗各不相同，应结合公路等级要求、路面工程规模和工期要求进行综合分析确定。

构造物成型简单，石砌圬工是以人工施工为主，混凝土工程不是采用木模就是钢模，没有更多的施工方法可供优选；构造物安装复杂，因为有些构造物各有特殊专业的施工方法，这在工程设计时就已确定了。如T形梁的安装，一般都采用导梁作为安装工具。箱形拱桥则要采用缆索来进行吊装，悬臂拼装就要配用悬臂吊机等，这些都是长期实践经验积累起来的施工方法，有固定的安装工具。

4. 运输组织计划对预算的影响

运输组织计划是施工组织设计中的一项重要内容，它不仅直接影响施工进度，而且在很大程度上也影响了工程造价。

二 工程变更与补偿

工程变更是指在工程实施中，对某些工作内容做出修改或者追加或取消某一工作内容。显然，由于勘测、设计、试验与实际的差异，在合同执行过程中工程变更是不可避免的。

工程变更包括工程量变更、工程项目的变更（如发包人提出增加或者删减原项目内容）、进度计划的变更、施工条件的变更等。

1. 变更程序

在颁发工程接收证书前的任何时间，工程师可以通过发布变更指令或以要求承包商递交建议书的任何一种方式提出变更。

指令变更一般是工程师在业主授权范围内根据施工现场的实际情况，在确属需要时有权发布变更指令。指令的内容应包括详细的变更内容、变更工程量、变更项目的施工技术要求和有关部门文件图纸，以及变更处理的原则。

要求承包商递交建议书后再确定的变更其程序一般为：工程师将计划变更事项通知承包商，并要求他递交实施变更的建议书；承包商应尽快予以答复；工程师收到此类建议书后，应尽快给予批准、不批准或提出意见的回复。承包商在等待答复期间，不应延误任何工作。对于工程师发出每一项实施变更的指令，应要求承包商记录支出的费用。

2. 变更估价

变更估价的原则。变更工程的价格或费率，往往是双方协商时的焦点。计算变更工程应采用的费率或价格，可分为3种情况：变更工作在工程量表中有同种工作内容的单价，应以该单价计算变更工程费用；工程量表中虽然列有同类工作的单价或价格，但对具体变更工作而言已不适用，则应在原单价的基础上制定合理的新单价；变更工作的内容在工程量表中没有同类工作的单价，应按照与合同单价水平相一致的原则，确定新的单价。

可以调整合同工作单价的原则。具备以下条件时，允许对某一项工作规定的单价加以调整：此项工作实际测量的工程量相对工程量表或其他报表中规定的工程量的变动大于10%；工程量的变更与对该项工作规定的具体费率的乘积超过了接受的合同款额的0.01%；

由此工程量的变更直接造成该项工作每单位工程量费用的变动超过1%。

删减原定工作后对承包商的补偿。工程师发布删减工作的变更指令后承包商不再实施该部分工作,合同价格中包括的直接费部分没有受到损害,但摊销在该部分的间接费、利润和税金实际不能合理回收。此时承包商可以就其损失向工程师发出通知并提供具体的证明资料,工程师与合同双方协商后确定一笔补偿金额加入到合同价内。

3. 工程索赔

工程索赔是指在工程承包合同中,当事人一方因对方不履行或不完全履行既定的义务,或者由于对方的行为使权利人受到损失时,要求对方补偿损失的权利。“索赔”是双向的,它包括承包人向发包人的索赔,也包括发包人向承包人的索赔。工程索赔的处理首先必须以合同为依据。其次要有损害事实,即合同中规定业主承担的风险责任的确给承包商造成了实际损害,使承包商增加了额外费用或发生了损失。同时要及时、合理地处理索赔,并加强主动控制,尽量减少工程索赔。

(1)工程索赔的类型依据合同内容、索赔目的、性质不同而不同。

①按合同依据索赔可分为明示索赔、暗示索赔两类:

a. 合同中明示的索赔是指承包人所提出的索赔要求,在该工程项目的合同文件中有文字依据,承包人可以据此提出索赔要求,并取得经济补偿。这些在合同文件中有文字规定的合同条款,称为明示条款。

b. 合同中默示的索赔,即承包人的该项索赔要求,虽然在工程项目的合同条款中没有专门的文字叙述,但可以根据该合同的某些条款的含义,推论出承包人有索赔权。这种索赔要求,同样具有法律效力,有权得到相应的经济补偿。这种有经济补偿含义的条款,在合同管理工作中被称为“默示条款”或称为“隐含条款”。

②按索赔目的可分为工期索赔和费用索赔两类:

a. 由于非承包人责任的原因而导致施工进度延误,要求批准顺延合同工期的索赔,称为工期索赔。一旦获得批准合同工期顺延后,承包人不仅免除了承担拖期违约赔偿费的严重风险,而且可能因提前工期得到奖励,最终仍反映在经济收益上。

b. 费用索赔的目的是要求经济补偿。当施工的客观条件改变导致承包人增加开支,要求对超出计划成本的附加开支给予补偿,以挽回不应由他承担的经济损失。

③按索赔事件的性质可分五类:

a. 工程延误索赔:因发包人未按合同要求提供施工条件,如未及时交付设计图纸、施工现场、道路等,或因发包人指令工程暂停或不可抗力事件等原因造成工期拖延的,承包人对此提出索赔。这是工程中常见的一类索赔。

b. 工程变更索赔:由于发包人或监理工程师指令增加或减少工程量或增加附加工程、修改设计、变更工程顺序等,造成工期延长和费用增加。承包人对此提出索赔。

c. 合同被迫终止的索赔:由于发包人或承包人违约以及不可抗力事件等原因造成合同非正常终止,无责任的受害方因其蒙受经济损失而向对方提出索赔。

d. 工程加速索赔:由于发包人或工程师指令承包人加速施工速度、缩短工期,引起承包人人、财、物的额外开支而提出的索赔。

e. 意外风险和不可预见因素索赔:在工程实施过程中,因人力不可抗拒的自然灾害、特殊风险以及一个有经验的承包人通常不能合理预见的不利施工条件或外界障碍,如地下水、地质断层、溶洞、地下障碍物等引起的索赔。

其他索赔：如因货币贬值、汇率变化、物价上涨、工资上涨、政策法令变化等原因引起的索赔。

（2）FIDIC 规定的索赔处理程序。

FIDIC 合同条件对承包人的索赔作出的规定：

①发出索赔意向通知。承包人察觉或者应当察觉该事件或情况后 28 天内发出意向通知。否则竣工时间不得延长，承包人无权获得追加付款，而业主应免除有关该索赔的全部责任。

②递交索赔报告。在承包人察觉或者应当察觉该事件或情况后 42 天内或在承包人可能建议并经工程师认可的其他期限内，承包人应当向工程师递交一份详细的索赔报告，包括索赔的依据、要求延长的时间和（或）追加付款的详细资料。如果引起索赔的事件或者情况具有连续影响，则：

上述充分详细的索赔报告应被视为中间索赔报告；

承包人应当按月递交进一步的中间索赔报告，说明累计索赔延误时间（或）金额，以及能说明其合理要求的进一步详细资料；

承包人应当在索赔事件结束后 28 天内，或在承包人可能建议并经工程师认可的其他期限内，递交一份最终索赔报告。

③工程师的答复。工程师在收到索赔报告或对过去索赔的任何进一步证明资料后 42 天内，或在工程师可能建议并经承包人认可的其他期限内作出回应，表示批准或不批准并附具体意见。工程师应当商定或者确定应给予竣工时间的延长以及承包人有权得到的追加付款。

（3）索赔的计算。

承包人可索赔的费用。费用内容一般可以包括以下几个方面：

①人工费包括增加工作内容的人工费、停工损失费和工作效率降低的损失费等累计，其中增加工作内容的人工费应按照计日工费计算，而停工损失费和工作效率降低的损失费按窝工费计算，窝工费的标准双方应在合同中约定。

②设备费采用机械台班费、机械折旧费、设备租赁费等几种形式。当工作内容增加引起的设备费索赔时，设备费的标准按照机械台班费计算或因窝工引起的设备费索赔，当施工机械属于企业自有时，按照机械折旧费计算索赔费用；如果施工机械是外部租赁的，则按租赁费计算。

③材料费。

a. 由于索赔事项材料实际用量超过计划用量而增加的材料费。

b. 由于客观原因材料价格大幅上涨。

c. 由于非承包商责任工程延误导致的材料价格上涨和超期储存费用。

④保函手续费。工程延期时，保函手续费相应增加。反之，取消部分工程且发包人与承包人达成提前竣工协议时，承包人的保函金额也应折减，计入合同价内的保函手续费也应扣减。

⑤贷款利息。

⑥保险费。

⑦管理费。此项又可分为现场管理费和公司管理费两部分，由于两者的计算方法不一样，所以在审核过程中应区别对待。

⑧利润。

FIDIC《施工合同条件》中,对承包人索赔可能给予合理补偿工期、费用和利润的情况,都作了相应的规定,见表7-8。

可以合理补偿承包人索赔的条款 表7-8

序号	条款号	主 要 内 容	可补偿内容		
			工期	费用	利润
1	1.9	延误发放图纸	√	√	√
2	2.1	延误移交施工现场	√	√	√
3	4.7	承包人依据工程师提供的错误数据导致放线错误	√	√	√
4	4.12	不可预见的外界条件	√	√	
5	4.24	施工中遇到文物和古迹	√	√	
6	7.4	非承包人原因检验导致工期的延误	√	√	√
7	8.4(a)	变更导致竣工时间的延长	√		
8	(c)	异常不利的气候条件	√		
9	(d)	由于传染病或其他政府行为导致工期的延误	√		
10	(e)	业主或其他承包人的干扰	√		
11	8.5	公共当局引起的延误	√		
12	10.2	业主提前占用工程		√	√
13	10.3	对竣工检验的干扰	√	√	√
14	13.7	后续法规的调整	√	√	
15	18.1	业主办理的保险未能从保险公司获得补偿部分		√	
16	19.4	不可抗力事件造成的损害	√	√	

费用索赔的计算有如下3种方法:

①实际费用法。实际费用法是工程索赔计算时最常用的一种方法。这种方法的计算原则是:以承包商为某项索赔工作所支付的实际开支为依据,向业主要求费用补偿。

②总费用法。又称总成本法,就是当多次发生索赔事件后,重新计算该工程的实际总费用,实际总费用减去投标报价的估算总费用,即为索赔金额。具体公式为:

索赔金额 = 实际总费用 − 投标报价总费用

③修正总费用法这种方法是对总费用法的改进,即在总费用计算的原则上,去掉一些不确定的可能因素,对总费用法进行相应的修改和调整,使其更加合理。

工期索赔的计算是对进度计划的网络图进行分析,分析其关键线路上的关键工作。如果延误的工作是关键工作,则总延误的时间为批准顺延的工期;如果延误的工作为非关键工作,当该工作由于延误超过时差限制而成为关键工作时,可以批准延误时间与时差的差值;如该工作延误后仍为非关键工作,则不予以工期索赔。

(4)共同延误的处理。

在实际施工过程中,工期延误很少是由一方造成的,往往是由几种原因同时发生形成的。两种或两种以上的单独延误同时发生的情况就称为共同延误。

①在同一项工作上发生的共同延误。

a.可补偿延误与不可原谅延误同时存在。在这种情况下,不能批准承包商延期和经济补偿的要求。因为即便没有可补偿延误,不可原谅延误也已造成工程延误。

b. 不可补偿延误与不可原谅延误同时存在。在这种情况下,工程师不能批准延长工期。

c. 不可补偿延误与可补偿延误同时存在。此时,工程师可以批准承包商延期的要求,但不能给予经济补偿,因为即便没有可补偿延误,不可补偿延误也已造成工程施工延误。

d. 两项可补偿延误同时存在。此时,工程师只能批准工期延长或经济补偿。

②在不同的工作上发生的共同延误。这是指在不同的工作上同时发生了两项或两项以上的延误,从而产生了对整个工程综合影响的共同延误。这种情况比较复杂,由于各项工作在总进度表中所处的地位和重要性不同,同等时间的相应延误对工程进度所产生的影响也就不一样。工程师在处理这种共同延误时,应认真分析单项延误分别对工程总进度所造成的影响,然后将这些影响进行比较,对相互重叠部分按前述在同一项工作上发生的共同延误处理。对剩余部分进一步分析延误引起的原因和影响,从而断定是否延长工期和给予经济补偿。

共同延误的最终结果,可能是承包商可以获得工期延长和经济补偿,也可能是承包商要向业主支付延误赔偿金。

三 资金使用计划的编制和投资偏差分析

1. 施工阶段资金使用计划的编制

首先,通过编制资金使用计划,可以合理确定工程造价的目标值,使工程造价的控制有所依据,并为资金的筹集与协调打下基础;其次,通过编制资金使用计划,可以对未来工程项目的资金使用和进度控制有所预测,避免不必要的资金浪费和进度失控。最后,通过执行资金使用计划,可以有效地控制工程造价上升,最大限度地节约投资,提高投资效益。

施工阶段资金使用计划的编制方法,主要有以下几种:

(1)按不同子项目编制资金使用计划。

一个建设项目往往由多个单项工程组成,每个单项工程还可能由多个单位工程组成,而单位工程总是由若干个分部分项工程组成。按不同子项目划分资金的使用,进而做到合理分配,首先必须对工程项目进行合理划分,划分的粗细程度根据实际需要而定。

(2)按时间编制资金使用计划。

通过计算网络计划各项工作的最早开始时间和最早完成时间,就可获得项目进度计划的横道图。在横道图的基础上便可编制按时间进度划分的投资支出预算,进而绘制时间—投资累计曲线(图 7-1,S 形图线)。时间—投资累计曲线的绘制步骤如下:

①确定工程进度计划,编制进度计划的横道图,如表 7-9 所示。

某工程进度计划的横道图(单位:万元)　　表 7-9

分项工程	进度计划(周)											
	1	2	3	4	5	6	7	8	9	10	11	12
A	100	100	100	100	100	100	100					
B		100	100	100	100	100	100	100				
C			100	100	100	100	100	100	100	100		
D				200	200	200	200	200	200			
E					100	100	100	100	100	100	100	
F						200	200	200	200	200	200	200

②根据每单位时间内完成的工程量或投入的人力、物力和财力，计算单位时间的投资，如表 7-10 所示。

按月编制的资金使用计划表 表 7-10

时间（月）	1	2	3	4	5	6	7	8	9	10	11	12
投资（万元）	100	200	300	500	600	800	800	700	600	400	300	200

③计算规定时间 t 计划完成的投资额，可按下式计算：

$$Q_t = \sum_{n=1}^{t} q_n \tag{7-1}$$

式中：Q_t——某时间 t 计划累计完成投资额；

q_n——单位时间 n 的计划完成投资额；

t——规定的计划时间。

④按各规定时间的价值，绘制 S 形曲线。

每一条 S 形曲线都对应某一特定的工程进度计划。因为在进度计划的非关键路线中存在许多有时差的工序或工作，因而 S 形曲线（投资计划值曲线）必然包括在由全部活动都按最早开工时间开始和全部活动都按最迟开工时间开始的曲线所组成的“图 7-2”内。建设单位可根据编制的投资支出预算来合理安排资金，同时建设单位也可以根据筹措的资金来调整 S 形曲线，即通过调整非关键路线上工作的开工时间，力争将实际的投资支出控制在计划的范围内。

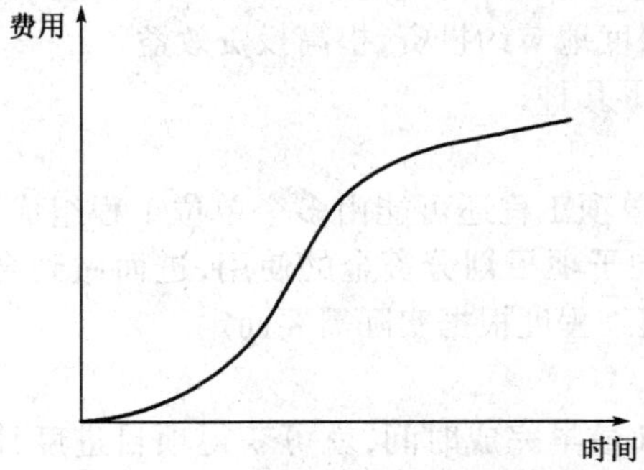

图 7-1 时间—投资累计曲线

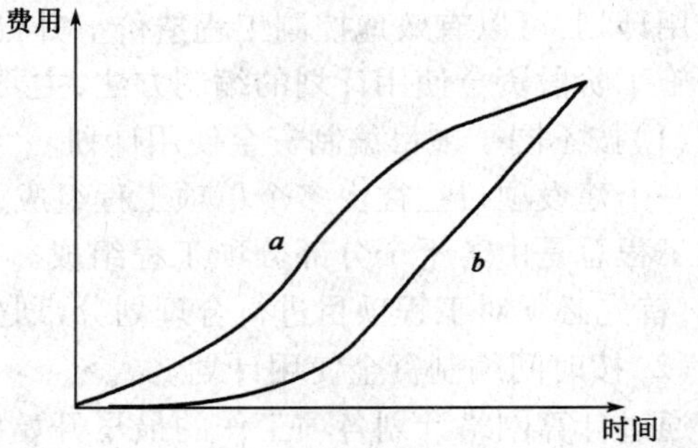

图 7-2 香蕉图

一般而言，所有活动都按最迟时间开始，对节约建设资金贷款利息是有利的，但同时也降低了项目按期竣工的保证率，因此必须合理地确定投资支出预算，达到既节约投资支出，又控制项目工期的目的。

2. 投资偏差分析

在施工过程中，工程实际进展情况总是或多或少的和计划存在差异。我们把实际投资与计划投资，实际进度与计划进度的差异称为投资偏差与进度偏差，这些偏差即是施工阶段工程造价计算与控制的对象。

1）实际投资与计划投资

由于时间—投资累计曲线中既包含了投资计划，也包含了进度计划，因此有关实际投资与计划投资的变量包括了拟完工程计划投资，已完工程实际投资和已完工程计划投资。

2）投资偏差和进度偏差

投资偏差指投资计划与投资实际值之间存在的差异，当计算投资偏差时，应剔除进度原因对投资额产生的影响,投资偏差为已完工程实际投资与已完工程计划投资之差,结果为正表示投资增加,结果为负表示投资节约。

与投资偏差密切相关的是进度偏差,不考虑进度偏差就不能确切反映投资偏差的实际情况。进度偏差是已完工程实际时间与已完工程计划时间之差。

3. 常用的偏差分析方法

1)横道图法

用横道图进行投资偏差分析,是用不同的横道标识拟完成工程计划投资、已完工程实际投资和已完工程计划投资,在实际工作中往往需要根据拟完工程计划投资和已完工程实际投资确定已完工程计划投资后,再确定投资偏差与进度偏差。

根据拟完工程计划投资和已完工程实际投资确定已完工程计划投资的方法是:

①已完工程计划投资与已完工程实际投资的横道位置相同。

②已完工程计划投资与拟完工程计划投资的各子项工程的投资总值相同。

例 7-1 假设某项目共含有两个子项工程,A 子项和 B 子项,各自的拟完工程计划投资,已完工程实际投资和已完工程计划投资,如表 7-11 所示。

某工程计划与实际进度横道图(单位:万元) 表 7-11

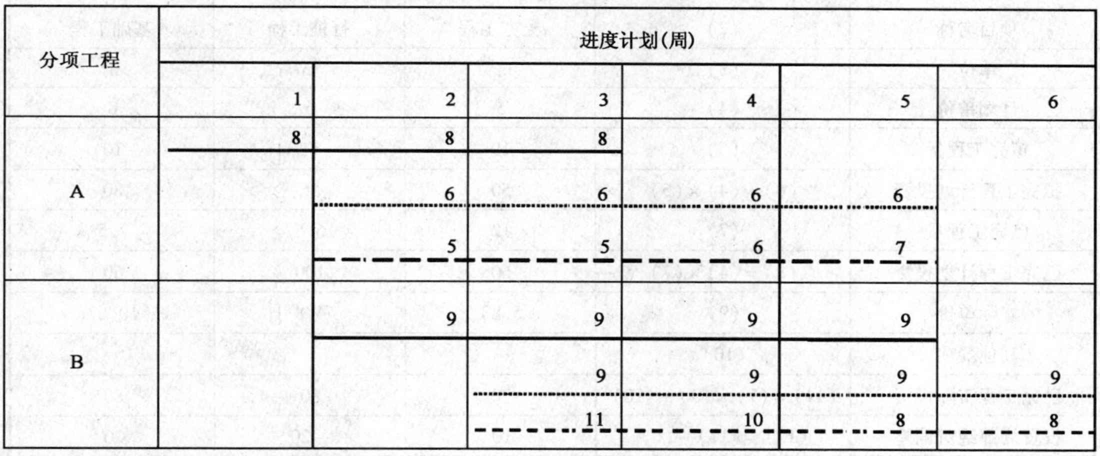

注: —— 表示拟完工程计划投资; ········ 表示已完工程计划投资; - - - - - 表示已完工程实际投资

根据表 7-11 中数据,按照每周各子项工程拟完工程计划投资,已完工程计划投资,已完工程实际投资的累计值进行统计,可以得到表 7-12 的数据。

投资数据(单位:万元) 表 7-12

项　目	投资数据					
	1	2	3	4	5	6
每周拟完工程计划投资	8	17	17	9	9	
拟完工程计划投资累计	8	25	42	51	60	
每周已完工程计划投资		6	15	15	15	9
已完工程计划投资累计		6	21	36	51	60
每周已完工程实际投资		5	16	16	15	8
已完工程实际投资累计		5	21	37	52	60

根据表 7-12 中数据可以求得相应的投资偏差和进度偏差,例如:

第 4 周末投资偏差;已完工程实际投资 - 已完工程计划投资 = 37 - 36 = 1(万元),即投资增加 1 万元。

第 4 周末进度偏差 = 拟完工程计划投资 - 已完工程计划投资 = 51 - 36 = 15(万元),即进度拖后 15 万元。

2)时标网络图法

时标网络图是在确定施工计划网络图的基础上,将施工的实施进度与日历工期相结合而形成的网络图。实际进度前锋线表示整个项目目前实际完成的工作面情况,将某一确定时点下时标网络图中各个工序的实际进度点相连就可以得到实际进度前锋线。

3)表格法

表格法是进行偏差分析最常用的方法。可根据项目的具体情况、数据来源、投资控制工作的要求等条件来设计表格,表格法的信息量大,可以反映各种偏差变量和指标;另外,表格法还便于用计算机辅助管理,提高投资控制工作的效率。见表 7-13。

投资偏差分析表 表 7-13

项目编码	(1)	011	012	013
项目名称	(2)	土方工程	打桩工程	基础工程
单位	(3)	m^3	m	m^3
计划单价	(4)	5	6	8
拟完工程量	(5)	10	11	10
拟完工程计划投资	(6) = (4) × (5)	50	66	80
已完工程量	(7)	12	16.67	7.5
已完工程计划投资	(8) = (4) × (7)	60	100	60
实际单价	(9)	5.83	4.8	10.67
其他款项	(10)			
已完工程实际投资	(11) = (7) × (9) + (10)	70	80	80
投资局部绝对偏差	(12) = (11) - (6)	10	-20	20
投资局部相对偏差	(13) = (11)/(8)	1.17	0.8	1.33
投资累计绝对偏差	(14) = Σ(12)			
投资累计相对偏差	(15) = Σ(11)/Σ(8)			
进度局部绝对偏差	(16) = (6) - (8)	-10	-34	20
进度局部相对偏差	(17) = (6)/(8)	0.83	0.66	1.33
进度累计绝对偏差	(18) = Σ(16)			
进度累计相对偏差	(19) = Σ(6)/Σ(8)			

4)曲线法

曲线法是用投资—时间曲线进行偏差分析的一种方法。在用曲线法进行偏差分析时,通常有三条投资曲线,即已完工程实际投资曲线 a,已完工程计划投资曲线 b 和拟完工程计划投资曲线 P,绘制方法如前述,曲线 a 和 b 的竖向距离表示投资偏差,曲线 P 和 b 的水平距离表示进度偏差。曲线图所反映的是累计偏差,而且主要是绝对偏差。用曲线法进行偏差分析,具有形象直观的优点,但不能直接用于定量分析,如果能与表格法结合起来,则会取得较好的效果。

四 施工企业经济核算

经济核算是通过对施工生产中的消耗和成果(投入产品)的分析、计算、比较,以货币的形式来衡量其经济效益。它是施工企业经营管理的基本方法,是企业管理的一项重要工作。

1. 经济核算的内容

施工企业经济核算的基本内容,是以经济合同为基础,以提高经济效益为目标,实行责、权、利和效果紧密结合,全面完成施工生产计划,确保产品质量,努力降低生产消耗,不断降低工程成本,增加盈利。施工企业经济核算的具体内容包括:

(1)生产成果核算。主要是考核施工生产计划的完成情况,它包括三个方面的内容,一是形象进度。二是实物工程量,即符合计量支付规定的合格产品数量。若未完施工的工程量过多,对企业资金周转将产生不利影响。三是建筑安装工作量,即以货币表现的工程结算价款。故通常以工程价款结算期为经济核算期。

(2)生产消耗核算。主要是考核人工、材料、施工机械等资源的消耗情况,而综合反映生产消耗的是工程成本,所以工程成本核算是生产消耗核算的重要内容。

生产消耗核算的主要指标,包括劳动生产率,工程成本降低,主要材料消耗,设备利用率,工效、出勤、使用(工时利用)、病、雨休等工勤指标。这些指标中的工程成本降低可以综合反映施工企业的生产消耗情况,有利于进行对比分析。

(3)财务成果核算。主要是考核施工企业盈利水平和施工企业为完成既定的施工任务所需资金的占用和利用情况。通过对利润总额、成本利润(降低)率、流动资金产值率、固定资金产值率等指标的核算,以便发现施工企业经营管理的不合理情况。

2. 经济核算的方法

通常是运用会计核算、统计核算和业务核算等基本核算方法来完成的,这几种核算方法各有不同的内容和作用,但是互为补充、相辅相成的,它们构成施工企业经济核算的一个完整有机体系。

(1)会计核算。是通过原始会计凭证,连续、系统和全面地反映企业财产、物资的增减变化和经济活动情况。工程成本和企业的盈亏,是通过会计核算来进行的,会计核算的主要任务是监督和反映经济合同的执行和成本计划的完成情况。

(2)统计核算。统计核算主要是在施工生产经营活动原始记录资料的基础上,定期地运用统计分析和调查研究相结合的方法,从数字反映施工企业的生产经营活动情况,找出其经济活动的发展规律,绘制成各种统计图表,分别与计划、同期、上期的相应因素或对象进行比较,以显示施工生产经营水平。

(3)业务核算。主要是施工企业的各个专业部门进行的日常核算工作,它反映生产业务技术的活动情况,是一种直接的核算方法,只记录单一的业务事项。业务核算的内容,包括各种原始记录及各种计算登记表,如工程进度记录、测试检验记录、材料消耗记录、施工机械使用记录、材料消耗和施工机械使用计算以及各专业的有关业务计算等。

3. 经济活动分析

经济活动分析,实际上就是在会计核算、统计核算和业务核算的基础上,结合施工计划指标和企业经营管理的实际情况,分析和研究企业的经济活动,寻找计划完成好坏的原因,总结经验,不断提高企业的管理水平。

公司或项目经理一级应对各项经济技术指标全面进行分析考核；工程队则应重点分析产量、质量、各种生产消耗、工效、工勤等经济技术指标；班组则以分析考核产量、质量、主要材料消耗为主。

（1）经济活动分析的主要内容：

①施工计划完成情况的分析。主要检查、分析工作量、实物工程量、工程质量以及形象进度的完成情况，以评定企业的经济活动效果。

②人员工资的分析。主要检查、分析出勤率和使用率等工勤指标、劳动效率（工效）、全员和生产工人劳动生产率，以及工资基金的使用情况。

③材料供应情况的分析。主要检查、分析材料采购、供应计划的执行情况，计算分析主要材料消耗的节约或超耗情况。

④施工机械使用情况的分析。主要检查、分析机械完好率、利用率、台班产量、台班油耗，以及机械的维修保养工作。

⑤工程成本的分析。如总成本、人工费、材料费、施工机械使用费，以及其他工程费、间接费等的分析。应以经济合同价格所构成的人工费、材料费、施工机械使用费等为标准。所以，造价工程师应预先根据投标报价或施工图预算的计算原始资料，分析每一单位工程的各项费用含量，作为分析工程成本的依据，一般应取两位小数。

（2）经济活动分析的方法。经济活动分析是通过分析各项经济技术指标来进行的，经济活动分析的方法有综合分析、对比分析、环比分析和因素分析等多种分析方法。

①综合分析。是以会计核算、统计核算和业务核算资料为基础，并以计划为依据，对计划执行结果影响的各种因素加以分类，据此查明对计划的影响程度，把质量、成本、进度各因素结合起来进行分析，从而反映企业经济活动的全貌。

②对比分析。主要是以分析期内实际完成数与计划数进行对比分析，以便发现问题，寻找原因，是经济活动分析的主要方法。

③环比分析。是以分析期内实际完成的各项经济技术指标与上一期实际完成的相应指标进行比较，用以了解企业的发展情况。

④因素分析。又称为连环代替法，适用于多个因素对指标的影响程度。如超额完成了产值计划的影响因素，在扣除物价上涨因素外，可能是增加了人员或设备，或者是提高了劳动生产率。这样，就可分别通过计算比较，明确哪个是主要影响因素。如果提高劳动生产率是主要影响因素的话，影响劳动生产率提高的因素，又可能是改进了施工方法，减少了非生产人员，提高了工时的利用率，劳动技能水平的提高等。故又可对这些因素作进一步的分析，这就可以找出主要原因，看到问题的本质。

第三节　公路竣工阶段工程造价控制

一　竣工决算

1. 公路工程竣工决算的内容

竣工决算是建设工程经济效益的全面反映，是项目法人核定各类新增资产价值、办理其交付使用的依据。通过竣工决算，一方面能够正确反映建设工程的实际造价和投资结果；另一方面可以通过竣工决算与概算、预算的对比分析，考核投资控制的工作成效，总结经验教训，积累技术经济方面的基础资料，提高未来建设工程的投资效益。

公路工程项目竣工决算应包括从筹建到竣工投产全过程的全部实际支出费用，即建筑工程费用、安装工程费用、设备工器具购置费用和其他费用等等。工程竣工决算的内容主要包括竣工财务决算说明书、竣工财务决算报表、造价分析资料表三部分。

在公路工程建设工程竣工决算报告中必须对控制工程造价所采取的措施、效果以及其动态的变化进行认真分析比较，总结经验教训。批准的概算是考核建设工程造价的依据，在分析时，可将决算报表中所提供的实际数据和有关资料与批准的概算、预算指标进行对比，以确定竣工项目总造价是节约还是超支。

为考核概算执行情况，正确核实建设工程造价，财务部门首先必须积累各种概算动态变化资料表（如材料价差表、设备价差表、人工价差表、费率价差表等）和设计方案变化，以及对工程造价有重大影响的设计变更资料；其次，考查竣工形成的实际工程造价节约或超支的数额。为了便于进行比较，可先对比整个项目的总概算，之后对比工程项目（或单项工程）的综合概算和其他工程费用概算，最后再对比单位工程概算，并分别将建筑安装工程、设备工器具购置和其他基建费用逐一与项目竣工决算编制的实际工程造价进行对比，找出节约或超支的具体环节，在实际工作中，应主要分析如下内容。

①主要实物工作量。

②主要材料消耗量。

③考核建设单位管理费、建筑及安装工程间接费的取费标准。

2. 公路工程竣工决算编制示例

例 7-2 下面是某投资公司承担的某高速公路工程竣工时的财务核算资料，试设计建筑项目竣工财务决算表。

(1) 经验收合格，交付使用的资产如下：

①线路、桥梁，隧道等建筑安装工程资产价值 322890 万元；设备、收费、通信系统价值 65640 万元。

②为运营准备使用期在 1 年以内的工器具、物品等 140 万元；使用期在 1 年以上，单件价值在 2000 元以上的工器具 50 万元。

③建设期间购买非专利技术 78 万元，摊销期 6 年。

④筹建期间的开办费 128 万元。

(2) 收尾零星工程支出的项目如下：

①建筑安装工程支出 198 万元。

②设备、工器具投资 50 万元。

③建设单位管理费、勘察设计费等待摊投资 25 万元。

④其他支出 38 万元。

(3) 非经营性项目发生待核销基建支出 65 万元。

(4) 购置需安装设备 68 万元，其中待处理设备损失 8 万元。

(5) 货币资金 1670 万元。

(6) 应收有偿调出材料款 45 万元。

(7) 建设单位自有固定资产原值 9275 万元，累计折旧 1940 万元。

反映在“资金平衡表”上的资金来源的资金余额如下：

(1) 预算拨款 85450 万元。

(2)自筹资金拨款 72625 万元。

(3)商业银行借款 159805 万元。

(4)交付使用资产价值中,有 150 万元属利用投资借款形成的待冲基建支出。

(5)应付设备商设备款 850 万元,应付承包人工程款(扣留的保留金未归还部分)7320 万元尚未支付。

(6)未交税金 125 万元;未交基建收入 28 万元。试编制建设项目竣工财务决算表。

解 建设项目竣工财务决算表(表 7-14):

竣工财务决算表(单位:万元) 表 7-14

资金来源	金 额	资金占用	金 额
一、基建拨款	158075	一、基本建设支出	389299
1. 预算拨款	85450	1. 支付使用资产	388926
2. 基建基金拨款		2. 在建工程	311
3. 进口设备转账拨款		3. 待核销基建支出	65
4. 器材转账拨款		4. 非经营性项目转出投资	
5. 煤代油转用基金拨款		二、应收借款	
6. 自筹资金拨款	72625	三、应收生产单位投资借款	
7. 其他拨款		四、器材	68
二、项目资本		其中待处理器材损失	8
1. 国家资本		五、货币资金	1670
2. 法人资本		六、预付及应收款	45
3. 个人资本		七、有价证券	
三、项目资本金公积金		八、固定资产	7335
四、基建借款	159805	固定资产原值	9275
五、上级拨入投资借款		减:累计折旧	1940
六、企业债券资金		固定资产净值	7335
七、待冲基建支出	150	固定资产清理	
八、应付款	8170	待处理固定资产损失	
九、未交款	153		
1. 未交税金	125		
2. 未交基建收入	28		
3. 未交基建包干结余			
4. 其他未交款			
十、上级拨入资金			
十一、留成收入			
合计	326353	合计	398417

3. 新增资产价值的确定

竣工决算是办理交付使用财产价值的依据。正确核定新增资产价值,不仅有利于公路项目交付使用后的财务管理,而且可为项目经济后评估提供依据。

根据新的财务制度和企业会计准则,新增资产按资产性质可分为固定资产、流动资产、无形资产、递延资产和其他资产五大类。其中,无形资产包括专利权、著作权、非专利技术、商誉等;递延资产是指不能全部计入当年损益,应当在以后年度分期摊销的各项费用,包括开办费、租入固定资产的改良工程支出等;其他资产是指具有专门用途,但不参加生产经营的经国家批准的特种物质、银行冻结存款与冻结物质、涉及诉讼的财产等。

1)新增固定资产价值的确定

新增固定资产价值的含义:新增固定资产又称交付使用的固定资产,固定资产是指使用期限超过一年,单位价值在规定标准以上,并且在使用过程中保持原有物质形态的资产,包括公路建筑物及房屋、机电设备、工具器具、运输设备等。不同时具备以上条件的资产为低值易耗品,应列入流动资产范围内,如企业自身使用的工具、器具、家具等。其价值是投资项目竣工投产后所增加的固定资产价值,是以价值形态表示的固定资产投资最终成果的综合性指标。其内容包括以下各项。

①已经投入生产或交付使用的建筑安装工程造价。

②达到固定资产标准的设备工器具的购置费用。

③增加固定资产价值的其他费用,包括土地征用及迁移补偿费、联合试运转费、勘察设计费、项目可行性研究费、施工机构迁移费、建设单位管理费等。

新增固定资产的核算:新增固定资产是工程建设项目最终成果的体现,核定其价值和完成情况,是加强工程造价全过程管理工作的重要方面。单项工程建成经有关部门验收鉴定合格,正式移交生产或使用,也就是应计算其新增固定资产价值。一次性交付生产或使用的工程一次计算新增固定资产价值,分期分批交付生产或使用的工程,应分期分批计算新增固定资产价值。计算时应注意如下几种情况。

①新增固定资产价值的计算应以单项工程为对象。

②对于为了提高产品质量、改善劳动条件、节约材料消耗、保护环境而建设的附属辅助工程,只要全部建成,正式验收或交付使用后就要计入新增固定资产价值。

③对于单项工程中不构成生产系统,但能独立发挥效益的非生产性工程,如住宅、食堂、托儿所、医务所、生活服务网点等,在建成并交付使用后,也要计算新增固定资产价值。

④凡购置达到固定资产标准不需安装的设备、工器具,应在交付使用后计入新增固定资产价值。

⑤属于新增固定资产的其他投资,应随同受益工程交付使用时一并计入。

交付使用财产成本:计算交付使用财产的成本费用应按下列内容计算。

①线路、桥梁、房屋、管线、建筑物、构筑物、沿线设施等固定资产的成本费用,包括建筑安装工程成本和应分摊的待摊投资。

②动力设备、通风设备、监控设备、收费系统等固定资产的成本,包括需要安装设备的采购成本、设备的安装成本、设备基础、支柱等的建筑工程成本和应分摊的待摊投资。

③运输设备及其他不需要安装的设备、工具、器具、家具等固定资产和流动资产的成本,通常仅计算采购成本,不分摊待摊投资。

待摊投资的分摊方法增加固定资产的其他费用,如果属于整个建设项目或两个以上单项工程,在计算新增固定资产价值时应在各单项工程中按比例分摊。分摊时,什么费用应由什么工程负担,又有具体的规定。通常情况下,建设单位管理费按建筑工程、安装工程、需安装设备价值总额按比例分摊;土地征地费、勘察设计费则只按建筑工程造价分摊。

例7-2 某公路建设项目建筑安装工程投资中,路线及其防护、排水工程等投资为23486

万元,桥梁工程投资 5860 万元,需要安装设备价值为 1678 万元,待摊投资为征地、迁移补偿等费用为 4571 万元,建设单位管理费 874 万元,试计算路线工程、桥梁工程、需要安装设备各自应分摊的待摊投资。

解 (1)计算分摊率:

对建设单位管理费分摊的分摊率 =[874 ÷(5860 +23486 +1678)]×100% =2.8172%

对征地、迁移补偿等费用分摊的分摊率 =[4571 ÷(5860 +23486)]×100% =15.5762%

(2)分摊额的计算:

①桥梁工程分摊额 =5860 ×(2.8172% +15.5762%)=1077.85(万元)

②路线工程分摊 =23486 ×(2.8172% +15.5762%)=4319.87(万元)

③需要安装设备分摊额 =1678 ×2.8172 % =47.27(万元)

2)新增流动资产价值的确定

新增流动资产是指新增加的在一年内或者超过一年的一个营业周期内变现或者运用的资产,包括现金及各种存款、存货、应收及预付款等。在确定流动资产价值时,按如下原则处理。

①货币性资金即现金、银行存款及其他货币资金,根据实际入账价值核定。

②应收及预付款项包括应收票据、应收账款、其他应收款、预付款和待摊费用。通常情况下,应收及预付款项按企业销售商品、产品或提供服务、提供劳务时的实际成交金额入账核算。

③各种存货应当按照取得时的实际成本计价,存货的形成主要有外购和自制两种途径。外购的,按照购买价加运输费、装卸费、保险费、途中合理损耗、入库前加工、整理及挑选费用以及缴纳的税金等计价。自制的,按照制造过程中的各项实际支出计价。

3)新增无形资产价值的确定

新增无形资产是指企业长期使用但没有实物形态的资产,包括专利权、商标权、著作权、土地使用权、非专利技术、商誉等。无形资产的计价,原则上应按取得时的实际成本费用计价;企业取得无形资产的途径不同,所发生的支出也不同,无形资产的计价也不相同。按现行财务制度,无形资产价值的计价原则和计价方式如下:

①无形资产的计价原则

a. 投资者将无形资产作为资本金或者合作条件投入的,按照评估确认或合同协议约定的金额计价。

b. 购入的无形资产按照实际支付的价款计价。

c. 企业自创并依法申请取得的,按开发过程中的实际支出计价。

d. 企业接受捐赠的无形资产,按照发票账单所持金额或者同类无形资产市价作价。

②专利权的计价。专利权可分为自创和外购两类。

a. 自创专利权的计价,其价值为开发过程中的实际支出,主要包括专利的研究开发费、专利申请费、专利登记费、专利年付费、法律诉讼费等。

b. 专利转让(包括购入或卖出)的计价,其价值主要包括转让价格和手续费。因为专利是具有专有性并能带来超额利润的生产要素,所以其转让价格不能按其成本估价,而是要依据其所能带来的超额收益来估价。

③非专利技术的计价。

a. 自创的非专利技术,往往不得作为无形资产入账,自创过程中发生的费用,现行财务制度允许作当期费用处理，这是因为非专利技术自创时难以确定是否成功，这样处理符合财务会计的稳健性原则。

b. 购入非专利技术时，应由具有资格的评估机构确认后再进一步估价，通常是通过其产生的收益来进行估价的，其基本思路同专利权的计价方法。

④商标权的计价。

a. 自创的商标，自创时发生的各项费用，如商标设计、制作、注册和保护、宣传广告等费用，往往不作为无形资产入账，而是直接作为销售费用计入当期损益。

b. 当企业购入或转让商标时，才需要对商标权计价。商标权的计价通常根据被许可方新增收益来确定。

⑤土地使用权的计价。

a. 建设单位（业主）向土地管理部门申请土地使用权，并为其支付了一笔出让金的，在这种情况下，应作为无形资产进行核算。

b. 如果建设单位获得土地使用权是原先通过行政划拨的，这时就不能作为无形资产核算，只有在将土地使用权有偿转让、出租、抵押、作价入股和投资，按规定补交土地出让价款时，才作为无形资产核算。

无形资产计价入账以后，应在其有限使用期内分期摊销。

4）递延资产的确定

递延资产是指不能全部计入当年损益，应在以后年度内分期摊销的各项费用，包括开办费、租入固定资产的改良支出等。

①开办费的计价指在筹建期间发生的费用，包括筹建期间人员工资、办公费、培训费、印刷费、差旅费、注册登记费以及不计入固定资产和无形资产构建成本的汇兑损益、利息等支出。根据新财务制度的规定，除了筹建期间不计人资产价值的汇兑净损失外，开办费从企业开始生产经营月份的次月起，按照不短于五年的期限平均摊入管理费用。

②以经营租赁方式租入的固定资产改良工程支出的计价应在租赁有效期限内分期摊入制造费用或管理费用中。

5）其他资产计价

其他资产是指具有专门用途，但不参加生产经营的经国家批准的特种物质、银行冻结存款和冻结物质、涉及诉讼的财产等，主要以实际入账价值核算。

二 保修费用的处理

1. 工程质量保证（保修）金的含义

建设工程质量保证（保修）金是指发包人与承包人在建设工程承包合同中约定，从应付的工程款中预留，用以保证承包人在缺陷责任期内对建设工程出现的缺陷进行维修的资金。缺陷是指建设工程质量不符合工程建设强制标准、设计文件，以及承包合同的约定。缺陷责任期一般为 6 个月、12 个月或 24 个月，具体可由发、承包双方在合同中约定。

《建设工程质量保证金管理暂行办法》规定：缺陷责任期从工程通过竣（交）工验收之日起计算。由于承包人原因导致工程无法按规定期限进行竣工验收的，缺陷责任期从实际通过竣（交）工验收之日起计算。由于发包人原因导致工程无法按规定期限竣（交）工验收的，在承包人提交竣（交）工验收报告 90 天后，工程自动进入缺陷责任期。

2. 工程质量保修范围和内容

在正常使用条件下，公路工程的保修范围应包括路基、路面、涵洞、桥梁、隧道、砌筑工程等项目。一般包括以下问题。

①路基：压实度、弯沉。

②路面：压实度、弯沉、平整度、抗滑性、是否损坏。

③涵洞：承载力、强度、几何尺寸、是否淤塞。

④桥梁：承载力、强度、几何尺寸、中线偏差。

⑤隧道：防排水、有无渗水或淤积、堵塞。

⑥砌筑工程：强度、中线偏差、平面尺寸、高程。

3. 工程质量保证（保修）金的预留、使用及管理

1）工程质量保证（保修）金的预留

《建设工程质量保证金管理暂行办法》规定：建设工程竣工结算后，发包人应按照合同约定及时向承包人支付工程结算价款并预留保证金。全部或者部分使用政府投资的建设项目，按工程价款结算总额5%左右的比例预留保证金。社会投资项目采用预留保证金方式的，预留保证金的比例可以参照执行。

国家发改委等九部委于2007年发布的《标准施工招标文件》合同条件中通用条款规定：监理人应从第一个付款周期开始，在发包人的进度付款中，按专用合同条款的约定扣留质量保证金，直至扣留的质量保证金总额达到专用合同条款约定的金额或比例为止。质量保证金的计算额度不包括预付款的支付、扣回以及价格调整的金额。

2）工程质量保证（保修）金的使用及返还

缺陷责任期内，承包人应对已交付使用的工程承担缺陷责任。发包人对已接收使用的工程负责日常维护工作。发包人在使用过程中，发现已接收的工程存在新的缺陷或已修复的缺陷部位、部件又遭损坏的，监理人和承包人应共同查清缺陷和（或）损坏的原因。经查明属承包人原因造成的，应由承包人负责维修，并承担修复和查验的费用。如果承包人不维修也不承担费用，或承包人不能在合理时间内修复缺陷的，发包人可自行修复或委托其他人修复，所需费用可按合同约定在保证金中扣除，并由承包人承担违约责任。承包人维修并承担相应费用后，不免除对工程的一般损失赔偿责任。经查明属发包人原因造成的缺陷，发包人负责组织维修，承包人不承担费用，且发包人不得从保证金中扣除费用。

由于承包人原因造成某项缺陷或损坏使某项工程或工程设备不能按原定目标使用而需要再次检查、检验和修复的，发包人有权要求承包人相应延长缺陷责任期，但缺陷责任期最长不超过2年。此延长的期限终止后14天内，由监理人向承包人出具经发包人签认的缺陷责任期终止证书，并退还剩余的质量保证金。

缺陷责任期内，承包人认真履行合同约定的责任，到期后，承包人向发包人申请返还保证金。发包人在接到承包人返还保证金申请后，应于14日内会同承包人按照合同约定的内容进行核实。如无异议，发包人应当在核实后14日内将保证金返还承包人，逾期支付的，从逾期之日起，按照同期银行贷款利率计付利息，并承担违约责任。发包人在接到承包人返还保证金申请后14日内不予答复，经催告后14日内仍不予答复的，视同认可承包商的返还保证金申请。如果承包人没有认真履行合同约定的保修责任，则发包人可以按照合同约定扣除保证金，并要求承包人赔偿相应的损失。

发包人和承包人对保证金预留、返还以及工程维修质量、费用有争议的，按照合同约定

的争议和纠纷解决程序处理。

涉外工程的保修问题，除参照上述办法进行处理外，还应依照原合同条款的有关规定执行。

3)工程质量保证(保修)金的管理

缺陷责任期内，实行国库集中支付的政府投资项目，保证金的管理应按国库集中支付的有关规定执行。其他政府投资项目，保证金可以预留在财政部门或发包方。缺陷责任期内，如发包方被撤销，保证金随交付使用资产一并移交使用单位，由使用单位代行发包人职责。

社会投资项目采用预留保证金方式的，发、承包双方可以约定将保证金交由金融机构托管；采用工程质量保证担保、工程质量保险等其他方式的，发包人不得再预留保证金，并按照有关规定执行。

第四节　公路建设项目后评价

一　项目后评价的基本概念

1.公路工程项目后评价的概念

公路工程项目后评价是指对已经完成的公路工程项目(或规划)的目的、执行过程、效益、作用和影响所进行的系统的、客观的分析；通过项目活动实践的检查总结，确定项目的预期目标是否达到，项目或规划是否合理有效，项目的主要效益指标是否实现；通过分析评价找出成败的原因，总结经验教训；并通过及时有效的信息反馈，为未来新项目的决策和提高完善投资决策管理水平提出建议，同时也为后评价项目实施运营中出现的问题提出改进建议，从而达到提高投资效益的目的。后评价要从投资开发项目实践中吸取经验教训，再运用到未来的开发实践中去。

2.公路工程项目后评价与项目前评估的主要区别

项目后评价与项目前期准备阶段的评估，在评价原则和方法上没有太大的区别，采用定量与定性相结合的方法。但是，由于两者的评价时点不同，目的也不完全相同。因此，也存在一些区别。前评估的目的是确定项目是否可以立项，它是站在项目的起点，主要应用预测技术来分析评价项目未来的效益，以确定项目投资是否值得并可行。后评价则是在项目建成之后，总结项目的准备、实施、完工和运营，并通过预测对项目的未来进行新的分析评价，其目的是为了总结经验教训，为改进决策和管理服务。所以，后评价要同时进行项目的回顾总结和前景预测。项目后评价是站在项目完工的时点上，一方面检查总结项目的实施过程，找出问题，分析原因；另一方面，要以后评价时点为基点，预测项目未来的发展。前评估的重要判别标准是投资者要求获得的收益率或基准收益率(社会折现率)，而后评价的判别标准则重点是前评估的结论，主要采用对比的方法，这就是后评价与前评估的主要区别。

3.公路工程项目后评价的监督功能

(1)监督功能。后评价实质上是一个向实践学习的过程，同时又是一个对投资活动的监督过程。项目后评价的监督功能与项目的前评估、实施监督结合在一起，构成了对投资活动的监督机制。例如，世界银行对投资活动中的监督，主要依靠在项目准备阶段的评估(派评估团)、在项目实施过程中的监督检查(派检查团)和在项目完成后的后评价(派评价团)来实现的。项目的实施监督和后评价还具有向银行高层及时反馈问题和意见的责任。此外，世行的后评价还要对整个银行的业务执行情况进行监督和评价。

(2)与审计的区别。虽然项目后评价具有监督的功能,但由于它主要的服务对象是投资决策层,主要目的是总结经验教训,评价重点是项目的可持续性及项目的宏观影响和作用,这就确定了后评价与项目审计的根本区别。而审计是以法律和有关规定为准绳审查项目,重点是财务方面的审计,包括财务报表审计、符合性审计和绩效审计。在世界银行,审计和后评价是由两个不同的部门管理,分属两位不同的副行长领导。分管后评价的副行长直接对银行董事会负责。在实际工作中,后评价和审计的侧重点也完全不同。在我国,国家审计署和国家计委是国务院下属的职能部门。审计署负责国家投资的财务审计,国家计委负责国家投资活动的总结和评价。

4.公路工程项目后评价的特点

项目后评价既不同于项目可行性研究和项目前评价,也不同于项目中期评价,主要表现为所处阶段不同、比较标准不同、评价的内容与作用不同、评价的组织实施不同等。项目可行性研究和项目前评价是指在项目决策之前,在深入广泛的调查研究、科学预测和技术经济论证的基础上,分析评价建设项目的技术适用性、经济合理性和建设可能性,最终为投资决策提供依据。项目中期评价是指在项目实施过程中,通过实施的实际状况与预测计划目标的比较发现偏差,分析原因,提出改进措施,将信息反馈至项目管理部门,以提高实施中的管理水平。而项目后评价的特点表现为以下几点。

(1)客观性。项目后评价是在建设项目竣工投产生产运营一段时间后进行,客观、真实、系统地对项目的立项决策、勘察设计、施工、竣工投产与生产运营作出评价。因此,在后评价分析研究所采纳的数据资料必须客观、真实地反映项目实际状况,做到分析合理、评价公正,从而提出科学客观的后评价报告。

(2)全面性。在进行项目后评价时,既要分析从立项决策到竣工投产全过程的投资状况,又要分析项目实施过程中的物资采购、勘察设计、施工与生产准备等管理状况,还要分析生产运营管理状况与投资经济效益,对建设项目作出全面评价。

(3)独立性。后评价必须保证公正性和独立性,这是一条重要的原则。公正性标志着后评价及评价者的信誉,避免在发现问题、分析原因和做结论时避重就轻,做出不客观的评价。独立性标志着后评价的合法性,后评价应从项目投资者和受援者或项目业主以外的第三者的角度出发,独立地进行,特别要避免项目决策者和管理者自己评价自己的情况发生。公正性和独立性应贯穿后评价的全过程,即从后评价项目的选定、计划的编制、任务的委托、评价者的组成,到评价过程和报告。

(4)可信性。后评价的可信性取决于评价者的独立性和经验,取决于资料信息的可靠性和评价方法的适用性。可信性的一个重要标志是应时时反映出项目的成功经验和失败教训,这就要求评价者具有广泛的阅历和丰富的经验。同时,后评价也提出了"参与"的原则,要求项目执行者和管理者应参与后评价,以利于收集资料和查明情况。为增强评价者的责任感和可信度,评价报告要注明评价者的名称或姓名。评价报告要说明所用资料的来源或出处,报告的分析和结论应有充分可靠的依据。评价报告还应说明评价所采用的方法。

(5)实用性。为了使后评价成果对决策能产生作用,后评价报告必须具有可操作性,即实用性强。因此,后评价报告应针对性强,文字简练明确,避免引用过多的专业术语。报告应能满足多方面的要求。实用性的另一项要求是报告的时间性,报告不应面面俱到,应突出重点。报告所提的建议应与报告其他内容分开表述,建议应能提出具体的措施和要求。

(6)透明性。后评价的透明度要求是评价的另一项原则。从可信度来看,要求后评价的透明度越大越好,因为后评价往往需要引起公众的关注,对国家预算内资金和公众储蓄资金的投资决策活动及其效益和效果实施更有效的社会监督。从后评价成果的扩散和反馈的效果来看,成果及其扩散的透明度也是越大越好,使更多的人借鉴过去的经验教训。

(7)反馈特性。后评价的最主要的特点是后评价应具有反馈特性。项目后评价的结果需要反馈到决策部门,作为新项目的立项和评估的基础,以及调整投资规划和政策的依据,这是后评价的最终目标。因此,后评价结论的扩散和反馈机制、手段和方法成为后评价成败的关键环节之一。国外一些国家建立了"项目管理信息系统",通过项目周期各个阶段的信息交流和反馈,系统地为后评价提供资料和向决策机构提供后评价的反馈信息。

(8)协作性。建设项目后评价工作需要有关部门协作,不断完善后评价的理论和方法。后评价工作是由项目后评价组织机构或专设的外部机构来进行,需要参与项目的建设和生产运行等多部门的合作,才能保证评价工作顺利进行,及时全面地收集反映实际状况的信息资料,客观、公正地做出后评价结论。

二 建设工程项目后评价的管理机构及其任务

如前所述,根据项目后评价的任务和特点,其管理机构必须保证后评价的独立性和具有反馈功能。因此,后评价的机构设置是至关重要的。

我国项目后评价机构管理工作实行"统一领导,分级管理",进行后评价的项目分为地方、部、国家三个管理层次。

地方管理的后评价项目,由各省、自治区、直辖市、计划单列市交通行政主管部门负责。编制后评价报告以项目法人或建设单位为主,组织承担本项目可行性研究、设计、施工、监理、运营、管理、审计等有关部门、单位以及地方政府的有关人员参加,共同开展工作。后评价报告应按照《公路建设项目后评价报告编制办法》编制。

交通运输部一般选择1/4的后评价项目进行部管理,按年度下达计划。

国家管理的后评价项目由国家发改委确定。

地方管理的项目,其后评价报告由项目法人或建设单位报省、自治区、直辖市、计划单列市交通行政主管部门,由省、自治区、直辖市、计划单列市交通行政主管部门组织审查,并将修改后的报告连同审查意见报交通运输部综合计划司备案。

部管理的项目,其后评价报告一般先由省、自治区、直辖市、计划单列市交通行政主管部门进行初审,初审通过后,再由省、自治区、直辖市、计划单列市交通行政主管部门报部,由部组织有关部门进行正式审查,并写出《建设项目后评价审查报告》,报国家发改委备案。

国家发改委确定的后评价项目,按国家发改委有关规定的组织审查。

三 项目后评价的工作程序

(一)项目后评价的范围和依据

项目后评价应从国家和投资者的利益出发,遵循客观、公正、科学的原则,完成后评价工作。进行项目后评价必须是根据预定目标已全部建成并通过竣工验收并且至少经过2~3年的通车运营实践。

(1)项目后评价的范围主要包括：40km 以上的国道主干线项目或 100km 以上的国道及省道高等级公路项目；利用外资的公路项目；特大型独立公路桥隧项目；上级主管部门指定的项目。

(2)项目后评价工作的依据。

①立项决策阶段的资料：项目建议书、项目建议书咨询评估意见、国家或有关部门批准项目建议书的文件；项目可行性研究报告、对项目可行性研究评估咨询资料、国家或有关部门对可行性研究报告的批准文件；经国家或有关部门批准的土地征用文件及开工报告；初步设计及扩大初步设计，设计委托方式与费用；投资概算及资金来源等资料；建设项目筹建机构的组织与人员构成；国家经济政策文件、法规等资料。

②项目实施阶段的资料：设备、材料采购的实施资料；设备采购招标、投标文件及议标、评标、定标的资料；设备材料采购合同；合同中明确的对设备、材料的质量、价格、储运和供应进度的要求等；设备、材料出厂合格证明及资料；工程合同文件。如施工总承包合同与分包合同、工程招标投标文件、建设监理合同等；有关设计变更、调整投资和工程预算等资料；建设项目管理模式及组织机构；建设监理及质量监督机构的有关记录与文件；工程中间交工(隐蔽工程)验收报告及评估意见；建设项目竣工验收报告与国家验收文件、竣工决算和审计资料等；缺陷责任期内的工程清单；有关项目建设工期、建设成本、工程质量的控制资料。

③建设项目运行后的效益资料。

④涉外项目应准备涉外方面的资料：询价、报价、招标、投标文件资料；谈判协议、议定书及所签订的合同及合同附件；国外设备材料检验、运输、开箱检验等资料及有关索赔方面的文件。

(二)项目后评价的工作程序

(1)选定进行项目后评价的建设项目。国家计划部门、建设(或开发)银行、主管部门、投资主体或生产经营企业，可按项目后评价的范围选定某一建设项目进行项目后评价。以报告的形式说明选定的依据、评价目的与具体要求、评价工作的初步设想等。

(2)项目后评价的筹划准备。项目后评价工作的实施机构可由提出单位或委托工程咨询单位、专家评估组承担。首先组建后评价领导小组与实施机构，然后按评价具体要求制订项目后评价工作计划。在计划内明确各组织机构评价人员的配备、后评价的内容范围、后评价的方法、后评价经费及工作进度的安排、后评价工作具体要求等。

(3)深入调查与广泛收集资料。通过调查收集有关政策法规、技术经济、运营及涉及建设项目全过程的有关文件与资料，为项目后评价的分析研究提供依据。为了更好完成调查收集工作，必须制订调查提纲，明确调查范围、调查方法和调查收集中的具体要求。

(4)分析研究。按项目后评价的分析方法对评价内容进行分析研究、总结经验、发现问题，提出改进措施。

(5)编制项目后评价报告。项目后评价报告是建设项目后评价工作的成果汇总，最终提交委托单位和被评价的项目单位。

四 工程项目后评价的内容

项目后评价的内容应包括从项目提出到竣工投产运行全过程的评价。项目类型不同，后评价的内容侧重也有所不同。

与项目前评价内容相应，后评价的内容可分为以下几个方面：项目建设必要性的后评价；项目建设条件的后评价；项目技术方案的后评价；项目经济后评价。

由于项目建设的全过程是消耗财力、物力，逐步形成固定资产的过程，因此，项目后评价的内容又可划分为以下几个方面：

(1)建设项目的过程评价：依据国家现行的有关法令规定，分析和评价项目前期工作、建设实施、运营管理等执行过程，从中找出变化原因，总结经验教训。

(2)建设项目的效益评价：根据实际发生的数据和后评价时国家颁布的参数进行国民经济评价和财务评价，并与前期工作阶段按预测数据进行和评价相比较，分析其差别和原因。

(3)建设项目的影响评价：分析、评价对影响区域的经济、社会、文化以及自然环境等方面所产生的影响。评价一般可分为社会经济影响评价和环境影响评价。

(4)建设项目的目标持续性评价：根据对建设项目的公路网状况、配套设施建设、管理体制、方针政策等外部条件和运行机制、内部管理、运营状况、公路收费、服务情况等的内部条件分析，评价项目目标(服务交通量、社会经济效益、财务效益、环境保护等)的持续性，并提出相应的解决措施和建议。

五 公路工程项目后评价的指标

项目后评价是运用控制论的基本原理，通过项目实际实施结果与预测结果的对比，寻找项目实施中存在的偏差，通过对产生偏差因素的分析，采用相应的控制措施，保证项目投资实现预期目标。为定量的分析项目实施过程中各主要目标的实际情况，一般主要采用指标计算和指标对比等分析研究方法。指标计算就是通过计算项目实际投资利润率、实际内部收益率等反映项目实施和营运各阶段实际效果的指标，来衡量和分析建设项目的投资效果；指标对比是通过各种项目后评价指标与预测指标或国内外同类项目的相关指标进行对比，来衡量实际建设效果。

一般来说，项目后评价主要是通过以下一些指标的计算和对比，来分析项目实施中的偏差，并寻求解决问题的方案。

1.项目前期和实施阶段的后评价指标

(1)竣工项目定额工期率。反映项目实际建设工期与国家统一制定的定额工期或与确定的、计划安排的计划工期的偏离程度。

$$竣工项目定额工期率=竣工项目实际工期/竣工项目定额(计划)工期\times100\% \quad (7\text{-}2)$$

(2)实际建设成本变化率。反映项目实际建设成本与批准的概(预)算所规定的建设成本的偏离程度。

$$实际建设成本变化率=(实际建设成本-预计建设成本)/预计建设成本\times100\% \quad (7\text{-}3)$$

(3)实际工程合格(优良)品率。反映建设项目的工程质量。

$$实际工程合格(优良)品率=\frac{实际单位工程合格(优良)品数量}{验收签订的单位工程总数}\times100\% \quad (7\text{-}4)$$

(4)实际投资总额变化率。反映实际投资总额与项目前评估中预计投资额的偏差程度，包括静态投资总额变化率和动态投资总额变化率。

2.项目运营阶段的后评价指标

(1)国民经济效益变化率。反映公路竣工以后实际国民经济效益与预测国民经济效益的偏离程度，用于非收费项目社会效益评估。

$$\text{国民经济效益变化率}=\frac{\text{实际国民经济效益}-\text{预计国民经济效益}}{\text{预计国民经济效益}}\times 100\% \tag{7-5}$$

（2）实际营运利润变化率。反映收费项目实际投资效益并衡量项目实际投资效益与预期投资效益的偏差。其计算分为两步进行：

①计算考核期内各年实际运营利润变化率：

$$\text{各年实际运营利润变化率}=\frac{\text{该年实际运营利润率}-\text{预期该年运营利润}}{\text{预计该年运营利润}}\times 100\% \tag{7-6}$$

②计算实际运营利润变化率：

$$\text{实际运营利润变化率}=\frac{\text{各年实际运营利润变化率之和}}{\text{考核年限}}\times 100\% \tag{7-7}$$

（3）实际投资利润（利税）率。指项目达到实际交通能力后的年实际利润（利税）总额与项目实际投资额的比率，也是反映建设项目投资效果的一个重要指标。

$$\text{实际投资利润（利税）率}=\frac{\text{年实际利润（利税）或年平均实际利润（利税）额}}{\text{实际投资}}\times 100\% \tag{7-8}$$

（4）实际投资利润（利税）年变化率。反映项目实际投资利润（利税）率与预测投资利润（利税）率或国内外其他同类项目实际投资利润（利税）率的偏差。

$$\text{实际投资利润（利税）年变化率}=\frac{\text{实际投资利润（利税）率}-\text{预测（其他项目）投资利润（利税）率}}{\text{预测（其他项目）投资利润（利税）率}}\times 100\% \tag{7-9}$$

（5）实际净现值。是反映收费项目生命期内获利能力的动态评价指标，它的计算是依据项目运营后年的实际净现金流量或根据情况重新预测的项目生命期内各年的净现金流量，并按重新选定的折现率，将各年现金流量折现到建设期，求现值之和。

（6）实际内部收益率（RIRR）。是根据实际发生的年净现金流量和重新预测的项目生命周期计算的各年净现金流量现值为零的折现率。

（7）实际投资回收期。是以项目实际产生的净收益或根据实际情况重新预测的项目净收益抵偿实际投资总额所需要的时间，分为实际静态投资回收期和实际动态投资回收期。

六 公路建设项目后评价报告文本格式及内容要求

1.概述

（1）建设项目概况：项目的起讫点（位置），项目立项、决策、设计、开工、竣工、通车时间等，突出反映项目的特点。

（2）建设标准、规模及主要技术经济指标。

（3）建设项目各阶段主要指标的变化情况。

（4）资金来源及使用情况。

（5）主要结论。

2.建设项目过程评价

（1）前期工作情况和评价。

①前期工作基本情况。

②项目建设的必要性。

③前期工作各阶段审批文件的主要内容。

④前期工作各阶段主要指标的变化分析。

(2)项目实施情况和评价。

①施工图设计和项目实施情况:包括施工图设计单位及施工单位的选择、建设环境及施工条件、施工监理和施工质量检验、施工计划与实际进度的比较分析等。

②项目开工、竣工、验收等文件内容。

③工程验收的主要结论。

④实施阶段主要指标的变化分析:包括变更设计原因、施工难易、投资增减、工程质量、工期进度的影响等情况分析。

(3)投资执行情况和评价。

①建设资金筹措。若有变化,分析其变化的原因及影响。

②施工期各年度资金到位情况及投资完成情况(内资、外资数额及其当年利率或汇率)。

③工程竣工决算与初步设计概算、立项决策估算的比较分析(按单项工程分内资和外资)。

④工程投资节余或超支的原因分析。

(4)运营情况和评价。

①运营情况:包括运营交通量(含路段及各互通立交出入交通量)、车速等运行参数的调查情况。

②运营评价:评价建设项目是否达到预期的效果,分析实际交通量与预测交通量的差别及其原因,并对项目达到预期目标的情况进行分析。

(5)管理、配套及服务设施情况和评价。

①管理情况和评价、包括项目前期至实施全过程的各阶段各项制度、规定和程序的管理情况,各种管理机构的设置及其功能、组织形式和作用,并对其管理效果进行评价。

②配套及服务设施情况和评价:建设项目与配套及服务设施(包括通信、收费、管理所、服务区、停车场、安全防护设施、标志标线、监控系统等)的设计、方案比选及其实施情况,并对其设置的必要性和适宜性进行分析评价。

3. 建设项目效益评价

(1)国民经济效益评价。参照《公路建设项目经济评价方法》,根据通车运营的实际车速、经济成本等各项数据,评价项目的国民经济效益,并与决策阶段预测的结论比较,分析其差别及原因。

(2)财务效益评价。

①对于收费公路(包括独立大桥、隧道),根据实际财务成本和实际收费收入,进行项目的财务效益分析,并与决策阶段预测的结论比较,分析其差别和原因。

②进一步做出收费分析,明确贷款偿还能力。并分析物价上涨、汇率变化及收费标准变化对财务效益产生的影响。

(3)资金筹措方式评价。根据建设资金来源、投资执行情况及财务效益分析,对项目的资金筹措方式进行评价。

4. 建设项目影响评价

(1)社会经济影响评价。分析项目对所在地区社会经济发展所产生的影响,包括土地利用、就业、地方社区发展、生产力布局、扶贫、技术进步等方面的影响和评价。

(2)环境影响评价。对照项目前评估时批准的《环境影响报告书》,重点从项目建设所引起的区域生态平衡、环境质量变化及自然资源的利用和文物保护等方面评价项目环境影响的实际效果。

5. 建设项目目标持续性评价

(1)外部条件对项目目标持续性的影响:包括社会经济发展、管理体制、公路网状况、配套设施建设、政策法规等外部条件。

(2)内部条件对项目目标持续性的影响:包括运行机制、内部管理、服务情况、公路收费、运营状况等内部条件。

6. 结论

(1)结论。

(2)存在问题。

(3)经验与教训。

(4)措施与建议。

参考文献

[1] 交通运输部职业资格中心. 公路工程造价的计价与控制[M]. 北京:人民交通出版社,2011.

[2] 李建峰,刘立国. 工程经济[M]. 北京:中国电力出版社,2009.

[3] 中华人民共和国住房和城乡建设部,中华人民共和国交通运输部. 公路建设项目经济评价方法与参数[M]. 北京:中国计划出版社,2010.

[4] 张少杰. 项目评估[M]. 2 版. 北京:高等教育出版社,2011.

[5] 蔡成祥. 公路工程经济分析[M]. 北京:人民交通出版社,1995.

[6] 师斌,霍娅敏. 交通运输经济[M]. 成都:西南交通大学出版社,2007.

[7] 郑文新,王健副. 建筑工程造价[M]. 北京:北京大学出版社,2012.

[8] 全国造价工程师执业资格考试培训教材编审委员会. 建设工程计价[M]. 北京:中国计划出版社,2013.

[9] 全国造价工程师执业资格考试培训教材编审组. 工程造价管理基础理论与相关法规[M]. 北京:中国计划出版社,2009.

[10] 本书编委会. 建设工程可行性研究一本通[M]. 武汉:华中科技大学出版社,2008.

[11] 全国造价工程师执业资格考试培训教材编审组. 工程造价计价与控制[M]. 北京:中国计划出版社,2009.

[12] 中华人民共和国住房和城乡建设部,中华人民共和国交通运输部. 公路建设项目经济评价方法与参数[M]. 北京:中国计划出版社,2010.

[13] 王力. 投资项目评估[M]. 沈阳:东北财经大学出版社,2010.

[14] 冯为民,付晓灵. 工程经济学[M]. 2 版. 北京:北京大学出版社,2012.

[15] 高峰,周世生,张求书. 公路工程造价与控制[M]. 北京:北京理工大学出版社,2009.

[16] 刘佳力. 公路工程招投标与预决算[M]. 北京:化学工业出版社,2009.

[17] 申玲,于凤光. 工程造价计价[M]. 3 版. 北京:知识产权出版社,2011.

[18] 舒国明. 公路工程造价[M]. 北京:中国电力出版社,2009.